现代文学阅读与写作能力培养研究

刘玲艳　黄毅　李晶／著

辽海出版社

图书在版编目(CIP)数据

现代文学阅读与写作能力培养研究/刘玲艳,黄毅,李晶著.--沈阳:辽海出版社,2018.12
ISBN 978-7-5451-5089-6

Ⅰ.①现… Ⅱ.①刘… ②黄… ③李… Ⅲ.①阅读课—教学研究—中学②作文课—教学研究—中学 Ⅳ.① G633.302

中国版本图书馆 CIP 数据核字(2018)第 283981 号

责任编辑：丁　凡　高东妮
责任校对：丁　雁

北方联合出版传媒（集团）股份有限公司
辽海出版社出版发行
（辽宁省沈阳市和平区十一纬路 25 号 辽海出版社　邮政编码：110003）
北京市天河印刷厂印刷　　　全国新华书店经销
开本：710mm×1000mm　1/16　印张：20.25　字数：300 千字
2020 年 1 月第 1 版　2020 年 1 月第 1 次印刷
定价：80.00 元

前　　言

　　语文是人类社会科学的一门重要学科，是人们相互交流文化思想的工具，它既是语言文字的规范，也是一种文化艺术。俗话说："读书百遍，其义自见""读书破万卷，下笔如有神"。实践告诉我们，大量阅读既可以扩大我们的生活视野，拓宽知识面，又可以引发我们的写作欲望，提高鉴赏能力，还可以逐步丰富语言、词汇、写作素材，让我们领会和掌握一些基本的写作规律。

　　在当今社会，阅读已经成为人们的一种习惯。阅读对人们的生产生活等方面都有着重要的影响。文学是用精美的语言文字为工具，形象化地反映现实客观世界，表现人类情感意志观念形态的艺术，是人类精神世界发展的产物。中国现当代文学作为中国优秀传统文化和现代文化传递的重要载体之一，在提高学生的思想修养、进行人生观教育等方面有着得天独厚的条件。因此，研究文学阅读与写作能力培养之间的关系具有十分重要的现实意义。

　　本书以"文学即人学"为理论基础，注重理论联系实践，内容丰富，可读性强，具有较强的现实意义。笔者在撰写本书的过程中，借鉴了许多前人的研究成果，在此表示衷心的感谢。书中还存在许多不足之处，恳请前辈、同行以及广大读者斧正。

目录 CONTENTS

第一章 语文课程与文学阅读 1
 第一节 语文课程是工具性与人文性的统一 3
 第二节 语文课程兼具综合性和实践性 9
 第三节 语文阅读教学中"工具性与人文性的统一" 13
 第四节 语文课程的综合性、实践性对文学阅读与写作的要求 17

第二章 初中现代文学作品教学现状浅谈 23
 第一节 初中现代文学作品阅读的课堂教学 25
 第二节 初中现代文学作品阅读的课外拓展 31
 第三节 初中现代文学作品阅读教学实践中存在的问题 35

第三章 初中现代文学作品的阅读与鉴赏方法 43
 第一节 小说作品的阅读与鉴赏 45
 第二节 散文作品的阅读与鉴赏 52
 第三节 戏剧作品的阅读与鉴赏 55
 第四节 现代诗歌的阅读与鉴赏 58

第四章 初中语文作文教学现状浅谈 63
 第一节 初中语文作文教学实践中存在的问题 65
 第二节 初中语文作文教学对策分析 67

第五章 现代文学阅读对中学生人文素养与写作能力的影响 73
 第一节 坚持立德树人,主动阅读优秀的现代文学作品 75
 第二节 关注核心素养,注重现代文学阅读对人文素养的培养 82

  第三节 加强实践性，增强语言文字运用能力，以"读"促"写" 86
  第四节 注重时代性，多途径阅读，多层次写作 89

第六章 中学生现代文学阅读方法与写作技巧的生成 93
  第一节 议论文阅读与写作 95
  第二节 说明文阅读与写作 96
  第三节 记叙文阅读与写作 98

第七章 汉语言文学专业介绍 103
  第一节 培养目标 105
  第二节 历史改革 106
  第三节 课程设置 115

第八章 古代汉语与现代汉语教学研究 119
  第一节 古代汉语教学研究 121
  第二节 现代汉语教学研究 125

第九章 文学理论与中国文化概论教学研究 133
  第一节 文学理论教学研究 135
  第二节 中国文化概论教学研究 143

第十章 现当代文学阅读与现当代文学评论 149
  第一节 文本阅读能力与中国现当代文学教学 151
  第二节 中国现当代小说及经典作品评论 157
  第三节 中国现当代散文及经典作品评论 166
  第四节 中国现当代诗歌评论 170

第十一章 汉语言文学专业基础写作教学中的能力培养 177
  第一节 基础写作课程建设 179
  第二节 写作活动与写作"四体"理论 182

第三节　写作过程与写作方法 ………………………………………… 186

　　第四节　写作习惯的培养与写作能力的习得 ………………………… 188

第十二章　现当代文学阅读与文学写作能力培养 …………………………… 193

　　第一节　小说阅读与小说写作 ………………………………………… 195

　　第二节　散文阅读与散文写作 ………………………………………… 196

　　第三节　诗歌阅读与诗歌写作 ………………………………………… 200

　　第四节　新闻阅读与新闻写作 ………………………………………… 202

　　第五节　戏剧阅读与戏剧写作 ………………………………………… 205

第十三章　中国现当代文学概述 ……………………………………………… 209

　　第一节　中国现代文学概述 …………………………………………… 211

　　第二节　中国当代文学概述 …………………………………………… 217

第十四章　文学阅读与文学写作的关系 ……………………………………… 221

　　第一节　文学阅读为文学写作积淀言语基础 ………………………… 223

　　第二节　文学阅读为文学写作积累丰富素材 ………………………… 230

　　第三节　文学写作是文学阅读情与志的抒发 ………………………… 235

第十五章　大学生"文气"培养与中国现当代文学教学 …………………… 243

　　第一节　"文气"释义 ………………………………………………… 245

　　第二节　中国现当代文学与中文专业大学生"文气"培养的关系 … 246

　　第三节　中国现当代文学教学方法概述 ……………………………… 247

　　第四节　渗透教学实践，培养当代大学生"文气" ………………… 248

第十六章　现代文学的阅读方法与大学生写作能力培养 …………………… 253

　　第一节　综合阅读与写作能力培养 …………………………………… 255

　　第二节　分项阅读与写作能力培养 …………………………………… 261

　　第三节　思维阅读与写作能力培养 …………………………………… 263

  第四节　笔记阅读与写作能力培养 …………………………………… 267

第十七章　现代文学的阅读视角与大学生写作能力培养 …………………… 271
  第一节　全知视角与写作能力培养 …………………………………… 273
  第二节　限知视角与写作能力培养 …………………………………… 280

第十八章　现代文学的阅读层次与大学生写作能力培养 …………………… 285
  第一节　表层阅读与写作能力培养 …………………………………… 287
  第二节　深层阅读与写作能力培养 …………………………………… 292
  第三节　评价性阅读与写作能力培养 ………………………………… 296

第十九章　现代文学阅读的情感体验对大学生写作能力的影响 …………… 303
  第一节　文学阅读的审美情趣与鉴赏品味 …………………………… 305
  第二节　激发想象，创设情境，描写画面 …………………………… 307
  第三节　引发情感共鸣，促进情感抒发 ……………………………… 309

结束语 ……………………………………………………………………………… 311

参考文献 …………………………………………………………………………… 313

第一章 语文课程与文学阅读

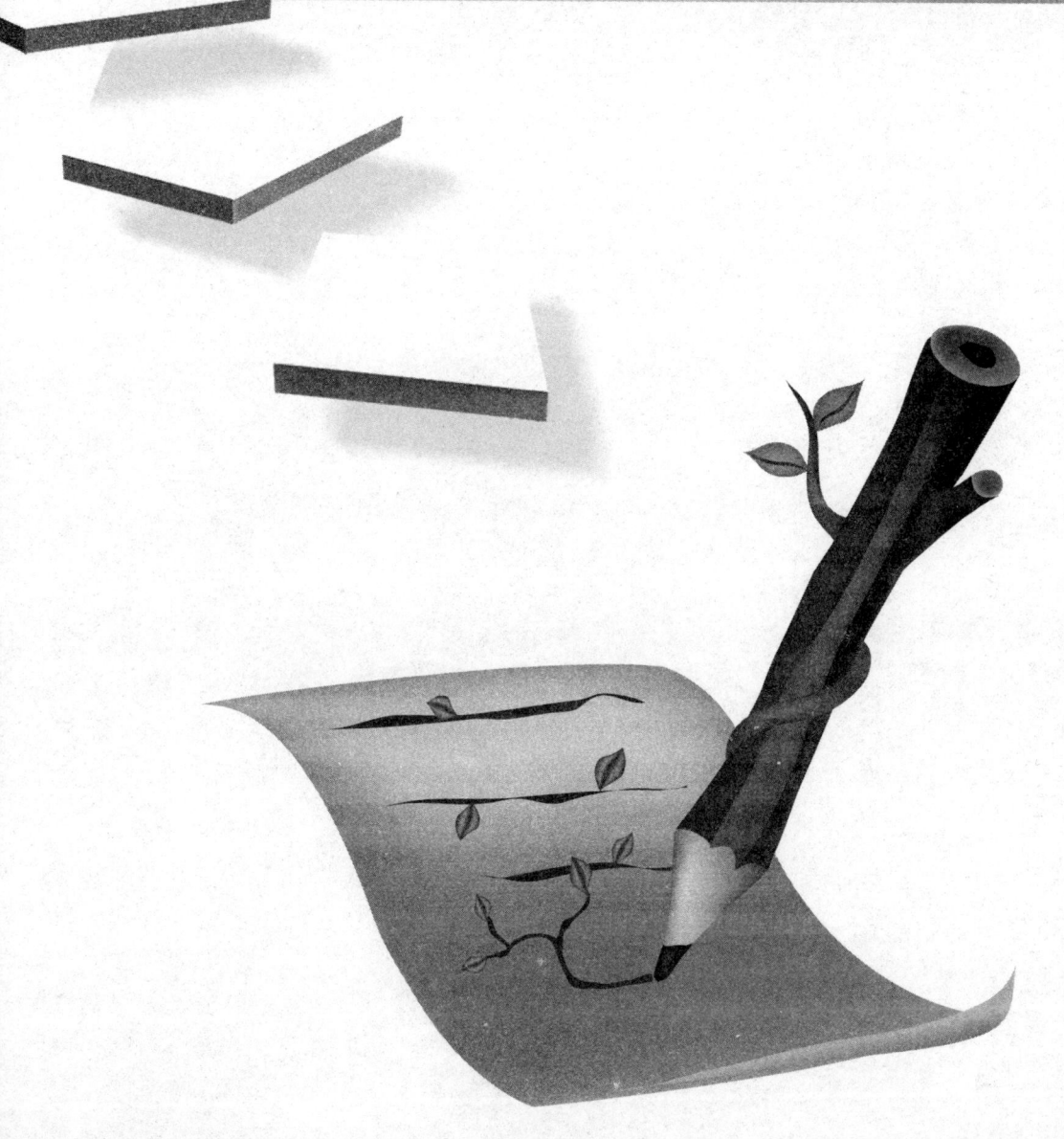

经典作品是人类历史长河千淘万滤后的思想积淀，是文化、精神的结晶，蕴藏着无穷的大智慧，是民族文化的奠基之石。阅读一本经典好书就是一次高质量的心灵旅行。在精神方面可获得超质量享受：开发人的想象力，激发人的创造力，触动人的灵魂。近年来很多国家相继把阅读经典作品当作弘扬民族优秀文化的重要途径。

语文教学实践表明，要帮助学生习得知识、培养能力，光靠教科书中有限的单篇文章是很难实现的，这就要求树立"大语文教学观"，把语文教学由课内延伸至课外。鲁迅在《给颜黎明的信》中说："读书要像蜜蜂采蜜一样，采过许多花才能酿出蜜来。"再如，老舍在《养花》中写到的："有喜有忧，有笑有泪，既须劳动，又长见识。花的习性有的喜阴，就别放在太阳地里；有的喜干，就别多浇水。"笔者从这里体会到：要读许多书，才能学到很多，同时不断地实践，才能得出真理。由此可见，优秀的文学作品能给人丰富的文化知识。文学阅读是提高学生语文素养、人文素质的重要途径。

第一节　语文课程是工具性与人文性的统一

语文课程标准明确指出："语言文字是人类最重要的交际工具和信息载体，是人类文化的重要组成部分。"同时指出："工具性与人文性的统一是语文课程的基本特点。"工具性着眼于培养学生语文运用能力的实践性。语文是一门通过言语来学习语言的科学，训练学生的听、说、读、写，并最终运用到社会交流，这是基础特性。新课程标准要求学生既要弘扬和培养民族精神，又要尊重文化的多样性，因此，语文更应该注重丰富的人文内涵，以全面提高学生的语文素养。语文课程内容的选择应着眼于课程的内涵性要求，关注课程本身的文化性、生命性和人文性的统一，以促进学生身心的健康发展。

一、语文课程的工具性

著名教育家叶圣陶通过对语文教学的长期实践和深入研究，反复强调语文学科的性质：语文是工具。"就个人说，是想心思的工具，是表达思想的工具；就人与人之间说，是交际和交流思想的工具"。简言之，语文是人们思维和交际的工具。由于叶圣陶的语文工具观是从长期的教学实践和社会实践研究中归纳、总结出来的，所

以，尽管随着时代的前进、教育的发展，围绕语文学科性质问题产生了许多新的观点，但是它至今仍然是绝大多数专家、教授和一线语文教师所认同的观点。著名学者吕叔湘非常赞成叶圣陶的语文工具观，他在为《叶圣陶语文教育论集》所写的序言中说："通观圣陶的语文教育思想，最主要的有两点。其一是关于语文学科的性质：语文是工具，是人生日用不可缺少的工具。"

笔者认为，"语文是工具，是理解的工具，是表达的工具，人们凭借它思考，运用它交际，依靠它传播文化，利用它创造文学。语文课程要培养的读、写和口语交际能力是人人在日常生活中必备的能力。有无这样的基础知识和能力，关系到多数课程的学习，关系到出校后的发展"。这里要说明的是："工具性"着眼于语文课程培养学生语文运用能力的实用功能和课程的实践性特点。

（一）语文是重要的基础学科

语文课程鲜明的工具性表现在它是一门重要的基础学科。这门重要的基础学科与其他基础学科的不同之处在于，语文课程必然要对学生进行理解和运用祖国语言文字的训练，即通过听、说、读、写训练，帮助学生掌握语言文字这一工具。学生掌握了这一工具，就具备了日常交际的本领，同时也有利于学习其他各科课程，有利于大量进行课外阅读，增长知识，开阔视野。另外，语文课程也是发展学生思维能力的工具。语文课在训练学生理解和运用祖国语言文字的同时，必然训练和发展着学生的思维。比如，说话说得流畅，提纲列得好，段落分得准，这表明一个人思维有条理；文章写得深刻，表明思维深刻；段落大意概括得准确，表明思维的概括性强，等等。

（二）语文是思维的工具

语文课实际上就是通过言语来学习语言，也就是通过课文，以及一些具有汉语典范性的作品来学习语言，而不是孤立地去学字、词、句、章等知识。语文老师指导学生进行听说读写训练，就是指导学生把朦胧的思想变为清晰的思想，把不清不楚的语言变为有条有理的语言。如果写文章时使用的语言是含糊其辞的，更让人觉得整个思维模式都是凌乱无序的，也就说明了写作时运用语言的清晰与否决定了这个人写作时的思维是否清晰。如果写作时语言是空乏无力、枯燥乏味的，别人会连作者思想一起否定，认为缺乏创造性，因为语言的枯燥乏味就意味着思想也同样是如此的。

模糊的思想语言就会含糊不清，清晰的思维所使用的语言总是逻辑性很强，但是我们有句俗话叫作"口不对心"，或者"心口不一"，是否违反了语言和思维的一致性呢？这样的情况无非是以下两种情况：第一种情况是作者的有意安排，为了以一种更强烈的方式来表达自己的情感,如课文中遇到的一些修辞方法,如反语、反讽等,鲁迅的《药》中看似充满了希望救人性命的药,其实正是中华民族的致命毒药。这里的"药"其实就是一种强烈的反讽。这是作者在文章中用和平时完全不同的语言方式和思维模式来表达自己的思想。第二种情况是作者的表达能力不够强,表达可能有误。这两点与叶圣陶关于思想应和言语合二为一的观点是相一致的。所以,语文课程教学的起步阶段要努力让每个学生都学好语言,要从基础抓起,用更多的精力培养学生的学习思维。在教学上,每个阶段都要做好每个阶段的学习点,从拼音到字词,再到语汇、语法的教学流程。语文教学还是应该从听、说、读、写四个方面入手。从阅读教学方面来讲,在此教学过程中要牢牢记住整个流程,让学生从语言的表象入手,慢慢深入对这个文章的理解和掌握,并做到真正使用。

(三)语文是交际的工具

人是一切社会关系的总和,生活在社会上的每一个人都不可能独立存在。语文是人与人交流和交际过程中必不可少的工具。现代信息技术传播速度的提高和广度的扩大,使人们的交流更加方便和快捷,使语文的交际功能达到了新的高度。语文学习的过程是人获得语言、规范语言的过程。每个人在社会上生活都不可能独立生活、工作等,这也就意味着人与人都是以一种交流沟通的方式存在的,而人们在相互交流沟通交际中最重要的载体就是语言。一旦离开语言,交流沟通就变得困难、生涩。人类由于身处的社会环境无法改变,所以必然会产生交流沟通的需要,要求我们都要学好语言并最终学好语文。

可见,为了社交行为也好,为了沟通交流也好,都需凭借语言这个平台。人们为了能够表达出自己所需呈现出的内容,就通过比较有条理有逻辑的语言来表达,尽量避免产生误解和偏差,使整个表达能够收到较好的效果,并由此提高学习的效果。如果由于在口语表达和书写能力方面的薄弱,使其失去社交的能力,那么在整个人类社会中必然会产生孤独无力感,甚至产生交流障碍等。语言是帮助个人在整个人类社会中正常生活、工作、学习的必要工具和载体。

二、语文课程的人文性

语文课程的"人文性"着眼于语文课程对于学生思想感情熏陶感染的文化功能和课程所具有的人文学科的特点。语文课程的人文性强调语文学习的过程,既要学生实现自我成长,也能激发学生的创造力和生命力。特级教师于漪认为,人文精神的内涵应该包括知、情、意等方面,主要指人格、情感、意志、性格、心理品质等。具体到语文课程方面,人文性就意味着:(1)应该将对学生人文精神的培养作为课程

目标的价值取向,并以此来制定语文课程目标和选择整合、利用语文课程资源;(2)语文课程应凸显教师的人文关怀,使学生受到真善美的熏陶,自身的独特体验受到保护和尊重;(3)教师应在关注学生语文知识、能力发展的同时,更加关心学生的情感态度、价值观的发展,注重人文关怀和语文教育的感染熏陶作用。

《语文课程标准》明确指出:"语文课程具有丰富的人文内涵和很严密的实践性。应该重视语文的熏陶作用和教学内容的价值取向,尊重学生在学习过程中的独特体验。"可见,语文课程积淀着"丰富的人文内涵"。

(一)语文属于人文社会科学

从语文课程选择的教学内容来看,语文属于人文社会科学。中学语文课本的内容几乎涉及了人文科学的各个方面,这样的课程内容不光反映了语文课程是"最重要的交际工具",而且是"人类文化的重要组成部分";语文课程不光是认知体系的,而且是价值体系、伦理体系的。这正好体现了语文课程具有"丰富的人文内涵"。

(二)语文课程根植于人文精神

从语文课程标准阐述的课程理念来看,语文课程根植于人文精神。语文课程理念明确指出,要充分发挥语文课程的育人功能,"使学生受到优秀的文化熏陶,塑造热爱祖国和中华文明、献身人类进步事业的精神品格,形成健康美好的情感和奋发向上的人生态度""应关注学生情感的发展,让学生受到美的熏陶,培养自觉的审美意识和高尚的审美情趣"。人文中国自古以来就有"指驱赴国难,视死忽如归"的爱国精神,有"老吾老以及人之老,幼吾幼以及人之幼"的仁爱之心,有"礼之用,和为贵"的宽容之心,有"富贵不能淫,贫贱不能移,威武不能屈"的气节操守,等等,这些都是中华民族灵魂深处的精神支柱。今天,古老的人文精神更散发出新的浓郁的人文气息,有关爱他人、乐于奉献的公德意识,有开拓创新、勇于拼搏的进取精神,有关心他人比关心自己为重的大公无私的高尚品质,等等,所有这些都是语文课程理念赖以确立和发展的灵魂内核、精神支柱。中华民族这种源远流长的人文精神正是语文课程理念根植的丰厚沃土,是语文课程人文内涵的丰富之所在。

(三)语文展现着巨大的人文魅力

从语文课程目标来看,语文展现着巨大的人文魅力。语文课程目标要求学生通过阅读古今中外的优秀作品,"感受艺术和学科中的美,提升审美境界""体会中华文化的博大精深、源远流长,陶冶性情,追求高尚的情趣,提高道德修养"。让学生自觉地走进作品,同作品中的人物同悲喜、共呼吸;让作品人文的春风吹开他们美好的情感,让作品人文的细雨浇开他们娇艳的心花,让作品人文的魅力塑就他们良好的思想品质、道德品质、个性人格和审美情趣,这正体现了语文课程人文内涵丰富的巨大魅力。

三、工具性与人文性的统一是语文课程的基本特点

语文是人与人之间相互沟通的语言工具，工具性是语文的本质属性。同时，语文饱含着深厚的人文内涵，我们应该关注语文文本所负载的价值取向。在具体的语文教学实践中，应努力做到两者的和谐统一，全面提升学生的语文综合素养。语文的两个基本属性是辩证统一的，工具性孕育着人文性，人文性促进着工具性。

（一）语文课程工具性与人文性相统一的含义

《语文课程标准》从方法论入手，对语文课程进行重新定位，并遵循"统一"的思路，对课程目标、组织实施、评价进行重新整合，提出了语文课程工具性和人文性的统一是语文课程的基本特点，既继承了语文教育应该使学生切实掌握语文这个工具性打好语文基础这一传统的正确观点，又反映了语文教育应该体现固有的人文精神加强人文精神的新的时代观点，为语文教育指明了方向，把语文教育指向了健康发展的正确道路。其基本内涵是：语文课程必须遵照语文本身的特点和学生学习语文的特点，通过自主、探究、合作的学习方式，通过学生大量的语文实践活动，使学生获得基本的语文素养，掌握语言这一重要的工具；语文课程同时还要容纳学生的生活经验，使学生与课程文本形成互动，影响学生的心灵和品德，构筑学生一生发展的文化基础。

语文学科的工具性使语文学科区别于其他学科。语言是一种特殊的工具，它是思维的物质外壳，任何语言的形式都是同其思想情感的内容一起存在的。语文作为语言学科，它也是一种工具，但不是纯物质性的工具，而是负载文化的工具，是物质和精神共同构成的工具。

工具性与人文性是表与里、皮与毛、血与肉的关系。工具性是"表"，人文性是"里"；工具性是载体，人文性是灵魂；工具性如"皮"，人文性如"毛"，"皮之不存，毛将焉附？"工具性如"肉"，人文性如"血"，有血有肉，才是鲜活的生命。工具性与人文性是与生俱来、相辅相成的。没了工具性，便没必要开设语文课，人文性也无从谈起；没了人文性，语文课只有孤立的字、词、句、篇，枯燥的、机械的语言训练，语文课便失去了生机、情感和韵味。恰切的做法是在指导学生正确地理解和运用祖国语文的过程中，在培养语感、发展思维、积累语言、积淀文化的过程中，吸收人文内涵，培植人文精神。

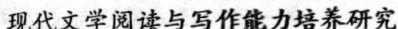

(二) 语文课程工具性与人文性相统一的实现途径

1. 将解读文本与感受人文自然合一，彼此促进

"读"这一最传统的阅读教学的手段，在现代教学中仍然是最重要的、最基本的学习语言的途径。读书是最重要的语文实践，"课标"里有一段话说得非常精辟："提倡少做题，多读书，好读书，读好书，读整本的书。"这就是讲的多读。语文教学，不能没有语，没有文。不能因为强调了人文性，就淹没了工具性，忽略了语言文字训练。事实上，语言文字是文化的载体，情感态度价值观寓于语言文字的学习之中，而不是游离于语言文字的学习之外。而语言文字的运用能力、情感态度价值观的内化又要经历一个主体自我体验、自我建构的过程。所以在教学过程中，只有让学生触摸语言，充分地读，才能加深其对文本的理解与感悟，从而受到情感的熏陶，获得思想启迪，享受审美乐趣、亦使人文性凸显出来。

因此，在教学中，我们首先要让学生充分地读。只有通过充分地读，学生才能与作者进行心与心的对话，从而理解文本内容，感悟文本思想，体会文本情感，认识文本所描述的事物和所阐述的道理。所有这些唯读为重。因为读是对文本情感体验和表达的最直接手段，是培养学生语感最形象最具活力的方法。有感情地朗读能最有效地促进理解，促进感悟，并以有感情地朗读这一形式把这种理解和感悟表达出来。

2. 让语文课有语文味，尽量减少运用非语文的手段

语文是一门实践性很强的课程，应着重培养学生的语文实践能力，而培养这种能力的主要途径是语文实践。叶圣陶先生指出："凡是一种能力或者习惯，不靠学习者自己运用心力去实践，去尝试，是无论怎样也难以养成的。"由于形式主义和浮躁现象的干扰，我们的语文教学出现了不少背离教学目标的华而不实的情况。

"语文学习中，最重要、最基本、最常见的一种'语文实践'就是读书，因此读书也就成了'解决语文的问题'最有效的'语文的手段'。""只有学生自身在语言文字中感悟到人文力量，才是真正的工具性与人文性的统一"。所以，我们在教学中必须引导学生多读，有情趣地读，熟读成诵，在读中体会课文的美妙之处。而且，如果能引导学生再加上适当的想象，体会到课文中恰当语言文字描述的情景给我们带来的欢愉欣喜之情，那就更好了。当然，一些可以帮助我们理解课文的手段还是可以适当运用的，但要有序，要少而精。之后，再引导学生用口语把自己的想法表达出来，借以进行口语训练，有时也会使课堂教学显得更扎实有效。

3. 以学生为主体，在语文实践中学习语文

传统的课堂中，教师的地位明显带有"文化霸权主义"和"知识权威主义"特

征，忽视儿童各种学习权利，总是以教师为中心，滔滔不绝地"满堂灌"，让学生跟着自己走，想自己之所想，答自己之所问。导致课堂上师问生答、师讲生记、师令生从，师生关系畸形异化，课堂活动匮乏，学生智慧与个性压抑乃至衰减。因此，很多教师都感觉语文教学难于上青天！

　　这些失衡的做法不仅不能有效地提高学生的语文素养，而且长此以往，会把语文掏空。因此，很多知名专家、学者都提出：简简单单教语文。什么叫"简简单单教语文"呢？就是简化课堂教学步骤，给学生留有空间，让学生有时间读书、思考、探究，让学生真正成为学习的主人。这样才能体现语文学科工具性与人文性统一的学科特点。笔者认为，必须强调以学生为主体，让学生在语文实践中学习语文。即要把课堂教学建立在一个全新的基点上，这就是要以生为本，始终关爱学生的生命发展，在课堂教学中体现素质教育的本真。

第二节　语文课程兼具综合性和实践性

　　2011版《课标》在"前言"部分对"课程性质"做出了新的阐述。第2页开宗明义："语文课程是一门学习语言文字运用的综合性、实践性课程。"同时，把"工具性与人文性的统一是语文课程的基本特点"一句放在这段话的末尾。中间一句话则是对"基本特点"的具体解释。（"义务教育阶段的语文课程，应使学生初步学会运用祖国语言文字进行交流沟通，吸收古今中外优秀文化，提高思想文化修养，促进自身精神成长"）这种改动把2001年实验稿中含糊其辞的地方明确化、清晰化了。明确告诉我们：语文课程的性质就是"综合性、实践性"。

一、语文课程的综合性

（一）语文课程综合性的内涵

　　第八次基础教育课程改革中，2001年颁布的《义务教育语文课程标准（实验稿）》第一次出现"综合性学习"，并将其列为语文学习的五大领域之一。《义务教育语文课程标准（2011年版）》在课程性质的阐述中，又出现了"综合性"这一概念。课标指出："语文学习应注重听说读写的相互联系，注重语文与生活的结合，注重知识与能力、过程与方法、情感态度与价值观的整体发展。"接着说："综合性学习既符合语文教育的传统，又具有现代社会的学习特征，有利于学生在感兴趣的自主活动中全面提高语文素养，有利于培养学生主动探究、团结合作、勇于创新的精神，应该积极提倡。"笔者认为，语文课程的综合性内涵是较为复杂、较为丰富的。我们可以从

课程论的角度对其展开探讨。

  首先,语文课程的内容是综合性的。语文课程的内容包罗万象,无论是自然学科、社会学科,还是人文学科,无论是灿为朝阳的专业,还是历久弥坚的专业,它都有所涉及。正如我们常说的那样,语文课是"上下五千年,纵横八万里"。当然,语文课程时间有限,语文教科书的空间有限,不可能百科全书式囊括、无所不包地涉及,但是,无论哪个年段、哪个学段的语文课程,都体现出这一综合性。

  其次,语文课程的学习领域是综合性的。一是识字写字(含汉语拼音)的学习。这为学生学会汉字、用好汉字打下了基础。汉字的认识与掌握,为学生学习课文扫除了障碍,更为学生广泛地阅读创造了条件,开辟了通途。二是阅读教学。学生在学习过程中,在教师的引导下,由认真地阅读课内的文章与课外的言语材料,了解万事万物,感悟人情事理,从中获取学习的方法和言语表达的方法,并由此向课外阅读延伸。接着由书籍的阅读快速发展到网络的阅读,这又为学生更广泛地阅读开辟了通途。三是口语交际指导。广泛的阅读使学生的言语素养有了本质的提升。学生彼此间的交流又促进了口语交际由听到说的脱胎换骨般的变化。开展口语交际活动时,双方口语的交流互为影响,相互提高。在这个互动的过程中,所涉及有趣的事情、感人的话语往往给双方留下美好的印象与记忆。四是写话与习作指导。小学低段称为其写话;中高段为习作,意为学习写作;初中开始才叫写作。学生有感要发、有话要说时,教师要及时抓住机会指导写话,要求通顺;学生有事要记、有景要写、有情要抒、有事要议时,教师也要把握时机指导习作,要求具体;学生从阅读中接触并认识的自然、社会和人生的事情多了,教师更要讲究习作内容、习作方法的指导。可以说,阅读教学和习作指导的过程最能体现出语文课程学习领域的综合性。五是综合性学习指导。基于生活语文的课程视角,欲弥补应试教育给学生带来的真实生活的缺失,促使语文回归素质教育的轨道,回到语文的本真,语文的综合性学习可谓应时而来。它是语文的"综合实践活动",是学生学用语文的手段,是促使学生巩固和提升语言文字运用能力的实践,也是学生观察自然、了解社会和感悟人生的渠道。以上每个学习领域都有综合性这个特点,而这五个学习领域的综合性构成了整个语文课程学习领域的综合性。

  最后,语文课程目标的构建、达成及评价也是综合性的。新课程的目标构建涵盖了知识与能力、过程与方法、情感态度与价值观三大方面,这是总括性的描述,称之为"三维目标",课程目标的达成及评价也以此为据。落实到语文课程目标的构建、达成及评价,自然要以此为准绳,并具体化为:语文知识与能力,语文学习过程与方法,语文学习过程中学生情感、态度和价值观的落实与体现。这是语文课程目标的构建、达成及评价综合性的具体内容。我们在语文课程的实施过程中，要具体些，具体才能落实。虽然各门学科的课程都有类似的三维目标，而属于人文学科的语文课程目标的构建、达成及评价的内容可能是丰富的，但又不像自然学科的教学那样可以计量，可以测算。

(二) 语文课程综合性的体现

"综合性"是语文课程的性质之一，它渗透在语文课程的各个方面：

1. 从语文课程的内容

语文课程标准把每个学段的内容分为识字与写字、阅读、习作、口语交际、综合性学习五个方面。每个方面的内容不仅包括语文知识和语文能力，还包含着习惯、情感、价值观等。如养成良好的书写习惯，关注学生感受、理解、欣赏、评价的能力和提出问题、探究问题的能力，强调尊重、理解、文明等。可见，语文课程的内容不管是从分类，还是从每个类别的具体要求来看，都不是单一的，而是综合的。

2. 语文课程的实施

新课标在"实施建议"中提出，语文教学要整体考虑知识与能力、过程与方法、情感态度与价值观的综合，注重听说读写之间的有机联系，加强教学内容的整合，统筹安排教学活动，促进学生语文素养的整体提高。

3. 从语文课程的评价

语文课程评价要体现语文课程目标的整体性和综合性，全面考察学生的语文素养。应注意识字与写字、阅读、写作、口语交际和综合性学习五个方面的有机联系，注意知识与能力、过程与方法、情感态度与价值观的交融、整合，避免只从知识、技能方面进行评价。当然，语文的综合性还体现在其他很多方面，如，语文课程的基本特点、语文教学的奠基作用。总之，综合性是语文课程的基本性质之一，应贯穿语文教学的全过程。

语言心理学和认知心理学研究表明：语言与人的认知以及人的整个心理活动都有着密切的联系，语言与文化也存在着相互影响、相互作用的辩证关系。无论是从民族，还是个人而言，语文素养的发展与人的心理素质、文化素质等都是相辅相成的。从这个意义上来理解，教育"立德树人"之要求决定了语文课程的综合性，语文课程的综合化就是"人化"。

二、语文课程的实践性

(一) 语文课程实践性的内涵

首先，语文是工具，而掌握任何工具的基本途径是实践。从某种意义上说，语

 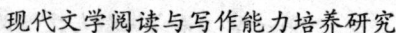

言以及一切技能都是一种习惯。凡是习惯，都是通过多次反复的实践养成的。其次，从心理学的角度讲，基本的语言能力表现为语感。语感的主要特征是直觉性和自动化。所谓自动化，就是能在不知不觉中进行活动，而长时间工作记忆形成的一个重要条件就是对有关材料非常熟练。熟练语言材料的基本途径是朗读、背诵等语文实践活动。最后，语言是一种约定俗成的社会现象。要掌握这些东西，唯一可行的办法就是在反复多次的语文实践中把它记住，记得的语言材料越多，语言经验越丰富，理解运用语言的能力也就越强。

（二）如何实现语文课程的实践性

首先，每位语文教师要准确把握语文课程体系，在教学中注意考虑汉语言文字的特点对识字写字、阅读、写作、口语交际和学生思维发展等方面的影响，尤其要重视培养良好的语感和整体把握的能力。语文课程应根植于现实，面向世界，面向未来。应拓宽语文学习和运用的领域，注重跨学科的学习和现代科技手段的运用，使学生在不同内容和方法的相互交叉、渗透和整合中开阔视野，提高学习效率，初步获得现代社会所需要的语文实践能力。

其次，利用课程开发体现语文课程的实践性：(1) 教师在备课时要树立语文教学的大语文的观念，把自然、社会、生活带入课堂，把学生喜闻乐见的事物引入课堂，给学生以最大的自主学习的空间，提升学生对语文学习的兴趣，使学生更好地理解和运用知识，最终实践走向社会生活。(2) 引导学生走出课本，深入生活，也就是激发学生的语文学习兴趣的渠道。通过参观、考察、远足等课外活动来增强学生的情感体验，开阔学生的视野。只有让学生在更多的生活中去学习语言，体验生活，那么创新思维能力自然而然也得到了提高。(3) 语文是一门实践性很强的课程，应着重培养学生的语文实践能力，而培养这种能力的主要途径也应是语文实践，不宜刻意追求语文知识的系统和完整。

最后，创设自主开放的语文教学，注重实践，在实践中培养学生的语文实践能力，以达到全面提高学生语文素养的目的。激发并强化学生语文学习的兴趣，注重培养学生自主学习的意识和习惯，为学生创设良好的自主学习情境，尊重学生的个体差异，鼓励学生选择适合自己的学习方式。真正使学生做到自主学习——自主识字、自主写字、自主阅读、自主写作、自主积累、口语交际等，真正把握语文课程的实践性特点，把语文课程的实践性特点落到实处。

正如《课标》"教学建议"部分所指出的："阅读是学生的个性化行为，不应以教师的分析来代替学生的阅读实践。应让学生在主动积极的思维和情感活动中加深理解和体验，有所感悟和思考，受到情感熏陶，获得思想启迪，享受审美乐趣。"因此，可以这样说，加强学生语文实践活动，就是引导学生参与到语文实践的过程中，尽力促使他们自己去阅读、思考、感悟，自行探索，自求了解。这样，通过一项项内容的学习，学生所得到的不仅是一个个结论，而且通过自己能动地听说读写、思考、体验等实践活动，悟出了怎样去读、怎样去想、怎样去说、怎样去写，从而掌握一些读书方法、表达方法等，真正使学生的学习过程成为语文学习的实践过程。

第三节 语文阅读教学中"工具性与人文性的统一"

一、语文教学的根本任务

新的课程标准指出：语文课程应培育学生热爱祖国语文的思想感情，指导学生正确理解和运用祖国语文，丰富语言的积累，培养语感，发展思维，使他们具有适应实际需要的识字与写字能力、阅读能力、写作能力、口语交际能力。语文课程还应重视提高学生的品德修养和审美情趣，使他们逐步形成良好的个性和健全的人格，促进德、智、体、美和谐发展。新的课程标准要求我们语文教学不只要强调语文的工具性，还要求其与人文性共同发展。

二、语文教学的新趋势

"语文是最重要的交际工具，是人类文化的重要组成部分"，新的语文课程标准在充分肯定现行语文教学大纲对语文性质认识的基础上，又增加了"工具性与人文性的统一，是语文课程的基本特点"这样新的表述。这一表述摆脱了长期以来人们关于语文学科功能的争论，正面论述了语文的学科性质和地位，即不能单纯强调二者中的某一方面，应在二者统一协调发展的基础上，致力于学生语文素养的形成与发展。这是新的课程标准的一大突破和进步。

《语文课程标准》对语文课程进行了重新定位，并遵循"统一"的思路，对课程目标、组织实施、评价进行重新整合，提出了二者的统一是语文本身的特点和学生学习语文的特点，通过自主、探究、合作的学习方式，通过大量的语文实践活动，使学生获得基本的语文素养，掌握语言这一重要的工具；语文课程同时还要容纳学生的生活经验，使学生与课程文本形成互动，影响学生的心灵和品德，构筑学生一生发展的文化基础。作为在语文中占有重要地位的阅读教学，就更应适应新课程的发展要求，在教学中实现工具性与人文性的统一协调发展。

三、语文阅读教学的新要求

工具性与人文性的统一不是使两者等同,也不是一方"吞并"或"同化"另一方,这种统一性体现在两个方面:一是工具性与人文性双方相互依赖,任何一方皆不可孤立存在和发展;二是两者之间相互贯通,这又首先表现为两者的相互渗透和相互包含。其次表现为相互转化的趋势,后者是对立双方内在统一性和辩证性的最深刻体现。有人打了一个比方,说这就像一张纸的两面:一面是工具性,另一面是人文性,任何一方面都不可能离开另一面而单独存在,它是一个统一的事物。或者说,工具性与人文性是一张皮,而不是两张皮。阅读教学的过程是学生思想、精神启蒙的过程,由于语言文学的特殊性,使得语文课程更贴合人的精神、情感、志趣、心向、态度、价值等人文特性,这意味着中学语文阅读全方位地影响学生整体人格的提升,启迪他们的心灵情操,拓展他们的心智视野,使他们更多更好地受到一种人性的、人文的、人情的教化。这样,语文阅读教学就不局限于单一的工具性,而提升为全面的人文性。伴随人文渗透的同时,学生慢慢习得了语言交往的技能和必要的语文知识。因此,阅读教学中应实现"基础工具与人文关怀统一"的目标。

四、语文阅读教学中"工具性与人文性的统一"的实现

教师在语文教学实践中要恪守语文姓"语"不动摇,切不可丢掉语言文字这个主体,而忽视对文本语言的理解、揣摩、积累和运用。关键是我们要让学生在品味文本语言的过程给学生以人文关照,让学生在获得语言智慧的同时,也能够得到人文精神的滋养。从而把人文性落实在工具性上面,使两者相得益彰,同生共构,促进语文素养的形成与发展。那么,在阅读教学中,如何找到人文性与工具性的结合点并能和谐地统一呢?

(一)阅读教学中要真正实现学生、教师、文本之间的对话交流

实现阅读教学中工具性与人文性统一的一个重要方面就是实现学生学习方式的转变,即改变传统的被动、单向、接受的学习方式,积极提倡自主、合作、探究的学习方式。这样的学习方式能真正实现学生、教师、文本之间的交流对话。而传统的教学方式有这样的特征:一是偏重于灌输,教师做滔滔不绝的讲解,很少考虑到学生的感受,把学生当成是贮藏知识的"容器"或"仓库";二是偏重于说教,即教师一厢情愿地去解释抽象的理念和理论,居高临下地教训学生,很少顾及学生的认知能力和情感因素,过分强调了教育的训诫教化功能;三是偏重于考问,即教师比较喜欢把教学内容演化为提问去单向考问学生,让他们亦步亦趋地诚惶诚恐地忙于

应答，很少给学生质疑问难、叙畅感受的机会。如此传统的教学方式能够体现阅读教学的工具性，却不能实现其与人文性的统一协调发展，而新的学习方式能使阅读教学真正实现阅读教学中学生、教师、文本之间的对话。所谓对话的教学，是指一种强调通过师生间平等、宽松的交流互动来达到学生自主合作和自由发展的。它是人格对等基础上的心灵相约，是相互信赖氛围中的精神交融，也是教学相长的过程。在新的学习方式中，实行开放式的阅读教学课堂，树立了学生的主体地位，以及自主意识和主人翁姿态，师生间具有真正意义上的平等，让每个孩子都具有独立的人格，学生就会产生对话意识和对话能力。一句话，只有建立在平等的基础上，课堂对话才能以石击石的火花迸射；以心连心的心潮相逐；以思促思的智力引爆；以情生情的激情奔涌。这样的课堂能真正实现阅读教学中的工具性与人文性的协调发展。具体到语文课堂教学，可从以下方面实施：

1. 扎根字词句实现二者的统一

字词句是语文构成的基础，字词句经典处集中体现作者深厚的遣词造句的功力，蕴含作者丰富的情感和审美价值，是语文的人文性与工具性的有机统一。语文学科的人文性与工具性的结合点就在对文本中字词句的理解。对一篇课文来说，人文性和工具性的统一是内在的，是客观的；对阅读教学来说，重要的是二者内在的统一，寻找并准确地把握二者内在统一的结合点，以此作为教学的起点，这是阅读教学实现工具性和人文性统一的基础。

2. 在朗读中追求人文性与工具性的统一

朗读是把书面语言转化为发音规范的有声语言的再创作活动，它是一项重要的语文基本功，能帮助学生理解和巩固课文内容，领会文章所蕴含的思想感情，提高学生的语言表达能力。朗读是引导学生领略课文蕴含情感的极佳途径。而学生富有感情的朗读本身就是其对语言文字有敏锐感觉的表现。中学语文课文形式多样，文质兼美，时代气息浓烈，人文内涵丰富，整篇课文充满美的魅力，孕育着美的情趣。因此，在我们的阅读教学中，教师应重视指导学生有感情地朗读，读出音韵，读出意境，读出趣味。

(二) 阅读教学中注意张扬学生的个性

阅读是一种再创造，它带有强烈的个性特征。没有个性的阅读，没有创造性的阅读，只是一种"死读书"。语文课程标准指出：阅读是学生的个性化行为，不应以教师的分析来代替学生的阅读实践。应让学生在主动积极的思维和情感活动中，加深理解和体验，有所感悟和思考，受到情感熏陶，获得思想启迪，享受审美情趣。在新课程标准的指导下，我们应致力于让阅读教学的课堂成为张扬学生个性的广阔

 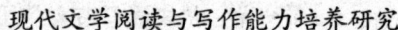

时空,注重培养学生探究性阅读和创造性阅读的能力。

1. 鼓励学生思维碰撞

阅读教学中,学生对课文的反映往往是多元的。课堂上我们要珍视学生的独特感受、体验和理解,坚持鼓励学生发表独特见解,发展求异思维。

2. 启发学生心灵交流

人们常有这样的体验:当读到一篇课文的感人之处时,有人往往会热泪盈眶或者是伤心落泪,而有人却无动于衷,为什么,因为阅读者带着强烈的阅读个性,阅读时融进了自己的独特情感、理解和体验。

3. 引导学生自主探究

阅读教学是学生、教师、文本间对话的过程。学生是学习的主人,是具有巨大潜力的生命个体。蹲下来走近学生,走进他们的心灵,做他们的学习伙伴,这是阅读教学中师生互动、师生互补、平等对话的前提。

(三) 要重视阅读教学中情感、态度、价值观的正确导向

语文课程标准指出:培养学生高尚的道德情操和健康的审美情趣,形成正确的价值观和积极的人生态度已成为语文教学的重要内容,不应把它们当作外在的附加任务。东西方文化的交流与生活方式的转型,对今天的中学生的思维方式、情感、态度、价值观的影响,有着极其深刻的内在联系,它同样会体现在今天开放的阅读教学课堂之中。随着阅读的个性化进程,中学生在阅读感情的自由表达中也往往是主流思想与非主流思想并存,似是而非的各种意念共存。应当说,中学生自我意识的增强,使他们乐于独立思考,敢想敢说,这无疑是好事,应当给予支持和鼓励。但是,他们的认识水平和判断是非的能力有限。要求中学生对所有问题都能识别得一清二楚也是不现实的。正因为这样,才使情感、态度、价值观的正确导向变得如此重要,而不可有半点忽视。

当然,对教师来说,更为困难的是面对开放的课堂,面对个性化阅读和自由表达时产生的情感、态度、价值观的偏离应如何正确引导? 如果只是做抽象的理性说教,即使学生表面上认可了,也并不能真正解决思想问题。正确的做法应当如《语文课程标准》所指出的,要提倡平等对话,在"珍视学生独特的感受、体验和理解"的同时,"注意熏陶感染、潜移默化",并经常地能够"贯穿于日常的阅读教学过程之中"。

另外,在阅读教学中,我们应该树立"大语文观"意识,从语言实践出发,引导学生在生活实践中体验,在生活实践中感悟,在生活实践中创新,在生活实践中培养他们的语文素养。我们可以通过口语交际、角色表演、课本剧表演、辩论等活

动,在活动中学习语文知识,形成语文能力,理解文本意义,获得情感体验,受到精神熏陶。让人文性与工具性同在,焕发语文的生命力。综上所述,充分利用语文学科的特性,利用各种教学方法,在教学实践中落实重点,贴近学生的心灵,走进他们的情感与精神世界,最大限度地发展学习潜能,提高学生知识水平和语文素养的形成,着力于人文性与工具性的平衡、和谐,我们的语文教学就能愈走愈好。

第四节　语文课程的综合性、实践性对文学阅读与写作的要求

语文是综合性、实践性很强的一门课程。语文课程本身的特点决定了课程目标、课程内容、课程实施的综合性和实践性。为了体现语文的综合性和实践性,《语文课程标准》要求语文教学要充分利用学校、家庭、自然、社会中的语文教育资源,特别是那些鲜活的、密切联系现实、密切联系学生生活经验的教育资源,拓宽学生的学习空间,增加学生语文实践的机会。

一、在阅读中强化语文课程的综合性、实践性

《关于语文课程标准的解读》一文指出:语文教学要大力改进课堂教学,变封闭为开放,加强与课外、与生活的联系和沟通;变读书、答问单调的形式为课堂上丰富多彩的语文实践活动:讨论、游戏、表演、展示、欣赏、评价。让每个学生动脑、动口、动手,让同学间有更多交流、合作的机会,使语文实践活动贯穿于教学的全过程,让小课堂连着大世界。教师要创造性地进行教学,一切课程资源、一切活动形式都能为我所用,将学校、家庭、社会语文教育形成一个整体,利用取之不尽、用之不竭的语文教育资源,在自然、社会广阔的天地里,引导学生不断获得学习语文的乐趣,不断享受成功的快乐。为此,在语文教学中除了课堂教学主阵地外,应进行大力度的改革,积极开展语文活动,这样会取得明显的效果。

(一) 强化课外阅读,让学生主动汲取

《语文课程标准》中要求:"学生九年课阅读总量达到400万字以上,阅读材料包括适合学生阅读的各类图书和报纸。"学生读课外书与一般成人的喜好不同,他们能够有条不紊地将自己的想法或听来的故事讲给别人听。这个阶段是想象力发展的顶峰时期,他们开始能够分辨现实和幻想的差异,并且对于是非善恶有自己粗浅的观念。此时学生的求知欲非常旺盛,对于课本以外的读物很感兴趣。若有充足的读物供他们阅读,将能培养他们爱读书的习惯。随着年龄的增长,孩子们对世界的认

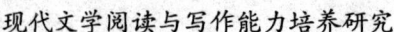

识更广泛，他们开始关心国际上的问题，对神秘、玄奥、超自然的内容也更感兴趣。因此，也就越发喜爱读课外书。

为了让学生爱读书，在读书中主动探求知识，形成自我阅读的习惯，培养学生自主学习的能力，比如在班上开展"六个一"活动：(1)设立一个语文学习园地。采用"园地交流法"，在学习园地上开辟"优美词句赏析专栏"，选登同学摘记的优美词句。(2)每个学生每星期读一本好书。(3)每个学生有一本读书笔记。记读书笔记时，主要要求学生采用以下几种方法："摘记法"：对优美词句应摘记在本子上，有空时经常拿出来看一看，读一读。"归类法"：对摘记的优美词句，记录时写人、写活动与场面、写景、状物、名言警句等归类。"交流法"：同学间定期交换读书笔记，把每个同学的读书笔记作为全班同学的共同财富。(4)每个学生每天记住一个成语。(5)每个学生每天有一节课左右的课外阅读时间。(6)每节课开始上课时，请一位同学汇报读书心得或知识积累情况。对学生积累的语言，用多种形式组织学生交流。学生在交流中不仅可以互相学习，更重要的是可在同学的赞赏中体会到成功的喜悦，激发积累语言的乐趣。

结合学校实际，提出"确定一个目标，发挥两处作用，培养三种能力"的措施，努力把学生的语文水平提高到一个新的台阶。(1)营造一种学习语文的气氛：大力宣传学习语文的重要性，创设一个良好的语文学习环境，真正调动学生学习语文的兴趣。培养学生自觉读书读报的习惯，培养学生自觉说普通话的习惯。培养学生自觉而又熟练运用祖国语言文字的习惯。(2)发挥两处作用：充分发挥图书馆的作用，让学生"博览群书"；充分发挥日记、周记的作用，让学生"勤于动笔"。(3)培养三种能力：培养学生认真工整写好字的能力；培养学生流利而有感情地朗读的能力；培养学生流畅地背诵优美的诗歌和散文的能力。

此外，还可以设立"阅读汇报课"。让学生畅谈阅读收获、体会。"阅读汇报课"不仅有利于巩固、提高阅读效果，培养良好的思维习惯和说写能力，还有益于相互启迪，共同提高，收到"奇文共欣赏""得失寸心知"的效果。在汇报课上，学生以口头谈收获、体会为主，也允许采用其他形式，使之乐于参与，增强效果。这样，不仅学生学习的主体地位大大提高了，学生爱学习、乐收集，而且学生语文的表达能力也会有很大的提高。

（二）借鉴优秀栏目，丰富阅读教学

根据语文课程标准要求，在语文课堂上，可借鉴中央电视台的一些品牌栏目，把它移植到语文课堂上来。

1. "课本剧场"

初中语文教材中有许多故事性很强的课文,这样的文章适于学生的表演;对于这类文章,可改编成课本剧,让学生担任课文中的角色进行绘声绘色的表演。在表演课本剧之前,让学生自己动手把课文改编成课本剧。改编的过程也是学生深入理解课文内容的过程。"课本剧场"也是一项综合性活动,它不但加深了学生对课文内容的理解,更重要的是锻炼了学生的合作能力、组织能力,培养了中学生勇于表现自我的意识。

2. "焦点访谈"

校园作为社会的一部分,也存在焦点、热点问题,而这些正是学生了解社会、认识社会的一条基本途径。因此,可以借鉴"焦点访谈"的形式,让学生担当小记者,用心观察、体验社会、校园的方方面面,在相互访谈中增长知识才干,锻炼自信、自强的心理素质。"焦点访谈"需要有采、编、谈、写等各种综合素质,这对学生是一个挑战,学生正是在迎接挑战的过程中培养了自信心、锻炼了能力。

3. "谈天说地"

"谈天说地"属于一个聊天和新闻发布性质的活动。每天语文活动时间,让学生谈论自己的所思所见。学生想谈什么就谈什么,但要有一个中心,把自己的意思表达清楚就可以。

开展这些活动的目的是提高学生听、说、读、写的能力,经过一段时间的实践,学生的各方面素质都得到了锻炼,特别是学生的语文听、说、读、写水平都有很大的提高。单靠语文课文的教学是很难达到这样的效果的。

(三)利用网络资源,引导学生阅读

语文是一门创造性思维颇为丰富的学科,学生一旦处于主动状态,必定会爆发出无限的创造火花。因此现代语文教育观提倡在课堂中以学生为主体,教学以人为本,充分开发学生的各种潜能,注重健全学生个性品质的形成,让学生在言语实践活动中真正"动"起来。

网络资源与语文教学的整合能够改变课堂教学模式,发挥学生的主体作用。网络资源与语文教学整合实验是依据教学内容和学生心理发展特征,创设教学需要的特定情境,有效地完成教学任务的一种基本的教学方法。在课堂教学中,恰当地使用网络资源是创设情境的最佳途径。学校校园网的建立,现代教育技术的应用,为教学创造了优异条件。网络资源以播音员朗读范文的动人声音,不但为学生创设一个多姿多彩的阅读世界,更激起了学生的写作欲望。如果我们在课堂教学中,根据教学内容和学生特点,恰当地创设情境,科学地组织学生的活动,确立科学、全面、

具体的教学目标，充分发挥多媒体的作用，让学生带着任务和目标进行资料查询，协作交流，使学生进行探究性学习，并在课堂汇报过程中，完成学生和教师、学生和学生的多向交流。心理学研究表明，当学生对学习产生了兴趣，便会引起大脑皮层的兴奋，促进各种智力因素的发挥，积极主动地学习，可见，兴趣在学习中的地位和作用是极其重要的。

当然，引导学生上网收集资料，学生创造性学习的能力也是需要培养的，不可一蹴而就，还要注意适合有一定年龄层次的孩子。《语文课程标准》在总目标中就写到：义务教育阶段的学生应该有"初步具备搜集和处理信息的能力"，利用图书馆、网络等信息渠道获取资料是第三阶段以上才要求具备的能力。

二、语文课程中的综合实践教学与中学生写作能力的培养

根据《义务教育语文课程标准（2011年版）》，初中学生的写作提出要感情真挚，能将自己对自然、社会、人生的真切体验和独特感受恰当地表达出来，同时要求学生能够多角度地观察生活，力求有创意地表达。综合性教学活动是在课程标准的基础上，合理选择教学素材，将学生的学习与生活综合起来，从而让课程从课堂走向生活，丰富学生的学习领域。

写作是社会发展的需要，是现代人应该具备的一种基本能力。它能充分体现学生的观察能力、记忆能力、想象能力、思辨能力和表达能力，是检验学生综合素质的重要工具，同时也是一个人综合能力最真、最好、最全面的体现。它能够最大限度地反映学生的真实水平，也能为将来的学习、工作奠定良好的基础。以综合实践活动的理念审视当前的作文教学，可以纠正现行作文教学模式封闭、肤浅单一的弊端，弥补学生素材搜集与情感体验的不足，激发学生的写作热情，激发学生讲实话、写真事、抒真情，充分展现初中学生作文的个性，激活作文教学，使教学活动和作文都呈现出一派多姿多彩的面貌。

（一）初中写作开展综合性教学的意义

根据《综合实践活动指导纲要·总纲（征求意见稿）》的规定，综合性教学是以学生的经验与生活为核心的实践性教学课程。根据《汉语写作学》的定义：写作是客观事物通过作者的主观意识在恰当的文字形式中的正确反映。初中写作综合性教学是指在学生的经验以及认知的基础上，结合语文教材资料，开展写作教学与训练，将学生的生活经验、生活情感等投入到写作教学过程中，在自主、合作、探究中学习的综合性能力。

综合性教学是新课程理念的重点，通过将写作教学训练与综合实践相结合，融

合教材中的写作内容，让学生在学习与实践中了解写作的技巧。对于初中学生而言，在写作教学中开展综合性教学，能够创建以学生为主体、有效开发教学资源、构建学生作文思维的教学方式。具体而言，综合性教学的价值主要体现在：第一，有利于发挥学生的主体性、综合性教学从学生的经验、情感、对生活的理解出发，逐步发展到对社会、对自然的关注与认知，能够充分发挥学生的主体探究性；第二，有利于开发教学资源，综合型教学具有开放性，能够发挥学生的思维能力，通过综合性教学将写作与阅读、实践活动相结合，能够进一步开发现有的教学资源，发挥教学资源的作用；第三，有利于构建学生的作文思维，初中学生具有表达自己的愿望，通过综合性教学活动，让学生以经典教材内容为指导，在不断练习的过程中，掌握写作的技巧与诀窍，构建学生的作文思维，通过作文表达自己对生活的感受与思考。

(二) 初中写作综合性教学原则

1. 坚持与学生为主体的教学原则

根据《义务教育语文课程标准（2011年版）》的教学建议，初中语文教学需要充分发挥师生双方的主动性与创造性，学生是教学的主体，也是写作教学的主人，为了提升学生的写作能力，需要以学生为主体开展综合性教学，激发学生的学习兴趣，培养学生自主学习的意识。综合性教学需要以学生为主体为原则开展教学，依据学生的身心特点，分析学生的差异，选择最适合学生发展的教学安排，充分激发学生的主观意识。写作是一个个性化的体验过程，综合性教学是培养学生主观能动性的教学方式，为了达到教学目标，需要以学生为主体，充分地发挥学生的主观能动性，通过情感体验、主观体验等方式开展教学活动，提升教学效果。

2. 坚持以生活为本源的原则

根据新课程标准，教师应该创造性地理解和适用教材，积极开发课程资源，灵活运用多种教学策略，增加学生语文实践的机会，让学生在生活中感受语文、体会情感、发现生活，开展综合性教学活动，使学生能够创意性地表达自身的感受。生活是语文的来源，对于写作教学而言，对生活的观察、对生活的感悟是学生写作的重要来源之一，通过表达对生活的感受，能够开启外界条件与因素，使学生的作文充满真情实感。因此在初中写作综合性教学中，需要以生活作为写作的本源，强调对生活的感知，以生活作为写作教学的素材，提升学生的写作能力。

(三) 初中综合性写作教学策略

1. 仿写经典课文语言，提升写作语言表达能力

课文是综合性写作教学的挂件素材，为了提升学生的写作水平，首先需要对教材内容进行分析，在品读、仿写等过程中，与学生的生活经验相结合，引导学生联

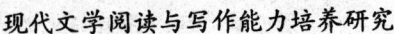

想课文内容，为学生的写作实践提供引导。综合性写作教学中，以经典教材为基础，引导学生为教材内容进行仿写，能够提升学生运用语言的能力，从而提升其写作能力。

2. 延伸课文写作，提升学生的写作能力

在课文材料学习的基础上延伸课文写作，培养学生的写作能力。在课文的阅读教学中，分析课文的结构、语言，让学生理解作者的观点，明确课文的相应内容，以此为基础延伸课文写作。

将综合性的教学方式纳入初中写作教学中，依照初中写作的教学原则，结合学生的生活经验、生活感悟、教学材料等开展综合性教学，提升学生的自主学习能力，增强学生的写作积极性。

第二章
初中现代文学作品教学现状浅谈

《中国大百科全书》对"阅读"进行了界定，阅读是一种从印的或写的语言符号中取得意义的心理过程，阅读是一种基本的智力技能，这种技能是取得学业成功的先决条件，它是由一系列的过程和行为构成的。叶圣陶曾特别强调阅读自觉的重要性："阅读要多靠自己的力，自己能办到几分，务必办到几分，不可专等教师抄给字典辞典上的解释及参考书上的文句，直到自己实在没法解决，才请教教师或其他人。因为阅读是自己的事，像这样专靠自己的能力，才能养成好习惯，培养真能力。"而经典作品是人类文化和思想的精神砥柱，是穿越时空的养料，具有持久的文化价值。初中生阅读经典作品，不仅能受到文学和艺术的熏陶，更重要的是能够"拓宽文化视野和思维空间，思考人生的价值和时代精神，增强使命感和责任感，培养科学精神，提高文化素养，努力形成自己的思想、行为准则"。这也体现出经典文学的教育价值。好的文学作品能够陶冶人的性情，潜移默化，培养人的美好情操，提高精神境界。

第一节　初中现代文学作品阅读的课堂教学

中学语文课的首要任务是学习语言文字的运用，提升学生的综合素养，为学好其他课程打下基础。而在语文课本中选取了一些优秀的现代文学作品，这些作品为学生使用语言树立了学习的榜样。通过学习，学生不仅能积累词汇，学习作者的写作技巧，提升自己的写作能力和表达能力，而且通过阅读这些作品使学生形成正确的世界观、人生观、价值观。这就需要教师引领学生走进去，再走出来，去获得自己所需的精神食粮，得到不同程度的感情熏陶和人格培养。

一、现代文学作品的基本概念

现代文学是在中国社会内部发生历史性变化的条件下，广泛接受外国文学影响而形成的新的文学。它不仅用现代语言表现现代科学民主思想，而且在艺术形式与表现手法上都对传统文学进行了革新，建立了话剧、新诗、现代小说、杂文、散文诗、报告文学等新的文学体裁，在叙述角度、抒情方式、描写手段及结构组成上，都有新的创造，具有现代化的特点，从而与世界文学潮流相一致，成为真正现代意义上的文学。

中国现代文学发端于五四新文学运动和文学革命。陈独秀、李大钊、胡适等人作为文学革命的先驱，以勇猛的姿态为新文学的诞生扫清道路。鲁迅发表的《狂人日记》等小说，对封建礼教"吃人"的本质做了极其深刻而形象生动的揭露和抨击，成为五四文化新军中最伟大和最英勇的旗手。郭沫若发表的《凤凰涅槃》等诗歌，具有强烈的战斗性和浓厚的积极浪漫主义色彩。白话散文方面，成就较为突出的是适应当时战斗需要而产生的文艺性短论——杂感（随感录）。

1921年以后，新的文学社团和纯文艺性刊物大量出现。成立最早、影响最大的是文学研究会和创造社，以及他们所创办的刊物。这时的文学在各个领域都有新品种、新风格产生，中国文坛呈现出百花竞开的繁荣景象。鲁迅的短篇小说《呐喊》《彷徨》达到了时代、民族思想艺术的高峰;《阿Q正传》等经典作品堪称中国现代文学的奠基之作。郭沫若的诗集《女神》给新诗开辟了一个广阔的新天地。

20世纪20年代末到30年代出现的无产阶级革命文学的倡导运动向文学提出了加强与工农大众实际生活的联系、自觉地揭示历史发展趋向、表现无产阶级理想等要求，笔触范围扩大了，描写工农的觉醒与反抗的题材增多了。产生了《子夜》《家》《骆驼祥子》等杰出的长篇小说，和标志着话剧艺术成熟的《雷雨》《日出》等。茅盾、巴金、老舍、曹禺、丁玲、艾青、臧克家、夏衍、何其芳、张天翼、沙汀、艾芜、蒋光慈等作家，在创作实践上获得了新的突破。

抗日战争与解放战争时期，毛泽东《在延安文艺座谈会上的讲话》的发表，标志着新文学与工农兵群众相结合的历史新时期的开始。出现了赵树理的《小二黑结婚》《李有才板话》，丁玲的《太阳照在桑干河上》，周立波的《暴风骤雨》，李季的《王贵与李香香》，贺敬之、丁毅的《白毛女》等优秀作家和作品。艾青、田间及七月诗派的诗歌创作，茅盾、巴金、沙汀、老舍、艾芜、路翎的小说以及曹禺、夏衍、陈白尘、宋之的、吴祖光的戏剧创作，在反映现实的深度、广度与多样化方面都达到了新的水平。中华人民共和国成立后，一大批优秀作家和作品纷纷出现，他们在题材、主题、创作方法、风格流派等方面的全新面貌，显示了新中国的人民艺术家为创造具有鲜明的中国特点的社会主义文艺所达到的新高度，社会主义文学在不断总结历史经验的过程中日益走向成熟。

中国现代文学充分吸收了历史传统的和外来文学的丰富营养。现代文学史上几乎所有重要的作家如鲁迅、郭沫若、巴金、茅盾、周作人、郁达夫、瞿秋白，等等，都参加了对外国文学的传播介绍。这种传播介绍在思想倾向上、艺术观念及技法上，对整个现代文学的发展产生了重要的作用和影响。中国现代文学的历史，从某种意义上讲，也正是中外文学相交融的历史，是在交融过程中建设民族新文学的历史。

二、现代文学作品在初中教材中的地位与作用

现代文学作品的最大特点是具有丰富的情感内涵。作家在文学作品中投入了深沉炽热的情感，文学故事中体现了人与人之间最普遍的情感。那至死不渝的忠贞，热情似火的浪漫，纯洁无瑕的童真，舐犊情深的母爱，山盟海誓的爱情，都使读者的心灵受到震撼，受到洗礼，受到启迪，从而激发出内在的激情，增强对世界、对人生、对情感的感受力。现代文学作品本身就是一种以真善美为目的的理想艺术，蕴涵着丰富的人文内涵，可以启迪人生，陶冶情操，塑造和净化心灵。尤其是有些作品更讲究以情动人，寓教于乐，通过生动的故事与读者产生心灵的共鸣，使他们在潜移默化中受到情感和人格的熏陶。现代文学是初中语文课程中的重要文体。在教材的选择、考试等方面，现代文学都占有很大的比例。现代文学的阅读与教学还有助于提升中学生的语文素养。

具体来说：(1)有利于接近中学生的认知水平。很多现代文学作品都显得平易近人，十分好懂，一定程度上来说有益于中学生接受和吸收。(2)有利于激发他们的学习潜能。现代文学作品一方面是以特殊的文学方式呈现的作者的思考；另一方面，在作品之中也体现了知识与思想的双重内容。既是文学的修养的锻炼，也是知识的接受与学习的过程，还是综合文化传承的过程。任何一项内容都有可能对学生的求知欲产生影响。(3)有利于将比较繁难的知识文化借助于他们喜闻乐见的形式进行有效的传输。比如有的科学文化知识，如果生硬地讲解或者传授，总不如文学来得生动可爱。如果要批判皇帝的刚愎自用，自我封闭，自欺欺人，不免枯燥无味，但是通过骗子的故事写出来，则产生了一种余味悠长的感受，这是其他任何形式的说教所不能产生的作用。(4)有利于借助适合的方式培养学生的整体语文能力。语文能力是可能从其构成来进行划分的，但是根据目前传统中国语文能力的实际培养方式来看，往往都是以整体的选文方式来开展。其中自有其根本的合理性。比如中国人的整体思维观，目前还未找到更好的方式。而整体的选文教学也自然包含了多种能力的训练载体。字词、语法、修辞、逻辑、篇章、段落、语意等都可在选文的阅读教学之中得以实现。

三、初中现代文学作品与中学生的语文能力培养

对于初中学生的语文能力构成，《语文教学大纲》《语文课程目标》都有较为清晰的说明。在实际的操作中，教师也有自己清楚的理解。应该说，学生自己也是比较清楚的。但是在具体的能力培养过程中，所有能力点的最终实现无不以作品阅读

的方式来呈现。而现代文学作品的阅读能力无疑是一个较好的突破口。因为学生的所有能力点几乎是包含在现代文学作品之中的。比如字词量的积累，对篇章的认识，对优意的理解，对文章章法的把握，对文意的解析，对写作方式与特色的感知，对作家作品风格的认知，对作者思想情感的体味，对时代特征的了解，对选文中的其他知识的获取，等等。大量的知识内容与能力内容都借助现代文学作品来呈现。可以说离开现代文学作品，要实现对学生能力的培养，可能会遇到相应的问题。重视现代文作品的教学无疑是学生语文能力培养的重要内容。

四、经典文学作品阅读教学对教师素养的要求

(一) 情感素养，饱满丰富

作为一名语文教师，对其情感世界也有一定要求，他们的情感必须饱满而又丰富。对于人生、生命和艺术始终要有激情，要抱着一种乐观豁达的态度，只有教师本人做到了这一点，才能把这种情感贯穿于生活，带入课堂，从而不知不觉地对学生产生正面影响，以无形的力量促进学生成长。另外，一位感情丰富的教师，能够敏锐地观察生活，感受生活，才能更好地融入生活，在生活中品味感动，然后尽可能地把这份感动传递给他的学生。如果一位教师体味不到这种情感，自己都觉得无动于衷，那么他又如何能将这份文学艺术感动传授给他的学生呢？所以在教学的过程中，教师必须是激情的、能够感受到经典文学中所包含的强烈情感，可以领悟同时感染学生，如此才能打造高雅艺术的教学氛围，学生们才能够充满激情地去学习、诵读经典，把自己想象成文学作品的"主角"，这样，教学的成效才会大大地提升。

(二) 语言修养，丰富多彩

经典文学作为汉语文学中的典范，体现了高度的语言艺术，必将与教师的魅力展现相映生辉，带领学生欣赏到语言艺术的动人风姿。因此，提高自身的语言水平是语文教师"一招绝活走遍天下"的不二法门。教师要尽量运用清新而有活力的语言，这种语言指的是教师不仅仅要注意语言的创新，同时，对于辞藻的运用要有一定的技巧，要用大家都比较熟知的语言，尽可能地避免用些生涩难懂的词语，尽可能地做到通俗易懂，使学生清楚明白。同时要充分发挥语言艺术的作用，语言要尽可能地精彩，只有这样，才能提高学生对语言的感知能力，获得丰富的语言素材，激发他们的学习兴趣，使学生的情感能够更好融入传统文化中。

(三) 品德涵养，广博深邃

"打铁还需自身硬"，习近平书记的这句话同样适用于语文教育，人文教育首先是思想的认知，然后是艺术的素养，作为教师，首先要感悟经典，洞悉人生，只有这样，才能解析传统与经典的广博和深邃，才能酣畅淋漓于其艺术魅力，进而感化、教育学生。所以，博览群书应是对语文教师的基本要求，厚德悟道应是教师的专业素养。具备了以上能力，语文教师才能把经典文学的要旨阐释给学生。教师成为文学巨匠的不乏其人，如沈从文、朱自清和闻一多，等等，他们都曾是大学语文教师，都因为具有广博的知识、深邃的思想而受到学生的喜爱。不苛求教师都成为文学巨匠，富有文学教育的专业性才是现代教育对语文教师合理的要求。

五、初中现代文学作品阅读教学内容的确定

（一）充分把握文学作品的特点，以文学作品本身的阅读为宗旨

文学作品是以语言为工具，以各种文学形式，形象地反映生活，表达作者对人生、社会的认识和情感，以唤起人的美感，给人以艺术享受的著作。作家运用各种艺术手段把从生活中得到的大量感性材料熔铸成活生生的艺术形象，辅之以想象（幻想、联想）和虚构，并始终伴随着强烈的感情活动。它与非文学性现代文的最大的区别有两点，一是它的"形象性"，二是它的"情感性"。因此，通过语言文字的解读，学生能够把握作品所描绘的形象，认识形象所反映出来的普遍意义，以及感悟作者通过作品形象所抒发出来的感情，也就是我们所说的"因文悟道"，不仅是途径方法的问题，更应作为文学作品阅读教学中最重要的一个基础目标。

（二）充分重视学生的主体地位，强调学生的自读自悟能力的发挥

只有学生的主体地位得到了实现，教学的应有之义才能得到更好的体现。教师的任何包办代替都是不能超越学生的自主学习的。而只有合理地引导，才能产生较好的教学效果。这里有一个教学观转变的问题。如果教师的教学观不转变，认为只有教师才能教好课，那么学生的积极性永远得不到应有的发挥，学生的主体地位也不能得到更好的落实。相反，教师的教学观转变了，学生的主体地位实现了，就能变教师为主体为学生为主体。所以初中现代文学作品阅读的内容要从题材上贴近学生生活，能够激发学生的学习兴趣，适合初中学生阅读，而且有利于学生的发展——学生通过某篇作品的学习，从中可学到一些具体的知识、得到一些具体的收获或受到一些具体的启迪，从而有利于促进学生在知识与能力、过程与方法以及情感态度与价值观这三个维度方面的具体发展。

（三）充分调动学生的积极性，重视学生的鉴赏评价能力的提高

阅读是收集处理信息、认识世界、发展思维、获得审美体验的重要途径。鉴赏是学生、文本之间的互动对话，是思想碰撞和心灵交流的动态过程。鉴赏能力的培养应贯穿整个初中语文教学的始终，要贴合语文学习的目的性、特征和规律，让学

生学会品味学习材料中所负载的信息,学会推求作者的写作意图。首先要注重学生朗读,提高感受能力。《阅读学》告诉我们:"要想深入理解,单靠他人讲解分析说明是不行的,必须以朗读体味,才能揣摩其内在意蕴。"因此,注重朗读,不但有助于培养学生的感受能力,而且可以更好地促进学生理解其深层意蕴。其次要抓住文学言语,提高感悟能力。文学以语言描写世界,作用于人的想象,是语言的艺术。老舍说过:"我们的最好思想,最深的情感,只能通过最妙的语言表达出来。"就诗歌而言,就正如王国维在《人间词话》中所描述的一样,'红杏枝头春意闹',着一'闹'字而境界全出。'云破月来花弄影',着一'弄'字而境界全出矣"。还有要注重艺术形象,提高想象能力。文学形象是指作品中呈现出的、具体的、感性的、具有艺术概括性的、体现着作家审美理想的、能唤起人的美感的人生图画。黑格尔说:"艺术的形式就是诉诸感观的形象。"刘熙载在《艺概·诗概》中说:"山之精神写不出,以烟霞写之;春之精神写不出,以草树写之。"就是说,思想感情、社会生活要借助一定的形象来表达。因此,在文学作品教学中,注重文学形象的特征,这不但能够使学生理解作品的深刻意蕴,而且能够促进学生想象能力的提高,实现创造性地理解、形象地阅读的要求。

六、初中现代文学作品教学的整体策略

在进行现代文学作品教学之时,不必事事讲究语文课程标准的具体内涵,而应该以文学作品本身的阅读为其宗旨。文学作品本身所具有的功能与特色应该得到更好的发挥,这样才能取法乎上,得乎其中。因为文学作品本身的价值要大于教学的价值。只有发挥其最大的价值,其本来的价值才能得到最好的实现。有的教师一开始讲课就以某某方法、某某做法为主要目标,这样开展讲课未免取法乎下,得乎其微。我们认为文学作品本身的学习与品鉴才是最终的目的。而能力自然应该包含在其中。

在教学文学作品之时,笔者认为还是应该强调学生的自读自悟与自修能力的发挥。教师首先应该明白,学生是学习的主体,应该尽可能地发挥学生的自主学习作用,而教师在教学过程中应该始终站在辅助的位置,帮助学生有效吸收知识。这样教师在进行教学之时,就能将教师的教转变为学生的学。学生就能主动发现问题,主动解决问题,提升自己的语文能力。辅之以教师的讲解辅导,就能得到更好的进步。

在教学现代文学作品时,要强调学生自读、自悟、自修的能力,教师要扮演领路者的角色。教师应加强对学生阅读的指导、引领和点拨,但不应以教师的分析来

代替学生的阅读实践，而是让学生自主阅读，所谓"读书百遍，其义自见"，教师不要以模式化的解读来代替学生的体验和思考，而且课文的内涵也是"仁者见仁，智者见智"，不必刻意要求统一见解。另外，教师应在阅读方法上给予学生指导，让学生逐步学会精读、略读和浏览。同时要增加阅读量，提高阅读品味。也就是说，在教学内容上要做到以学生为主，让学生通过语言文字的解读，能够把握作品所描绘的形象，认识形象所反映出来的普遍意义，以及感悟作者通过作品形象所抒发出来的感情。

第二节 初中现代文学作品阅读的课外拓展

语文课程标准指出："要重视培养学生广泛的阅读兴趣，扩大阅读面，增加阅读量，提高他们的阅读品味。"兴趣是学生最好的老师，是学生积极参与课外阅读的潜在动力和前提，孔子曾强调"知之者不如好之者，好之者不如乐之者"。对初中生来说，兴趣是最重要的因素，有兴趣才会引起注意，有兴趣才能激起情感，有兴趣才能发展能力。一个学生对阅读产生了兴趣之后，就会主动地去阅读一些有价值的书籍，热心地去参加各种语文竞赛活动，学生的语文能力也就会在阅读和活动中发展起来。

一、经典现代文学作品阅读对于提高学生语言素养的作用

阅读是一种比较复杂的心智活动，在阅读过程中，人的大脑时刻在进行思考，并从中汲取丰富的知识。不断地进行文字阅读可以使我们开阔视野，提高认识能力，而且还能够陶冶情操，培养品德，有利于在潜移默化中形成高品位的思想意识。在语文教学中，提倡经典现代文学作品的阅读，可以培养学生的良好语感、储备丰富的语言素材、强化大学生的交际能力，而且能抵制网络垃圾文化对学生的侵害。作为语文教师，有责任把优秀的文化传授给学生，用正面的文化影响学生。经典作品对于提高学生语言素养的作用：

1.诵读经典可以培养学生良好的语感

叶圣陶指出："文字语言训练最紧要的是训练语感。"我国经典现代文学作品中的诗词歌赋饱含语言的美感，读起来朗朗上口，韵味无穷，集中展现出中华民族语言的艺术魅力。如果语文阅读教学中，能够引导学生配合音乐来诵读经典，让学生在抑扬顿挫中感受语言之美，必然能够提高学生自身语言的美感，从而提高他们对语言艺术的感悟能力。

2.阅读经典现代文学作品能为大学生提供丰富的语言素材

不善言辞是当前很多学生的一个通病,根源在于他们没有语言素材方面的积累,导致语言驾驭能力低下。经典作品是装满精美词句的"语言仓库",语文阅读教学是帮助学生积累语言、发掘"语言仓库"的最佳途径,熟读经典作品之后,学生在表达时才能引经据典,旁征博引,笔下有神,出口成章。

3.阅读经典现代文学作品有利于增强学生的交际能力

现代教育观认为,高等教育不仅是"专才教育",同时也是"通识教育",即"素质教育"。现代社会生活节奏快,在交往中需要快速、准确、规范地来传达信息,这要求生活在现代社会中的人必须具备较高的语言驾驭能力。"言之无文,行而不远"即是对表达文采的要求,假如我们提供给别人的都是干瘪生涩的词汇,必然会降低别人对你的关注度,影响自身有效地对外传递信息。如果能够从经典作品中汲取语言的精华,并在交往中自然、得体地加以运用,含英咀华、衔华佩实,那么在社交场合中就会多一分儒雅风趣的谈吐,少一丝无言以对的尴尬,从而让高超的语言技巧为自己的交往服务,提升自己的社会地位,显然,这对于学生来说是非常有益的。

二、加强中学生课外阅读经典现代文学作品的有效措施

(一)培养学生养成批注的阅读习惯

阅读不能浅尝辄止,它是学生的个性化行为,需要阅读者全身心地投入,阅读教学的重点也不是知识的掌握,内容的了解,而是培养学生具有感受、理解、欣赏、评价的能力。因此,阅读应该放手让学生自己去感悟、理解,学会欣赏与评价,提高学生主体的参与度,这样的阅读教学才是有效的。批注式阅读不失为一种好方法,或提出问题,或写下自己的感想,以引起阅读的专注,促进阅读的深入,正所谓"不动笔墨不读书",在读中思,在思中悟,悟中再读,做到鲁迅所说的"眼到、口到、心到、手到、脑到",这对于加强学生自主阅读,满足不同程度学生对语文学习的需求,开发学生学习的潜能,发展个性,培养学生良好的阅读习惯和方法具有良好的效果。不但课内阅读要求学生这样去做,而且要引导学生将这种阅读方法运用到课外阅读中去。

(二)指导学生学会分类阅读方法及其他有效阅读方法

所谓的分类阅读,就是根据文章不同的文体或体裁,采取不同的阅读方法,找准所阅读文本的切入点,提高阅读的效率。新课程理念下的教学内涵是多层次的,而群文阅读与课内阅读、课外阅读相结合的教学方法的人性化关怀不单是一个人或两个人的个别行为,它需要教师、家长、学生、学校甚至整个教育界、整个社会来

共同关注和为之努力。同时,课外阅读教学较之课堂教学来说,因为其阅读领域的不断扩大,阅读对象的不断更新。所以,需要我们摸索完善的地方还有很多,期待会有越来越多的人加入这个课题的研究与探讨,认真实践群文阅读与课内阅读、课外阅读相结合这个深广厚重的领地,把新课程理念下的中学语文教学推向一个新的高度。

其他有效的阅读方法大致可以采用下列几种方法:(1)快速浏览法。对于那些篇幅较长或内容不是很重要,但学生又必须了解的文章,采用此法。一般只要求了解内容概况、文章主题、主要的写作方法等。(2)仔细精读法。对于那些文质兼美、篇幅又不长的文章,可以采用此法。这类文章可以通过对语言的品味,构思的揣摩,进而把握文章的内容和作者的情感、写作的特点,从而获得知识和受到情感的熏陶。(3)读书笔记法。这是一种深化阅读,把读与写结合起来的阅读方法。比较贴近生活,对于易引起学生感触的文章,采用此法。可以在运用上述两种方法之后来进行,也可以通过阅读专门研讨写作方法之后,指导学生写出读书笔记。

(三)多种活动促进阅读,激发阅读兴趣

促进与激发学生进行课外阅读的活动很多,这里介绍两种:(1)美文推荐欣赏活动。每位同学从自己的课外阅读中选取一篇自己认为最好的文章推荐给全班同学。推荐者可以对文章进行全面的介绍,也可以从某一角度入手进行推介。这样,推介者为了向其他同学介绍该文,必须深入透彻地阅读,而如果其他同学听了介绍后,产生了兴趣,也会找来细细一读,即使不去读的同学,听了介绍,也对该文有了初步的涉猎与了解。活动促进了阅读。(2)课外摘录和读书笔记的交流活动。定期组织对阅读摘记和读书笔记的交流,既是阅读方法的交流,也是阅读效果的检验。通过交流,同学们可以互相学习,互相促进,共同提高。同时,也是对课外阅读情况的一次互查。有利于促进课外阅读的进一步开展。

(四)采取有效措施,培养阅读习惯

家长和教师对学生的课外阅读不够重视,再加上当前中学教学中普遍存在着学生课业负担较重的情况,要让学生自觉地去进行课外阅读是困难的,尤其是倡导课外阅读的初始阶段。必须向学生提出明确的阅读要求,帮助学生制订相应的课外阅读计划。一般可以从以下几方面明确目标:(1)保证每天一定的阅读时间与阅读量。当然,是因人而异。(2)做到"不动笔墨不读书",也就是要在阅读的同时,养成做读书笔记的习惯。可以摘抄名言警句,也可以摘抄精彩片断,还可以在自己的书上圈点勾画,或做批注。(3)精读的文章还要写读书笔记、读后感或评论,达到读写结合,以读促写的效果。(4)在阅读的同时要善于思考。古人云:"学而不思则罔。"阅

读并不是仅仅把书看一遍，还必须要求学生对书中或文中的内容有整体把握，对文章的遣词用句、思想内涵、写作背景、写作意图、写作方法、人生启迪等有比较细致的思考。对上述一系列要求做到定期检查、不断督促，通过长期强化，培养学生养成课外阅读的习惯。使课外阅读成为学生学习生活不可缺少的一部分，直至最终成为自身的一种生活需求。

（五）多方面争取，为学生创造良好的阅读条件

教师要努力为学生创造课外阅读的条件，让学生在自由的空间，幽雅的环境中舒舒服服地进行课外阅读。为学生提供阅读场所是改进阅读教学的最好途径。具体做法如下：

1. 充分利用图书室

图书室是学生读物的主要来源，信息时代要求学校要提高学生利用图书馆找到所需信息和知识的能力。有了图书馆，可以组织学生上课外阅读指导课，这样能够让学生感受到图书馆是一个学习的乐园，是获取知识较佳好场所。

2. 为了弥补学生书源的不足，教师可动员学生把个人的图书暂时存放在班里，组织学生自己管理借阅

"图书角"设在教室一角，课间课余随时借还，十分方便。也可采用"流动图书箱"的办法，由各班干部轮流负责图书的保管、借阅工作。为了介绍图书，也可以组织学生举办图书展览，把被介绍的图书陈列出来，同时展出学生整理编写的宣传图书的资料。资料可包括"图书内容提要"，作者简介"时代背景"等，这样就为学生创造了良好的阅读条件。

3. 推荐优秀读物，培养学生选择书刊的能力

结合课文教学向学生推荐优质读物，动员学生订阅有关报刊，营造有书可读，有好书可读的环境和氛围。在推荐课外读物时应加强与课内阅读的联系。现在许多少年读物，要么一味迎合学生，要么板着面孔教训学生，真正对他们有指导性的书太少了。教师可通过设"读书角"，教师带头捐书、买书，学生踊跃献书，并发挥学校图书馆的作用等形式来营造良好的读书环境。教师要认真阅读少儿书刊，并结合学生的实际，画出重点文章，有针对性地推荐给学生或组织学习。当然，也可以发动同学提供信息，推荐好书报或好文章。要针对不同年龄儿童的特点，向他们推荐图书。同一个主题的读书活动，不同年级的学生，推荐的书目应该有所不同。即便是同一个年级，由于学生阅读水平的差异，推荐的书目也应该因人而异。

（六）给学生提供自由阅读的空间

《语文课程标准》强调：教师要"培养学生广泛的阅读兴趣，扩大阅读面，增加

阅读量，提倡少做题，多读书，好读书，读好书，读整本的书。鼓励学生自主选择阅读材料"。事实证明，优秀学生的语文能力大都得益于课外，许多专家学者杰出的写作能力和阅读能力也主要是通过大量的阅读获得的。因此，应该让学生的课外阅读建立在自觉、自需的基础上，教师不断给予评价、激励，激发学生的阅读兴趣，养成良好的阅读习惯，为学生夯实文化底蕴。保证学生要有充分的读书时间，以保证学生的课外阅读量。教师布置课外阅读作业要精，要针对学生的实际情况，分层要求，不搞"一刀切"。学生语文能力的提高要靠广阔的知识背景的建立和丰富的课外阅读的积累，并且人的内部存储量的大小决定了人的思维是否敏捷。学生在家的阅读时间要保证阅读的质量及数量，养成阅读习惯。

  提倡自主阅读，还给学生阅读的自由，在教师正确的引导的，让学生的阅读空间更广、阅读时间更充分、阅读内容更丰富、阅读收获更显著。中学生的年龄特征决定了他们的阅读范围。学生一般喜欢看小说、言情故事、科幻类的书籍，而对唐诗、宋词等古典文学的精华却感情疏远。新课程标准不仅要求学生阅读现代文学作品，还对学生的古诗诵读提出了明确要求。因此，教师有必要指导学生有目的、有计划、有针对性地学习唐诗、宋词等古典文学的精华，增加学生的语言积累，丰厚学生的文化底蕴。"激励和促进学生个性最优化发展"是新课程的核心理念，因此，教师必须时刻关注、激励每一位学生阅读方面的进步，为他们提供储备人文素养的源头活水。读求突破，阅读不能只停留在认读阶段，要运用联想来理解和鉴赏语文课文的和谐美、结构的严谨美、语言的简洁美、构思的创新美，是培养学生联想和鉴赏力的好教材，通过归纳来提升，将抽象概括、表述的问题转化为学生自己更清晰的语言阐述的问题，领会其中蕴涵，着的丰富的思想；要从阅读的内容中触发出创造的欲望，最终要超越教材本身。总之，新课程背景下，新时代要求下。阅读已经成为我们生活学习的一部分，是教学的一部分，也是我们获取精神食粮的重要源泉，我们应该重视。阅读教学方法不应该是千篇一律的，而是看课文内容，看学生的实际水平，通过各方面的训练，逐步培养学生的阅读能力。

第三节 初中现代文学作品阅读教学实践中存在的问题

  文学教育应该是语文教育的一个非常重要的方面，尤其是现代文学作品的教学更应该受到高度重视，但现实的状况却是文学教育严重缺失，现代文学作品的教学已经被异化为考试的工具。对当前初中现代文学作品教学困境与出路的研究不仅可以让我们了解当前初中阶段的现代文学教育现状，更可以让我们寻找到一些解决现

实问题的方法与对策。阅读教学的重要性不言而喻。这项教学任务的目的是让学生通过系统化的训练提升自身的技能,从而把这种学习行为升华为一种良好的习惯。同时,在优秀书籍的熏陶下,学生的思想感悟也有所提高,而人文情怀也可在潜移默化之下形成。当前新一轮的教学改革环境下,初中语文现代文学阅读教学水平普遍有所提高,但是依然存在着一些问题。如,许多阅读课堂仍旧被传统的枷锁所羁绊。再者,许多教师不能清楚阅读的本质与学生的能力,而选择不科学的教学方式。这些问题都让阅读教学的效果大打折扣。面对问题的存在,语文教师不能逃避、含糊,而是需要勇敢迎接挑战,提升自我的素养、调整教学方式,从而让阅读课堂的教学能够真正起到作用。

一、初中阅读课堂教学中存在的问题

(一) 阅读课堂机械化

许多教师的教学理念未能跟得上新课改的水平,而依旧束缚于传统。在该模式的课堂上,教师依旧是主体,学生处于机械性接收信息的状态。因此,阅读课堂的有益之处未能发挥出来。阅读课堂的真正意义在于,通过教师的建构情景引导与学生自己建构情景理解,从而一同走进文章的情感世界中。而当前的阅读课堂与这种意义性大相径庭。归根究底,原因在于当前的阅读课堂是一种教师把自己的阅读感悟传授于学生,学生记录下教师整理好的读书笔记,紧接着,学生把现成的思想知识加以背诵、默记。这种教学模式磨灭了学生的语文灵性,让思维彻底机械化。而新课改的阅读理念则是要求教师适当放手、注重引导,让学生在自习中探讨。因此,如果上述的传统模式的弊端依旧不能引起教师重视的话,阅读课堂将失去其创设的初衷,成为流于表面的摆设。

具体来说,课堂机械化表现在以下几个方面:(1)重知识灌输,轻整体阅读感悟。在有些教师的教学设计中,阅读教学是肢解成五花八门的知识点汇聚,文章的思想、文章的结构、文章中每一处的细节描写等,教学中将阅读分析细化为若干个知识点的巩固,而不能引导学生从整体阅读方面进行感悟。虽然学生完成了相关知识点的学习,但是没有从整体上有效感悟文章的内涵,这是导致学生阅读能力停滞不前的重要因素。(2)重教师讲解,轻学生自主探究。在部分教师的教学过程中,只听到教师滔滔不绝地讲个不停,较少有启发学生思维的环节,或是对学生的提问处于浅表层面,深刻性不足,教学的主要目标是依靠灌输模式进行。教学中,学生的思维活跃性相对较低,对阅读理解的深刻性、全面性大打折扣。(3)重阅读分析,轻写作技巧渗透。阅读与写作联系较密切,将其联合起来,能够有效推动学生语文综合能力的发展。部分教师没有在阅读分析过程中重视学生的写作技巧渗透,将阅读和写作技巧割裂开来。教材中蕴含诸多写作技巧的范例,如果没有在阅读中引导学生感悟这些内容,将会对学生作文写作能力的提高产生消极影响。

(二) 多媒体教学的滥用与文本对话的"缺失"

随着新课改的深入践行,多媒体得到普遍的运用。在语文阅读课堂上,许多教师也引入了多媒体教学。然而,许多教师未能掌握好度,致使过犹不及、适得其反的局面。具体而言,当前,许多多媒体教学与文章的思想本质背道而行,而一味追求人文情怀的培养。许多学生未能立足阅读本身,只是满足于多媒体所带来的丰富多样的视觉享受。这无疑导致语文的工具属性被淡化。而学生在课堂上并没有学会相应的阅读技能。

《全日制义务教育语文课程标准》中明确指出:"语文教学应在师生平等对话的过程中进行。""阅读教学是学生、教师、文本之间对话的过程"。"对话理论"源自巴西的教育学家保罗·弗莱雷,他认为在传统教学活动中,学生就像一口缸一样是一个"存储装置",而老师担任的角色就是"灌水者",教师与学生之间的教学互动模式为"存储—灌输—存储",教师的教学先是自身存储,之后"让学生不断地接受、记忆和重复储存材料","对话理论"正是针对传统教学活动中的"灌输—存储"模式提出的。这一理论要求教师与学生,即整个教学活动的参与者都是以一种自主、探索的形式来完成教与学的活动,每个人都可以在教学过程中重新获得自我意识,开始批判性地看待、认识周围的世界并积极寻求改造自身及周围的环境。

首先,在自主开放的热烈回答问题的过程中,学生根本没有自己的思考,大家都在迎合着老师的要求,在课本中寻找一些不需要思考的答案,回答着"明知故问"的问题。其次,学生后面的回答貌似是在与教师、与文本对话,提出自己的想法与观点,颇具创新的意味,但是这种没有引导的、哗众取宠式的回答其实已经严重偏离了课程设置的初衷,没有起到教育引导的效果,课文的真正内涵没有得到挖掘。最后,整个"对话"过程缺乏真实情感的体验,更缺乏思想的碰撞与交融,文本实际上游离在学生思考的范围之外。

(三) 教师对阅读教学认识不清

部分教师对阅读教学的认知程度有限,只注重对教材内容的讲授,而学生只能被动地跟随,通过死记硬背的方式掌握知识,没有办法领会阅读的技巧,这样的教学方式根本起不到效果。且阅读的范围太过局限,在教学过程中,都是以教师的讲解为主,忽视了对学生自学能力的培养,导致学生在阅读理解能力上得不到提升,领悟能力不足,进而写作水平也无法提高。另外,部分教师阅读教学观念落后。阅

读的过程是与作者进行心灵对话的过程，通过阅读能够体会文章作者想要抒发的情绪，感受文章中蕴藏的含义，使灵魂受到熏陶。部分教师将自身放在教学的主导地位，而学生只能被动跟随，长此以往，会让学生失去学习的主动性，同时，这种教学方式也忽视了对学生独立思考能力的培育。

某些教师对阅读教学的理解概念较狭隘，将主要精力集中在课内阅读指导上，忽略了学生非常重要的一项促进资源，那就是课外阅读积累。"书读百遍，其义自见"，在丰富的课外阅读中，学生不仅可以积淀文学底蕴，对于提高领悟与分析能力的帮助也较大，这一块资源的缺失对学生阅读能力的提高会产生消极的影响。

二、针对阅读教学存在问题的应对策略

（一）突出"以人为本"的教育观

"以人为本"教育观在经过充分的实践后，被证实是最具效率性的教学模式。基于此，评估当今的语文课堂实效性的标准也不再是过去的"分数"。而语文教师也需要转变教育方式。结合文本，培养技能，才是语文教师应有的态度。在当前的语文阅读课堂中，亟待落实这一方略。首先，教师需要通过多样化的手段提升课堂的趣味性。通过寓乐于学的方式，让学生愿意打开阅读模式。其次，教师需要腾出时间，让学生有充足的时间建构文学世界。再次，教师需要弱化"分数"意识，而强化阅读过程的重要性。最后，很重要一点，教师需要根据学生的接受程度，设计阅读进程。在阅读教学过程中，老师先要对阅读教学有一个很好的认知，同时，还要注重教学内容的扩展。例如，老师可以结合学生们的生活实际来进行课文讲解，此外，还可以将学生在阅读教学中体会到的真理应用到生活实践当中，从而实现对知识的拓展。

（二）立足文本，剖析文本

上述提及，传统的教学是教师一人整理、归纳、传授知识的过程，学生处于机械化接收信息的状态。而有效的阅读教学方式应该是学生与教师共同建构情景，走进文本。针对此，教师需要淡化自身的课堂主权意识，鼓励学生积极思考、踊跃发言。而达到该教学模式则需要教师建立良好的师生关系，让课堂民主，气氛活跃。教师需要端正教学理念，重视语文工具性的作用，让学生扎实语文基本功。总而言之，阅读课堂是一种复杂的行为活动。阅读的书籍包罗万象，有时候学生会因为阅历的缘故而感到费劲。这更需要教师学会建构情景，引导学生理解文本中作者所传达的思想本质。唯有如此，教师才能够充分发挥阅读课堂的优点，以达到让学生的技能、感知都向新的层面提升的效果。

(三) 重视阅读教学的实施

在语文的学习中，许多教师容易忽略阅读这一项重要的内容。阅读对语文的重要性，不言而喻，对此，笔者不再拖沓累赘。教师需要做的是，在课时安排上，提升阅读课堂的位置。而在阅读课堂上，教师需要重视学生的全面发展，关注学生的心理、情绪。同时，教师需要重视阅读课堂的质量，以学生积极参与为教学目的设计阅读环节。当学生对阅读内容产生厌倦之情时，教师便不强求，根据学生的心理，重新选择素材。当阅读课堂处于一种和谐、活跃的氛围之时，其效果自然显著。教师要改善教学观念，利用多种教学方法引导学生自主阅读。首先，是情景教学。这一教学方式适用于阅读难度较高、学生接触比较少的题材的阅读。因为学生还不具备较高的理解力，且老师在讲解上也有一定的难度，所以，配合使用多媒体情景教学就能够很好地弥补这一点，让学生对文章有更好的理解。其次，在教学过程中，老师可以通过对文章关键词和关键句子的讲解，让学生掌握文章所要表达的重点，以及作者想要抒发的情感，从而掌握全文内容。

总而言之，教师需要运用现代的教学理念武装自我，根据学生的实际情况，选择适合自身、课堂的教学风格。当前，阅读教学中存在着诸多的问题，但是这并不意味着阅读课堂会停滞不前。在新课改的影响下，许多教师都进行反思，并对阅读课堂不断地进行研究。阅读课堂也将在曲折的道路上不断完善、前行。

三、初中现代文学作品阅读教学中存在的问题

(一) 教学流程过于模式化

现代文学作品的创作有其独特的规律，因此，在教学中，教师应当运用多样化的教学方法引导学生分析文本，提高鉴赏文学作品的能力。有的教师在教学时将学生视为被动接受知识的容器，对文学作品进行生硬的分析，如分析写作背景、人物特点和文章结构等，导致文学作品的教学失去了原有的韵味。我国传统的语文教学方法讲究诵读，普遍认为"书读百遍，其义自见"，事实上，今的学生难以做到对文章的精读，语文教师在课堂的教学过程中，应该对文章内容进行分析，同时也不能忽视了对文章表达的义理的讲解，只有引导学生学懂了课文，读透了课文，才能使学生在面对新的文章时，能通过自主的分析了解到文章表达的道理。

(二) 给作品中的人物形象贴标签

优秀的文学作品蕴含着丰富的人文价值，作者在塑造典型人物形象时往往体现了其对社会的解读、对自然的认知、对人性的思考。学生在阅读文学作品时，通过品析文本中的语言文字能够获得独特的感悟。然而，有的教师为了教学方便，常常

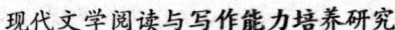

给文学作品中的人物形象贴上标签,导致学生无须开动脑筋思考,就知道了答案,抑制了学生的个性化解读。

(三)教学手段过于注重形式

由于现代文学作品具有一定的艺术性,因此,在教学中,教师应该灵活运用教学策略,引导学生深入解读文本。然而,在实际教学中,有的教师追求教学方法的灵活,如采取小组合作学习、情境表演等形式展开教学,这些流于形式的教学方法只停留在教学的表层,无法引导学生深入解读文学作品,无法全面关注学生的个别差异。阅读是学生的个性化行为,学生对文本的解读会因个人的喜好,能力的高低而产生差异。在自主阅读过程中,教师因为要完成课堂教学任务,课堂上小组、自主探究的发言者常常是优等生,往往忽视了中等甚至中下水平的学生的理解感悟。因此教师组织学生自主探究学习时应当承认这种差异,从而更有针对性地、更有效地采用不同的方法,促进每个学生的发展。

四、夯实教学薄弱环节,切实提高现代文学阅读教学成效

语文的阅读教学需要学生能够对文章内涵进行深入挖掘,进而把握住文章的整体思路。在教学过程中,教师要鼓励学生阅读现代文学作品,并对学生的阅读方法加以指导,通过系统地指导学生进行现代文学作品的阅读,增强学生的阅读能力,从而提升学生整体的语文能力。

(一)激发学生对现代文学作品的阅读兴趣

为了培养学生对于现代文学作品的阅读兴趣,教师要在指导学生阅读的开始,就为学生确立明确的阅读目的。要让学生明白,通过阅读现代文学作品,可以提高他们对阅读材料的分析能力,开拓他们的文学视野,对他们的语文思维和表达能力都有所帮助,从而使得学生的阅读积极性得到加强。在学生阅读现代文学作品的过程中,教师要给予实际的指导,让学生形成认真读书、积极动脑的好习惯,从而让学生一生受益。另外,教师要以培养学生阅读兴趣,开阔学生文学视野为出发点,及时地为学生推荐适合他们的读物。例如描写半封建半殖民地时期的旧中国、资本主义道路走不通的《子夜》,描写中国知识分子众生相、揭露人性弱点及社会荒凉的《围城》等现代文学作品,和一些名人传记、优秀报刊等。使得学生通过对广泛的现代文学作品的阅读而养成浓厚的阅读兴趣,从而领略到语文的独特魅力,提高他们的语文水平。

文学作品彰显了一定的艺术性,因此,教师在教学时要避免教学形式的单一化,而应当采取有效的教学方式,激发学生的阅读兴趣,引导学生深入文本,品味文本

中的语言文字，获得独特的情感体验，只有这样，才能提高学生的阅读能力和鉴赏能力。

(二) 合理设置阅读要求，提高学生阅读水平

学生阅读现代文学作品是一个需要不断积累的过程，因此教师在进行阅读指导的过程中，要有计划地对学生设置一些阅读要求，以此来加深学生对文章的理解，提高他们的阅读能力。在学生阅读现代文学作品的过程中，教师并不是阅读过程的旁观者，对于所提问的文章，教师首先要认真阅读，根据自己的理解，适当地为学生设置阅读要求，并在讲解过程中与学生一起分享阅读的心得体会。例如，阅读鲁迅的《狂人日记》时，教师要首先熟读文章，清楚地了解文章的内容及意义。然后在学生阅读之前，提出几个问题供学生在阅读之后讨论：主人公"狂人"为什么会有疯疯癫癫的思想？作者通过"狂人"的形象，想要表达什么？学生带着这样的问题去阅读文章，就会循着问题而主动地联系文章的写作背景，挖掘文章内在的含义与本质，从而得出正确的答案。这种通过教师设置阅读要求来指导学生进行现代文学作品的阅读方式，有效地加深了学生对文章的理解能力。

(三) 运用正确的阅读方法，加强中学语文现代文学作品的阅读理解

教学中教师生硬地分析文学作品，不仅占用了大量的教学时间，还会令文学作品失去原有的韵味。因此，在教学文学作品时，教师要采取有效的教学方法，引导学生领会文本内涵，而朗读就是一条有效的途径。学生通过朗读文学作品，品味文本中的语言文字，进而领会文学作品的内涵。要达到这一目标，教师必须淡化对文学作品的分析，强化学生的朗读，凸显学生的个性化阅读体验，在朗读中引导学生品味语言文字，从而提升其对文学作品的鉴赏能力。

作为一名合格的教师，应该能够"授之以渔"，将教给学生阅读的方法与能力作为自己最终的任务。使用合适的阅读方法与方式，能够正确理解所阅读的文学作品的内容，可以有效地增加学生的阅读兴趣。教师是学生进行阅读的指导者，所以有义务让学生在大量的阅读训练中掌握阅读要领，找寻出适合自己的阅读方法，从而获得最佳的阅读效果。在阅读中根据读物的性质选择略读或是精读的方式。所谓的略读，是指教师只给出文章的提纲，由学生自己去体会。而精读则是指教师进行精细的指导。在指导学生进行现代文学作品的阅读时，教师应该懂得因材施教，依据两种阅读方式的原则，因人而灵活运用。教师在给学生灌输先进的阅读原理时，比如向学生讲授"阅读主体"在"接受美学"原理中的概念和功能时，要提倡学生进行个性化阅读，不能阻碍学生自生的发展。而是应该以学生为中心，让学生有机会根据自己的生命体验与生活经历有个性地发展，对所阅读的文章获得不同的感悟与理

解，最终令学生懂得阅读也是一种十分有个性的可再创造的活动。

(四)积极进行小结评价，扩大中学生语文现代文学作品的阅读面

在这一环节中，运用各种检查奖励的方法来准确衡量学生掌握阅读的情况，从而达到提高学生阅读能力的目的。中学生在进行阅读时，不但想在最短的时间内就有较丰富的读书心得，并且希望得到老师与同学的赞许和认可，以满足自己的成就感。教师可以根据学生这一特点组织学生在阅读后进行互相交流并评议从中获得知识，学会正确的阅读方式并巩固自己的阅读兴趣。例如，教师在教授朱自清的《荷塘月色》一文，可以先向学生提出一系列的思考问题，比方说作者在文章开头为什么会"心里颇不平静"，为什么在到了家门口，"突然吓了一跳"等。然后给学生预留出自己思考的时间进行自学，并让他们根据自己的理解来解答这些问题。然后教师再组织学生进行讨论，最后让学生自己总结各个同学的发言并评议，这样既可以让学生展示自己的所学，又可以给学生提供向其他同学学习阅读方法的机会。

另外，教师可以鼓励学生互相交流所读的现代文学作品。学生可以将自己喜欢的某篇文章介绍给大家，并将自己的感受及见解与同学们一起交流与分享。或者学生可以组成小组，根据文章内容把文中故事改编成剧本，并表演给大家看。还可以通过举行讲故事竞赛、朗诵比赛、读书经验交流会等活动来激发学生的学习热情。在这些活动当中，运用竞赛的方式进行评价，并使得学生阅读现代文学作品的全程都有评价。通过评价使得学生更加重视现代文学作品的阅读，最终提升学生全面的语文素养质。

中学语文现代文学作品的阅读是语文教学中比较重要的部分，是素质教育的必然要求。所以说教师与学生都应该重视现代文学的阅读，在有目的、有计划地组织学生进行中学现代文学作品阅读时，应注意激发学生的阅读兴趣，合理设置阅读要求，也应注意培养学生科学的阅读方法，拓宽阅读的全面性，从而有效地提高语文阅读能力，丰富教学课堂并发展学生的个性，最终达到提高学生阅读水平的目的。

第三章
初中现代文学作品的阅读与鉴赏方法

第三章　初中现代文学作品的阅读与鉴赏方法

对现代文学作品阅读鉴赏的教学过程与方法的揭示是建立在对现代文学作品阅读鉴赏学习的过程和条件基础之上的。现代文学作品阅读鉴赏学习是极为复杂的多重对话过程，在教学中要遵循一定的原则和方法，这样最后才能实现培养学生鉴赏技能的目标。

现代文学作品阅读鉴赏学习是极为复杂的多重对话过程，为阅读鉴赏学习而设计的教学，应遵循以下原则：(1) 阅读教学与鉴赏教学相互渗透原则。学生鉴赏文学作品首先接触到的就是作品的字、词、句、段、篇等外在形式，学生必须通过阅读学习，理解了字、词、句的意义和篇章结构之后，才有可能进入到高一级的欣赏。因此，一般的阅读教学重在对作品外在形式和思想内容的感知和概括，而鉴赏教学则重在"披文入情"和"析文析情"，重在体现文学作品的多义性、模糊性和不确定性，重在情感的熏陶，这是二者的区别，但它们又是彼此渗透，你中有我、我中有你地交融在一起的。(2) 阅读鉴赏教学的过程与结果并重原则。文学鉴赏的学习目标是在教师、学生、编者、作品之间的多重对话过程中实现的。鉴赏能力的实质是有关鉴赏的高级规则的获得，因此，既要注重过程，又要注重结果。情感态度和价值观目标则是以学生感受语言重建形象为基础，通过与作品发生情感共鸣等极为复杂的相互作用来实现的，它的习得要经历接受、反应和价值性格化等阶段，因此更应重视学习过程。(3) 阅读鉴赏教学的认知与情感统一原则。文学作品是通过其丰富的历史人文内容实现其认识功能的，但它又具有强烈的情感内蕴，对学生的情感态度价值观具有巨大的影响，因此，鉴赏教学中必须坚持认知与情感的统一。

以下将以文学体裁为分类原则，具体分析阅读和鉴赏现代文学作品的方法。

第一节　小说作品的阅读与鉴赏

文学体裁小说是以刻画人物为中心，通过完整的故事情节和具体的环境描写反映社会生活的一种文学体裁。作为反映社会生活的一种文学体裁，小说有其自身的特点，那就是：故事情节完整，人物个性鲜明，环境描写逼真，主题思想深刻，构思角度精巧。

一、中国现代小说概述

现代的中国小说，其主体是五四文学革命中诞生的一种用白话文写作的新体小说。中国现代小说是承继了中国古典小说，但同时又是在现代生活的土壤上汲取营养的产物，所以它既是民族的，又是现代的"新"小说。因此，要在这个认识前提下建立起分析评论作品的思想性标准。一切显示了反帝反封建倾向的创作，不管是何种流派，何种风格，不管是倾向于社会主义的，还是民主主义的和爱国主义的，它们都是现代进步文学大潮中的一部分。只有这样看问题，才会避免在思想上苛求于前人的偏颇，才能看清现代小说发展的丰富多彩，才能理解接受在小说创作上，在形成从鲁迅到茅盾直到赵树理的现代小说主流的同时，又有"京派"小说、"新感觉派"小说的发展，还有"鸳鸯蝴蝶派"小说、民族主义小说家创作的兴衰。

当分析一篇具体作品的时候，对于其创作方法特点的把握是很要紧的，甚至常常成为体察作品思想内涵和感受作品艺术美的关键。在中国现代小说创作中，各种文艺思潮包括各种创作方法，如浪漫主义、自然主义、现实主义、象征主义以及其他现代主义都曾产生过影响并且呈现出融合渗透的趋向。如沈从文的《边城》写的是一个世外桃源，那里没有尔虞我诈的倾轧，没有争名夺利的纷扰，当然，更没有如火如荼的阶级斗争。在有些理论批评家看来，它脱离了现实生活，它的背景和人物都是不真实的。但是，我们应该注意到，《边城》所用的不是现实主义的创作方法，它是一部带有明显理想色彩的象征性抒情小说。在这个"理想世界"中，民风恬静、和谐，民情古朴、淳厚，生活在那里的人物也是重义轻利，正直热情。可以说，这是在一个深刻的层面上表现作品的真实性。

一部优秀的文学作品是一个思想和艺术的复杂整体。现实生活的多样性，感情世界的丰富性，社会环境的复杂性，艺术审美的创造性形成了结构的复杂性。在叙事性作品中，结构的中心环节是故事情节的安排。而现代小说的艺术结构则呈现出千姿百态多样化的发展。越来越多的短篇小说采取了横断面切割的剪裁方式，就是长篇小说，也常常运用穿插倒叙等更富有跳跃性富有表现力的结构。更有一些小说的结构突破了时空限制与事物发展的自然顺序，仅随心理情绪的波动而随意拼接。以郁达夫的《沉沦》为例，其情节叙事因素不过是"我"的所见、所闻、所感的印象，是片段的连缀，不仅量少，而且结构也松散随意，却恰到好处地表现了一个既承袭着传统文化伦理价值观念，又渴望和追慕现代文明、现代生活方式的知识分子那种矛盾困惑的感伤心理。

作家沙汀指出："一般地说，一个作家的作品，最能引起读者关心，对读者影响也最大的，首先总是人物。作家也每每在人物塑造上付出他的绝大部分精力。"在现代小说中，栩栩如生的人物形象是比引人入胜的故事情节更具有价值的基本要素。因此，对小说的分析、鉴赏也要特别重视人物的分析。例如，《阿Q正传》中的阿Q，他所处的具体环境就是半封建半殖民地旧中国江南的一个小镇——未庄，这里纠结着封建社会各种复杂的人际关系，阿Q正是在这张人际关系网中的一个特殊的网结。正是在这种具体的生活环境中，才形成了阿Q既痛苦屈辱，又麻木不仁，热衷于"精神胜利法"的复杂的性格特点。

我们强调要把作品作为一个艺术整体来认识，但是艺术鉴赏又不应放过作品中任何有意义的细节描写。小说里的细节不是无关紧要的细枝末节，而是构成艺术整体的细部，是构成情节链条的一个又一个环节。鲁迅是运用细节的高手。《风波》中的九斤老太的口头语"一代不如一代"画活了一个贫穷愚昧，又顽固守旧的形象；赵七爷头上那根放下来的辫子不但揭示了这位封建遗老的反动本性，而且借此掀起了一场偌大的风波；六斤的饭碗打破了一个大缺口，"七斤直跳起来，拾起饭碗，合上检查一回，也喝道：'入娘的'，一巴掌打倒了六斤"。表现的是七斤在贫穷中养成的吝啬的粗俗习性。

不同的审美感觉方式与艺术表现手法，不同的题材内容与创作形式，必然要求以与其相适应的语言来表现。如鲁迅《伤逝》中那浸透了缠绵悱恻、自怨自艾情绪色彩的语言，《故乡》和《社戏》中那因回忆而带着感伤情调的文字。又如茅盾小说语言的理性色彩，叶圣陶小说语言的冷静沉稳的色调，以及钱钟书小说语言的机智和机巧性的行文风格，无不让读者读来满口芳香，爱不释手。

二、接受美学与现代小说阅读

接受美学认为，文学作品的意义不是由作家独创的，而是由作家和读者共同创造和完成的。文学文本的正确解读应主要由读者自己来领悟、来受益、来完成。这一接受理论强调读者的接受和再创造，承认了读者的能动创造，这与中国目前语文教学中强调"以学生为主体"的教学思想颇为吻合。因此，运用接受美学来指导小说鉴赏是大有好处的。

(一)"人"学之质

文学乃为"人"学，在教育中，它应包含两个层面的意思，一是指小说教学是以人为本的教学；二是指教学以"人"的分析为中心。简而言之，小说为人文文本，小说教学自当崇扬人文精神。当今中国基础教育里，对人文存在太多人为的歧解。真言课堂，师生不虚伪、不矫揉，解放人性精神，舒展自由灵魂，此方为语文教育

中最大、最迫切的人文。语文教育非要培养庖丁解牛式的"剖"文的熟练工，而应极大可能使被教育者的思想情感日臻成熟乃至完美。文学乃是人类自我张扬的工具，张扬文本生命不能付出扼杀生命实体的代价：小说的鉴赏需要一种自在状态。没有生命的自在便不能有生命的饱和。这是理性与民主的现当代小说的书写立场，亦是解读立场。

接受美学有云：文学活动是作家、作品、读者三个环节的动态过程，作品的价值与地位是作家的创作意识与读者的接受意识共同作用的结果。如此，语文课堂生态中，作品的第一受众（教师）与第二受众（学生）的内涵便不能平面地等同于传统意义上知识的传播者（教）与知识的接受者（被教），他们首先应在同等地位上即同时作为"读者"的角色参与鉴赏；然而"教育"这个特殊情境的设置又在客观上决定了师生在共同参与鉴赏时实际地位的不平等，教师在承担自我鉴赏的同时，还必须承担辅助学生鉴赏的责任，因而教师在鉴赏课的组织中又必须跳出作者、作品、读者这三个环节的动态过程，以高屋建瓴的姿态，以美学研究者的角色意识参与鉴赏，不仅要以作家的创作意识、作品的内容形式为研究对象，而且应尤以读者的接受意识为重点研究对象，唯有如此，我们的鉴赏方能有的放矢，也唯有如此，我们的鉴赏品格方称完善。其次，以"人"的分析为中心。现代小说作者的重要任务是塑造典型人物，以其作为反映生活、承载思想主题的重要手段。

（二）情节诱惑与深度体验

好文章不仅是结构活着的方式，文字活着的方式，更是思想活着的方式，精神活着的方式。语文课堂对话不仅应含有师生对话、生生对话，与教材编写者的对话，与教材内容的对话，更有与历史时空的深远积淀的对话，与历史人格的厚重宏大的对话，高山仰止，景行行止，从而升华而成一种恢宏伟岸的精神品质。

青年作家摩罗曾道："他（指俄罗斯历史上敢于和暴政相对抗的伟大的人，如赫尔岑等）的力量来自全体人民的人文理想和整个民族的历史良知。"中国的优秀人物却不曾得到赫尔岑式的条件和幸运，无论是谭嗣同、陈天华，还是李九莲、顾准，他们无不在缺乏精神滋养和力量源泉的绝境中无望地死去。当代中国要想诞生真正的精神巨人，必当回归人文母体，教育始尔，理性与民主的现代小说教学例当始尔。

粗放的现代小说教学将学生导向情节的爬梳，实际上，情节并非现代小说创作匠心独在，典型概念的介入，语体的变革，文本的自省与文体实验都使现代小说较之古典作品有了更多审美维度；同时，小说不同于诗歌、散文和议论文，它具有情感立场的内隐的特性。因此，现代小说教学指导的一个重要方面是颠覆文本与建构自我。关注情节，解构文本的语言、内容、结构、表现技巧等为小说鉴赏的必经之

第三章 初中现代文学作品的阅读与鉴赏方法

途，然解构的目的在于重构，重构一个参与鉴赏者"自我"的新的文本体系，即引导鉴赏者在鉴赏作品的过程中从潜意识里求取"自我"性质的内容，从而达到"审美"的境界：或获得情感的满足，或获得理性的满足，或者是智性的满足，从而在一种"惺惺相惜"的共鸣状态中不自觉地与作品"拥抱"，以期更深入地解读作品。当然，仅是"找到自我存在"并非鉴赏的最终目的，小说鉴赏的意义应在从表象的"外审美"而至本质的"内审美"，即教师有目标牵引阅读受众的思维和情感在不同的层面上立体地展开，使之在比较"作品自我"与"现实自我"中，超越自我认识的局限，从而达到深入文体重构"自我"认识的新境界。

"有一千个读者就有一千个哈姆雷特"。尽管小说鉴赏的结果千差万别，然一次成功的鉴赏，其结果总可以大致表现为两种心理状态，一种是"有我之悟"，另一种是"无我之醉"。这两种结果间不管存在多大区别，却有一个共同的心理取向，那便是强烈的自我中心价值取向，鉴赏者始终将鉴赏对象置于自我参照系中，因此，纵观鉴赏的全程，无疑是一次心灵游历的过程。如果将创作比作是"生命的摆渡"，那么指导鉴赏便是"二次生命摆渡"，是鉴赏主体的"生命参悟"：面对作品，深深掘进自我的存在，解构自我—比照自我—拷问自我—提升自我，经由"是我—非我—是更新的我"的心灵审视，获得新知。

深度体验的另一层面是广读、博读。罗烨《醉翁谈录》的"小说开辟"说：夫小说者，虽为末学，尤务多闻。非庸常浅识之流，有博览该通之理。观照当下，一本必讲教材，一本选讲教材，薄薄数百页，用去语文教育一学期数百节课务。面对此情此景，韩军曾激动地说，五四后现代语文教育，循复一反三为圭臬，造成十几代、几十代中国人，少年青春光阴流逝，民族智力惊人浪费，触目惊心！百年中国，还有比这更大的浪费吗？现代语文教育痴迷举一为主，少举三或不举三，更是造成数十年来语文教坛"不读书、唯做题"的最根本原因之所在。愈执迷举一，则必愈推崇讲析。勘字酌句，必在求"深、细、透"上费光阴。痛心的是，今日，浩浩960万平方大地，所有语文课堂仍如此，800字至千数字之文，老师都不厌其"繁"讲析3节课共135分钟，甚至更长时间。而，愈推崇举三，必愈讲求数量，求感悟，求内化。积累、积淀，莫求深解、莫求甚解——天下本无甚解，大鹏展翅，"风之积也若厚，则其负大翼也有力"。

深度体验的其三层面是阅读生成写作。要让学生在阅读小说中获得更高层次的精神满足，写作是更行更远更深之途。以写促读，以写促思，以写促悟。学生在写的过程中，经历了由肤浅到深刻、由局部到全面、由感性到理性的历程，从而提升思维的品质、审美品质与价值判断品质。不过，对于本来就缺乏思想资源的中国

49

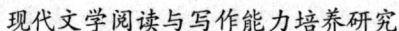

现代语文教育来说，写作"外势突围"由来久矣。文字的伪圣化与野蛮化成为当下学生写作的两大痼疾。母语教育实质就是精神教育。当下，中国的文化母体走入了"一个可以由此而生，一个可以由此而死的大时代"（林贤治《人间鲁迅》）。写作如何由外势走向内觉，由技术走向人性？如何唤醒学生内在的生命写作，让写作不仅反映为"文字的存在"，更成为"思想活着""生命行走"的方式，应成为语文教育人格化进程中的一个标志化主题。现当代小说的教学与写作务须相辅相成。不要再让我们的学生成为文化的孤儿，游荡在空旷死寂的心灵荒原上。

三、阅读与鉴赏现代小说的方法

（一）以人物为核心

小说是写人的，必然展示鲜明的性格，而人物的性格命运无不反映社会面貌。因此，读小说不仅要准确掌握人物的个性特征，还要透过这些特征了解社会。

分析人物可以从以下几个方面入手：(1) 注意人物外貌特征的描写。如在《宝黛初会》中对王熙凤的描写。写服饰，先概括了通体形象：彩绣辉煌，恍若神妃仙子。再做铺张的描写，从头饰、颈饰、裙饰、服饰四个方面极力铺陈。这种浓墨重彩的描写，既显示出了她的华贵、得势，又暗示了她的贪婪与俗气。这样，人物形象就呼之欲出了。(2) 注意人物语言的个性化。如《孔乙己》中，通过个性化的语言描写，表现出孔乙己自命清高、迂腐不堪、自欺欺人的性格。(3) 注意人物行动的描写。人物性格和人物行动是统一的，行动细节的分析常是把握人物性格的一个重要方面。如《药》写刽子手康大叔卖人血馒头的一系列动作：嚷、抢、扯、裹、塞，表现出康大叔不耐烦的心情；抓过、捏一捏则写出他抓钱数钱的熟练动作和贪婪，以及凶恶的灵魂。(4) 注意人物心理的描写。心理描写直接提示人物的思想品质，如《项链》中对玛蒂尔德大量的心理描写就揭示了她的小资产阶级的虚荣心。通过心理描写的分析，能准确把握人物性格，进而了解小说的主题。

（二）抓住环境描写

环境描写是对人物活动的环境描写和事情发生的背景描写。环境描写包括自然环境描写和社会环境描写。自然环境描写主要是对人物活动的时间、地点、季节、气候和花鸟虫鱼等场景的描写。社会环境描写主要是对人物活动的具体处所氛围和人际关系的描写。《孔乙己》小说中经典的社会环境的描写就是对咸亨酒店格局的介绍，交代孔乙己生活的社会环境，渲染了"短衣帮"与"穿长衫的"两个泾渭分明的社会群体，表现了社会严重的阶级对立，人与人之间冷酷的关系。作者刻画这样一个势力、冷酷、虚伪的社会环境，渲染了一种冷漠悲凉的社会气氛，为情节的发展奠定了基础，预示着人物悲剧的必然性。咸亨酒店可以说是当时中国黑暗的半封建半殖民地社会的缩影。

（三）研读情节

研读情节就是看小说写了一个怎样的故事，这个故事是怎样发端的，又是怎样铺垫发展的，以及小说的高潮何在。在高潮中，人物的精神面貌得到怎样的展现。故事的结局怎样，这个结局是在意料之中，还是在意料之外，这个结局又说明了什么，或者启示读者领悟到了什么。情节是人物行为的表现，研读情节就是为了展现人物，明确主旨。

（四）理解作品的思想主题和意义

小说的主题不是像标签一样明显地张贴在作品的前头，而是蕴藏于作品的所有艺术形象之中，它有待读者寻找、挖掘、获得。读者对小说作品主题的理解有一个由浅入深、由薄到厚的过程。有些小说的主题不是单一的、可确定性的，而是立体的、多层次的、不确定的，需要读者结合自己的实际理解。例如有人少年时读《水浒传》，看到的是打斗；青年时读《水浒传》，看到是的抗争；中年时读《水浒传》，看到的是命运。

（五）品味语言特点

品味语言特点要看懂词句所表达的基本意义，要着重理解小说语言中所隐含的信息，多角度地分析语言所蕴含的深层意义。要从内容和形式的结合上品味语言，从词语的表层意义入手，琢磨言外之意，分析深层意义。作品语言主要包括作家的叙述语言。叙述语言是小说中最能体现作家风格的地方之一。杰出的小说家多为语言大师。如鲁迅凝练深刻，契诃夫幽默简练，孙犁清新明丽，沈从文则古朴而典雅。把握住了文章的整体语言风格，就能更好地领会全文乃至每句话的深刻含义。分析人物语言时，应注意人物的性格特征，个性化的人物语言没有不符合人物的身份、地位和性格的。

（六）注意表现手法

这一点与散文阅读有很多相似之处，如掌握结构、语言、风格、流派等。小说阅读更应该注意描写上的特点，人物心理、语言、动作的描写，以及构思的特色，微型小说更应注意结局的特色。

（七）感情与收获

在阅读过程中，读者可能有所悟、有所感，或动情、或明理，这些感悟犹如灵感的火花一样，稍纵即逝，阅读者如不及时抓住，感悟就很可能溜走，而当你需要或回想时，却无迹可寻。可以采用转战批注法、精彩片段法，写读书随笔、札记、

读后感、人物评论、羽、艺术评论等，也就是读与写紧密结合，心要灵，手要勤，笔要新，这样日积月累，随着读书量的增多与质的深入，必将会提高阅读水平与能力。有些学生不重视积累，往往是读后就抛掷一边，时间长了，就忘得差不多了，只留个大概，没有真正的收获，需要引起注意。

第二节 散文作品的阅读与鉴赏

散文是与小说、诗歌、戏剧并列的一种文学体裁，它可以是抒情、叙事或议论。它既可以如小说般写人叙事，有多样的表现形式；也可以写的像诗歌般直抒胸臆，充满着意境美；或者如议论文那样有明显的论点和论据。所以在散文的学习中，不光能提高学生写作散文的语言能力，培养审美情操及感悟能力，还有助于提高学生对其他体裁作品的鉴赏能力和思维能力。初中语文教材选用的散文都为一些文质兼美的佳作，通过这些散文作品的阅读和鉴赏，可以帮助学生了解并掌握各类型散文的不同特点，感受到散文的文情并茂，并得到情感熏陶和艺术感染。

一、散文及其基本特征概述

散文的概念有广义和狭义之分。广义上讲，散文包括诗歌、骈文之外的一切文体；我们所说的散文概念应当是狭义的概念，是与小说、诗歌、戏剧并列的一种文学样式。按表达方式和内容的不同，散文可以分为写人叙事、写景状物、抒情写意、议论随笔等四大类别。写人叙事类散文是指以记叙为主要表达方式，以人物、事件为主要表述对象，借写人叙事以抒情写意的散文；写景状物类散文是以描写为主要表达方式，辅之以记叙、抒情、议论、说明等手段，以表现人文环境、自然景观和特定物件为主要内容的散文；抒情写意类散文是以抒情为主要表现手段，辅之以描写、记叙和议论，重在作者主观情感抒发的散文；议论随笔类散文是指用来表现作者思维成果、显示理性哲思的散文。散文的基本特征是"形散而神不散"。所谓"形散"，是指内容散、章法散、笔法散；而"神不散"则是说题旨鲜明，意蕴通达。不论内容怎样"散"，总有一条线索贯穿始终；不管结构笔法如何散，总有内在韵味、情趣笼罩着全篇，或清新、或隽永、或华美、或古朴。虽情趣各异，但主旨仍高度统一。中华散文源远流长，名篇佳作灿若繁星。20世纪至今的一百多年来，社会生活激荡，各种思潮风起云涌，散文创作更是云蒸霞蔚、气象万千，阅读和学习经披沙拣金而遴选出来的经典名篇，对于读者感受百年来时代的风云际会，提高对于人生真谛的认识陶冶情操、净化情感、升华哲思，体味和掌握字字珠玑的美丽文字和写作技巧均有一定的意义，除了展卷而至的惊喜、愉悦，还会有掩卷长思时获得的许多意想不到的收获。

二、初中散文的审美性阅读

所谓散文审美性阅读教学是，在中学语文散文体裁的课文阅读教学中，教师依据散文的审美规律和学生的心理结构特征，把握审美实践的特点，进行教学策略选择和学习方法指导，使学生顺利进行审美心理结构的建构与积淀，从而促进学生的智力心理结构和伦理心理结构的相应发展。力求在一种和谐自由的气氛下进行文本、教师、学生的互动交流，使学生在审美愉悦的情感体验中丰富完善人格心理结构，并形成自觉建构的能力。初中语文教学活动是以教师为主导，学生为主体的教学活动。它关注的不仅仅是目前、眼下的考试内容，它关注的更多的是理想个体的生存与发展。既有教师对价值的引导，又有学生的自主建构，对培养人发展人可以起到十分重要的作用。

（一）散文审美性阅读教学的意义

1. 体现教学的要求，实现教材编写的目的

在教学过程中，培养学生热爱祖国语文的思想感情和民族共同语的规范意识，提高道德修养、审美情趣、思维品质和文化品位，发展健康个性，形成健全人格。中学语文教学大纲以及教材修订指导思想都明确指出了审美情趣和健全人格的培养，而散文审美性阅读教学正是通过指导学生对散文进行审美性阅读实践，从而将人导向自由，推动学生人格心理结构健全发展。其开放性、和谐性与大纲要求和教材编写目的相适应。

2. 充分发挥延伸性，促进学生学习

与诗歌、戏剧，小说一样，散文是生活的艺术真实再现，作为一种文学样式，从取材到人生体验，以及生活画面，艺术上与诗歌、小说等文体都有相互补充、交叉的特点，散文审美性阅读教学对于其他文体的阅读教学有借鉴意义。在散文阅读教学中建构的审美情感、审美知觉、审美意志，这些审美心理结构层次对其他文体教学同样有理解建构的作用，同样能够促进整个阅读教学的效果。另外，学生课外阅读时间少，相对长篇小说和诗歌，散文的可读性强，易懂易读，费时少。因此散文的阅读教学对中学生课外广泛的阅读有延伸作用。

3. 适应中学生的心理特征，有利于学生学习

中学阶段，学生正处于心理剧变的时期，其心理特征表现在：学生的抽象思维发展到新阶段，思维的独立性、批判性有了显著的发展，在学习和讨论中，有探求

真理的需要，但有时看问题过于片面和主观；其情感更加丰富、深刻，开始能够体验作品中人物的内心世界，有较深刻的审美判断的能力，同时审美需要和审美能力大大增强，热爱美、追求美成为中学生生活的一部分；学生的自我意识加强，能够对自己的活动和行为进行自我认识，还能通过内省来进行自我评价、自我监督和自我教育。

散文审美性阅读教学注重文本的主体特征，发掘作家主体的自我生活感受、情感体验和生命意识。这些细腻的人生体验、深刻的哲理思考、气势开阔的论辩之风，与中学生心理发展的半成熟状态的需要相吻合。他们有生理基础和心理基础去面对这些美，同时也渴求用这些美去补充丰富他们的心灵，散文的美还能提高学生的审美趣味，抵抗外界的不良影响。

（二）散文的审美性阅读教学的策略依据

散文的审美特征和阅读主体接受心理的独特规律决定了散文审美性阅读教学的必然性，决定了散文审美性阅读教学必须将散文的审美规律与学生的主体实践规律结合起来，因此散文审美性阅读教学必须以此二者为依据进行教学。诗歌、小说、戏剧、散文，各种文体都有内在的美的规律，各种文体的美具有交叉性，同时又有其独特性。这种不同文体的共性美为欣赏做了铺垫和沟通，而其特殊的美的规律又是这种文体得以生存的根基。散文审美性阅读教学的宗旨在于开拓学生的审美心理结构，因此在教学中要注意充分运用美的规律来进行教学，以便学生能够从整体上系统地把握、感知散文美，增强对散文文体美的敏感性，从而丰富自己的审美经验，发展建构审美心理结构中的各个层面。

1. 散文的"真我"抒情美

散文的首要审美特征就是它的"真我"抒情性。散文所写的是抒情主体"我"的所见所闻、所思所想，散文是作者有感而发的文体。散文的"真"不仅是作者性情的真的体现，而且所写的景、事、理、人亦全是作者经历的，并非作者塑造、虚构的。另外，散文的"真我"还体现在其"第一人称"的叙述手法，主观抒发色彩浓郁的描述笔法，有"我"则"散文味儿"即在，无"我"则就会变成新闻纪事、小说等。从"真我"抒情性这一特点来看，散文是可遇不可求的，必须与作家的心灵等同，仰仗真挚的情感和独到的体悟。

2. 散文的内化美

散文的内化美决定了散文审美性阅读教学必须注重感悟。教师应指导学生从整体上去把握散文的内涵，不能仅仅停留于文字层面，停留于景色描写、人物刻画、事件叙述。而应该对这些景、人、事之间的情感逻辑关系进行探求，从而体会到作者蕴于文字中的情思和生命体验，以及更深层的哲理启示，更为丰富的言外之意；不能像教外化特征明显的小说、戏剧那样，把重点放在人物性格分析，社会生活关系分析，尖锐的矛盾冲突分析；也不能像讲诗歌那样，由情出景，将散文的实写讲成了虚构、想象。散文的内化倾向决定了它的抒情性，以及象和联想的丰富性，但散文的想象是随着情感铺展，所思所想都是生活事实，或亲历，或历史上的故事，是为了表达、传递作者的思想。诗的想象更多跳跃，更多是以虚出实，力求构造诗意，不惜种种假设。另外，诗传情达意还借助节奏的反复、双关、隐喻等语言结构的变形。在散文审美性阅读教学中，教师必须把握散文的特点，注意文体教学的侧重点和独特性。

3. 散文的自由美

"在所有文体中，散文是最为自在悠闲的"，无论是取材立意，还是结构布局，或者表现手法的运用，它都少有僵化刻板的规范、格式和限制，一切以作者的感发为中心。散文最接近诗，然而与诗歌相比，有诗意和美句，但不像诗那样讲求跳跃跌宕，讲求节奏格律的严格要求。散文也写人叙事，但不似小说、戏剧讲求一种虚构设置，讲求情节、开端、高潮和结尾要求，明显完整的矛盾冲突线索，而是选取现实生活中的一个横断面，对日常生活的所见所闻有触动，信手拈来，生发开去，或侧重表达含义，或追求传达哲理或描摹一种景物，运笔如风，不拘成法。散文联想丰富，开合自如，似乎很散，但这些联想和想象总是一个有序的过程。形散是外在的现象，也是散文的自由所在，魅力所在，神聚则是形所依赖的本质，正是神使这些联想显现出心灵的光彩。

散文教学不能忽视其形散神聚的自由美。教学中教师应调动学生的思维，启动学生的想象，跟随作者的联想、想象进入作者的心灵世界，培养学生寻找情感联结点，把握作者展开文思的脉络，体味心灵自由美的能力。教师一方面要启情；另一方面要教给学生循文入情的方法。除此之外，还要鼓励学生探究、质疑、创造想象，实现思维上的自由，解读上的自由。接受美学认为，只有融入了学生个体生命的解读，文本才真正有了生命力，才能真正地完成。因此学生对文本的亲身体验、独特感受应得到教师的肯定，只有实现了解读的自由，才是教学中真正地抓住了散文自由之美的审美特征。

第三节 戏剧作品的阅读与鉴赏

戏剧作为与诗歌、散文、小说并列的一种文学体裁的"戏剧"实指剧本（戏剧

文本），剧本是舞台表演的依据，阅读、欣赏优秀的剧本是一种美好的文学熏陶和享受。中国戏剧历史悠久，在漫长的发展过程中，逐步形成了一个独特的体系，在结构、语言、表现手法等方面都有特定的要求和术语，要提高欣赏戏剧的水平，就必须对戏剧"行话"有大概的了解。中学阶段主要培养学生欣赏戏剧剧本的能力，学生除了要把握戏剧的概念和特征、历史、种类等方面的知识，还要把握矛盾冲突，抓住悬念，领悟意外，注意发现，体味突转，留心铺垫，把握人物塑造。当然，要切实提高自己的欣赏水平，还需要有形象体验，多观摩戏剧表演，甚至亲自参加戏剧演出。

一、重视鉴赏戏剧的艺术特征，把握戏剧的本质特点

（一）强烈的戏剧冲突——戏剧艺术的主要特征

较之于诗歌、散文和小说，戏剧以其矛盾冲突而产生强烈的艺术震撼力。戏剧冲突是社会生活矛盾在戏剧艺术中的集中反映。因而戏剧冲突主要表现在剧中人与人之间的矛盾冲突以及人物性格自身的内在冲突。戏剧冲突主要包括人与人、人与环境的冲突及人物内心的冲突等不同的种类。牢牢把握戏剧冲突是鉴赏戏剧的关键。

（二）内容的高度集中——戏剧剧本的"集中性"特征

戏剧由于受舞台空间和演出时间的限制，讲究高度集中地反映生活，故而戏剧具有一种高度集中的特点。戏剧内容的集中性主要体现在人物及其相互间关系的集中、故事情节的集中、矛盾冲突的集中和人物活动场景的集中几个方面。在这个单元之前，绝大部分学生很少接触戏剧作品。学生对戏剧的学习几乎是"零起点"，可以设计课堂表演教学活动，通过表演的形式，加以直观理解，从而加深认识。由于表演能恰如其分地使人物的语言、动作及神态得以呈现，学生能够通过认真地参与或观看表演，体会人物内心的复杂情感和激烈冲突。

（三）用语言创造舞台形象——戏剧语言的艺术特性

戏剧也是语言的艺术，戏剧用对话、独白等台词创造活生生的舞台形象。戏剧是通过剧中人物的语言来塑造艺术形象，揭示人物性格，表现矛盾冲突，反映生活内容的。因此，戏剧文学的人物语言比其他文学形式显得更加重要。剧作家或通过充分个性化的语言刻画人物性格，揭示人物关系，或通过富有动作性的语言揭示人物的外部形态和内心活动，或通过富有潜台词的语言揭示人物活动的目的和实质，反映丰富深刻的生活内容。如曹禺剧作中塑造的许多人物形象之所以具有长久的艺术魅力，在于曹禺准确自如地驾驭了戏剧语言。

二、如何鉴赏戏剧文学

1. 把握"矛盾冲突"是欣赏戏剧文学的首要步骤

在鉴赏戏剧文学时,我们一定要分析戏中矛盾冲突的设置是否合理、准确。情节布局是否充满曲折跌宕的戏剧性。所谓合理和准确,就是要求矛盾冲突有连贯性、顺序性和逻辑性。矛盾冲突的发展一般是互为因果、有着密切依存关系的。没有前面的准备和铺垫,后面的发展就会使人感到突兀甚至不能接受。因此,我们看戏时一定要看它上一段有没有为下一段做准备,下一段是不是上一段的继续和发展。

2. 抓住"悬念"是欣赏戏剧文学的前提

所谓悬念,就是利用观众对故事情节中人物命运的关切所产生的期待心理,在戏中设置一些悬而未决的矛盾现象。戏剧悬念安排得好,能造成观众的紧张感,使他们集中注意力注视着剧情的发展,从而达到心理上的满足。一般来说,"悬念"在一出戏中应该形成得越早越好,这样可以一下子抓住观众的情绪。随着戏剧情节的发展,悬念也要发展,往往在戏中形成第一个悬念后,还有第二、三个悬念,不仅引起观众的好奇,而且有着更浓的感情。

3. 领悟"意外"是欣赏戏剧文学的惊喜

所谓意外,是指异乎常情、出乎意料。异乎常情就是不同于事物正常的发展规律,出乎意料就是不同于人们平常习惯的思路。

4. 注意"发现"是欣赏戏剧文学的关键

"发现"是指由于剧中人物之间新的关系被认识而造成情节发生意外的新的变化。

5. 体味"突转"是欣赏戏剧文学的发展

"突转"就是由于"发现"而造成情节的突然转变。这种"突转",无论是从顺境转向逆境或者从逆境转向顺境,总是剧情发生了与原来发展趋向不同甚至相反的转化。

6. 留心"铺垫"是欣赏戏剧文学的基础

为了使剧情发展合理,必须做铺垫,埋好伏线。铺垫和伏线是否符合事理的发展规律也是衡量戏剧成功与否的一个标准。

7. 把握"人物塑造"是欣赏戏剧文学的高潮

戏剧是要塑造人物的。剧中所塑造的人物是否真实可靠,对人物的描写是否精雕细刻,这也是评价戏剧好坏的重要标准。由于戏剧艺术受时空的限制,因而在人物形象的塑造方面就具有与小说中人物的塑造不同的特点。戏剧作品不可能像在中

长篇小说中那样对人物做面面俱到、精雕细琢的刻画和描绘。因此，在戏剧作品中，人物性格必须突出地表现性格的主要方面，如繁漪像火一样可以烧毁一切的热情，爱得深、恨得切，如哈姆雷特的谨慎和优柔寡断等都极鲜明地突出了他们性格的主要方面。正因为戏剧文学在塑造人物方面的独特性决定了在阅读中可从以下几点入手来把握剧本所塑造的人物形象。

（1）注意人物及人物间的关系。

（2）人物性格之间的对比与陪衬。在现实生活中，任何事物都在与其他事物的比较中显示出各自不同的特色。在戏剧里，往往需要人物一个正直，一个阴险；一个高尚，一个卑劣；一个勇敢，一个怯懦；一个慷慨，一个吝啬；一个聪明，一个愚蠢；一个严肃，一个放荡。这样的安排和处理都是为了使双方的性格在对比中表现得更为鲜明突出。

（3）注意人物的行为动作。通过动作、行动来塑造人物形象是戏剧作品中塑造人物的重要艺术手段。一个人一个微小的动作往往能生动地表现人物的某些性格特点。

（4）注意人物的语言。欣赏戏剧作品，深入品味作品中人物的语言是至关重要的。不同人物的语言反映了人物怎样不同的心理、表达了人物怎样不同的思想感情、含有哪些言外之意等，这些都必须在反复阅读的基础上仔细揣摩。

当然，戏剧是一种综合性的舞台艺术，要真正提高自己的欣赏水平，还要广泛了解音乐、舞蹈、历史等相关知识，大量欣赏舞台表演，甚至学习京剧票友，进行表演练习。

第四节　现代诗歌的阅读与鉴赏

中国是一个诗歌的国度，是诗歌的海洋。诗歌以精练的语言形象集中地反映现代社会生活和现代人的生活，以一定的节奏和韵律表达诗人丰富的情感。相对古体诗歌而言，现代诗歌以其手法之多样、表现力之丰富和意境之高远而似乎更难教学，这成了很多教师颇为棘手的难题。然而，我们也相信，百仞之山，取之有道，凡事都应有其行之有效的途径。

诗歌是反映人的思想与情感的重要表现，同时也是现实社会的写照。阅读现代诗歌不仅可以提高初中生的文学修养，也能提高他们的文学鉴赏水平。现代诗歌从不同方面揭示了社会蕴含的深刻哲理，这可以使学生更好地认识自己、认识生活、认识社会。诗歌的字里行间都蕴含深刻的内容，因此，在赏析过程中，学生对每一

第三章　初中现代文学作品的阅读与鉴赏方法

句都要仔细地揣摩，从而正确解读诗歌的含义。

一、通过诗歌背景找到解读切入点

初中语文课本中的现代诗歌基本上选编的都是篇幅小、通俗易懂的名人作品。学生在学习诗歌的过程中，只能浅显地理解诗歌表层含义，而不能深入理解诗歌所表达的内涵。因此，教师在现代诗歌的教学中，首先要向学生介绍该诗歌的创作背景，学生理解诗歌的背景后，就能正确解读现代诗歌的思想和情感。

在鉴赏现代诗歌作品时，我们首先要知人论诗，了解作者的生平和为人，全面了解他所生活的环境和时代。可以说，每一首诗歌的产生都是有背景的，都有一个契机激发诗人创作的灵感。如果学生不了解诗歌的创作背景，那么就不能够理解诗歌的内涵以及不能把握作者的精神特点。因此，这就需要教师在课前让学生自己去寻找对即将学习诗歌的作者生平、作品的特点以及世人对他的评价等内容，接下来在课堂教学时，教师就应讲解该诗歌的创作时间、创作背景等，这样，学生对诗歌就有了深刻的理解，就能从更高的角度理解诗歌的内涵。

二、准确把握诗歌所表达的思想和情感

诗歌能更好地集中反映现实社会生活，诗歌中也蕴含着深刻的道理和思想感情。它跟其他文学体裁相比，更能体现社会生活，诗歌一般采用抒情的方式来表达作者的思想情感。诗歌重在语言的精练以及句子的和谐，讲求节奏鲜明，阅读诗歌可以陶冶我们的情操，抒发自己的情感，而诗人常借助诗歌来表达自己的情壮志、寄托相思，因此，阅读诗歌可以净化我们的心灵世界，提高自己的精神境界。

初中生在赏析诗歌时，教师一定要引导学生把握其中的思想和情感，这样学生才能把握诗歌的灵魂和主旨，才会真正体味到诗歌的意蕴。对于诗歌的赏析，首先要理解诗歌的历史背景、创作由来等内容，然后解析诗歌中所表达的理想抱负，以及表述出对社会、人生的积极意义。学生在真正理解诗歌的思想和情感后，就会被作者的情感所感染，深刻感受到作者的志向与抱负，从而树立自己的理想目标，并为了自身的理想而努力奋斗。

三、捕捉诗歌意象，感受其意境

诗歌是一种特殊的文学体裁，作者通过特定的意象来抒发自己的情感，以此来反映现实生活。在诗歌创作中，意象是整首诗歌的关键点。"意"指作者所表达的思想情感；"象"指具体事物。意象是主观思想与客观形象相结合，所体现作者思想感

情的具体形象。因而，在现代诗歌教学的过程中，教师要引导学生善于捕捉诗歌的意象，通过结合诗歌的写作背景以及作者的经历，再加上学生自己对诗歌的想象等来挖掘诗歌真正的内涵，体味诗歌所表达的意境美。意象是指诗歌中熔铸了诗歌感情的客观物象。诗人对意象的选取与描绘正是作者主观感情的流露。因此，鉴赏诗歌时，抓住意象并反复揣摩、体味意象是体会作者思想感情，从而顺利进入诗歌意境的关键。意象对于意境的形成起着至关重要的作用。想象是文学的主要表现手段之一。对于诗歌来讲，想象无疑是诗歌的特色之一，也是诗人写诗最重要的道具之一。实际上，就是通过想象去把握诗歌的意象，并且丰富地再现诗人创造的形象。

对于现代诗歌的赏析，学生应学会把握其意象，这样对领会诗歌的思想情感有极大的帮助。比如对余光中《乡愁》的赏析，学生就可以从诗歌中找到四个最有代表性的意象：邮票、船票、坟墓、海峡，作者以这四个意象来推动时间的发展，表达了诗人对祖国的怀念之情。学生捕捉到诗歌中的意象，就能领会诗人所抒发的爱国情怀。

四、体味诗歌语言的魅力

文学作品的好坏一部分原因是语言应用是否得当，而诗歌又是极其讲究语言的文学体裁，对于意境情感的表达以及艺术形象的塑造都借助语言。诗歌语言的特点是平实质朴、朴素自然、含蓄隽永、含蓄委婉，要求用最简洁的词句传达丰富的内容，比如，在余光中的《乡愁》中分别用"小时候""长大后""后来""现在"描写了作者的人生，用精练的语言概括了少年、青年、中年、老年四个阶段的变化。分析现代诗歌的艺术技巧重在体会修辞手法和诗歌表现手法在诗歌中的妙用，如常用修辞手法有比喻、比拟、夸张、反复、排比、对仗、对比等，常用表现手法有情景交融、直抒胸臆、托物言志、动静结合、虚实相生、渲染、象征及映衬等。

五、反复诵读，体会诗歌的音乐美

对于赏析诗歌，最简单直接的方法就是反复诵读，诵读可以把握诗歌的表现手法以及领会诗歌的思想情感。诵读是品味语言最好的手段，学生通过对诗歌的诵读可以读出诗人在诗歌中的思想感情，深刻理解诗歌的意境。学生反复诵读现代诗歌，可以诵读出诗歌的音乐美。赏析诗歌的基础就是引导学生直觉的感知，核心是调动学生的想象，即从指导学生诵读变成引导学生想象，让学生真正地融入诗歌的意境中，感受诗歌的美。

诵读诗歌有两方面的要求，一方面要确定诗歌的朗读基调，即诗歌的态度感情，每首诗歌的情感基调都不同,有的高亢、有的低沉、有的平和,比如在诵读余光中的《乡愁》时,就应保持深情、深沉的情感,因此,学生在诵读时必须掌握作品的情感基调。另一方面要求学生在诵读时要吐字清晰,读准字音节奏,抑扬顿挫,把诗人倾注在诗歌中的情感读出来,感受诗人的思想。现代诗歌的诵读应让学生学会自我思考,形成"我心中之诗"。教师引导学生感悟诗歌的意蕴之美,体味诗歌的意境。

初中生对现代诗歌的赏析不能只停留在字面,要从各个角度去挖掘其内涵,教师在教学中要注意从语言、意境、意象等方面去引导学生学会赏析现代诗歌,使学生感受到诗人在诗歌中真正要表达的思想感情,把学生引领到更广阔的诗歌天地中,去享受诗歌所带来的美。

第四章
初中语文作文教学现状浅谈

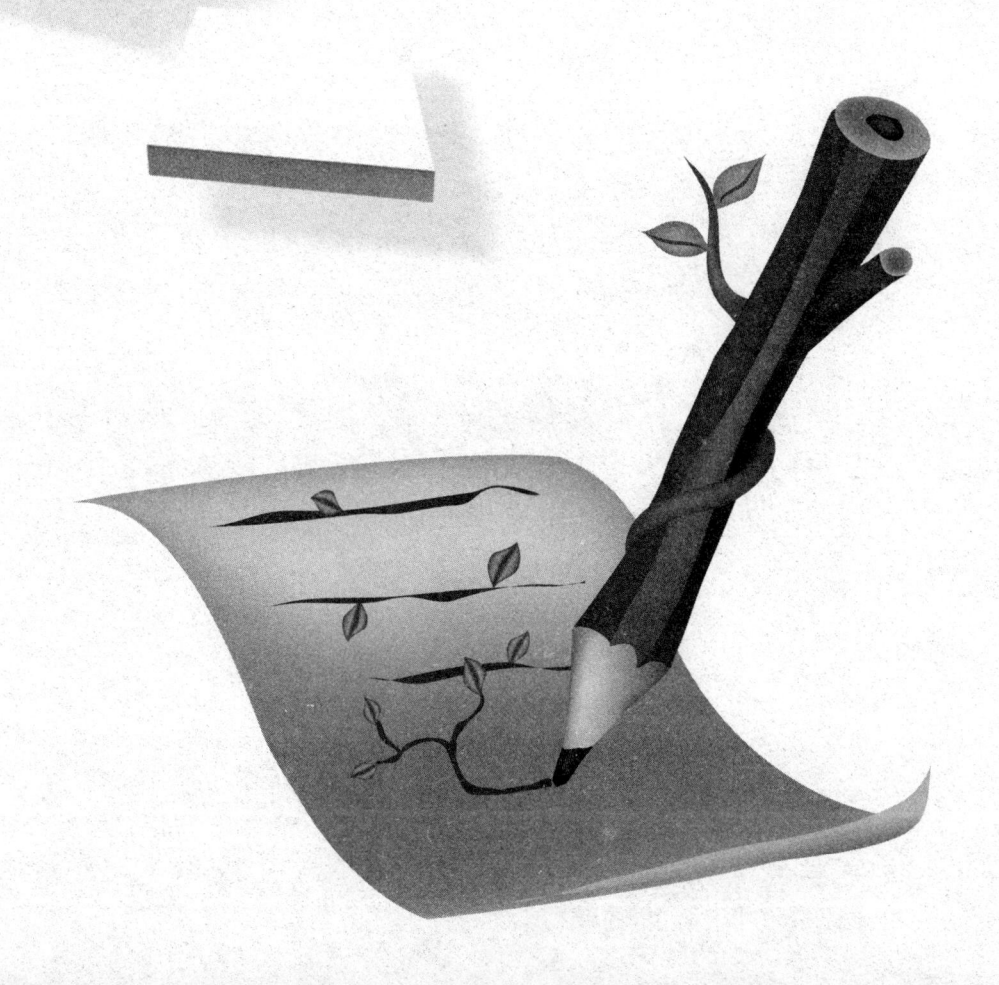

第四章　初中语文作文教学现状浅谈

随着教育改革的不断发展、不断深入，评价教学质量的标准也逐渐增多，初中语文写作教学就成为其中一项重要的评价指标。与小学写作相比较而言，初中语文写作有了很大不同，它是一个创作和思考的过程，通过文字描述表达自己对一些事物的观点，以及对生活的态度和感知。我们可以通过写作进行交流，抒发自己的情感，因此写作能力不仅是对教学成果的评估，更是我们生活、工作中不可缺少的技能。所以，我们应该竭尽所能提高写作教学质量，给学生营造良好的学习氛围，教导正确的学习方法，为其写作能力的发展做好铺垫。

第一节　初中语文作文教学实践中存在的问题

在初中语文教学中，作文教学具有重要的位置。从实用方面来看，其直接影响到学生的考试与升学；从深远性来看，它可以促进学生对于问题的灵活思考，从而更流畅地表达自己内心的感受，实现与他人的自如沟通。而随着新课改的不断更新，存在于初中作文教学中的问题也逐渐显现出来，不仅在于学生写出的作文千篇一律，而且教师在教学中的手段与方法过于死板，缺乏创新性，直接导致学生的写作难。

一、作文教学功利化较强，教师素养有待提高

初中语文作文教学现状问题表现在很多方面，其中教师方面的因素是众多问题之一。在初中语文作文教学过程中，教师具有一定程度的目的功利化，这使得语文作文教学的初衷被改变，作文取材于生活，以生活为题材进行创作，但目的功利化使得初中语文作文教学将这一重要原则完全忽视，在作文教学中，教师注重如何培养学生的写作技巧、阅读能力等，其学生所创作出的文章死板，缺少真性情的流露。此外，作为教授学生作文写作的教师的写作素养有待提升，教师的文字功底、写作能力会对学生的写作积极性和写作热情产生积极的影响，对于语文作文教学水平的提升具有重要意义。

自进入21世纪以来，几乎所有学校，几乎所有语文教师，都不遗余力、殚精竭虑地尝试、探索新的作文教学路子，包括在全国中语会的带动指引下，很多有志于作文改革的语文教师都积极参与探讨创新。虽也出现了一些可喜的成绩，比如"快速作文""作文教学六步法"，等等。但从长远来看，从大范围来看，类似的写作教学

仍缺乏系统性和长期性。更为重要的是，我们在平时的作文教学中仍然沿袭着传统的模式，主要表现在以下几个方面：第一，主题先行。就是在每次写作文之前，教师总是不厌其烦地对学生讲一些概念化、程式化的主题来要求，这样势必会束缚学生写作的思维和想象自由。诸如开门见山、前后照应、点明主旨，立意要高远、构思要新颖，等等。第二，知识先导。大多数语文教师在辅导作文之前，都要教给学生很多写作知识甚至所谓的技巧。诸如记叙文的六要素，议论文的三要素。每次都用这些来指导学生写作，结果必将导致学生的作文走向模式化的死胡同。第三，教师对学生的作文要求越来越高。殊不知，任何事物的发展演变都需要一个过程，甚至是长期的过程。作文当然更不例外。作为教师，对学生的期望完全可以理解，但是，不切实际的要求只能扼杀学生的积极性、创造性。第四，限制太死。每次的作文题目下面必然会列出写作要求，甚至更多的条条框框。成人面对如此繁多的要求往往会叫苦不迭，或感到反感，更何况学生呢？第五，对学生的作文评价过于苛刻。因为教师总是以成年人的思维、思想、理智、眼光衡量学生的作文，因此在评价中经常出现一些低温度语言，诸如结构不完整、思路不清晰、语言不流畅、内容空洞、选材陈旧，等等。

二、学生写作热情较低，写作思维不够活跃

在初中语文作文教学过程中，学生方面的问题主要体现在生活经验积累少、缺少对生活的深切感悟，这使得学生写出的作文都较为浅显，很表面化。由于学生的阅读量较少，这使得学生的视野不够开阔、思维不够活跃，同时学生本身并没有认识到语文作文学习的重要性。以上这些因素的存在导致教师语文作文教学工作开展困难，学生也很难创作出优秀的作品。具体而言，学生层面存在以下三大问题：

1. 学生忽视了写作的重要性

写作在初中语文考试中非常重要，作文在试卷中分值占比最高，所以学好写作尤为重要。但是，在实际教学中会发现，许多学生根本没有意识到写作的重要性，对老师的强调视而不见，不认真学习写作方法，仍然像小学那样写一些流水账或者没有逻辑的文章，认为在作文上分值不会有很大差距。长此以往，就会对写作产生抵制情绪，每次都敷衍了事，造成语文成绩下降，从而失去学习的信心，没有学习动力。

2. 学生缺乏写作素材

每一篇文章都不只是文字的简单排列组合，而是由许多写作素材按照逻辑性堆积而成。然而，初中生大多没有丰富的生活阅历，也很少有丰富的阅读量，因此，

他们的写作素材十分匮乏，这也是造成他们写作能力低下的重要原因。没有材料做支撑，仅凭空想，很难完成一篇情感表达完整、逻辑顺序连贯、优质的文章，再加上初中课业繁重及他们青春期的叛逆心理，学生逐渐会对写作厌恶反感便不难理解。

3.学生写作热情较低，缺乏兴趣

现在初中语文作文教学中出现的最大问题还有一个，那就是学生没有写作热情，对写作没有兴趣，拿到作文题目不知道从何下手。语文写作是需要学生融入情感的，学生只有对语文写作表现出兴趣，才能在写作过程中表达自己的真情实感，所以初中语文写作教学中要注重对学生写作兴趣的培养，激发学生的写作热情。

第二节　初中语文作文教学对策分析

一、教师要提升自身文学素养，注重培养学生写作兴趣

(一) 提升教师的文学素养

在初中作文教学中，教师的教学观念非常重要，所以教师要从观念上重视起作文教学工作，并改变传统的教学观念和教学方式，这是提高初中语文教学水平的基础。教师作为学生学习的引路人，在教学工作中要起到一定的带头作用，所以只有教师具有丰富的文学底蕴和文学素养，在作文教学中才能更得心应手。这要求学校方面在每个学期都应抽出一定的时间对教师的教学水平进行测试，将作文考核作为对教师考核的重要内容。校方应鼓励教师多在文学杂志、教学刊物上发表一些文章，可以将发表的文章拿出来大家共同审核、评定，选出优秀的文章给予教师一定的奖励，这些做法会使得教师在教学中重视起自身作文水平的提升。教师在教学中要不断地对自身的教学工作进行总结和反思，这样才能逐渐地探索出一套适合作文教学的方法，在初中作文教学中，教师要严抓如下内容：首先，帮助学生明确写作方向，使学生在写作前要想清楚自己的作文要表达什么，并督促学生在日常学习中多阅读，积累更多优美的佳句。其次，作文教学后，教师要引导学生对本节课学习的内容进行梳理，并将生活中自己的亲身精力与学习的写作方式结合起来进行作文练习。

(二) 教师要注重提高学生写作兴趣

在过去的教学方式下，学生很难享受到表达的乐趣。学生的需求和教师教学的目标相割裂，相对立。教师言传身教，并且反复灌输给他们的是学习，是任务，写作是任务，做的目的就是考试考高分。然而，越是急功近利，越是没有好的效果。特别是初中阶段的孩子，身心发展正处在比较强烈的叛逆期，采用强制的手段不仅

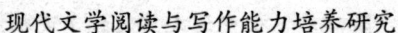

没有益处，往往还适得其反，让学生对教师和学习产生躲避和厌恶情绪。所以，尊重学生的天性，根据学生学习的实际需求，激发学生的学习和写作兴趣是我们教学的当务之急。俗话说，兴趣是最好的老师。有了兴趣，学生才能更好地参与到写作教学的过程中，也才能在教学过程中得到锻炼、得到成长，不断开阔视野、提高技能、增长才干、提高自身的综合素质，促进自身的全面发展。这样的教学才是有效果，才是符合素质教育和新课改教学理念的。很多教育学家都认为教育并非只是单纯地传授学生某一方面的本领，而重点在于能够激发出学生的学习兴趣。因此，培养学生的写作兴趣对于提升学生的作文水平具有重要意义。

培养学生写作兴趣的方法有很多，教师可以列举出班级写作精彩的文章，并对写作这篇文章的学生提出表扬，提取出文章中的优美语句读给班级的学生听。遇到好文章时也可以将这篇文章在学生间传阅，学生间可以互相学习，这种方式会对学生起到很好的激励作用。当学生对作文写作产生兴趣后，学生的写作热情便会被激发出来，课堂上表现得更活跃，学生的思维空间更开拓，从而创作出更多高质量的美文。教师在日常教学中要确保学生能够对课上讲解的内容更好地理解，引导学生对优美的词句进行摘抄和积累，便于以后应用于自己写作的文章中。教学中教师还要因材施教，要考虑到每个学生的性格、生活环境等都是存在差异的，学生写作中，教师不能限制学生的写作素材，给学生更多发挥的空间，使学生可以从不同角度进行写作训练。写作写出优美的文章后，教师要积极地表扬，并尊重学生独具特色的写作风格，这样写生们才能创作出具有个性的文章。

（三）教师要注重夯实学生写作基础

在初中语文阅读教学过程中，要注重基础，注重基础与能力的衔接。同时，我们不仅要重视写作技巧和方法的传授，同样也要注重培养学生的态度和价值观。记叙文、说明文、议论文、散文等常见文体，其基本的概念、特点、要素、写法等要向学生加以说明，让学生能够加以正确区分，并根据自己的需要进行选择。记叙文是以叙述为主要表达方式，以写人物的经历和事物发展变化为主要内容的一种文体。说明文是以说明为主要表达方式来解说事物、阐明事理而给人知识的文章体裁。议论文是对某个问题或某件事进行分析、评论，表明自己的观点、立场、态度、看法和主张的一种文体，要有三要素，即论点、论据、论证。散文则是不讲究韵律的散体文章。

一种文学体裁包括杂文、随笔、游记等，讲究"形散而神不散"。同时，都要通过具体的优秀文章让学生深入认识，还要留出时间，让学生通过练习，加以巩固。让学生了解更多关于文章的知识，如记叙文以记叙为主，但往往也兼有描写、抒情和议论；说明文为了把事物特征说清楚，或者把事理阐述明白，必须有相适应的说明方法，常见的说明方法有举例子、分类别、列数据、做比较、画图表、下定义、做诠释、打比方、摹状貌等，还要有一定的说明顺序，常见的说明顺序有：时间顺序、空间顺序、逻辑顺序。议论文为了证明论点，可以采取哪些形式的论据和写法。文章的开始怎么写更有吸引力，文章怎么进行转折，这些都要通过练习让学生掌握。

（四）教师要关注培养学生写作习惯

语文课程是一门兼具工具性和人文性的基础性课程。教授语文课程不仅是为了发挥语文的工具性作用，让学生掌握交流的知识和技能，更要注重语文对培养和塑造学生人格的作用，引导学生成为更全面的人。素质教育是注重学生全面发展的教育，尤其是在义务教育阶段，开阔学生视野，培养学生良好的学习习惯应该是教师的必修课。习惯的力量是巨大的，养成了良好的习惯，学生将会获得成长的持久和强大动力。要想培养学生的写作习惯，教师首先要提高自身素质，言传身教，用事实来吸引学生。试想，一位学识渊博、博古通今、幽默风趣的教师讲读书、写作是不是更有吸引力，如果教师经常记日记、在刊物上发表文章，是不是比生硬地教更有说服力？在教学过程中，教师还要积极构建和谐的师生关系，多沟通、多鼓励、多互动、多赞扬。通过正向的积极引导，让学生养成自我约束、自我激励的习惯。鼓励学生去写，去表达自己真实的想法，抒发真实的情感，并给出积极的指导，对较好的文章可以采用作为范文，让学生在课堂上诵读，学生集中学习和张贴到班级宣传栏的形式，形成良好的竞争氛围。让学生体会到被重视、形成自信，逐步坚持，从而形成良好的习惯。

教师指导学生写作文最关键的是要做到真情与健康写作。真情实感是写好一篇作文的灵魂。应该在字里行间蕴含丰富的情感，不能只是用"笔"去写，而应当用"心"去写，与文中所写的人物同喜同乐、同哭同悲、同忧同哀，而且要淋漓尽致地宣泄自己的情感，爱要爱得真挚、强烈，批要批得尖锐、深刻。写记叙文不能不记事。记事时，不仅要描写细腻生动，让人有身临其境之感，还要写出此种事情对人生的价值和意义、从中得到的启示和感受。要做到这一点，必须有一双会发现、有着独特视角的眼睛，有一个会积极思考、进行探究创新的脑子。这样才能平中见奇，平中出新，有创意，有见解，立意新。

二、为"创新写作"创造有利的空间和环境

写作能力的提高不仅仅靠作文课上的功夫，反过来说，如果单凭借作文课堂来提高作文水平，恐怕是难以实现的。因此，我们必须为作文教学创造有利的环境和

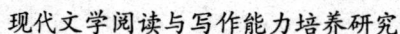

空间。

淡化理论指导，重视写作实践，使学生找到创新的方向。比如我们在指导学生写真情感的文章的同时，却忽视了学生的合理性虚构，实际上，创造性想象是建立在虚构的基础之上的。"我手写我写心""我手写我情"，即是重视学生实践创作的典型范例。

结合课堂内外，克服学生为文而文的写作倾向。作文应是对日常生活感悟后的产物，有鲜明的个性色彩，不受任何限制，并体现出表现自我的创造性。我们在作文教学中，应把学生作文的空间和思路引到平时的写作当中，随时随地写出自己的感受，在作文课上进行加工提炼，这也是提高语言文字表达能力的过程。如框定在作文课上会使大部分学生缺乏兴趣，走上为写作文而写作文的歧途，甚至套用模仿抄袭的文章应运而生。尤其是语言基础较差的学生。可能每位教师都有同样的感受，那就是相当数量的学生的作文水平一般，但他们的随笔、日记却相当不错。这正是因为随笔、日记能写出他们的真情实感，有他们自己独特的视角，鲜活的思想，他们有真实的体验的经历，真正经过自己的思考，所表达的内容是个性化的生活。而大作文一般表现的共性化的生活势必对一些无生活积累的或者生活积累较少的学生造成负担。

拓宽写作渠道，挖掘写作资源，提高学生的语言表达能力和思维想象能力。现行的写作教学模式应该说比较僵化，一般都是教师布置—指导—学生写作—教师批改—教师讲评五大环节，这样始终是"教师中心论"起作用，而学生完全处于被动状态。

在拓宽渠道、挖掘资源这方面，笔者考虑过以下几点是否也算是一种尝试。(1)图画描述法：就是给出一幅画，让学生依照画面的内容展开想象，然后用口头语言描述出来，师生进行评价。(2)词语连缀表达法：给学生一组表面毫无联系的词语，让他们进行想象，用恰当的语言表达出来。比如，羊肉、菜汤、考试。(3)实验报告法：做完每项试验后，鼓励学生写出整个实验的过程，包括试验的成功或失败给自己的启发等。(4)手工制作法：利用平时的活动课，布置学生制作一些简单的工艺品，然后写出制作过程。(5)开辟板报栏目，说说心里话，发表对某些社会现象的看法。(6)结合课外阅读、看电影或电视，指导学生写一些简单的评论、随笔。

更新评价观念，完善评价机制，调动学生的作积极性。流行的作文评价模式是写评语，一般来说，几乎所有的学生看到每次的评语后都高兴不起来，或者喜忧参半。笔者我的做法是采用"虽然……但……""尽管……但是……"的评语形式，先鼓励学生的优点，哪怕是一点，再指出文章的不足之处。可以想象得出，如果每次都以成人的眼光指责学生的不足，对于一个十多岁的初中生，意志再坚强，信念再坚定，能经得起如此三番五次的打击吗？因此教师应该在作文评价上进行思考。以下几种做法不知可否尝试：

评语激励：评语应以鼓励性的语言为主，尽力调动学生的作文兴趣和积极性。只要不是抄袭，就应该认为是创作。分数激励：对于每次作文，教师大可不必全批全改，学生非常注重文章的分数。因此，我们可以针对不同层次的学生打出相应的分数，而不同层次的学生也应有不同的评分规则。目的即是鼓励每一个学生都能看到自己的希望。评讲激励：作文讲评课上，教师按照作文的实际等级分为"优秀""进步""希望"三大类，在指出各自的优点的同时，着重强调每一位学生的不足之处，以便他们在下次作文中注意。成果激励：充分发挥墙报或黑板报的作用，将学生作品中的优秀佳作展现出来。也可以利用学校广播室，在课外活动时播放其中的一些作品。

作文教学是一项长期而艰巨的工作，作为一名语文教师，应该热爱学生、热爱语文、热爱写作，结合大环境为教师提供的各种机遇，不断更新观念，坚持科学育人，积极进行科研教改，对于传统的教育教学方法，去粗取精、开拓创新。

第五章
现代文学阅读对中学生人文素养与写作能力的影响

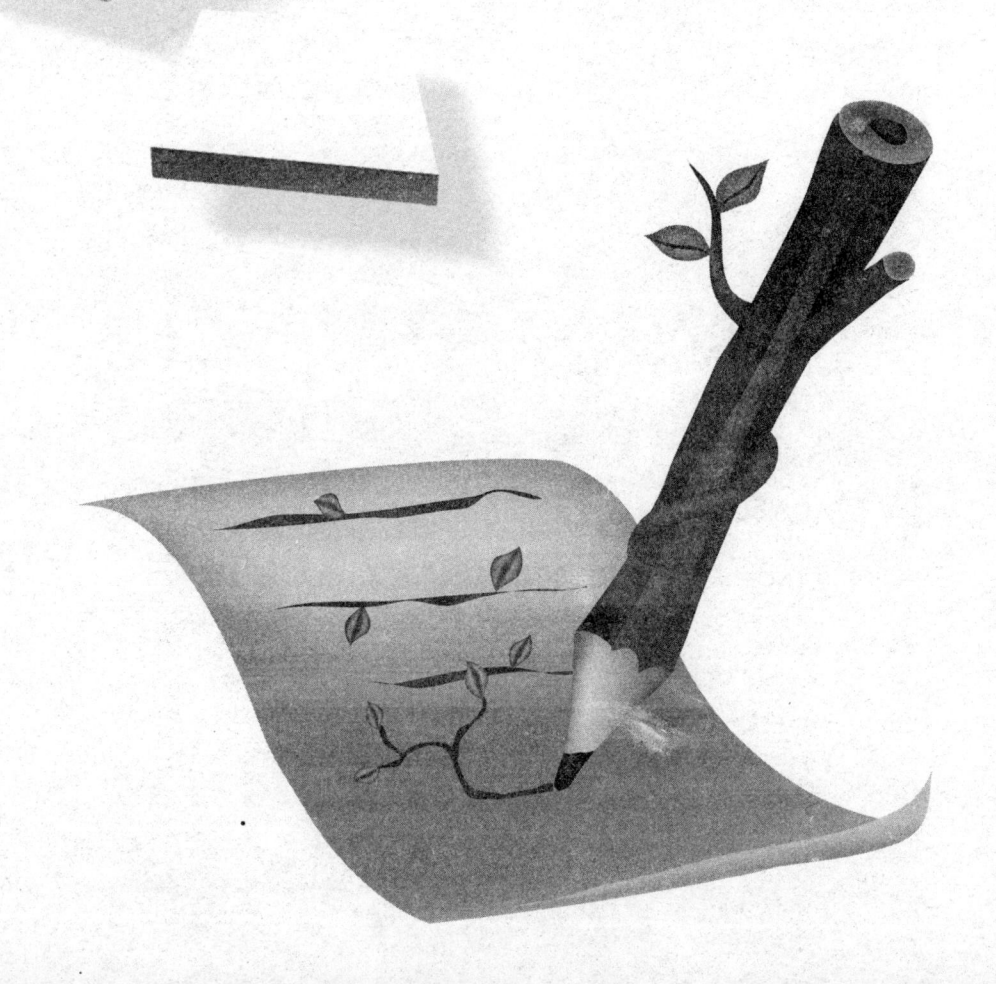

第五章　现代文学阅读对中学生人文素养与写作能力的影响

人文素养的培养和提升首先与其对人文知识的掌握程度有直接的关系；其次是指受到人文知识的影响，形成正确的人生观、价值观，一言一行依书而为，表现出较高的人文素养。在这个过程中，阅读是学生掌握人文知识的一条重要途径。另外，写作一直是语文中重要的一项内容，是对学生综合能力、语言应用的考察，一定程度上反映着学生对语文学科素养以及语文学科关键能力吸收程度的高低，也在考试分数中占有较大比例。任何一次写作的开始都来自学生的原初阅读：读无字书，自然、人文、地理、科普、亲情等，这些都有机地构成学生的"前经验"，成为写作的必然源头之一。读有字书，学生会更深层面地接触到更为丰富的社会百态、人生众相、自然姿态等，这些又形成学生的间接经验，成为写作的又一源头。

第一节　坚持立德树人，主动阅读优秀的现代文学作品

教育的目的就是立德树人，新课程标准明确指出："培养学生高尚的道德情操和健康的审美情趣，形成正确的价值观和积极的人生态度，是语文教学的重要内容。"语文学科讲究"文以载道，以道育人"，其特点决定了在学校德育教育工作中所担任的重要角色。德育教育是学校教育的重点，语文教学在向学生传授知识的同时，应该注重德育渗透。语言文字对于德育教育有着不可替代的作用。

语文又称为语言文字，它通过文字负载了作者想要表达的情绪，是一种抒发情怀的方式。古人写文章就追求"文以载道"，强调"文以明道"。学生对各种事物和环境会产生怎样的体验主要是由其文学素养所决定的。很多时候，我们通过阅读文学作品，可以会意到作者此时的心境是积极抑或消极，是得志抑或失志。也可以通过文字感受到自然间山水的美好。正是这样感同身受的阅读方式，能够让学生逐步提高阅读能力和写作能力。没有一种意识形态对人造成的影响比得上文学作品，触动人们的心灵，并让读者产生共鸣，最终取得语文素养。文学作品能够召唤起人们的归属意识，能够让人的思想情感等产生极大的共鸣，甚至是很多感官消费的娱乐所达不到的，这就取决于一个人最基本的文化修养。浙江大学文学院的王元骧教授告诉我们，德育培养的一个重要的板块就是语文教学，学习语文最重要、也是最需要学会的技能就是阅读能力的培养，德·昆西，一位英国学者曾经在《致一位青年的信》著作中提出："文学创作的关键就是让人们取得力量，而不只是把知识授予相应

人员。"

一、立德树人教育目标的基本内涵

"立德"一词最早见于《左传·襄公二十四年》："大上有立德，其次有立功，其次有立言，虽久不废，此之谓不朽。""树人"一词最早见于《管子·权修》："一年之计，莫如树谷；十年之计，莫如树木；终身之计，莫如树人。"随着我国步入历史新时期，"立德树人"逐渐被确立为教学根本目标，要求教师在教学过程中应当是德艺双馨的。教师要具有高尚的品行与广博的学识，知识丰富，但是又不能以学压人。党的十八大指出：教育的本质在于立德树人，语文教学是素质教育当中很重要的一环，是对学生人格和个性进行锻炼与培养的最主要手段。语文教学中对学生立德树人进行培养，在思想道德方面进行熏陶，是社会可持续发展的必然趋势，也是做人的基础，所以语文教学中坚持立德树人培养是极其有必要的。

在新形势下，党和国家把"立德树人"作为教育的根本任务，是对我国古代优秀传统文化关于育人思想的正确扬弃，是"努力办好人民满意的教育"的必然选择，是对我国教育事业长期发展实践经验的科学总结，是科学发展观在教育领域的必然要求。党的十八大报告关于教育方针的表述中首次提出的"立德树人"具有以下三个层面的含义：

一是"立德树人"揭示了教育的本质，是对教育本质的最新认识。作为人类社会现象的教育，其本质是培养人，这是古今中外的共同认识。党的十八大把"立德树人"作为教育的根本任务，无疑是对教育如何培养人这一本质的新认识。二是"立德树人"揭示了"德育"在人的全面发展教育中的突出地位，强调促进人的德行成长是教育的首要任务。康德认为，教育的本质就是让人成为人。即教育就是把一个"自然人"转化为"社会人"的过程，或者说，教育就是促进人的社会化的过程。按照党的十八大报告提出的"立德树人"的要求，教育在促进人的社会化的过程中，最根本的是促进人的社会属性，即道德属性的成长，这是人之所以为人（区别于动物）的本质属性。三是"立德树人"揭示了道德发展与人的全面发展的辩证关系，强调德行成长是人的全面发展的根本保障。中华人民共和国成立以来，党的教育方针历来强调教育要促进人的全面发展。习近平总书记在党的十九大报告中强调了"立德树人"的教育目标，突出强调了德行成长对人的全面发展的促进和保障作用，体现了党对教育规律的深刻认识。

二、立德树人教育观的目标要求

"培养什么人、怎样培养人"是我国社会主义教育事业发展中必须解决好的根本问题。"立德树人"抓住了教育的本质要求，明确了教育的根本使命，符合教育规律和人才培养规律。

第一，"立德树人"要求我们必须坚持德育为先。"德为才之帅"。德是做人的根本，是一个人成长的根基。当今我国正处于开放的国际环境与多元文化的背景之下，而青少年学生又正处在世界观、人生观、价值观形成的关键时刻，德育为先更具有必要性和紧迫性。德育为先，要在继承的基础上创新。把社会主义核心价值体系融入教育全过程，把理想信念教育作为教育核心价值观的重中之重，把弘扬以爱国主义为核心的民族精神和以改革创新为核心的时代精神作为重要内容，引导和教育学生自觉践行社会主义核心价值体系。学校德育格局要从课程德育、社会实践和学校文化三方面进行建构；要把德育渗透于教育教学的各个环节，贯穿学校教育、家庭教育和社会教育的各个方面。创新德育形式，丰富德育内容，不断提高德育工作的吸引力和感染力，增强德育工作的针对性和实效性。

第二，"立德树人"要求我们必须着眼促进学生的全面发展。人的全面发展是人类的崇高追求，是人的发展和社会发展的最高目标、最终价值取向。教育作为实现人的全面发展的重要途径，必须以学生为本，关注学生的全面发展、和谐发展、持续发展、终身发展和健康成长。在坚持德育为先的同时，全面加强和改进智育、体育、美育。全面实施素质教育，坚持文化知识学习与思想品德修养的统一、理论学习与社会实践的统一、全面发展与个性发展的统一，促进德育、智育、体育、美育有机融合，着力培养学生的社会责任感、创新精神和实践能力，提高学生的综合素质，使之成为德智体美全面发展的社会主义建设者和接班人。

第三，"立德树人"要求我们必须坚持培育学生健全人格。教育是塑造人的灵魂的伟大事业，是"心灵与心灵的沟通，灵魂与灵魂的交融，人格与人格的对话"。要培养学生积极的心理品质和乐观向上的品格，学会创造幸福，分享快乐。关注学生的内心世界，塑造学生纯真完美的心灵。加强学生的心理辅导，注重对学习困难学生、贫困家庭学生、单亲家庭学生、留守儿童、流动人口子女等特殊群体学生的关怀和帮助。认真挖掘学科中所蕴含的健全人格教育资源，将显性教育与隐性教育结合起来，使学生在获取知识的同时，得到人格的滋养与涵育。高度重视对学生的人文关怀，营造良好的师生关系、同学关系，为培育学生健全人格提供良好氛围。要焕发学生的生命活力，把学生发展从知识层面提升到生命发展层次。

第四,"立德树人"要求我们必须致力于"让每个孩子都能成为有用之才"的教育理想。作为一种培养和造就人才的崇高事业,满足每个人的个性需要和期望是教育的最高境界。十八大报告提出"让每个孩子都能成为有用之才",在党的全国代表大会上提出关怀"每个"、培养"每个",是对教育战线提出的重大命题,是对教育人才观、质量关的科学阐释,也可称之为是我们的教育理想。这就要求我们要尊重教育规律和学生的身心发展规律,为每个学生提供适合的教育,为每个学生提供公平的受教育机会、满足每个学生的学习需要,促进每个学生都主动地、生动活泼地发展,使每个不同家庭背景、不同智力水平、不同性格志向的学生的潜能都得到充分的发展,都能获得教育的成功,人人都能成才。

三、语文阅读教学在德育方面存在的偏差及其改善策略

(一)语文阅读教学在德育方面存在的问题

若想用文字很好地表达生活、表达情感,就需要对生活有着全方面的、细致的观察,这在很多语文教案中也得到了印证:携着情感去感受生活。力求有创意地表达,创新教育已经成为一种潮流。面对课改的背景,很多教师存在这样的误解:创新教育和传统教育是对立的,同时还认为语文和道德两方面的素养是不可兼得的,并未准确理解课改的目的。

1. 自主阅读放任成随心所欲的"本色朗读"

从创新教育的角度来看,教育的主体在于学生,强调课堂教学要以服务于学生作为主要的教学模式。有些教师则提出:自主阅读要求学生保持绝对自主地位,教师在课堂上应该起到辅助者的作用,在学生阅读的过程中不应该采取任何介入手段,而是使其自由地阅读。由于阅读文章需要考查学生对知识的积累以及自身的文学素养,很显然,大部分的中学生是达不到这一要求的。对学生阅读放任自流,只会使学生陷入一种低层次、低水平的浅阅读。

2. 鼓励想象创新以致无视恶搞滥编

语文阅读中的想象指的是理解文字的含义并由此构建文学意象后,人类的思维通常的模式是先对艺术作品进行阅读—利用自己的想象对艺术模型加以改变—培养出新的艺术模型。在"创新"思想的引导下,不少教师把学生们千奇百怪的思维作为创新精神的起点。Q版语文在学生的阅读解读中屡见不鲜。有学者指出这说明学生有着不错的想象力。文学界流传着这样的一句话"艺术来源于生活,而又高于生活"。对文章进行违反生活逻辑和偏离现实情感的解读,不管它多有"想象",都会因其失去了真善美的内涵而终遭唾弃。

3. 热衷于手段新颖，阅读流于形式

随着课改在我国的全面实施，教师不能准确理解教学理念的问题日益凸显出来，他们认为保持课堂探究性和提出全新的教学手法是语文教学成功的根本手段。而很多语文教师是借助课堂活动和多媒体等方式来改进阅读能力的。但是，这样做和阅读教学的宗旨或者是和阅读目标背离，为了求新而采用的不切实际的教学手法，学生能感受到阅读的魅力，自然而然就喜欢上了阅读。

（二）语文教学应该怎样借助阅读渗透德育

语文这一门课程对受教育对象的要求是能阅读和理解文章。而掌握、运用语言文字应从阅读开始培养学生的阅读兴趣。若学生对阅读产生了浓厚的兴趣，就会因此对语文课程产生好感，为它欢喜，为它付出，为它忧愁。唯其如此，语文学习才能成为学生的自觉行为，语文才能给人以力量，并影响他的一生。

1. 阅读教学要从小入手，以义动情开启德育

郁达夫有一句名言"一粒沙里见世界，半瓣花上说人情"。杨绛的《老王》写的是生活琐事，展现的更是世人的善良。在学习《背影》时，有学生提出父亲翻越栏杆是不是违反了交通规则？我问学生，"父母并没有满足你的生日愿望，这能说明他们不好吗？父母因为你的成绩而责罚你，这能说明他们很坏吗？"语文教学要从小处开始，领略文字的魅力，只有学会了语言文字的阅读，才会真正地感受到一篇好文章里面的文学知识，才能和作者产生情感上的共鸣，才能真正意会到作者在写作此篇作品时的心境和思想态度。这样才能从根本上提升学生的阅读水平，才能真正地透过文字与作者达到心意相通。长此以往地这样高质量的阅读，可以极大地提高学生的文学素养和思想境界。一篇文章或者是关于课文的阅读要从细节入手，让学生以小见大。

2. 加强对课外阅读的指导，拓展德育天地

在语文学习中，把阅读范围仅仅停留在课本上是不够的，要经常性带领学生进行课外阅读活动，为学生的全面发展奠定更加扎实的基础。我们必须对课外阅读对学生的意义有准确的认识，只有这样，才能够让每次活动的开展充满趣味性。例如在课程标准中设立的诸多的课外阅读书目，现就其中一本加以举例，以说明课外阅读的指导方法。在阅读《格列弗游记》时，我们不仅要关注作者那天马行空的想象力，更要使学生认识到这是一本讽刺文学，要抓住其主旨所在。

3. 阅读教学与作文教学相结合，强化德育效果

语文学习分为输入和输出。输入就是阅读能力，而输出就是写作能力。阅读能力很重要，但写作能力同样也不能忽视。在阅读后，要让学生试写些读后感，通过

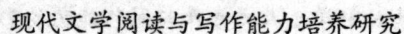

练笔，学习驾驭语言工具，学习进行造句和对全文进行规划，进而应用文字进行表达情感。在作文教学的过程中，引导学生通过各种语言手段和技巧，将起内心的真挚感情呈现出来。

阅读是一个主动的、有目的的、有创造性的心理活动过程。阅读者在阅读时，积极主动地对语言文字进行译码、加工和处理，构思意象，提升审美情趣，广泛阅读不仅可以拓展学生的课外知识，同时还能够提升学生的文学素养，还能帮学生感受到文学艺术形象，领悟作者的创作情感，充实学生的情感世界。学生学会了阅读，喜欢上了阅读，语文素养从阅读中得到了提高，道德修养也因阅读而升华。

四、改革现代文学教学模式，培养学生阅读兴趣

经典之所以能够成为经典，是因为其蕴含着深刻的哲理和思想，常读常新，经久不衰，对年轻人的成长、成才有重要作用。

学生对现代文学作品阅读缺乏兴趣，这已成为当前各高校现代文学教学的难题。即使教师再三强调阅读重点作品，许多学生也不能按时完成阅读任务。有人对大学生的阅读情况做了调查，在参加调查的大学生中，杂志是其课外阅读的首选，报纸在其次，图书排在第三位。据调查统计，在阅读的书籍中，时尚生活类和校园文学类图书受到格外的青睐，而喜欢阅读现代文学经典作品的人少之又少。

学习现代文学，而不读现代文学作品，好比无水之鱼，生命力是不会久远的。优美的语言、深邃的思想、多变的艺术方式都深深蕴藏于作品之中。只有通过阅读作品，才能学到现代文学的精髓；只有真正进入作品，才能培养高尚的情操，提高审美能力和艺术鉴赏能力。要想培养学生的阅读兴趣，只有改变传统的"教师讲，学生听"的单向灌输模式，采取多方面、多渠道的方式教学，才能真正引导学生进入文学作品中。

（一）利用网络平台，引导学生阅读

在以往的教学中，由于受学校体制、教学评估等多方面因素的影响，教师注重对学生的知识传授，文学思潮、流派、史料的梳理在教学中占大部分内容，这极大地偏离了文学课最终的教学目的。所以，利用网络这一平台，建立实体课堂和虚拟课堂相结合的教学方式非常有必要。

建立虚拟课堂就是在校园网中建立班级学习网页，使教师和学生有共同的信息页面。教师以发主题帖的形式构建教学环节，组织学生就即将学习的作家或作品展开讨论，学生以跟帖的形式表达自己的观点，师生之间达到真正的信息交流。虚拟课堂使师生互动不受时空的限制，教学更加开放、自助。由于网络的虚幻性，学生

第五章　现代文学阅读对中学生人文素养与写作能力的影响

在这样的互动交流中往往比面对面的交流更加大胆、活跃，这时的学生会主动地就作品中的问题和教师进行交流，容易激发学生阅读作品的兴趣。教师在备课时，针对虚拟课堂中杂乱无章、头绪不清、错综复杂、争论较多的问题给予重视，在实体课堂有限的时间内，有针对性地对学生的问题给予解答，同时把问题引向深入，让学生进入更深层次的思考。对虚拟课堂中有见地的帖子给予肯定，对有争议的问题进行讨论，对学生阅读中出现的问题给予指导，学生的主体能动性就会被极大地调动起来。为了能在网络中有发言权，学生就会自主地去阅读教师指定的作品。

学生有了阅读的兴趣，再对其进行进一步指导。在设立虚拟课堂的同时，建立中文论坛，就课堂内外的文学话题展开讨论，扩大学生的阅读空间。中文论坛是虚拟课堂的补充和延展。中文论坛讨论的话题要宽泛得多，古今中外的名家名作都可以作为讨论的话题。这就给学生创设了一个非常自由的表达空间，他们的阅读范围也会由教师指定书目向更广更深的方向发展。目前，各高校开办的论坛很多，北大中文论坛就是一个值得借鉴的资源。北大中文论坛上，有些跟帖很有深度，虽然只有三言两语，但能够看出他们确实对原作进行了认真的研读。

(二) 利用多媒体等现代化教学设备，提高学生阅读兴趣

多媒体技术以其生动、直观、形象的特点使原本单调的黑板变得丰富，使枯燥的课堂变得生动，它综合运用形、声、色、光，声情并茂，有效地渲染了气氛，激发了学生的情感，调动了学生的学习兴趣。在讲授现代文学名家名作时，可以穿插一些影音资料。目前，很多现代文学作品都被改编成电视剧、电影，但鱼目混珠，有好有坏。教师可根据不同情况，对学生进行不同的教育和引导。比如，在讲老舍的创作时，必然会分析老舍独特的语言艺术，老舍的语言凝练、直白、通俗、幽默，又极具个性，历来备受推崇。

(三) 利用课外校园活动，吸引学生阅读

大学没有了升学压力，时间相对宽松、自由。目前，各高校为了培养大学生多方面的能力，拓展其就业机会，鼓励大学生开办各种社团，开展一系列活动。现代文学教学要充分利用这些社团活动，把现代文学教学和社团活动紧密结合起来，吸引学生阅读文学作品，提高他们的阅读兴趣。

在现代文学教学过程中，应把学生的社团活动纳入教学体系，应积极参与由学生筹办的与文学有关的社团组织，并指导他们进行文学创作活动。帮助学生创办与文学有关的刊物，向上一级期刊推荐优秀的学生作品。为了能够写好文章，学生定会从优秀的文学作品中汲取营养。要使学生更好地体会文学作品中感人至深的情景、幽微精妙的心理和作家独具个性的创作风格，可以鼓励学生对现代文学经典作品自

编、自导、自演，以话剧、朗诵等形式演绎经典。为了成功扮演角色，学生会主动地阅读文学作品，体察、品味作品的精妙之处。

(四)利用分数限制，要求学生阅读

现在的学生面临的诱惑太多，物质欲望和功利主义使他们心理浮躁，为了眼前利益而忙于追逐和应付。有的学生为找一份好工作，忙于考取各种证件；有的学生讲求实用，忙于打工赚钱；有的干脆放弃所学专业。针对这种情况，在现代文学教学过程中，可以指令学生阅读作品。在学期开始，教师要为学生开出一份本学期的必读书目。在授课过程中讲到某位作家的某部作品时，让学生叙述作品的故事梗概，教师根据学生的叙述给出相应的分数，并记入年终成绩考核中。给学生布置小论文，论文中要有相应的作家作品。小论文的成绩也记入年终的成绩考核中。用分数来"强迫"学生阅读。

鲁迅的作品以其针砭时弊的艺术魅力和文学价值受到广大读者的欢迎，小说《阿Q正传》、散文集《朝花夕拾》、散文诗《野草》等作品在今天依然具有较高的可读性。著名学者钱理群曾言："鲁迅就在我们身边，他活在当下的中国，和我们一起忧虑，观察，思考和探索。我们甚至感觉到了他那锐利的、温润的、充满期待的目光的凝视。于是，我们心里有了一丝温馨，一点力量。或许我们应该开始新的更加深入的思考，或许我们应该开始新的更加实在的行动。"今天，很多人仍对鲁迅怀有敬意，对鲁迅作品依然追捧，这或多或少让人感到欣慰。

阅读是读者与作品(文本)作者对话的一种活动。即以作品(文本)为媒介，借此体验、感悟和理解作家在作品中流露出的思想和情感。这种阅读活动是读者与作者之间心灵的对话。

第二节 关注核心素养，注重现代文学阅读对人文素养的培养

一、中国学生发展核心素养的基本内涵

学生发展核心素养主要指学生应具备的，能够适应终身发展和社会发展需要的必备品格和关键能力。研究学生发展核心素养是落实立德树人根本任务的一项重要举措，也是适应世界教育改革发展趋势、提升我国教育国际竞争力的迫切需要。

第五章 现代文学阅读对中学生人文素养与写作能力的影响

（一）核心素养的价值定位及其基本原则

1. 核心素养的价值定位

十八大和十八届三中全会提出的关于立德树人的要求落到实处，十九大坚持强调了这一理念，2014年教育部研制印发《关于全面深化课程改革落实立德树人根本任务的意见》，提出"教育部将组织研究提出各学段学生发展核心素养体系，明确学生应具备的适应终身发展和社会发展需要的必备品格和关键能力"。核心素养是党的教育方针的具体化，是连接宏观教育理念、培养目标与具体教育教学实践的中间环节。党的教育方针通过核心素养这一桥梁，可以转化为教育教学实践可用的、教育工作者易于理解的具体要求，明确学生应具备的必备品格和关键能力，从中观层面深入回答"立什么德、树什么人"的根本问题，引领课程改革和育人模式变革。

2. 核心素养的基本原则

第一，坚持科学性。紧紧围绕立德树人的根本要求，坚持以人为本，遵循学生的身心发展规律与教育规律，将科学的理念和方法贯穿研究工作全过程，重视理论支撑和实证依据，确保研究过程严谨规范。第二，注重时代性。充分反映新时期经济社会发展对人才培养的新要求，全面体现先进的教育思想和教育理念，确保研究成果与时俱进、具有前瞻性。第三，强化民族性。着重强调中华优秀传统文化的传承与发展，把核心素养研究根植于中华民族的文化历史土壤，系统落实社会主义核心价值观的基本要求，突出强调社会责任和国家认同，充分体现民族特点，确保立足中国国情、具有中国特色。

（二）核心素养的基本内涵

1. 文化基础

文化是人存在的根和魂。文化基础重在强调能习得人文、科学等各领域的知识和技能，掌握和运用人类优秀智慧成果，涵养内在精神，追求真善美的统一，发展成为有宽厚文化基础、有更高精神追求的人。

2. 人文底蕴

主要是学生在学习、理解、运用人文领域知识和技能等方面所形成的基本能力、情感态度和价值取向。具体包括人文积淀、人文情怀和审美情趣等基本要点。

3. 科学精神

主要是学生在学习、理解、运用科学知识和技能等方面所形成的价值标准、思维方式和行为表现。具体包括理性思维、批判质疑、勇于探究等基本要点。

4. 自主发展

自主性是人作为主体的根本属性。自主发展重在强调能有效管理自己的学习和

生活，认识和发现自我的价值，发掘自身潜力，有效应对复杂多变的环境，成就出彩人生，发展成为有明确人生方向、有生活品质的人。(1) 学会学习。主要是学生在学习意识形成、学习方式方法选择、学习进程评估调控等方面的综合表现。具体包括乐学善学、勤于反思、信息意识等基本要点。(2) 健康生活。主要是学生在认识自我、发展身心、规划人生等方面的综合表现。具体包括珍爱生命、健全人格、自我管理等基本要点。

5. 社会参与

社会性是人的本质属性。社会参与重在强调能处理好自我与社会的关系，养成现代公民所必须遵守和履行的道德准则和行为规范，增强社会责任感，提升创新精神和实践能力，促进个人价值实现，推动社会发展进步，发展成为有理想信念、敢于担当的人。(1) 责任担当。主要是学生在处理与社会、国家、国际等关系方面所形成的情感态度、价值取向和行为方式。具体包括社会责任、国家认同、国际理解等基本要点。(2) 实践创新。主要是学生在日常活动、问题解决、适应挑战等方面所形成的实践能力、创新意识和行为表现。具体包括劳动意识、问题解决、技术应用等基本要点。

二、初中语文核心素养之人文素养的基本内涵

(一) 情感、态度、价值观

看一个人的语文核心素养，首先要看他(她)喜不喜欢语文，对语文有没有兴趣。有了兴趣，有了爱好，他(她)就会乐此不疲，其乐无穷。钱理群说过："兴趣使人优秀，任务只能让人合格。"冰心说："有了爱就有了一切。"有了爱，就有了动力，就有了乐趣，就有了时间，就有了积淀，就有了底蕴，就有了生长，就有了成就……

价值观为能力导航。所谓价值观，通俗地讲，就是是非好坏的判断与选择。国家现在提倡的社会主义核心价值观，就是对原先没有价值判断或混乱价值观教育的纠正。有一段时间，教育界提倡多元价值，甚至是没有价值取向，结果导致学生是非不分，好坏不分。譬如老人倒在马路上，年轻人不敢去扶起；以为赚到钱的就是成功人士，等等，这些错误价值导向对青少年贻害无穷。中国几千年语文教育强调"文以载道"，这里的"道"就是价值观。

(二) 审美情趣

审美情趣是审美主体欣赏、鉴别、评判美丑的特殊能力，包含审美知觉力、感受力、想象力、判断力和创造力。"爱美之心，人皆有之"。可什么是美，却见仁见

智。在语文教育中培养学生的审美情趣，首先要让学生分辨什么是美，什么是丑？不能以怪为美、以奇为美、以俗为美，更不能以丑为美。那什么是美呢？笔者以为"真"是美。真善美，"真"是前提，如果失去真实、真诚、真理，美就没有了基础。一切假的东西都不是美的！"假作真时真亦假"。当今社会假货泛滥，假唱为荣，以假充真，假话连篇，怎么得了？"真"是底线，是美的保证。善也是美。一切善举皆为美行！善良是美德，培养一个善良的公民，胜过一百个高分数的"精致的利己主义"，我们要为学生点滴的善行点赞，同情弱者，公平正义，见义勇为，怀有恻隐之心，不献媚，有风骨的好人都是美好之人。

（三）文化底蕴

一个具有语文核心素养的人，必然具有深厚的文化底蕴。文化底蕴是个大概念，就语文学科来说，所谓文化底蕴，就是一个人对古今中外一切经典文化的积累程度。作为一名语文人需要什么文化底蕴呢？

需要经典诗词的底蕴。中国是诗的国度，中国文化是诗性文化，是诗歌养育了中华民族。孔子曰："不读诗，无以言。""诗三百，一言以蔽之，思无邪。""小子何莫学夫诗？诗可以兴，可以观，可以群，可以怨；迩之事父，远之事君；多识于鸟兽草木之名。"诗教让人温柔敦厚，让人文质彬彬，让人"腹有诗书气自华"。读诗使人灵秀，读诗长大的人内心灵动，外在秀美。一个气质高雅、温柔敦厚的人群组成的民族是多么优秀的民族啊！

需要经典文学作品的底蕴。经典文学作品是民族文化的集大成，更是民族精神和灵魂的代言人。《西游记》培养孩子无限的想象力，"可上九天揽月，可下五洋捉鳖"，天马行空，腾云驾雾，一个筋斗十万八千里。既可三头六臂，也可长生不老；既可飞行三界，又可畅游龙宫，少年奇妙的想象力就在一部《西游记》中被熊熊点燃。《水浒传》培养了学生公平侠义的精神，"路见不平一声吼，该出手时就出手"。《三国演义》为学生塑造了一位智慧化身的诸葛亮，无数少年读了《三国演义》后，想自己成为"羽扇纶巾"的孔明，神机妙算，决胜千里。《红楼梦》更是中华文化的集大成者，一部《红楼梦》说尽了人间百态，它既是中华文化学，也是人性学；既是爱情小说，也是人情学；既含建筑学，也含服饰学、烹饪学、医药学、诗词学，《红楼梦》就是一部包罗万象的独立"红学"。文学名著就是为学生的文化奠基，为学生的精神添上亮丽的底色。

需要文哲史的底蕴。古人讲，文哲史不分家。文学是人学，是人类社会的形象图说。哲学是万学之学，指导一切科学，充满着好奇、疑问、探究与智慧。哲学就是追求智慧、热爱智慧的学问。历史充满智慧，读史使人明智；文学充满智慧，文

学给人灵感，给人想象，给人真善美的启迪。当文哲史融为一体时，就让我们的心灵充盈智慧的光芒。

第三节 加强实践性，增强语言文字运用能力，以"读"促"写"

语文学习不仅是为了提升学生的文学素养，更重要的是要使学生对语言文字进行灵活的运用。初中的语文教学应该以教材内容作为前提和基础，结合这个阶段学生的鲜明特点，适度地进行教学资源的拓展。对于学生的语言文字运用能力进行着重的培养，这是当前新课改的内在要求，也是对社会、对学生的外在要求。这就要求对教学的实践活动进行分析，从而找出提升学生语言文字运用能力的策略。语文教学是一个开放的教学体系，既要加强学生阅读的指导，又要培养学生写作的兴趣。阅读是理解，是写作的基础；写作是表达，又得益于阅读，两者密不可分。"读"与"写"是两个重要的语文能力，特别突出地体现着一个人的语文能力和语文综合素养。在教学中，做到以读促写，读写结合，效果还是不错的。

一、在阅读中提升运用语言文字的能力

（一）对文本进行分析和理解

会语言的精妙之处。要想在阅读中提升语言文字的运用能力，就要对文章进行分析和理解，只有进行理解并研究后，印象才会比较深刻，才能内化形成自己的能力。在进行阅读教学的过程中，教师要引导学生对教材当中的内容进行理解，帮助学生形成对文章的整体认知和把控。要让学生对文章中的一些语句进行品味和反复的研读，体会其中的精妙之处，深刻领悟语言的魅力所在，这样才能够让学生注重自己的语言文字的运用。

（二）体会表达方法

初中语文的教材内容选取的基本都是名家名作，这些文学大师的语言文字都是比较成熟的，风格也比较鲜明。教师在进行具体的教学时，要引进多元化的课程资源，使得学生能够阅读到高质量的文学作品。在这个过程中，要考虑学生的认知特点以及阶段特点，从而对学生进行个性化的指导。

二、在交际中提高学生的语言文字运用能力

（一）创设情境

新课改明确提出了口语和交际在语文教学中的重要性，口语和交际是学生应该具备的基本能力，是学生提升语言文字运用能力的重要途径，这对加强学生的语文素养和促进学生全面发展具有重要的意义。在进行口语交际的练习时，教师要根据教材内容创设一定的情境，如学习经典的文学作品，可以利用现代化的多媒体设备，利用一些视频和图片来调动学生的积极性，使学生能够迅速融入情境中去。对其中的一些桥段可以让学生进行演绎，这也能提升学生的语言文字表达能力。

（二）设置话题

在进行口语练习时要对话题进行设置，否则学生没有明确的主题，在进行练习时没有中心，这样就起不到训练和提高学生运用语言文字的作用。在进行话题的设置时，要贴近学生的生活，这样学生才能够有情感地真实表达出自己的看法，引起感情共鸣。也能够更容易地发现自己的问题。这样，在后续语言文字的训练中，才能够更加有针对性。同时，在贴近生活的基础上也要保证开放性，这样学生才能有想象和发挥的空间，才能够对自己的思维进行准确的表达。

三、在写作积累中提高学生的语言文字运用能力

语言文字的运用是进行写作的前提和基础，而写作是对学生语言文字运用的综合体现。但是这个过程不是一蹴而就的，而是需要在日常的学习和生活中进行积累。对于初中生来说，其生活经历和阅历都不足，语言文字的积累也相对薄弱，其写作便存在着一定的困难。这就需要教师能够利用教材中的一些内容先加深其印象，形成学生自身的认知，同时强调日常的积累。

（一）挖掘教材潜力，进行读写训练

语文教本是教学中的"例子"，带范式的例子。初中语文课本中的每一篇课文都是学生学习写作的范例，引导学生学好教材这个"写作范式"，加强仿写，以切实提高学生阅读和写作的能力。除了结合本组重点训练项目或结合习作例文教学学习写作外，教师要善于挖掘教材的潜力，寻找读写结合的因素，设计各种形式的片段练习进行读写基本功训练，培养学生的读写能力。教师在片段的教学中务必做到精讲多练，认真处理好读和写的关系，以读导写，以写促读，读写结合，相得益彰。

（二）加强阅读指导，激发写作兴趣

"兴趣是最好的老师"。是学生主动积极阅读的基础。在教学实践中，激发阅读

兴趣，鼓励他们多看一些有趣的故事、寓言，多读一些词句优美、情节感人的诗词文章。我们规定每个学生必须准备一本读书笔记，把自己在阅读中学到的佳词美句抄录下来。提倡"不动笔墨不读书"。要求学生写读书笔记，在读书过程中随读随记，不仅记下文章的主要内容，摘录其中的好词好句，还要写下读后感。这样不但使学生真正将一本书读懂读透，还为写作积累素材。

四、以读促写，读写结合

著名语文教育家叶圣陶曾说："阅读是吸取，写作是倾吐。"写作是阅读由量变到质变的飞跃。正如牛羊吃草获得足够的营养才能挤出奶来。缺乏一定量的阅读储备垫底，只能是巧妇手中的无米之炊。

（一）以规矩成方圆——仿写步入写作之门

人类最初的学习就是模仿。可以说，模仿是人类的本能。每个人最初的语言就是通过模仿开始的。作为语言学科的语文学习也是如此，仿写无疑是读写结合最基础、最实用的形式，是初学写作者提高作文水平的有效途径。近年来，语文考查形式灵活多样，知识面非常广泛，其中"仿写题"一度成为中考的必考项目。但是不少学生对此却束手无策，连最基本的语句表达都掌握不好，这反映了语文教学中一个潜在的问题——读写隔裂开。这样肢解文本、肤浅教学的结果是有的学生只会回答文学文体常识填空选择类的题目，却不会用这些常识赏析文本，更不会将这些写作常识、方法活用于作文之中。

在阅读教学中最常用的是仿句练习和仿段练习。遣词造句能力的培养是写好文章的基础。在教学中，笔者常常抓住那些词汇量丰富、句式特点明显、修辞运用巧妙的句子让学生仿写，锻炼他们精确表达的能力。冰心《谈生命》中写道："生命像向东流的一江春水，它……生命又像是一棵小树，它……"。这样的句式，在结构上使文章层次井然，运用工整与比的手法，把生命以生动的文学形象表现了出来。笔者则要求学生以"生命还像什么？生命更像什么？"的句式模仿。学生活学活用，联系生活实际与个人感悟，能够写出一些生动而富有哲理的句子。

（二）发挥超常想象——创意编扩引凤入朝

语文课本中有大量的小说、童话、剧本、诗歌等文学作品，或描写人物栩栩如生，或叙述故事曲折生动，或内容深刻意蕴丰富。在教学过程中可抓住文本背后的空白点进行多方面、多层次的拓展延伸，合理想象，在原文的基础上续写改写，加深学生对文本的解读，激发学生的创作灵感，不断培养其写作创新能力。改编是根据原文的思想内容和表现形式，变换写作角度将文章改成另一种体裁或样式。它在原作的基础上可以增删一些情节，可以改变题目，改变叙事人称，也可以改变体裁，改变文章顺序等。这种"新瓶装老酒"的写作形式，能有效激发学生的想象空间，驰骋思维的野马，不失为训练写作思维的一种好形式。

第四节 注重时代性，多途径阅读，多层次写作

一、群文阅读策略

群文阅读是群文阅读教学的简称，是最近两年在我国悄然兴起的一种具有突破性的阅读教学实践。群文阅读就是师生围绕着一个或多个议题选择一组文章，而后师生围绕议题进行阅读和集体建构，最终达成共识的过程。

相关的实践探索大体分为五个层级：第一个层级以教材为主，强调单元整合，以"单元整组"阅读教学为代表；第二个层级突破了教材，强调以课内文本为主，增加课外阅读，"一篇带多篇"基本上是这个思路；第三个层级和上述思路一样，但是把范围扩展到整本书的阅读，强调"整本书阅读"或者"一本带多本"的阅读；第四个层级提出阅读教学需要围绕一个核心主题展开，以"主题阅读"为代表；第五个层次把课内和课外阅读打通，具体形式以"班级读书会"为典型。

群文阅读要求学生在单位时间内阅读相关联的一组文本，更关注学生的阅读数量和速度，以及学生在文本阅读过程中的意义建构。那么，如何才能有效地开展群文阅读教学呢？

(一) 指向语言学用，提高表达水平

特级教师王崧舟说：语文的本体是什么？显然不是语言文字所承载的内容，即"写的什么"，而是用什么样的语言形式来承载这些内容，即"怎么写的"，语文要学的就是"这个"。所以，群文阅读的落脚点也应是通过文本阅读来学习写作，表达生活。如对于"鲜活的吝啬鬼形象"，群文阅读如此设计：今天我们一起欣赏了几个精彩的细节描写片段，了解了细节描写的特点及其种类。大家想不想当一回小作家，运用细节描写来刻画一个你熟悉的人物，表现其性格特征？可见，这里的语言学用，其根本目的不是完成一篇习作，而是通过这种随文练笔，让学生掌握一种写作方法。

(二) 渗透朗读指导，发展朗读能力

《语文课程标准》(2011 版) 第三部分"实施建议"中提出朗读的要求：能用普通话正确、流利、有感情地朗读课文。此外，还明确指出，各个学段的阅读教学都要重视朗读和默读。那么，在群文阅读中，我们又该如何渗透对学生朗读的指导呢？

笔者认为，首先，要弄清文本的体裁，然后量体裁衣，选择最合适的方法。其次，对一组文本的阅读不应只局限于一种朗读方法，对重要的句段，也可采用多种形式的朗读以突出其重要性或特点。

（三）鼓励质疑讨论，促进思维发展

学起于思，思源于疑，疑是点燃学生思维的火种。同样，在群文阅读教学中，我们也应鼓励学生从不同角度表述自己的观点，提出自己的问题。如教学"为爱而歌"群诗阅读，反复朗读后，有学生提出，三首诗歌中，那些稍加改动、反复出现的句子采用了什么写法？有什么作用？笔者趁机引导学生对三首诗歌的表现手法及表达情感进行比较阅读。

（四）精心设计问题，培养阅读能力

问题是学生思维的起点，也是教师教学的手段。群文阅读教学时，我们要把多篇文章看成一个阅读整体，精心设计问题，尤其是主问题，将多篇文章联合起来，培养学生比较、综合、概括、归纳等阅读能力。

天高任鸟飞，海阔凭鱼跃。群文阅读教学给师生带来了新的发展空间，让语文阅读教学绽放出异样的光彩。我们相信，只要大家不断探索，不断改进，一定会突破旧有的阅读教学模式，让学生在有限的时间内阅读更多的经典内容，逐步提高他们的语文素养。

二、多媒体阅读策略

初中阅读教学在初中整体语文教学中占据着重要部分，从教学角度来说，阅读教学是考察学生对于语文综合理解能力的运用，是教学的重点，也是教学的难点；从应试方面来说，在语文试卷当中的阅读理解部分也是学生拉开分数的重要环节；从学生能力培养方面来说，阅读教学不仅能够让学生更好地理解文章，还能够进一步提升学生的写作能力，将自己作文中的情感通过生动的语言描述出来，这都与学生平时的阅读息息相关。所以，在多媒体网络环境下，如何有效地提升学生的阅读能力是教师教学的重点，我们可以从以下几方面进行提升：

（一）利用多媒体调动课堂气氛，增加师生互动

在初中语文阅读教学中，很多人简单地认为阅读课程就是老师讲课的过程，学生只有耐心地听，认真地做笔记，将老师讲的内容更好地消化就算成功。这无疑还是传统应试教育理念下的教学模式，以教师为主体，将课堂中的主人公与主要的活动人归于教师，忽略了学生在课堂中的主体地位，也让学生在这样的课堂下没有自主思考的能力与实践。初中语文阅读内容千变万化，阅读技巧丰富多彩，但是仍然

有许多学生对阅读课程不感兴趣,喜欢在课堂中开小差,教师很好地利用多媒体网络环境,丰富语文阅读内容,使学生更好地对文章进行理解。

(二)利用多媒体进行情境导入教学

好的导入是成功的一半,教师在导入新课程时,如果使用传统的谈话导入、复习导入这种方式,会让学生有一种刚开始上课就不想听的感觉,接下来的学习质量一定不会高,尤其是对于阅读教学来说,使用传统方法进行导入,学生缺乏想象的空间,对课文中的情境没有视觉上的渲染与脑海中的思考,很容易使学生对于文章的理解浮于表面。这也正是初中生在进行阅读课程时总是心不在焉、昏昏欲睡的体现。在此基础上,教师也要利用多媒体找到趣味的导入方法,让学生从一开始就被导入吸引,走进新课程当中,更好地进行阅读理解。

(三)利用多媒体提高教学效率,拓展知识层面

阅读教学的目标在于可以让学生快速地对文章进行解读,可以准确找到文章的重点部分,并了解到作者表达的思想感情。这对于初中生来说,是有一定困难的,学生在阅读上面如果只靠自己理解,在课堂的45分钟之内只有极少数的学生可以掌握阅读内容的重难点,但教师借助一定的辅助工具,利用多媒体进行适当的引导,可以有效地帮助学生理解文章主旨,这对于学习语文来说有着很大的帮助。

三、"化繁为简"训练写作

(一)将写作训练融于日常生活

初中语文写作随笔是一种锻炼学生写作能力的有效对策,同时也是当前一种较为常见的写作形式,较之传统语文写作而言,具有更加灵活的特点,脱离以往写作模式的束缚,不仅仅局限于以往的借景抒情,还可以议论写实,对于文章字数和体裁限制不严格,为学生提供一个畅所欲言的环境,对于提高学生逻辑思维能力具有十分重要的作用。由于每个人都是一个具有情感思想的个体,可以通过语言文字来抒发内心情感,联系实际生活,赋予随笔内容更加生动形象,真实、客观地反映出一个学生的思想情况,为学生综合素质培养起到促进作用。除此之外,初中语文写作随笔更加随意,富有个性化特点,无论是写作内容,还是写作体裁,表达更加灵活和自由,也正是这种高自由度,为学生的个性化发展提供了良好的空间,有助于学生更加深刻地表达内心情感,提高写作水平。

加强初中语文作文随笔训练措施:(1)积累素材,拓展阅读空间。在初中语文作文教学中,为了能够有效提升学生的作文写作能力,应该加强课堂随笔训练力度,引导学生养成良好的日常素材积累习惯,只有具备一定的文学基础,才能写出更好

的作文。作文写作能力提升是一个长期过程，并非是一朝一夕即可实现的，这就需要学生能够长期坚持，拓展阅读空间，而语文教师则为学生提供正确的阅读素材。(2) 营造良好的随笔训练氛围。在初中语文写作教学中，为了能够有效提升学生的语文写作能力，应该为学生营造良好的语文写作氛围，有针对性地开展写作训练，完成语文作文教学目标。初中学生由于自身认知水平和学习能力还处在发展阶段，所以对于写作兴趣培养是尤为重要的，只有为学生营造轻松、自由和愉悦的氛围，才能有效激发学生写作兴趣，确保随笔训练活动有序开展，激发学生的创造力和思维能力，保持长久的写作兴趣。与此同时，教师还应该向学生揭示随笔训练的作用，让学生提出自己的想法，通过讨论和交流进行思维碰撞，将学生的想法间接融入作文教学中；做好随笔记录，在语文写作教学中，教师在随笔训练中应该给予学生更加自由的随笔写作空间，没有硬性规定，让学生通过自由的记录和写作来表达内心的看法和情感，以作为后续写作的素材。

（二）以感悟挖掘文本、生活的深刻内涵

"文章本天成，妙手偶得之。"一篇好文章总能给人以审美的愉悦和思想的启迪。教材中所选的许多课文，读完后总给人一种言尽而意无穷的感觉，让人思索和回味。教师可"趁热打铁"，让学生大胆发表个人看法，深入剖析思想内涵，寻求作品和生活中的真、善、美。

《斑羚飞渡》一文中斑羚们在生死关头的伟大抉择和从容面对死亡的悲壮，强烈地震撼了学生的心灵，很多学生抑制不住内心的情感，写下了关于"生存""生命""爱""环保"等方面的随感，还有学生写了《给狩猎队的一封信》，阐发了"善待生命，人与自然和谐相处"的主题。课外阅读严文井的《小溪流的歌》一文以欢快的笔调写了小溪流的成长故事，怀着澎湃的激情透露出溪流对未来的憧憬，对理想的追求，学生从文中读出了执着精神，读出了坚持的可贵，更悟出了人生需要历练的道理，这样深层次的情感体验触动了学生的内心世界，于是一行行饱含情思的文字从学生的笔尖流泻出来。而生活这本"大书"更是丰富多彩，从中可以"读"出很多东西。读后感的写作要以原作为基础，把重点放在"感"上。读是写的基础，只有读得认真仔细，才能深入理解文章内容，从而抓住重点，把握文章的思想感情，才能有所感受，有所体会，才能真正实现"读"与"感"的有机结合。

第六章
中学生现代文学阅读方法与写作技巧的生成

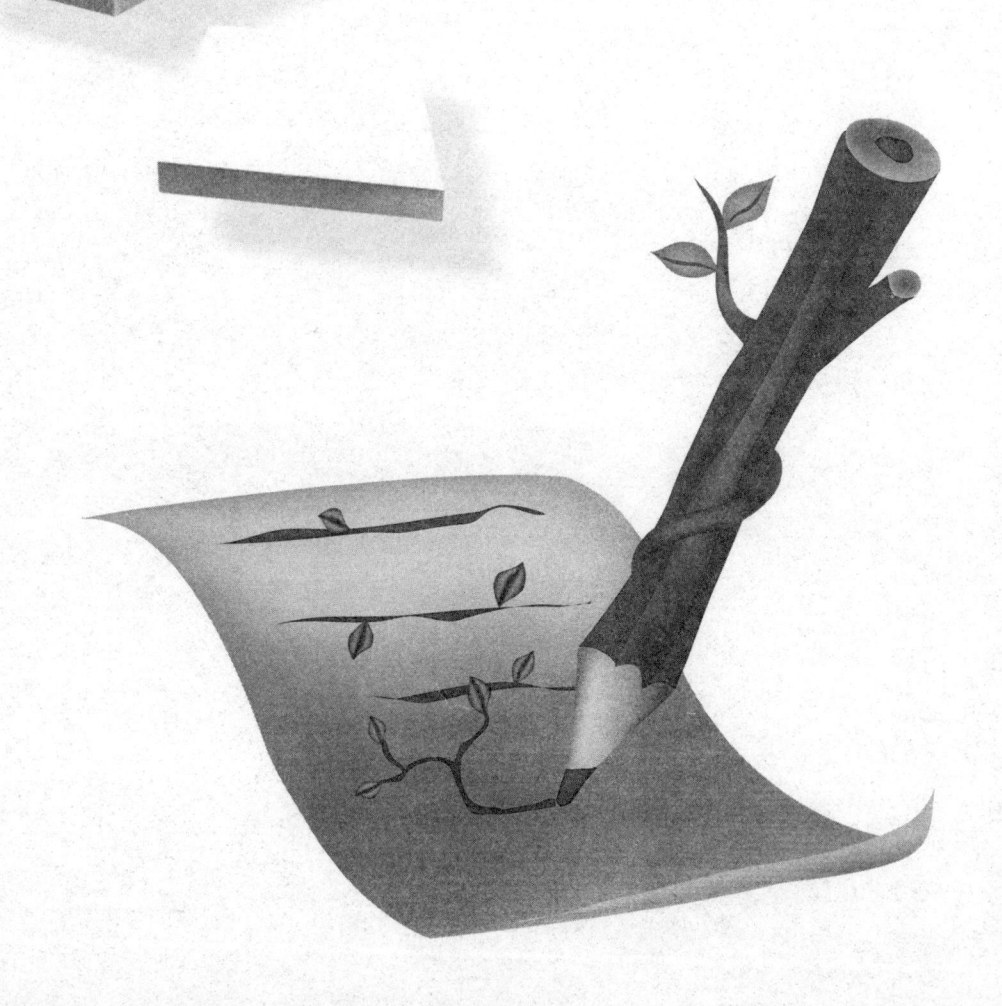

第六章 中学生现代文学阅读方法与写作技巧的生成

第一节 议论文阅读与写作

　　叶圣陶说:"阅读是吸收,写作是倾吐,倾吐是否合乎法度,显然与吸收有密切联系",也就是说,学生之所以写作能力差,是因为未能真正从阅读中获取有价值的写作技巧信息,而阅读能力差是因学生在阅读中学到的知识未能在写作中得到梳理和应用,阅读技巧不能得到进一步提高。因此,我们要把阅读与写作教学有效地结合起来,将议论文写作知识的学习与感悟贯穿于议论文阅读教学中,使学生的阅读与写作能力相互促进,共同提高。

　　把议论文阅读和写作有机结合起来的有效途径是:第一,掌握基本议论文知识,培养学生的阅读兴趣,使学生喜欢读书,养成良好的阅读习惯。结合课内外名篇名著议论文的赏读,讲清议论文的知识点并让学生掌握,在阅读分析中检验知识点的理解与运用。如有感情朗读,赏析好词、好句,进一步赏析文章的语言美、结构美、技法美,在培养学生阅读兴趣的同时,逐步帮助学生提炼议论文阅读技巧,渗透写作方法。

　　第二,在阅读中(包括课内课外)不断积累论据材料。写作中有一个问题亟待解决,那就是学生的材料积累太少,明显暴露出缺少论据的问题。因此,在平时要注重培养学生积累写作素材的习惯。要求:(1)通过课内、外材料的学习,摘录名人事例及名言警句;(2)细心观察生活,随时记录生活中的典型现象与事例;(3)针对班内及社会生活现象,每天写一段感言。论据的运用是建立在积累的基础上的,而,必须学会恰当地选择运用。因此,可以先通过阅读来训练论据、论点的运用技巧。

　　第三,在阅读中训练补写。(1)补论据。在分析阅读的基础上,为原有中心论点补充论据,这样可以训练学生模仿阅读材料中的论据选择,学习围绕中心论点来补充材料的能力。如在《谈诚信》中,围绕中心论点"我们的社会需要诚信",让学生补充各种论据。(2)补论点。提炼中心论点。给学生一段议论文字,让学生根据论据及论证为文段总结中心论点。例如,法国大革命推翻了反动的封建统治。事后执政者曾将路易十六的儿子关起来,让他时时处处生活在最污浊的环境里,仅与社会最低贱、下流的人打交道,想借此毁灭掉这个孩子。但一段时间后,人们非但没有看到这个孩子有丝毫的龌龊之举,反而看到的是一个日益坚定高尚的少年。为什么?这个孩子的话道出了原因:"我本来就是做国王的人……"为这段论据总结中心论点。

通过分析总结出，这个材料用来论证"近墨者未必黑"这一中心论点是比较恰当的。

(3) 补分论点。例如，在赏析《我们中国人是有骨气的》一文时，让学生模仿文中的分论点再补充几个并列式分论点；而在赏析《论诚信》时，让学生模仿《论诚信》设计递进式分论点。

第四，根据议论文特点，按点（论点、论据、论证）整体仿写。通过多篇文章的整体感知，归纳议论文阅读写作的方法技巧，总结二者间的相互联系，然后按不同的侧重点进行阅读与写作的迁移训练，即仿写文章。

(1) 确定中心论点。总结议论文中作者是如何确定中心论点的，如在一节"议论文读写结合方法指导"课上，笔者用两篇同样话题的议论文《论诚信》的比较阅读，让学生总结议论文确定中心论点的方法，通过比较明确：①中心论点必须围绕话题展开；②必须是完整的陈述句。③同一话题可以有不同的中心论点，但必须鲜明、正确。如"论诚信"这一话题确定中心论点时，既可以是"我们社会需要诚信"，也可以是"社会生活中不应处处讲诚信"。④新颖、易懂。⑤利于全文展开鲜明有力的论述。总结方法后训练：给出几个话题，先确定中心论点。然后围绕中心论点选材、交流。按以前学过的论证方法，运用严密的语言把这些材料组织起来，形成一篇有理有据的议论文。

(2) 仿论证：通过阅读范本，仿它的论证结构、论证方法、论证方式。如给出《我们中国人是有骨气的》这篇议论文，先进行阅读赏析，然后以"我们中学生应有修养"为中心论点仿写一篇文章，先交流仿写思路（中心论点已有，搜集论据后，再仿本文的论证结构、论证方法），然后成文。学生有了参照物，就能写出结构更清晰的文章。

第五，仿阅读，改作文。按要求写出成品作文后，结合以前做阅读的经验技巧来修改作文，即把作文当成阅读范文来赏析（大处着眼，从论点的提出到论据是否为中心论点服务，再看论证方法及方式是否恰到好处；小处则着眼于推敲语言运用等），然后再修改（自改、互改相结合）。

第二节 说明文阅读与写作

一、阅读说明文的几个要点

阅读说明文要注意作者说明的顺序结构。在说明文中，说明某一事物构造的文章，常常按照事物构成部分的顺序结构；说明某一事物发展过程的文章，常常按照

第六章　中学生现代文学阅读方法与写作技巧的生成

时间的先后顺序结构；说明某一事物功用的文章，常常按照先后主次的顺序结构；内容比较复杂的说明文，常常将要说明事物的特征分成若干方面，再按一定的顺序结构。说明文的线索常常出现在文题中或出现在文中某些提示中心的语句中，所以我们在阅读时注意文题和某些提示中心的语句，从而找出文章的写作线索。阅读说明文还应该注意弄清段落之间的逻辑关系。说明文的段落之间具有严密的逻辑联系。它一般先提出要说明的事物，接着说明事物的特征，进而由表及里，说明事物的本质。说明文为了达到说明的目的，首先要把事物的特征有条不紊地告诉读者，使读者对事物产生清晰的印象。

阅读说明文要注意认识事物的内部联系或自然现象之间的必然关系，从认识事物的现象进一步认识事物的本质。说明文不只是从现象上说明事物的特征，它总是由表及里地从现象进而说明事物的本质，给读者以全面的、本质的认识。阅读说明文时还要注意揭示文章中心思想的句子，以便把握住说明文的中心。说明文与其他的中心思想是通过说明事物的特征和本质表现的。

二、写作说明文要注重条理性

说明文的目的就是解说清楚，让人获得某种知识。也就是说，让人看了文章之后，能够对其中所解释或说明的对象有清晰的认识。这就要求学生在写作说明文时，做到条理分明，眉清目楚。要想使说明文条理分明，眉清目楚，就要使说明文的结构具有条理性。

（一）按说明对象自身的条理性来安排结构

1. 弄清说明对象

学生首先要弄清是写事物说明文还是事理说明文。弄清说明对象可以从审题入手。弄清说明对象之后，就要立意——确定中心思想。确定中心思想时，要注意以下三点：一是正确。也就是说，学生解说事物的本质及规律性要有科学根据，经得起实践检验。二是深刻。深刻是指要透过现象揭示本质，反映事物内部的规律性。要使读者不仅了解事物"是这样的"，而且要弄明白"为什么是这样的"。三是集中。所谓集中，就是重点突出，中心明确。我们对客观事物的认识是多方面的，感性材料是丰富的，但在确定中心时不能没有重点，不能企图在一篇文章里面面俱到。如果面面俱到，会分散中心思想。

2. 注意说明顺序

说明要有顺序，这是使说明文条理化的必要条件。常见的说明顺序有：时间顺序、空间顺序、逻辑顺序。说明文的时间顺序和记叙文的时间顺序相似，在此不再

97

赘述了。空间顺序要特别注意弄清空间的位置，注意事物的表里、大小、上下、前后、左右、东南西北等位置和方向。逻辑顺序常以推理过程来表现。采用什么顺序主要取决于文章所要说明的对象的特点。任何事物都有其自身的规律，把握了这一规律并据此安排结构，便能使文章井然有序，条理分明。一般来说，运动、变化、发展的事物，它的条理性表现在时序上，不同时间有不同的形态，说明时可以按时间顺序安排结构。如朱活力的《神秘的精灵——极光》，在讲述人们探讨极光的过程时，就是按时间顺序来安排结构的，"从前……13世纪时……到了17世纪……到了19世纪……目前……"

处于静止状态的事物，如建筑群、名胜古迹、物品等，常常从空间位置上体现文章的条理性。说明这类事物，可以按空间顺序安排结构，由表及里、由内向外进行说明。如贾祖璋的《南州六月荔枝丹》说明一种果实，这种果实从表到里有一定的结构。文章按照空间顺序，先写荔枝的颜色、形状和大小，然后写荔枝的层膜和果肉，再写荔枝的核（种子），由外到内、先表后里，使文章井然有序。

(二) 按人们对说明对象的认识规律来安排结构

对于读者陌生或者难以理解的说明对象，说明时要由具体到抽象，由表面现象到内在事理，由个别推及一般。在具体说明的过程中，学生应先写状态，再写功用或成因，最后揭示其本质特征。如朱活力的《神秘的精灵——极光》是一篇事理性说明文，先描述极光的多彩美丽、变幻莫测，然后介绍极光产生的原因，进而谈到它的巨大能量可能给人类带来的危害，最后提出怎样利用极光为人类造福是当今科学界的一项重要使命的问题，层层推进，引人深思。

对于读者并不陌生的事物或事理，说明时可先说一般，再叙说个别现象。这种写法宜先写性质特征，后写状态，这样人们就可先获得对事物或事理的总体认识，然后对其进行具体理解。如刘祥武的《鲨鱼不是"嗜血杀手"》，一般读者都知道鲨鱼凶狠，所以作者一开始就列举了一些人类遭到鲨鱼攻击的例子，然后揭示受鲨鱼攻击并非都是鲨鱼的错，最后叙说鲨鱼其实并不可怕。这种结构安排有利于读者尽快地认识事物。

第三节 记叙文阅读与写作

一、抓住记叙文的特征进行阅读

记叙文是以记事写人为主要对象，以记叙和描写为主要表达手段。它的基本构

第六章　中学生现代文学阅读方法与写作技巧的生成

成因素是时间、空间、人物、事件还包括它的原因和结果。在这些因素中，最基本的因素是人和事。因为对于这六者的相互关系来说，时间和地点是人和事存在的形式，而原因和结果则是人和事发生、发展的必然。再进一步说，人和事两个因素比较起来，人又居首要地位。事来源育人，离开了人，事物就失去了发生发展的意义。当然，在多数情况下，记叙文是通过特定的人和事，表达一定的观念和态度，传达一定的信息，以满足读者的阅读愿望的。

记叙文的展开都有它的开始、经过和结束的一定顺序，文章的内容必须符合这一顺序。但在文字表现上，它的叙述顺序却可以根据表达效果的需要，适当地做富有变化的安排，其常用的方法有顺叙、倒叙、插叙三种。

记叙文中运用描写方法。叙述着重对人、做事一般的交代，而描写则着重对人、事的具体描绘。二者相互补充，相互配合。记叙文中往往夹杂着议论，以显露人或事的意义和作者的观点、态度。记叙文的结构是按时空关系特别是时间关系组成的，语言特点是它的具体性、形象性、依据记叙文的表达方式和结构类型，可以按照如下方式进行：(1)正确地把握时、地、人、事、因、果等因素，认识任务和时间的特质；(2)认识结构上的纵横关系，把握篇章的组织结构；(3)学习具体、生动的语言，把握叙述、描写、议论等表达方式；(4)迅速地归纳要点，正确地概括主题；(5)了解创作意图，把握文章的现实意义。

二、记叙文写作关键要素

记叙是写作的基本功，是训练提高写作能力的基础，因而记叙文是初中生写作的基本文体，也是中考写作的首选文体。江苏省高考阅卷组长何永康教授多次强调："一线教师要多指导学生写记叙文。"倡导中学生记叙文写作的倾向，学会观察并记录身边的人与事，表达自己的情感。笔者结合中学生的写作问题与佳作要求，提出记叙文写作"五要"，与大家共同探讨。

(一)情感要真挚

文贵以情动人。《庄子·渔父》中有"不精不诚，不能感人。强哭者虽悲不哀，强笑者虽乐不悦"之言。文字被作者赋予了感情之后，才会真切可人，敦实厚重。读者面对一篇情感真挚之文，才会撼心动容，以致潸然泪下。无情之文则如行尸走肉，淡然无味。李兆权的《丑娘》，一反传统的纯粹赞美母亲的手法，先抑后扬，先写母亲长得很丑，自己因此而觉得矮人一等，后通过长大后对母亲博大的爱的感受，抒发了"母亲是天下最漂亮的母亲"的深情，感人肺腑。

课标与写作都要求我们"写真人，讲真话"，因为情由感发，感由境生。我们在

写作中要善于观察身边的人和事，表达自己的真情实感。我们在写一些自己熟悉的人和事时，之所以能感人至深，就在于情感亲历的真挚。

（二）选材要典型

材料是一篇文章的血肉。典型的选材不仅是作者观察提炼能力的体现，而且能使作品的艺术性显著增强。对于记叙文来说，典型的材料能使人物的形象更加丰满逼真，使文章情节更具吸引力与代表性。如何永康在《高考作文周周讲周周练》中曾举例：有一位高一学生这样写自己的数学老师：开学了，班主任说："这学期由吴老师教你们数学，上课好好听，别开小差！"第一堂数学课，吴老师自我介绍道："同学们，我叫吴吉昌。"全班哄堂大笑，因为语文课正讲《为了周总理的嘱托》，那里边有个种棉花的劳动模范叫"吴吉昌"。吴老师当然莫名其妙：难道我不叫吴吉昌吗？吴老师有个口头语："简单！"不管多难的数学题，他开口就是"简单"，然后便从各个侧面想方设法为同学们解难。此法效果极佳，同学们满怀信心地跟吴老师迎接数学的一个又一个挑战，全班同学的数学成绩很快上去了。有一天，上语文课，语文老师问："吴吉昌有一句代表性的话，是什么？"同学们齐声回答："简单——！"从这里我们看到一位很有教学经验的数学老师，挥舞"简单"这面小红旗，为学生加油鼓劲，"简单"中包含许许多多的心血和汗水。这样"简单"就不简单了，轻松诙谐中蕴含着某种崇高的东西。

文章写到这里，已经相当精彩，谁知作者又来了语文老师和学生的问答这一段，一下子把文思推向更有光彩的新高度。原来作者在巧妙地暗示：这位吴老师也在完成周总理的嘱托，也是一位劳动模范，也是一位耕耘好手，两个吴吉昌在文末融合为一，迸发出十分耀眼的思想火星。

（三）构思要精巧

构思是一篇文章结构情节的艺术性安排。构思精巧的文章能使读者感觉如入胜境，记叙文情节要一波三折，这不仅顺应事件的发展过程，而且使文章引人入胜，更具可读性。若写纽扣掉地上的情节。可写纽扣掉到地上，然后弹起来，再掉下去，滚一圈，滚到墙角的桌子底下去了，便比单单写其"啪"的一声掉到地上要生动得多。

曹文轩曾指导小学生写作文：有一个小男孩，家门口有棵柿子树，柿子树上有两个红彤彤的大柿子，小男孩每天所做的事就是看着这两个柿子，等在外地上学回家的哥哥来吃。有一天，来了两只黑乌鸦，一只叼一个柿子飞走了，小男孩气愤极了，跟着后面追。跑着跑着，前面一片小树林，乌鸦钻进树林，很快就不见了。小男孩失望极了，突然，小男孩看见前面原来是一片大大的柿子林，结满了红彤彤的大柿子。可谓一波三折。若我们写作记叙文都能如此,文章的艺术性便强多了。

(四)语言要成熟老到

语言是文章的生命,鲜活的语言能让一篇文章妙趣横生,或典雅别致。对于高中生的记叙文写作,最易犯幼稚啰唆的毛病。语言的成熟老到,简练与表现力的增强应是我们努力的方向。

如初三学生写初中生活:"初中的日子很单调,我们没有春游,不看电影,听话而且坚韧。到了初三,很多女孩子忍痛剪掉了长发,男孩子放弃了最喜欢的篮球,我们做很多的模拟试卷,在殚精竭虑中虔诚地期许着自己的未来。想一想人生的离别太多了,人和事终会变成那难以言说的眷念,于是我们要学会坚强,没有眼泪,只有一丝丝藏在心中的伤感。"十六七岁的学生能写出语言如此精练的文字,诚是难得。

(五)结构要合理

文章结构是作文的"骨架"。结构必须清晰明朗,语意切忌拖泥带水,语段切忌当断不断。一般而言,文章分为三个语意部分,三个部分要求"起笔简洁,中间浩荡,结尾响亮",并且都要运用一定笔墨来扣题,以达到彼此照应的目的。三个语意部分并非平均用力。一般是开头和结尾部分言简意赅,点到为止,但结尾除照应这一特点外,还要做到蕴藉隽永、意味深长;中间部分要详写,在行文过程中要有照应文题之处。如果行文中意义需要转折或逻辑需要深化,就可能需要设置好过渡段。过渡段的设置应该具有概括性,一般都是言简意赅,而又承转自如。

第七章
汉语言文学专业介绍

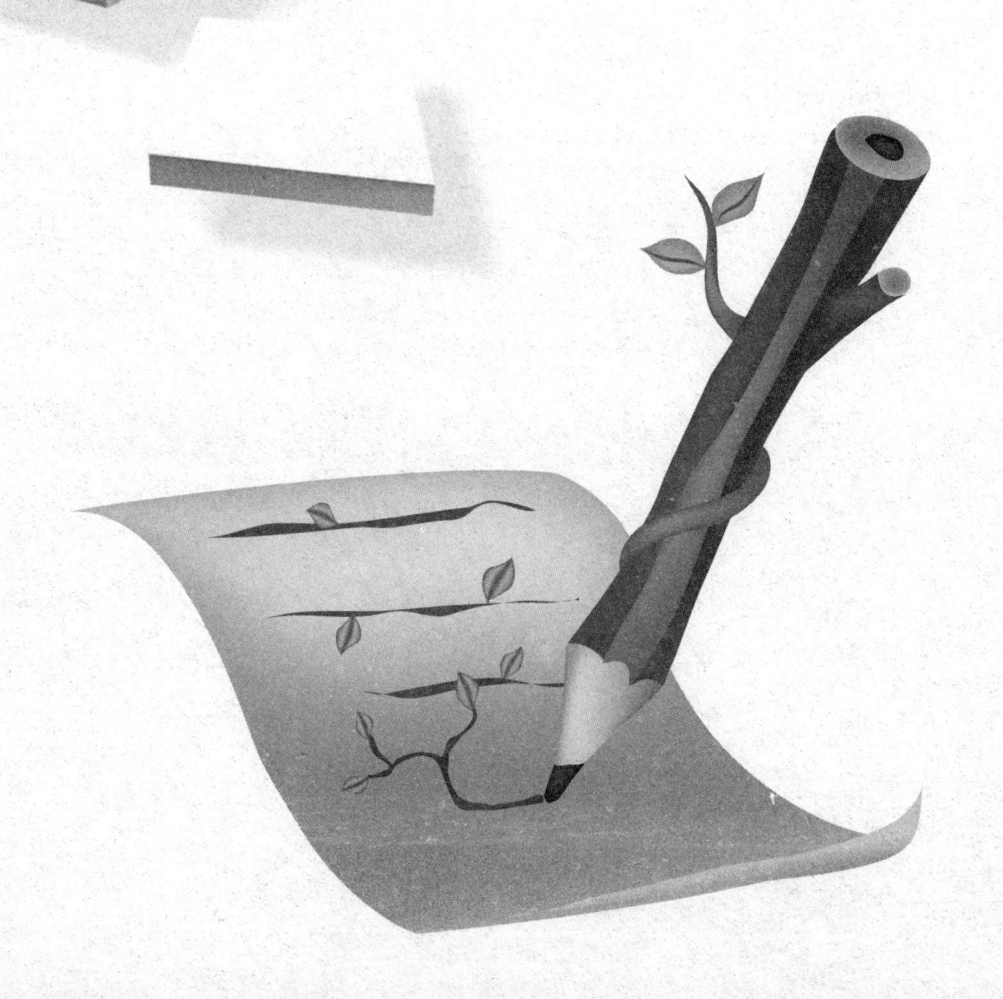

第七章　汉语言文学专业介绍

汉语言文学专业是培养具有文艺理论素养和系统的汉语言文学知识，在新闻文艺出版部门、高校、科研机构和机关企事业单位从事文学评论、汉语言文学教学与研究工作，以及文化、宣传方面的实际工作的汉语言文学高级专门人才。汉语言文学专业除了在新闻文艺出版部门、高校、科研机构和机关企事业单位外，还可以考取教师资格证成为教师。汉语言文学专业是中国大学史上最早开设的专业之一，出现于19世纪末。20世纪80年代以后，汉语言文学专业得到了很大的发展，一些师范类大学要为中学语文教学培养教师开设该专业，综合类大学在中文系或文学院也普遍设有这一专业，即使是专业性较强的学校，如中国人民公安大学，也设有中文系。一个多世纪以来，汉语言文学专业培养了一大批知名学者、教授、作家、记者、剧作家，对中国人文科学做出了极大的贡献。

第一节　培养目标

汉语言文学是研究中国语言的词语、句法，赏析古今诗歌、散文、小说等众多的文学作品，熟悉有关编辑出版基本知识的一门学科。通过对汉语言文学的学习，可以具备扎实的中国语言功底和较强的写作能力，知道如何去评价一部文学作品，进行编辑出版工作，而且还将拥有一笔财富——宽广的知识面和优秀的人文素质。该专业培养具备文艺理论素养和系统的汉语言文学知识，能在新闻文艺出版部门、高校、科研机构和机关企事业单位从事文学评论、汉语言文学教学与研究工作，以及文化、宣传方面的实际工作的汉语言文学高级专门人才。该专业学生主要学习汉语和中国文学方面的基本知识，受到有关理论、发展历史、研究现状等方面的系统教育和业务能力的基本训练。

毕业生应获得以下几方面的知识和能力：(1) 掌握马克思主义的基本原理和关于语言、文学的基本理论。(2) 掌握本专业的基础知识以及新闻、历史、哲学、艺术、教育等学科的相关知识。(3) 具有文学修养、鉴赏文学能力、较强的写作能力以及语言表达能力。(4) 了解我国关于语言文字和文学艺术的方针、政策和法规。(5) 了解本学科的前沿成就和发展前景。(6) 能阅读古典文献，掌握文献检索、资料查询的基本方法，具有一定的科学研究和实际工作能力。(7) 具有正确的文艺观点、语言文字观点和坚实的汉语言文学基础知识，并具有处理古今语言文字材料的能力、解读和

分析古今文学作品的能力、协作能力和设计实施语文教学的能力。(8)了解语言文学学科的新发展，并能通过学习，不断吸收本专业和相关专业新的研究成果，根据社会需要和教育发展的需要，拓宽专业知识，提高教学水平，在将新知识引入语文教学的实践中，富有开创精神。(9)了解本专业及相关专业各学科学术发展的历史，重视传统文化的继承和发展，同时具有一定的哲学和自然科学素养。掌握资料收集、文献普查、社会调查、论文写作等科学研究的基本方法，逐步学会在文理渗透、学科交叉的前提下，开辟新的领域。(10)熟悉教育法规，具有初步运用教育学、心理学基本理论和汉语言文学教学基本理论，运用现代教育技术从事教学工作的基本能力。(11)具有良好的口语和书面语表达能力。

第二节　历史改革

一、汉语言文学的特点

(一) 文字的基本功能和文学功能

文字的起源，从远古的壁画、岩画发展到甲骨文象形文字阶段，是汉语言文字的诞生过程。古人发明了文字以后的最初时期，文字的最初功能是表达、传播人类智力发展后所产生的思想，这种思想远远超乎肢体语言、表情和声音所能表达的思想。不仅以数字替代记事的结绳，还把各种亲历的所见所闻用文字记述下来，可以使读者再现记述者的所见所闻。这个时期，文字的功能主要是记录、传播思想的工具，它开拓了人类思想交流的广阔天地。但是，这个阶段里，文学创造的美并不显现。

文学之起源应该在于文字的发明之后的漫长时间里产生。汉语言文学的创作最明显的标志应该是《诗经》的出现，这才是真正意义上文学的发展。文学是通过文字，把人类复杂的思想感情表述、升华、再创造的过程。它极大地开发了人类的思想空间，为启迪人类智慧起到了巨大的促进与推动作用。

在我们分析文字出现后的发展过程的时候，我们同时看到了它紧密相关联又有所区别的两个方面：文字的基本功能和文字的文学功能。

(二) 汉语言文学的独特文学形式

任何一种文学，发展到一定的阶段，必然会伴随文学的出现。文学是文字升华，是文字的最高形式。汉语言文学的发展到目前为止，和世界上各种语言文字相比，汉语言文字不仅有文字所共有的文学形式，如小说、散文、论文、史记、传记等形式，还有它特有的格律诗，词、赋、曲的形式。汉语言文学所特有的格律诗、词、赋、曲等文学形式，成就了汉语言文字特有的文学优势，为汉语言文学增添了比世界任何语言都绚丽多彩的内涵。

在这里，可以看出一个现象：独特的文字产生独特的文学样式，文字的特性决定了文学的形式。文字，是文学的土壤，只有在肥沃的土壤里才能开出绚丽的花朵。是汉语言文学的一字一义，一字一音的特性，才孕育了声调优美、意含复杂丰富的格律诗和词为代表的独特的汉语言文学形式。使韵律美和文学的思想美达到了和谐的统一。

(三) 文字的文学潜力

任何一种文字都有它独特的长处，汉语也有它独有的文学潜力，它一字一义、一字一音这种特质，使诗、词、赋、曲这些文学奇葩的产生和发展有了它必需的土壤。但汉字把韵律美和文学美有机统一的诗和词，它总有一个到达日臻完善的巅峰的度。从哲学上说，任何事物总在于它内在规律所限定的范围内产生、发展与消亡。唐代人在《诗经》的基础上，把诗这一文学形式推向了极致。

穷绝中华五千年历史，唐诗对于诗这一汉语言文学所特有的文学形式创造和完善，前无古人，后无来者。汉语言文学所特有的诗的美已经揭示完成，除非改革文字，否则再无可能出其右。唐诗绮丽美妙，各种风格、各种流派精彩纷呈，李白、王维、杜甫、白居易、李贺、李商隐、杜牧等大师级人物如同群星争灿。诗歌形式并非唐人首创，但这种典雅的文学艺术形式被他们推上了泰山之巅后，颇令后继的宋朝人苦恼，他们虽然也热情地写诗，甚至写出了不少经典性作品，但光芒总为唐人所掩遮。他们欲要展示自己的才华，只能另辟蹊径了。及至宋代，宋朝人潜心投入了词的创作，其辉煌由晏殊、柳永、苏轼、张先、辛弃疾、李清照等人支撑，后世人只有仰视的份。当然，词只是宋朝艺术园林中最美丽的花朵之一，该朝代的散文、绘画、书法等艺术创作同样惹人注目。同样，到了朝元，词的创作终不能超越宋朝人。于是元朝人另辟蹊径，把戏剧、散曲这种新诗歌艺术形式推到了极致。及至明清，对于诗词的创作，明清两代的文人学士除了抄袭、模拟外，注定不可能有大的作为。清末黄遵宪等人为了走出前人的阴影，发起诗界革命，试图开拓出一条新路，但没有成功，于是诗歌时代结束了。在此同时，士人们的才华在小说创作领域施展了出来。罗贯中、施耐庵、吴承恩、兰陵笑笑生、曹雪芹等一大批优秀的作家横空出世，他们作品的魅力，即便在今天，各国的百科全书也不得不给予最崇高的评价。

从汉语言文学发展的这一有趣现象中我们可以发现，某一种文字的文学发展依

赖于文字的文学潜质,而任何一种文字的文学潜质在某一个文学领域是有一定内在的规律性的发展限度的。也就是说,文学的发展依赖于文字的文学发展潜质的空间。清代学者纪晓岚曾叹息说:"自我负责整理皇家图书馆内的图书以来,得以见识古人浩如烟海的著作,才明白古人已经把几乎所有思想学术领域的问题都探讨遍了,我们这些后来人不管怎样竭尽心智地努力,都不会超出古人设定的圈子。"如果从思想发掘方面来说,人类的思维成就是永无止境的,但从文学形式的探索角度说,纪晓岚的感叹不无道理。

(四)汉语言文学宝库的继承和发展

汉语言文学的改革是与中国社会特定的变革联系在一起的,随着中国社会的不断发展变化,必然会发生相应的变化。时代在文学身上打上了鲜明的烙印。

汉语言文学的发展已经到了一个完善、成熟的阶段,先人已经为我们创造了极其丰富多彩的汉语言文学宝库。在信息科学飞速发展的21世纪,汉语言文学将成为中华民族进一步文明发展的基石。在进入信息化时代的现在,人们将更多的精力放在了科学领域的探索,文字在某种程度上更多地回归了它的基本功能,在网络的出现后,在思想、信息交流的工具性功能上日益便利,也为继承、发展汉语言文学成果提供了更多有利条件。但是文学的发展在不同程度上为社会的快节奏所抑制。文学边缘化,尤其在我国崛起的起步阶段,已经成为可见的社会现象。比起西欧发达国家,国民的阅读时间、文学欣赏热情等方面有着较大的落差。这既是社会发展至某一阶段将会出现的必然现象,也是值得以汉语为母语的国民深思的问题。人类的文明首先是科技的文明、物质的文明,同时也应该有精神的文明。文学、艺术的文化内涵是精神文明的重要内容。愿我们在珍惜中华优秀灿烂的文学宝库的同时,保持并提高自己对文学的热情,日益提高自身的文学修养,为中华文明的延续和进步接好这个时代的一棒。

二、汉语言文学发展过程中的几种模式

汉语言文学专业的发展历史悠久,是高等院校设置最普遍的基础性文科专业之一。随着中国市场经济的快速发展,对应用型、复合型人才需求的不断增大,高等教育由精英教育逐步向应用型、复合型人才培养的大众化过渡,对传统汉语言专业在承担社会人才培养的功能方面提出了新的挑战。

随着社会主义市场经济时代的到来,特别是进入21世纪以来,中国社会经济文化、教育科技的快速发展,正越来越深刻地改变着我们固有的教育和人才观念,冲击着传统的人文学科的命运。缺乏鲜明的特色和实用的技能是传统汉语言文学专业

的人才培养模式的特点。汉语言文学专业人才的培养表现为以下方面的发展变化，体现出时代对本专业人才培养的需要。

(一) 传统型模式

20世纪80年代中期以前，汉语言文学专业的培养目标主要是为适应计划经济时代对汉语人才的需要而制定的，比较切合当时的社会经济文化、教育科技发展、人才配置方式和市场需求的实际。汉语言文学专业国家人才培养基地开设的课程有：文学概论、写作、文学作品导读、现代汉语、古代汉语、逻辑学、语言学概论、现当代文学、古代文学、世界文学与比较文学、美学、中国古典文献学、中国学术思想通史、西方哲学概论、高等数学、英美文选、科学概论、史学专题、科研论文阅读与写作，共19门。

课程的设置基于培养目标。高校汉语言文学专业是培养目标极不明确的专业，它培养学生所从事的职业涉及新闻、广告、出版、广播、影视、戏剧、文秘、教育、行政（文化宣传、各级政府）等部门，专业的设置较为宽泛，对汉语言文学专业的培养对象无法做到精确的定位，课程的安排没有一个明确的导向。汉语言文学专业课程体系存在以下几个问题：第一，在课程观念上，重语言文学轻文章。第二，在课程结构上，重学术轻实践。第三，在课程内容上，重学科专业轻文化基础。

传统知识型人才培养模式，知识的讲解传授成为教学和考试考查的主要内容。导致学生高分低能的现象相当严重。在市场经济社会背景下，本专业遇到了前所未有的新挑战，汉语言文学专业毕业生就业、创业普遍困难。

学生专业不专，特色不突出，就业竞争能力较差，出现了人才培养模式与社会发展不相适应，课程设置与教学内容不相适应，学生知识结构、能力与素质不相适应，教师素质能力与人才培养定位不相适应等问题。因此，汉语言文学专业以创新型应用人才培养模式的改革显得尤为必要，优化应用型汉语言文学人才培养模式的理论研究与实践迫在眉睫，我们应该探索出一种既能有效解决目前的各种矛盾，又能最大限度地利用现有资源培养出真正合格的人才的培养模式。

(二) 应用型模式

目前，我国的高等教育已经由精英教育阶段进入大众教育阶段。在大众化教育阶段，社会对人才的需求呈现多样化的形态，尤其是对具有较强实践应用能力的人才需求更为迫切。

应用人才是指培养人才不以学术型、研究型的精英教育为取向，而以适应广大用人单位实际需要的大众化教育为取向，面向基层、面向生产第一线，强化实践能力和动手能力培养，既注重智育，又重视非智力因素的培养。创新型人才是指培养

的人才比技能型应用人才具有更"宽""专""交"的知识结构和更强的自主学习能力，不仅具有胜任某种职业岗位的技能，而且具有应用知识进行技术创新和技术开发的能力。致力于培养出既具有扎实的汉语言文学专业基础知识和广博的文化知识，又能够运用专业知识在行政、教育、新闻出版部门及企事业单位等不同领域从事编辑评论、文秘及文化宣传工作的汉语言文学创新型应用人才是目前汉语言文学专业的首要任务。

市场经济社会要求汉语言文学专业人才具有发现美、创造美的能力，具有在谈判、公关、策划、教学、写作等活动中，运用美好的、得体的、雄辩的语言进行交流的能力，通过语言能够进行广告宣传和公司企业形象设计等。由此，专业课堂教学中的文学观念、语言观念发生了变化。文学的认知功能、宣传教育功能在弱化，而潜移默化的心理疏导功能、娱乐功能、审美功能等在增强。社会要求通过文学培养人才的主要目标：在人文素养的教学中，培养熏陶人的人品人格、提升人才的审美品位。在专业教学中，语言的符号学性质得到确认，它不再只是工具性的，它更是思想性的。社会对通过语言进行交际的实践能力的要求越来越高，对母语交流沟通的水准要求越来越高。另外，对写作人才的需求无论在数量上，还是在质量上，都对汉语言文学专业提出了前所未有的新要求。

汉语言文学专业应该是上承学科研究成果，下接职业技能训练的中间环节，肩负着吸收学术成果、拓展能力、指导具体实践、形成职业技能的任务。概言之，汉语言文学专业人才既要有理论的修养做功底，又要在此基础上实现知识的迁移、职业技能的培养，这才是汉语言文学专业教育的基本定位。汉语言文学专业的教学模式应是注重培养学生的文学审美能力、语言交际能力和写作能力为主的能力型教学模式，遵循汉语言文学专业教育教学规律，设计新的专业教学计划和课程教学大纲，改变教学手段，配置相关教学资源。本专业课程体系将以文学类课程为主，语言类、写作类、实践类课程具体落实本专业人才的能力培养目标。具体操作方式是：

（1）文学类：着重培养学生的文学审美能力。和谐社会的核心是人与人之间的和谐。根据新的时代要求，改变观念，以提升人文素质、塑造完美的人、塑造学生完美的人格人品为目标，重点培养学生的艺术感悟、艺术欣赏和审美判断能力，使学生对文学的把握从侧重理解抽象的、概念化的社会历史转变为侧重理解生动形象的人。课程设置也做相应的调整。

（2）语言类：着重培养学生的语言交际能力。重视书面语言和口头语言交际能力的培养，使学生的自我表达能力和倾听理解能力协调发展，更注重其交际沟通能力。

（3）写作类：着重培养学生的写作能力。由于社会整体文化水平的提升，迫切需要"笔杆子",而能说会写也是毕业生就业最好的标签。写作课将以培养学生实践写作能力为主,根据学生的个性需求,提供相应的文学写作、公文写作、新闻写作的课程,外聘著名作家、记者、编辑、秘书等开设专题讲座,负责学生课外写作辅导,全面提升学生的写作能力,从本质上改变原有写作课侧重于理论的性质,使写作课的实践本质落到实处。

（4）实践类：着重培养学生的实践应用能力。一是专业能力层,通过学期论文、课程论文和各类实习让学生掌握综合能力；二是创新能力层,通过课外职业实践活动、毕业实习和毕业论文等培养学生的工作实践能力和创新能力。根据各个层次的培养目标,实践教学体系优化应采取的主要措施即建立校内外实习基地和实践教学与职业技能鉴定相结合。

汉语言文学专业应在完善和改革教学的基础上,形成较为清晰的办学特色和人才培养模式,应该面向社会、重视基础、强化实践,培养德智体美全面发展的、能说、能写、能办事的高素质应用型中文人才。人才培养目标的实现应立足于传统中文基础与现代实用中文基础的有机结合,立足于课堂的拓展和实践教学的深入展开,立足于立体开放型师资结构的建立。

汉语言文学专业是体现人文精神,对社会、对生活、对体悟生活与生命的最直接的载体,它担当着传承与提升全民语言与文化素质的重任。该专业的主干内容是中外的优秀文学文化遗产,它是一个知识系统,更是一种价值谱系,其核心内容是对人类生存意义和价值的关怀,是对自身、他人、集体、民族、国家,乃至对人类的一种认识与社会责任感。汉语言文学专业所培养的学生主要是从事与人有关的工作的,需要广博的知识、敏锐的观察力和反应力、较强的分析归纳能力,需要宽容的心胸、健康的心态、良好的自我管理能力以及足够的合作意识,等等。汉语言文学专业的培养重心在于学生的人文素养,它的应用性主要体现在对社会观念与精神取向的影响上,它作用于人的精神层面,在建设和谐社会的过程中有着实用性专业不可替代的作用。汉语言文学的专业价值不在于创造可以计量的经济效益,而在于创造无法用数字统计出来的社会效益。汉语言文学专业的"应用性"是与"高素质"紧密结合在一起的,它不能仅强调与职业技能相关的动手能力,而更应该注重与人的素质相关的专业素养。动手能力的强化可以使学生快速适应自己的工作,但能否胜任或者是否有发展前景,则要看他的内功和修养。

大学的类型、层次不同,对社会的功能自然有所差异,汉语言文学专业在不同大学,也自然有不同的定位,以实现不同的人才培养目标。

（三）复合型模式

高校是人才的培养基地，根本任务是培养人才。人才的质量直接决定着就业的质量，也决定着学校的社会声誉。因此，为实现学生的充分就业，高校必须始终坚持从源头抓起，把提高人才培养质量作为学生充分就业的根本来抓；必须根据人才市场需求的变化趋势，来适时优化学科专业结构，创新人才培养模式，改革教学方式方法，全面实施素质教育，强化大学生的实践能力、就业能力、创新能力、创业能力培养，努力打造综合素质高、能力强的应用型、复合型人才，确保人才培养质量得以不断提高，并以此来促进充分就业，提高就业水平和质量。

当代社会是一个知识经济初现端倪、信息化和全球化趋势越来越明显的时代。为了更快地适应这一时代对高层次人才的需要，我国政府及时地调整了高等教育政策，以扩大招生规模的方式淡化高等教育的精英色彩，推进高等教育的大众化进程，同时在人才使用上采取就业渠道多元化的市场化人才调配方式，这给大学教育理念及人才培养规格带来了深刻的变化，也对高等教育改革带来了深刻影响。对汉语言文学专业，当代社会现实和高等教育理念的这些变化无疑对人才培养规格及教育教学改革产生了深刻影响。

1. 当代社会需要一专多能的复合型汉语人才

随着就业渠道的多元化，一种职业定终身的现象恐怕再也不会出现了。人才的培养教育必须从传统的"专才型"向一专多能"复合型"方向发展，这就要求我们在人才培养目标及课程设置上进行深入研究和调整。在保证学习好本专业基础知识和能力的前提下，既要重视类似讲演辩论、新闻写作、公文写作、节目主持、书法艺术、广告设计、篆刻剪纸、编辑采访等与本专业比较接近课程的开设与学习，也要重视其他跨类较大的学科如法律、经济、旅游、计算机、外语等知识的学习，同时对于学有余力的同学，还要鼓励他们攻读第二学位。

2. 当代社会需要精通双语的高素质应用型汉语人才

在汉语言文学方面基础深厚，又精通两门以上外语的人才肯定备受青睐，这就为我们在制定专业人才培养计划时提出了开设类似"双语教学"这方面课程的现实要求。

3. 当代社会需要富于创新精神的开拓型汉语人才

当代社会需要个性特色鲜明的人文精神来提升人们的精神境界，这就要求作为人文学科的汉语言文学专业为社会培养出更多具有创新精神的开拓型人才，来丰富人们的精神生活。同时，这种创新还包括对文化载体及传播媒介的重新认识，因为单一以语言为载体的文化正在被以视像和网络文化为主的多媒体文化所分割，这就需要我们培养的汉语人才具有整合跨类艺术的才能，它不仅需要创新，而且还需要开拓文化的新局面。那种在文学、影视和网络媒体多栖的创新型人才一定会备受推崇。因此，人才培养计划必须增加类似"影视创作与欣赏""博客教程"等方面课程的比重。

4. 当代社会需要文化底蕴深厚纯正的风范型汉语人才

随着21世纪中国综合国力的增强，中国必然需要一大批人文素养深厚、道德品质高尚的风范型人才来引领社会健康发展，这是十六届三中全会提出的"坚持以人为本，树立全面、协调、可持续的发展观，促进经济社会和人的全面发展"科学发展观的必然要求。

汉语言文学专业以语言文学为研究对象，是一个传统的基础性专业，其本身肩负着两个责任：一是对本民族语言、文学和文化进行研究和传承，这方面侧重于理论研究；二是使人们能在实际工作中更好地驾驭语言文字、更好地宣传民族文化等，这方面则侧重于实际应用。随着社会的发展，随着市场对人才需求的发展，汉语言文学专业的功能逐渐倾向于实际应用方面。高校应充分根据自身实际和社会市场的需要，灵活地制定汉语言文学专业的培养目标、教育教学方式、考核评价体系等，以适应时代发展的要求。汉语言文学专业教育内容在注重人文方面的同时，必须有所改变，应与现实生活相结合，与经济、科学教育相配合，从而使学生成为既有谋生能力，又有人文素养，讲究责任与道德的新型复合型人才。

三、汉语言文学的全球化发展

近几年，越来越多的人关注汉语言文学。随着中国在国际上的影响，汉语言文学显得越来越重要，在华外国友人越来越多，于是汉语言文学就成了友人、朋友进入中国就要接触的东西，使得中国也越来越重视汉语。全球化背景下，我们要更重视汉语言文学的发展，把中华民族的优秀文化传承下来。那么，这篇文章就全球背景下汉语言文学的发展现状进行简单的阐述，再就几个问题进行分析，并提出诚挚的建议，希望能够对我们有一些帮助，更好地理解汉语言文化。

(一) 全球背景下汉语言文学发展的现状

1. 汉语言文学热

21世纪，中国逐步进入世界强国的道路，一个不容忽视的事实就是，随着我国经济的快速增长，不论是在华外国人，还是在国外，全球"汉语热"日渐升温。据不完全统计，除中国之外，全球有3000万人在学习汉语，迄今已有近百个国家两千多所大学开设了汉语课程。这就使得本来在学习汉语的中国人有一种自豪感和责任感，

也使得大家越来越重视学习汉语的方式方法,在各个社交平台上谈论学习汉语的人来越多,而且,如今外国人想要与中国交流,或是留学,或是就业,或是经商,就要学习汉语,这会让他们有更多的机会。美国大学理事会主席卡帕顿这样认为:"太阳之下,每个人都会长大,有机会选择说或者保持沉默。现在,到了人们讲汉语的时候了。"

2.汉语言文学欧化、网络化

全球化把中国文化向世界传播的同时,世界的文化也在向中国传播,汉语走向世界,那么其语言也会在一定程度上影响这中国汉语,其中,汉语"欧化"就很好地反映了这一现象。现在,汉语欧化已经常见,比如大家平时所听到的"麦当劳""星巴克"等,包括大家使用的"博客"、喝的"可乐",这些都是欧化的例子。全球化的汉语文化发展中,"欧化"现象不可避免,因为经济全球化带来的政治、文化全球化所带来的影响必不可少,再加上中国如今媒体的快速发展,大众传媒加快了汉语"欧化"的进程。其中,网络的飞速发展也严重地影响着汉语文化的正确传播,网络化现象非常严重,网络用语的散步十分快。

3.汉语言文学逐渐走进课堂

在原来不开放中国汉语课的国家,尤其是美国,开放中国汉语的学校越来越多,他们意识到和中国合作的重要性,办孔子学院,等等。在中国,越来越多的人也越来越重视汉语课,对中国汉语言文学的研究也越来越深入,在中国也鼓励外国友人学习中国汉语,在中国留学的学生对学习汉语言有一种热情,近年来,越来越多的外国留学生来华学习。这也是全球化背景下学习中国汉语言的现状之一。在全球化背景下,汉语言文学的发展给中国带来了经济上的增长,也促进了世界与中国的交流,中国要抓住机遇,发扬中华汉语言文学,加强与世界各国的交流与合作,也倡导世界学习中国的先进文化。

(二) 应对措施

1.抓住机遇,引导发展

汉语是东南亚大部分国家使用的第一用语,在各个大国之间的政治交流、经济交流都将有文化交流,最直观的就是语言之间的交流,汉语就显得非常重要。越来越多的外国人投入大量资金来学习中国汉语,很多人把汉语当成一种生存工具,是因为获得的汉语能力能够以资本的形式存在于自己的身上,成为掌握汉语信息、技术的资本,谋取更多的就业机会,那么中国就要适时地抓住机遇,发展中国汉语言产业,促进中国经济发展,也在面对汉语热的热潮中,加紧与世界各国的交流,为中国、也为世界的经济发展起到推动作用。

2. 树立正确观念

很多不规范的网络语言充斥在人们周围，影响尤其是影响青少年一代对汉语言文化的认识，甚至使得他们对深入了解中国语言文化兴趣不高，在生活和学习上习惯性地使用网络用语，如"神马都是浮云"等传播较广的用语，外国人也使用得非常频繁，这就不是在正确地传播一种中国汉语文化。"欧化"现象也在一定程度上冲击着中华文化，在这里，我们要正确使用汉语，更要引导外国人正确认识中国汉语言，让中国汉语言不被歪曲理解，也不被过分网络化，不被戏谑化，让中华文化的精髓渗透到我们的生活中，也让外国人从中国文化中更好地理解中国。

3. 推广传播

中国政府要全力支持汉语言文学课的开放，鼓励学习中华文化，不要让应试教育缩短了学习汉语言的时间，也抓住与各国的经济政治交流的同时，加深与外国文化的交流，鼓励外国兴办孔子学院等具有中国文化的学院，更好的学习中华文化。对于在中国学习汉语言文化的外国人，我们要善于引导，使其更好地使用汉语，教会他们取其精华，去其糟粕，引导他们正确地使用汉语，学习优秀的中华文化。国家可以在经济上支持中国汉语言文化的传播，在政策上鼓励，在文化上加大宣传语与呼吁国人重视汉语言文化，只有这样，汉语言的传播才能得到更好的传承与推广。

全球一体化使得各国经济联系在一起，也使得文化上有了更深的交流。汉语言文学是中国的，也是要走向世界的。在中国，我们要更多地去正确认识汉语言，正确使用汉语，更深入了解中华文化，也要正确引导外国朋友学习汉语言文学，不可将其戏谑化，过分网络化，使得中华优秀文化遭到冲击。同时，这也是对中华文化的挑战，不同文化背景的人学习汉语言文化，也将会出现这样或那样的问题，也会给中华文化带来一定的冲击。那么，我们就要善于引导，取其精华，去其糟粕，重视文化发展和国家引导。全民正确传承与发展中国汉语言文化的学习，就一定能使得中国汉语言文化在全球化大背景下得到更好的发展。

第三节 课程设置

一、汉语言文学专业的性质

汉语言学是一门复杂而又极为重要的学科。语言在社会现象中发挥着举足轻重的作用。列宁曾说过："语言是人类最重要的交际工具。"毋庸置疑，语言是手段、工具，人们利用它来彼此交际，交流思想，以到相互了解的目的。可见，语言是作为

交际工具在人类社会中发挥着它的巨大作用。

(一) 语言性

言类是个集合总称，它包括语言学、文字学等。汉语言文学专业关于语言类的专业课比较多，有《现代汉语》《古代汉语》《汉字学概论》《语言学概论》和《训诂学》等，其所涉及的种类也比较多，层面也比较多。不仅有现代汉语的层面，也有古代汉语的层面。在语言性的延展上，又包括文字学以及文字训诂学。所以总体来说，汉语言文学专业的语言性比较强。

(二) 文学性

汉语言文学专业在一语言性的基础上，而又延展到文学性上，尤以中国文学较为侧重。汉语言文学专业，相关文学类的专业课占其总课程一半以上，光古代文学这一块就包括两门课程，又有现当代文学，以及和文学相关的文学史，课程繁多，深浅不一，要求所学者掌握的程度也不一样。主要文学类课程有《古代文学作品选一、二》《现代文学作品选》《当代文学作品选》以及相关的文学史，不过一般情况下，高等院校是不开设"当代文学史的"，这是中国类的文学课程，还有外国类的文学课程《外国文学作品选》以及《外国文学史》，可见，汉语言专业的文学类课程相当多，而且都是需要着重掌握的。所以从的意义上来说，汉语言文学专业的文学性事占其总性质大部分，是最重要的性质。

(三) 文学教育性

基于其文学性的基础上，又延展到文学教育性上。汉语言文学专业，其文学教育性当是其第二大性质。所包括的专业课，不仅应用性强，而且指导教育性也很强。文学教育性的最主要体现是其自身的深刻性、理论性以及研究性。从其相关专业课程安排就可以知晓：《美学》《写作学》《文学概论》这三门课程，以《写作学》的应用性最强，其他两门则以理论和深刻性为代表。这三门课程的文学教育性是其本质的特征，也是汉语言专业学习的关键，也是在总体上给理解汉语言文学专业的学科性质提供了理论支持和帮助。文学教育性在本质上揭示了汉语言文学专业的内在规律性，是汉语言文学专业最深刻的性质。

二、汉语言文学与修养

修养是人的内在气质，也是外在行为的表现，修养有高低之分，也有好坏之分。不同的人有不同的气质，也就有不同的修养。有的人见义勇为，有的袖手旁观，有的好逸恶劳，有的勤劳肯干，这就说明修养的有不同性质，有不同的表现。各式各样的修养，在总的要求上，却有一个质的规约，那就是向真，善，美方向发展。这正好和文学的追求一样，文学的追求，客观上来说，也就是本质上人的修养的追求。

（一）汉语言文学能够提高人的修养

文学是至真至善至美的天地，只要进入到文学的世界，你就会被其所有美好的东西所包裹。对于人的修养，文学则能提高人的修养。修养，首先就是"修"，有什么样的"修"，就有什么样的"养"。人的后天模仿性很强，不管是对好的事物，还是坏的事物，人区分好坏的能力也不是天生就有的，而是在后天的道德基础上形成的。也就是说，修养的好坏与其修养的环境有很大的关系。所谓"橘生淮南则为橘，橘生淮北则为枳"，就是这个道理。

（二）汉语言文学能够修正人的修养

人的修养是各有特色的，有好的一面，也有坏的一面。文学对于好的一面，可以使其更加坚固地存在，对于坏的一面，则能细致地修正。文学，因其内在规律性的存在，对人发之以感染力，让人陷入情知理的思考，以反思自己的行为。人对情知理的思考是一个久远的课题，其历史源远流长。而文学正好对这个课题进行了很好的解释和规定，在高的层次上，对人的情知理进行合理合情的概说，在这个基础上对人的修养不好的一面起到了很好的修正作用。

（三）汉语言文学能够指导人的修养

修养是后天的修为，其需要对一定的物质形态进行模仿，而文学则能很好地指导人的"模仿"。修养的模仿可以是现实的行为方式，也可以是虚拟的行为方式。对于现实的行为方式，其总是存在着一定的瑕疵，世上没有圣人，"圣人"这个名词只是给圣人取的客观名字而已，其实也是意识形态的一种表现。在此基础上，人模仿的行为方式总是或多或少地存在着偏差。

通过语言规律的运用，可以让所学者知道语言规律的来源以及正确的状态，以提高对语言的运用能力。汉语言文学专业的应用性与其学科自身的特点相关联，其运用性大多是其学科的基本要求。汉语言文学是世界文学的代表，是中国长达五千年的人类文明的结晶，也是中国人修养形态的客观沉淀，对国人的修养起着很大的作用。我们必须正视汉语言文学对人修养的作用，尤其在现在异化越来越严重的社会，规范自己的修养，美化自己的修养，使文学和修养有机地联系起来。

三、汉语言文学课程设置

主干学科：中国语言文学；教育学。主要课程：语言学概论、写作、现代汉语、古代汉语、汉字学、音韵学、文学概论、中国古代文学、中国现代文学、中国当代文学、外国文学、比较文学、民间文学、影视文学、儿童文学、中国文学批评史、

西方文论、文献学、训诂学、美学、三笔书法、语文课程与教学论、教育学、心理学、中学语文教育实践、教育科学研究方法等。

第八章
古代汉语与现代汉语教学研究

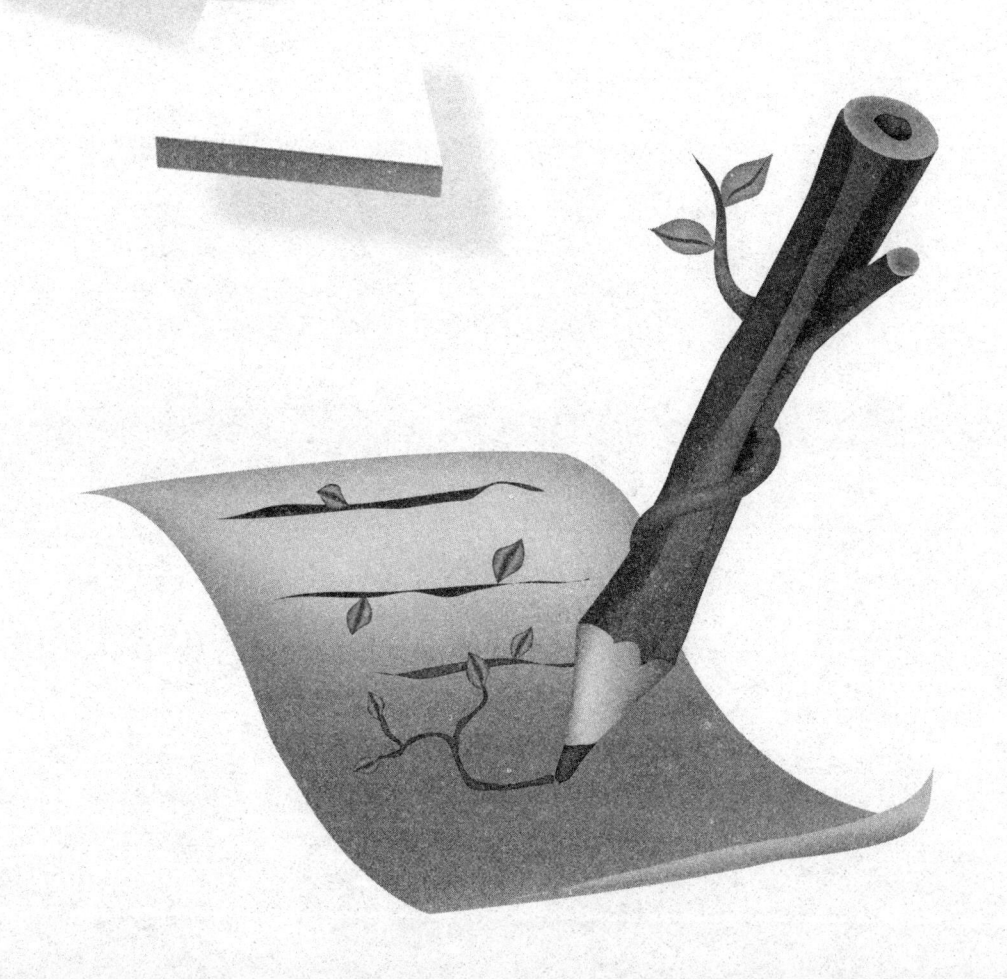

第一节 古代汉语教学研究

一、古代汉语的基本概念

古代汉语是与现代汉语相对而言的,它是古代汉族的群众语言。广义的古代汉语的书面语有两个系统:一个是先秦口语为基础而形成的上古汉语书面语及其后人用这种书面语写成的作品,也就是我们所说的文言;另一个是六朝以后在北方方言的基础上形成的古代白话。狭义的古代汉语书面语就是指文言。

古汉语分为书面语和口头语两种,由于古代人民的口头语言,现在已经无法听到,我们常说的古代汉语只指书面语言。古代汉语的书面形式从有文字记载到五四运动,已经有三千多年的历史。一般可以把古汉语分为远古、上古、中古、近古四个时期。远古指从殷商时期,上古指的是周秦两汉时期,中古指的是魏晋南北朝隋唐宋时期,近古指的是元明清时期。

我们通常学习和研究的古代汉语指的是文言文。文言文的范围很广,先秦两汉的典籍是正统的文言文。而六朝以后模仿先秦两汉的作品写成的古文也是文言文,如"唐宋八大家"(韩愈、柳宗元、欧阳修、苏洵、苏轼、苏辙、王安石、曾巩)的文章,蒲松龄的《聊斋志异》,龚自珍的《病梅馆记》等都是文言文,都是古代汉语学习、研究的内容。至于古白话,它不是我们学习的内容,主要是因为它与现代汉语的差异不大。如佛经、唐宋传奇、宋元话本、明清白话小说等,它们是现代汉语的直接渊源,与现代汉语的区别很小。即使其中保留着一些文言的词语和语法规则,只要我们学会文言,古白话也能理解。因而古白话不是我们学习的重点。而学习文言文这一部分又偏重散文,而不重学诗。

二、古代汉语课程性质

(一) 古代汉语是一门工具课

关于《古代汉语》课程的性质,一般都认为是一门"工具课",而它的目的则是培养学生阅读古籍的能力。王力主编《古代汉语·序》(1962年版)说:"经过1958年的教育革命,大家进一步认识到教学必须联系实际,许多高等学校都重新考虑古代汉语的教学内容,以为它的目的应该是培养学生阅读古书的能力,而要达到这一目的,必须既有感性知识,又有理性知识。必须把文选的阅读与文言语法、文字、音

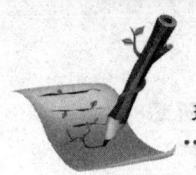

韵、训诂等理论知识密切结合起来,然后我们的教学才不是片面的,从而提高古代汉语的教学效果。"又说:"汉语史是理论课,古代汉语是工具课,目的要求是不同的。"

许嘉璐主编的《古代汉语·绪论》(1992年版)作为高等师范学校教学用书,也说"古代汉语"是一门"工具课"。他指出:"'古代汉语'课之所以为工具课,是由它的教学目的而决定的,它不是仅仅传授关于古代汉民族语言的基础知识,也不是给学生以系统理论,而是培养学生阅读中国古书的能力。"又说:"我们学习古代汉语的最终目的是继承我国优秀的文化遗产。"又说:"王力主编的《古代汉语》的最大贡献在于第一次确定了'古代汉语'课程的工具课性质,建立了理论与实际相结合、理性知识与感性知识相结合的教学原则。"许嘉璐也非常强调《古代汉语》课程的工具课性质。此外,朱振家先生主编《古代汉语》(1988年版,1994年版),张世禄主编《古代汉语教程》(2000),易国杰、姜宝琦主编的《古代汉语》(2000年)等教材也都坚持《古代汉语》的工具课性质。

值得一提的是,靳贵生主编的《古代汉语》(1997年),也说"古代汉语是一门工具课。……掌握了古代汉语这个工具,就可以达到读懂古文的目的。"又说:"工具课,是相对于理论课、知识课来说的。就古代汉语课来说,是相对于古代文学、史学、哲学等哲学来说的,是学习这些课程的基础,是高等院校文科学生必须掌握的工具。"但在第二次修订本(2005年版)中,对《古代汉语》课的教学目的做了修改。靳贵生先生在《古代汉语》(第二次修订本序)中说:"原版教材的教学目的是'培养学生阅读古籍的能力',现改为'培养学生阅读古籍的能力和根据格律写作诗、词、曲、联以及写作应用文言文的能力。'"他指出:"培养阅读能力,是让学生动脑;培养写作能力,是让学生动手。既让学生动脑,又让学生动手,才能培养学生理论联系实际的能力,才能使我国优秀传统民族文化后继有人。"可以说这一修订是对《古代汉语》课程性质及其教学目的的最新认识,业已从单纯地培养学生阅读古籍的能力转向了对于文言文写作实践的强调,这是一个很大的变化。

既然《古代汉语》是一门"实践性很强"的"工具课",那就要紧紧围绕着"实践"与"工具"这两个方面进行《古代汉语》课程的教学活动。"实践"作为马克思主义的一个核心概念,是以改造世界为目的、主体与客体之间通过一定的中介发生相互作用的过程。具体在《古代汉语》教学活动中,实践的主体就是学生,实践的客体就是《古代汉语》的相关知识并由此而拓展和深入的整体性的中国古代文化,所谓"一定的中介",则是指实践的各种形式,主要表现为大量的阅读和练习,不仅要让学生动脑,更要加强学生的动手能力,从某种程度上甚至可以说,只有加强动手能力的培养,才能从根本上改造学生的意识活动和丰富学生的心灵世界。教师在这一以学生为主体知识为客体的教学过程中,所扮演的应当是一个阐释者和一个引导者的角色。这就需要教师自己是一个学识相对渊博并且善于引导的人,对于学生来说,则需要将字词的理解落到实处,而不是似是而非,或者只满足于印象式地把握。至于"工具",原指工作时所需用的器具,后来引申为达到、完成或促进某一事物的手段。《古代汉语》既是一门工具课,那就要求我们在学习《古代汉语》的时候,要有意识地将其置于"工具"的地位,真正让它为我们的古籍阅读服务,因此就必须有意识、有计划地要求学生进行大量的课外阅读,可由教师指定课外阅读的内容,限时抽查。同时,也可结合《古代汉语》教材中的文选(包括详注部分、略注部分和白文古注部分)及《古代文学》课程进行学习。当运用古代汉语这一工具的时候,切不要忘了我们的目的——批判地继承我国优秀的文化遗产(古代文学实际上只是文化遗产中的一部分)。因此,绝不能将《古代汉语》的教学限制和束缚在《古代汉语》课程本身,那样的话无异于自我设限、画地为牢。但我们的《古代汉语》教学正面临着这样的危险,这是值得我们每一个古代汉语教育工作者深思的。

(二)古代汉语课程的主要内容

古代汉语这门课在以前没有普遍开设,1949—1956年,高校把古代汉语作为语言专业课开设,但教学内容不同,有的当作历代文选教,有的讲成文言语法,有的专讲文字、音韵、训诂,有的讲成汉语史。各校要求不同,但都是从理论上系统地讲述,其目的不在于培养学生阅读古文的能力,当时学生有对文言的感性认识,但缺乏理性认识。而1957年后的学生,阅读文言的能力较差,所以古汉语课程的性质就由专业课转为基础课,成为培养阅读文言能力的工具课。1961年,王力率先实践,把古汉语教学的内容改为文选、常用词、通论三部分。事实证明,这样做效果很好。我们在教学时只讲通论、文选。文选重在字、词、句落实,并把一些现象放到理论的高度上认识,与古代文学要求不同。古代汉语的通论主要包括文字、音韵、词汇、语法和修辞等方面。

1. 文字学常识

文字学主要研究汉字的性质、结构及发展规律。汉字是一种表意体系的文字,字形和字义有统一关系,分析字形有助于了解字的本义。大佛寺东坡楼东坡像左侧东坡书写的欧阳修散文《醉翁亭记》:"朝而往,莫而归。"一般写作"暮"。如何解释"莫"?甲骨文作。《说文》:"莫,日且冥也,从日在茻中。"音"茻",是"草茻"的"茻"的本字。太阳落入草茻中,即傍晚。后来"莫"常被借为否定副词"不"和无定代词"没有谁""没有什么",则在"莫"下加"日",以表将近天黑意,"莫""暮"就成为一

对古今字。《诗经·豳风·七月》:"塞向墐户。"向,指朝北开的窗户,这个意义今天已不易体会。甲骨文作,像屋檐下面墙上有一个窗户之形,并不从口。《说文》:"北出牖也,从宀从口。"为了防寒,在冬天把朝北的窗户堵上,用泥抹好柴门。

2. 音韵学常识

音韵学研究古代汉语的语音结构以及古今语音演变的规律。懂得音韵学,有助于加深对古书词语的理解,有助于对方音做出解释。方音是古音的保留,有助于对汉字结构的认识。懂得诗词格律,对理解词义很有好处。如,近体诗要求平仄协调:一句之中平仄相间,平仄必须交替:仄仄平平仄,平平仄仄平。一联之内平仄相对,出句(上句)和对句(下句)的平仄必须对立。王维《老将行》:"昔时飞箭无全目,今日垂杨生左肘。""杨"用的是修辞学上的借代,代语。"杨"即"柳"。用典,《庄子·至乐》:"俄而柳生其左肘。"王先谦《集解》:"柳即瘤,声转借字。""柳"通"瘤",用"杨"代"柳",押声韵,写老将飞箭,使鸟无全目。杜甫《茅屋为秋风所破歌》:"高者挂罥长林梢,下者飘转沉塘坳。"从诗歌对仗上看,"沉"应与"长"词性相同,"长林梢""沉塘坳"均应为偏正结构。"沉"即"深",又沉思,即深思。飞得高的挂在高的树梢上,低的飘转到深水塘里。

3. 词汇学常识

词汇学主要研究古代汉语词汇的构成、词义的变化规律等。《诗经·周南·卷耳》:"采采卷耳,不盈顷筐。""采采"毛传,孔疏讲为采集,采了又采;清·戴震、马瑞辰讲为茂盛。当为"茂盛"义。①全诗四章写的是女子怀念征人。妻子在家想念丈夫,卷耳正茂盛,提的又是浅筐,老采不满,说明心不在卷耳上,符合诗的主题。②《诗经》中"采采"全当"茂盛""众多"讲。《秦风·蒹葭》:"蒹葭采采"另一章作"蒹葭萋萋",都当"茂盛"讲。《曹风·蜉蝣》:"采采衣服。"毛传:"采采,众多也。"③全部《诗经》中及物动词都无重叠形式,"采集"之义只用一个"采"。而凡在名词前的叠音词,全为烘托态貌的形容词。这种叠音词的意义非单字意义的简单相加,将"采采"讲为"采了又采",是由于对叠音词的这种性质认识有误所致。

4. 语法学常识

研究古代汉语结构的规律包括词法、句法。韩愈《师说》:"李氏子蟠,年十七,好古文……不拘于时,学于余。"第一个"于",介词,引进行为主动者,"被"。第二个"于",引介动作涉及的对象,"向"。

5. 修辞学常识

研究语言的表达效果。古代汉语中最常用的修辞手法如"借代""互文"。"借代"现代汉语仍然使用,而"互文"用得极少。"互文"指前后文句或词语在意义上互相补充，参互见义。重在形分义合，上下文互相补充，共同表达文意。杜牧《泊秦淮》："烟笼寒水月笼沙，夜泊秦淮近酒家。""烟""月"在上，"寒水""沙"在下，它们是"笼"与被"笼"的关系。在这里，"烟""月"互相补充，理解为：烟、月都笼罩着寒水，笼罩着沙。《捕蛇者说》："叫嚣乎东西，隳突乎南北。"在东西南北都大喊大叫，横冲直撞。假如不明互文的特点，只从形式上理解，易误。《楚辞·离骚》："启九辩与九歌兮，夏康娱以自纵。"王逸《楚辞章句》注释没有考虑互文，把"夏康"连读，讲成人名，即"太康"。实际"启"为夏启，"夏"亦为夏启。两者互文，一言启，一言夏，实指一个人。这样理解形式上对应才整齐。

6. 训诂学常识

训诂学是以训诂为研究对象的学科。训诂学以古代书面语言的训诂作为对象，以语义为主要研究内容。懂得训诂学，有助于对词义的理解。如训诂学中词语训释的一种方式是声训。用音同或音近字解释词义。有助于识别通假字。如，《诗·秦风·终南》："终南何有？有纪有堂。"毛传："纪，基也。""堂，毕道平如堂也。"

7. 学习古代汉语还应懂古代文化常识

《许行》："虽使五尺之童适市，莫之或欺。"秦汉时，一尺只有23厘米，五尺即1.15米。《西门豹治邺》中有"斋戒"一词，课本注为："古时举行祭祀，先要斋戒（包括沐浴、更衣、素食、独居等），表示对神的恭敬。"其实这是一种误解。佛教传入中国前，"斋戒"的内容包括沐浴、更衣、节制嗜欲等正心洁身的要求，但并不要求素食。相反，据《周礼》记载，古人斋戒还要强调肉食。特别是天子斋戒，一天要杀三次牲，早、中、晚都要变换花样。佛教传入中国后，斋戒才要求素食。《西门豹治邺》反映的语言事实是西汉以前的事。

第二节 现代汉语教学研究

一、现代汉语的基本概念

现代汉语既是一种语言，又是一门学科，有广狭二义，广义的现代汉语指现代汉民族使用的语言，它不仅包括现代汉民族的共同语，而且包括现代汉语各方面，而狭义的现代汉语只指现代汉民族的共同语言——普通话。

共同语是在一种方言的基础上形成的，这种方言叫作基础方言。哪一种方言能成为共同语言的基础方言，取决于该方言区的政治、经济、文化、人口等因素。现代汉语方言差异显著。关于方言的分区，学术界的观点还不统一，有7区说、10区

说等。20世纪80年代,中国社会科学院和澳大利亚人文科学院联合编制的《中国语言地图集》将汉语方言分为官语、吴语、湘语、赣语、客家话、粤语、闽语、晋语、徽语、平话10个区。书面语和口语构成了语言的不同存在形式。用文字记录下来的语言叫书面语,口语指的是日常口头应用语。现代汉语具有以下特点:

(1) 语音方面。①没有复辅音;②元音占优势;③音节整齐简洁;④有声调。

(2) 词汇方面。①单音节语素多,双音节词占优势;②构词广泛运用词根复合法,③同音语素多。

(3) 语法方面。①汉语表示语法意义的手段不大用形态;②词、短语和句子的结构原则基本一致;③词类和句法成分关系复杂;④量词和语气词十分丰富。

"现代汉语"又是汉语言文学类专业的一门基础课,它以马列主义语言学理论和国家的语言文字工作的方针政策为指导,系统地讲授现代汉语的基础理论和基本知识,进行基本技能的训练,从而培养和提高学生理解、运用汉语的能力。

二、现代汉语的发展与传承

随着中国社会的不断变化,语言也随之不断发生改变。古代社会语言家说过,语言系统是一个动态开放的系统,它不断地进行自我调节、自我完善,具有自我调整的能力,跟随时代的脚步,语言一直处于不断地从不完善变成完善,然后再次适应时代的发展,进行更完善的发展过程。现代汉语就是这样一种不断循环发展、不断自我创新的社会科学,既具有现时代的创新意识,又赋有古代文化特色,结合过去和现在,不断地创造未来。

(一) 现代汉语的发展

语言是表达人类思维、传递人类信息的工具,在社会交流中占有不可代替的地位。随着时代的不断发展进步,我国语言也逐渐发展壮大,适应于社会的发展,产生了许多与众不同的特点。

1. 新鲜词汇的出现

改革开放以来,中国在社会发展各方面都取得了巨大的变化,教育方面、政治方面和科技方面尤为明显,随着教育的普及,科技也在不断进步,越来越多的新事物被人们发现并接受应用,使现代汉语也不断地引入新型词汇,词语更新较快,满足于社会的交流与发展需要,使现代汉语也发生了极大的转变。

2. 民族特色语言的渗入

现代汉语发展的另一大特点即为对民族语言的吸收,出现了大量带有少数民族特色的词汇,吸取其有用的语言成分,来丰富完善自己的语言特色,使汉语言更加形象生动，具有强大的表现力，便于各民族之间的交流。

3. 旧词新义现象普遍

现代汉语的发展一直包含着一词多义和隐喻的特殊语言效果，一个词可以包含多种意思，也可以隐喻其他不同的意思。而旧词新义也具有相同的成效，它主要是指一个原有词汇，通过引申、借喻、反照等修辞手段来表达新的意思，，使词汇的词义做出了扩大或缩小词义等调整。

4. 吸收了外国文化

由于经济文化的全球性发展，现代汉语在变化过程中，出现了大量带有外国特色的语言，吸收了他国语言特色，融合在自己国家的语言之中，比如英语的运用，一些群众即使在表达中文意思时，也学会了添加一些英语缩写词汇，使用简便的表达方法，便于人与人之间的快速交流。

针对现代汉语发展的趋势，一方面，现代汉语在自我完善、自我发展的过程中，不断地传造出新的词汇，新词汇的出现是满足社会交流、提高语言表达能力的主要手段。在经济全球化不断加深的过程中，新词汇的产生主要分为复合型、简缩型、词缀派生型三种形式，这一变化趋势将不断增强。另一方面，科学技术的进步威胁着人们的隐私，语言的表达技术也有了相应的要求。就好比"话中有话""意外之意""含沙射影"等说话语境，其实人们有时候表达的并不是话语的表面意思，而是需要听众自己领悟其隐藏的意思。隐语的使用就大大丰富了社会语言的宝库。此外，发展趋势最为明显的便是与外国语言的相互渗透了，最为普遍的即为英语的普及。英语作为一种世界性的语言，被世界人民广泛地学习着。中国人民在学习英语的同时，渗入了中国本国的语言特色，成为中国化的英语，利于中国人民的吸收，进行更完美的交流。

(二) 现代汉语发展的原因

现代汉语言主要是因为外力因素和内部因素共同制约而发展变化的。

1. 外力因素

文章之前就提过，汉语是一个开放的语言系统，具有强大的生命力，它的发展与社会经济、政治和文化都有密切的联系。首先，现代汉语的发展变化是不断适应社会发展的过程，与社会的变化息息相关，可以说，社会变化是汉语言发展的第一动因，对语言变化最具影响力。其次，社会是一个相互联系的整体，任何国家的语言都应具有与其他语言沟通的能力，都不是独立存在于社会之上。汉语言文化需要不断地与其他语言进行交流，融入其他文化因素，丰富自己的语言发展。最后，受语言功能的影响，语言作为人类交往的工具，是人类思维和认知世界的反映，在人

类不断的使用中，会发现现有的词汇已无法表达他们的意思，所以为了满足需要，语言不断地进行自我丰富，且越来越具有生动性。

2. 内部因素

影响语言变化发展的有来自外部的外力作用，主要是指语言结构系统之外的影响因素，而事物内因在发展过程中起主导作用，是实物变化的主要原因。现代汉语的发展主要是靠自身的发展规律和各结构要素之间的相互制约作用来促进的，促使语言词汇、语法等系统从简到繁循环发展变化。

(三) 现代汉语发展的表现形式

1. 汉语词汇系统的变化

语言的变化是由社会经济文化的发展所引起的，首先表现在词汇的完善升级。汉语词汇系统的变化主要体现在新词汇的增加和替代旧词汇的过程。新词汇的大量增加是现代汉语发展的突出表现形式，反映了当前中国社会发展的状况，对人们之间的交流起到了重要作用，加强了人与人之间相互依存的沟通。

2. 新时期汉语语义的变化

语义是语言单位的构成要素，其中包括语素义、词义、句义等，是指语言单位的意义，随着语言的发展，语素义和词义也随之产生了变化。语言单位的变化主要是从形式上、意义上和用法上来进行变化发展的。语义的变化具有短时性，但是语义演变却是一个长期的发展过程，要不断地适应社会的发展而发展变化。汉语语言词义的变化主要表现在对现代词语的意义，增加了新的词义定位，以及对原有词义的定位进行了相应的改变，包括词汇意义的转变和语法意义的转变。

3. 汉语语法的变化

在现代汉语的发展变化中，词汇的发展最为明显，而语法的发展相应较平稳，具有一定的稳定性，但也是发展不可忽视的一部分。它处于一个慢慢发展的过程之中，主要是聚合规则和组合规则带动形态和范畴的发展变化。

三、现代汉语教学与写作

高等院校汉语言文学专业在一年级一般要开设现代汉语和写作两门基础课。现代汉语课的教学目的是"以辩证唯物主义为指导，以国家的语言文字政策法规为依据，系统地讲授现代汉民族共同语——普通话——的基础理论和基本知识，训练基本技能，培养和提高学生理解、分析和运用现代汉民族共同语的能力，为他们将来从事各项工作，特别是语言文字教学和科研工作打好基础"。在现代汉语教学中，如何提高学生运用现代汉民族共同语的能力无疑是教师应该注意的一个重要方面，探

第八章 古代汉语与现代汉语教学研究

索正确的教学方法也是教师的职责所在，而这一点与写作课的目的不谋而合，所以，在现代汉语的教学中，教师应结合学生的写作实践来讲述有关的现代汉语常识，这样做，可使学生对所讲知识一目了然，真正做到既知其然，又知其所以然，并从学习中体会到快乐。

现代汉语与写作实践的关系非常密切，其中很重要的一点就是理论与实践的辩证统一，所以，现代汉语课的教学方法主要是理论与实践相结合。现代汉语作为一种语言知识的教学，就整体而言，以往存在着明显的误区，重点落在理论知识的传授上，过分注重理论，而忽视实践、忽视能力的培养。我们说，现代汉语教学不仅仅是传授语言学家研究概括出来的一些规律性的条文，更重要的是通过这些条文帮助学生掌握语言本身的结构规律并使之内化为主体的一种能力，培养他们敏锐而严密的语感。记住语言规则不是目的，提高语言能力才是根本。要使一种规律内化为主体的一种能力，必须要通过实践。

作文本身是学生发表见解、宣泄感受的一片自由天空，可是我们发现，学生写作文无话可说。究其原因，还是因为学生长期生活在家庭和校园的狭小空间内，视野狭窄、阅历有限、生活积累不够，更重要的是词语匮乏，所以，现代汉语词汇教学中，教师首先要针对这一现状让学生思考，吸引他们的注意力，进而重视词汇的学习与积累。如果能充分调动学生学习的积极性，教学效果就已经达到事半功倍了。要从根本上解决作文中"无米之炊"的现象，教师固守陈旧落后的传统教育思想是不可行的，要建立新的教学方式，提高学生的写作兴趣，激活思维，进而培养和提高其写作能力。

联系学生作文实践来讲解有关现代汉语理论常识是实现理论与实践辩证统一关系较为有效的方法之一。比如，在讲解语素义与词义的关系时，先通过一个真实的案例引起大家对问题的重视。故事说的是，四川省一位农民在办喜事时，用装农药的瓶子打散酒，结果出现了中毒现象。农民知道农药有毒，但他同时认为酒中含有酒精，酒精能消毒。而我们知道"有毒"中的"毒"是词的意义，而"消毒"中的"毒"是语素的意义，二者有一定的关系，但并非一回事。那位农民正是混淆了两个"毒"，才造成中毒的。真实的案例讲完后，大家认识到学习语素义与词义这一基础理论的重要性，学习兴趣倍增。在此基础上，老师趁热打铁，针对有的学生把"画虎不成反类狗"（又说成"画虎不成反类犬"）理解为"没画成老虎，画成了狗"，进一步讲解词义与语素义是两个不同的概念，词义与语素义有一定的关系，但词义不等于语素义，尤其是古今意义不同的语素最容易误解。在"画虎不成反类狗"中，"狗"的语素义是熊虎一类动物的幼崽。如《尔雅释兽》说："熊虎丑，其子狗。"郭璞注："律

曰：捕虎一，购钱五千，其狗半之。"所以所谓"画虎不成反类狗"，是说没有画出山大王的威风，而是把山大王画成了虎羔子。这样一讲，学生就明白了有关问题的知识点。然后，老师又进一步讲解由于语素的变异和书写形式的变化以及文化民俗等方面的隔膜往往使语素义和词义的联系变得模糊。举例来说：君主的女儿是公主，公主得名于三公主婚。如果不了解中国古代君主女儿出嫁由三公主婚的制度，就不了解"公"和"主"的语素义。古人生儿子称为弄璋之喜，生女儿称为弄瓦之喜。璋是一种玉器，瓦是什么？古人重男轻女，儿子的前途是读书做官，要佩戴玉器，所以从小以璋为玩具。女儿迟早要嫁人，纺线织布，操持家务，所以从小以纺砖为玩具。如果不了解古代生子的习俗，就不知道"瓦"虽为"土器已烧之总名"，但在这指的是纺砖。

再比如，讲解"成语"一节，老师针对一男生习作中"我一定要珍惜自己的豆蔻年华，奋发努力"的说法，指出要做到恰当运用成语，首先就要准确理解成语的含义，因为成语的内涵非常丰富，绝不能望文生义，否则就可能闹笑话，而这位男生作文中的失误就是因为不理解"豆蔻"是专指少女造成的。通过讲解，学生感到针对性很强，理解了语言学习的重要性，进而接受老师的讲解。

同样，结合学生习作中出现的实际问题来讲解语法知识可能会使一些抽象枯燥的语法规则具体化、鲜明化，从而激发兴趣，引起学生重视。比如，宋玉柱在《语文建设》（2001年第1期）上发表了一篇文章叫："'令人可敬'之类"。而一些学生的作文中也有类似用法。于是，老师就转引宋玉柱的话语讲解到："令人××"这类格式，语法上叫兼语句，它的特点是"人"做"令"的宾语，同时又做其后"××"的主语。也就是说，"人"与"××"之间是主谓关系。正因为这样，"××"只能是陈述"人"的，而不能是陈述全句主语的。"令人可敬"这类语病有很大的典型性。平时常听人说，阅读中也可以见到类似的表达，如"令人可悲""令人可爱""令人可信"等。要正确使用此种格式，应该注意"人"字后边"××"的词性。一般来说，这种格式中的"××"应为动词，如"令人敬佩""令人感动""令人难过"等。而"可敬""可悲""可爱"都是形容词，而且语义指向全句主语，所以不符合语法规范。当然，"××"也可以是主谓短语，如"令人心里难过""令人心惊胆战"等。这样用时，句中的主谓短语仍是陈述兼语"人"的。如果一定要保留"可敬"之类的词，可以说成"令人感到可敬"。加上"感到"二字，就使"××"成为陈述兼语"人"的成分，符合兼语句的要求，这就通顺了。

以上有关现代汉语教学与写作实践关系问题的探讨，只是着手做了最基础的研究和尝试，应该说是刚刚起步。学生现代汉语能力的培养应该包括普及和提高两个方面。普及方面就是听说读写"应用"的达标。许多来自方言区的学生，不经过训练是不可能达标的。提高方面就是掌握规范标准，具备示范评判和批改各种语言作品的能力；了解语言应用中各种变异的规律，具备鉴赏、分析和创造的能力。有了这些能力，学生毕业后，论是当教师、教语文，当编辑、记者做采访、写稿子、改稿子，或是当秘书、听汇报、写材料，应该都可以运用自如了。而作为教现代汉语课的教师，不能单单停留在静态的分析，而应结合动态的综合运用灵活讲解，更多地让学生参与到教学活动中，组织学生在课堂上结合自己的写作实践来分析有关问题，通过大量练习，让学生真正认识问题的实质，教师从中正确引导，有条理地归纳概括，改变不加区别地"一刀切""一锅煮"的现象，避免一味满堂灌的传统教学，真正实现理论与实践相结合，达到最佳的教学效果。

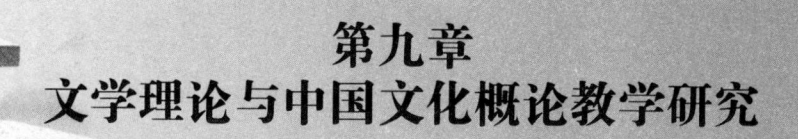

第九章
文学理论与中国文化概论教学研究

第一节 文学理论教学研究

一、文艺学

(一) 基本概念

文艺学是一门以文学为对象,以揭示文学基本规律,介绍相关知识为目的的学科,包括三个分支,即文学理论、文学批评和文学史。这三个分支具有不同的研究对象和任务。它们之间既相互独立,又相互联系、相互渗透。文学理论作为研究文学普遍规律的学科,有独特的研究对象和任务,具有鲜明的实践性和价值取向。其研究方向包括以下几种:

1. 比较文艺学

比较文艺学的主要特色在于,在全球化的时代背景和文化背景下,通过比较的方法从事文艺学的同质研究和异质研究,从而构成文艺学的人类整合形态和世界总体框架。它丰富和充实了文艺学的学科内容和研究空间,使文艺学研究拥有更多的试点和力点,对文艺学的深化发展就有不可替代的价值。本研究能使既有的文艺学研究范式和研究体系获得一定程度的结构转型,并且这种转型将直接带来学理激活效果和学术增值效果。本研究方向既有理论意义,也有实践意义。前者将一定程度上推动中国的文艺学建设,后者则在更广阔的领域影响中国的文艺创作实践和中国人的文艺生活质量。

2. 文艺美学

文艺美学是一种理论研究状态,它在文艺学和美学的公共对象领域和叠合知识领域寻找特定的解读方式,以及与之相适应的解读话语体系。本研究方向的学术地位突出体现在它找到了文艺研究的新空间和新突破口,使传统的文艺学得以延伸和创新,在文艺学史上具有划线性和标志性。本研究方向的主要作用集中为:扩大文艺学的相关性研究,深化文艺学的边际关系,形成文艺学领域中新的知识增长点。本研究方向的意义在于不仅有益于文艺学,也有益于美学,即使文艺学获得更多的知识坐标,也可以使美学获得更多的实证维度。

3. 中国古典文艺学

中国古典文艺学研究着眼于中国古典文艺学的整体体系建构,引进中西文艺学美学研究的前沿方法,以新颖的视觉探讨中国古典文艺学诸重要的理论和范畴问题,

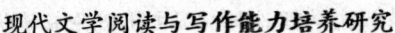

从而依托这些范畴建构起中国古典文艺学的逻辑体系。范畴是中国古典文艺学的筋骨，要深入研究中国古典文艺学，必须从范畴着手。弄清一些重要范畴的理论内涵，同时，要给予准确的界定。在研究的过程中，我们提倡传统的实证方法与当今的特别是西方的文艺学美学方法的结合。

（二）文学研究的三种理论样式

文学能够最为集中地体现出人文性的文化现象。不同于普通读者对文学的阅读、欣赏，文学研究者们对于这一特殊文化现象的理论研究从各种不同的角度和层次展开，形成了多样化的理论维度，但主要可以概括为文学批评、文学史和文学理论三种理论形态。例如，对于法国作家波德莱尔的《恶之花·腐尸》而言，在诗歌欣赏的阅读视野里，普通读者多是感受一对恋人追忆他俩曾经遭遇一具腐烂尸体的情形："爱人，想想我们曾经见过的东西，在凉夏的美丽的早晨：在小路拐弯处，一具丑恶的腐尸，在铺石子的床上横陈。"这只是停留在文学感性经验的阅读事实层面。但是，在话语情境的文学批评中，读者超越生物性的视角所捕捉到的尸体镜像本身，综合运用理性思维的法则，洞察到人们对毫无现实功用的尸体的文化强迫和功能设定，即所谓"被……"因此，能够获知"躲在岩石后面、露出愤怒的眼光望着我们的焦急的狗，它在等待机会，要从尸骸的身上再攫取一块剩下的肉"，就是使得尸体"被美食"。可见，审视《恶之花·腐尸》令人作呕的文学字面内容，显然不同于欣赏"古道西风瘦马，小桥流水人家"颇具审美愉悦的感性画面，欣赏者们多是望其"恶"而出现审美感知障碍。文学感性欣赏的困难之处正是对文学进行理性批评的场阈。文学批评家们从波德莱尔的人生阅历、书写经验、作品系列的内在关联中，分析、阐释和评判无限广阔丰富的、流动不居的文学新现象的实践中，几种新鲜的文学经验事实所表征的文学宝藏的秘密。

可以说，这种所谓文学批评，就是借助某种理论的引导和支持，开展一次前程未果的精神之旅，发挥审美想象力，运用理论原则来发掘文学新知。当然，文学批评是一种带有特殊性的科学活动，不同的批评家的批评意识和批评方法各不相同，于是形成了形式主义、新批评、结构主义、符号学等文学批评的方法自觉与追求。但是，他们总是从文学作品的艺术魅力和文化信息中探寻一种普遍适用的批评话语，将文学欣赏的感性经验借助知性的形式传达出来，从而形成文学研究的理论样式之一。也有的研究者将波德莱尔的文学写作与整个法国文学的传统甚至欧洲文学的历史传统进行对比，运用理论所提供的范畴、方法和评价标准来审视这些文学现象，以此来认识某个特定的文学秩序中的"波德莱尔现象"，总结出新的创造性的文学经验，提供蕴含理论因子的批评成果，为引申、建构新的具有普适性的文学理论提供现实依据和推动力。我们把对文学的这种研究称为文学史，这是文学研究的另一种理论样式。也有的文学研究者将他人对波德莱尔进行文学批评和文学史研究的上述两种理论经验，也就是将处于一定的社会文化背景下的文学的本质特征、内在构成、功能机制、评价标准、发展趋势的理论抽象和概括，汇集为一种普适性的合理的逻辑体系，从而形成一种专门性的具有解释的有效性和理论的前瞻性的知识和学问，我们称之为文学理论，这是文学研究的第三种理论样式。文学是文化载体呈现出的人类所独具的想象、比拟、沉思、赋形的心智对象，是人类文化的智慧结晶。文学批评、文学史、文学理论正是由这种智慧文化而生发出来的三种典型的理论形态。

二、文学理论的基本概念和基本性质

文学理论是研究有关文学的本质、特征、发展规律和社会作用的原理、原则的一门学科。是文艺学的一个门类。传统的习惯把文艺学分成三个门类：文学理论、文学史和文学批评。它们都以文学为研究对象，都要求把历史的、现实的文学理论与文学史和逻辑的研究结合起来。文学史重在对文学的历史研究；文学批评重在对文学的现实研究；文学理论则重在对文学做逻辑的研究。从古往今来的文学现象中找出文学的本质和发展规律，揭示文学不同形态的特点。

文学理论研究作为上层建筑、意识形态的文学所具有的质的规定性，其中包括它与其他上层建筑、意识形态以及一切艺术所共有的普遍性，也包括它区别于其他艺术的特殊性；研究作为社会现象的文学所具有的社会功能和所起的社会作用，其中包括它与其他社会现象共有的功能、作用以及它区别于其他社会现象所独具的功能和作用；研究文学作品的内容、形式及其相互关系；研究文学本身的不同形态(抒情的、叙事的、戏剧的)的特点，以及它们之间的相互影响、渗透和由此而形成的各种文学种类、体裁；研究文学的创作过程及其规律，其中包括方法、风格和流派；等等。

文学理论不是关于文学的固定不变的法则，而是文学实践经验的概括。它在文学创作、文学批评等实践的基础上产生和发展，反过来，又推动文学创作、文学批评的前进。文学理论也吸取文学史的研究成果，从而又对文学史研究发生影响。文学理论本身有一个历史发展的过程。关于中国文学理论的发展（见中国文学理论批评），关于马克思主义文学理论的发展（见马克思主义文学理论），也均如此。

三、文学理论学科的多元品格

不同于其他两种理论形态，文学理论是对文学的性质、特征、发展规律和社会

作用进行一般阐释和宏观概括的学问,其研究所得的原理和原则为文学解释提供理论依据、思维方法。对于文学理论的学科建构而言,要获得文学理论学科的独立发展,就要从宏观上发掘其理论形态在文化场阈的特殊性,而不局限于对作品审美价值的具体阐释。其理论宏观构建的维度,使文学理论获得了学科发展的话语体系,其理论微观运行的场阈对于文学现象的个别性和现象之间的异质性的研究,也使这种理论获得了安身立命的文化根基,从而展现出学科发展的多元品格。

(一)学科自律的品格

虽然文学理论与其他文学研究具有相似之处,但是,文学理论的研究不仅要立足于文学阐释,也要为其研究本身的技术革新,为其学理自身的完善,为其研究群体间的话语沟通探讨出相对固定的理式,总结出普适性的知性概念,发掘出经验对象之对应物的概念符号,这样,这些概念的能用性使得文学理论获得了文学解释的依据、理论交往的凭借、付诸实用的依托,从而成为更具有能用性的文学研究的理论样式。另外,虽然,文学具有人文性,对它进行研究的文学理论不可以照搬自然科学的研究方法,确立一套恒定的规则而成为哲学意义上的文学之元理论,但是,文学理论的研究通过对于文学研究的逻辑范畴的总结,构建和确立出一套规范、疏导、共享的理论体系,梳理出普适性的自身结构完整的学科知识,彰显了研究本身的理性思维能力,也体现出学科自身不断发展的理论创新能力,从而成为相对持续能用的理论样式。

(二)文化实践的品格

虽然文学理论采用归纳、演绎、综合、分析、概括、比较的研究方法,可以有效地构建学科发展的学理规则,但是文学理论也要直面文化实践的当下场阈,能够合理阐释文学作为文化现象的个别性,也能够在新文学体验的具体语境中,着眼于一处处丰厚的文本肌质,总结出文学阅读经验中的审美感受。文学研究不仅是用理性的文化观念去审阅文学现象,而且还要探寻文学现象与文化观念的适应性。一系列鲜活的文学经验总是要经由一定的文化批评观念、文学文化史认知的整合构成文学理论的学科知识。因此,文学理论需要着眼于文化实践,通过对文学事实的文化陈述,呈现出理论源于实践并经受实践检验的品格;也因而探寻文学文化理论对于文学现象普适性的运行机制,促进文学理论学科建构。从认识论的角度看,文学理论需要遵循文化实践的检验,而不是借助哲学的概念思辨和原则推导来推广一种看似可靠的文学知识谱系。因此,在文学理论的学科发展中,既需要学科知识的逻辑演绎,也更需要注重文化经验的归纳,在其两者的认识的循环中,只有经过文化实践的环节,符合一般文化经验,为经验所证明了的文学理论,才能是科学的、可用的理论。那种单纯通过先验的观念设定,而进行理论推导的文学玄思的元理论,远离文化实践,成为难以使用的无用理论而束之高阁。

(三)理性批判的品格

文学理论具有实用价值。文学理论是采用科学理性的精神来构建的,它是从文化现象的实际出发,重视对"文学"的"文化"还原,它超越了政治观念的先验设定,也超越了审美趣味的感性直观。这就决定了它以微观的、实证的态度与宏观的、思辨研究相结合,以理性认识来检验感性经验,从而不再纠结本质论的玄思妙想,更多地在创意书写、文本风貌、文化接受的维度,对文学现象进行全面的外部文化关系进行研究,也要描述具体的文学经验,并通过这种个别的文学事实的反思,深入到文学经验现象的内在文化联系中,发现文学的文化规律,形成普适性的文化观念,概括为文学理论。因此,文学理论不是以规范性的理论原则强加于文学实践,而是因其"能用""可用"的学科品格,成为实用的理论选择。因此,虽然文学理论是一种探寻文学原理的学问,但这一学问不是认识的结果,而是实践的产物。这就决定文学理论不是能够普遍应用的法则,而是一种根据场阈、对象、时代情况的差异而选择的实用依据。

四、文学理论的现代性问题

在文学领域,对文学理论现代性的研究与探讨一直被看成是重要话题。由于现代性属于历史范畴,文学理论的现代性正以整体规定的形态受到人们的关注,因此要进一步思考文学理论的现代性问题。我国文学理论现代性问题的激烈讨论是从20世纪末开始的,并一直持续到现今文艺理论界。文学理论现代性问题的导火线是杨春时、宋剑华与在1996年发表的《论20世纪中国文学的近代性》一文,书中提到"20世纪中国文学的本质特性,是完成由古典形态向现代形态的过渡转型,只具有近代性,而不具备现代性",这瞬间引爆文论界,这场轩然大波直接导致我国形成一场对文论现代性的持久而深入全面讨论。

(一)文学现代性的内涵

自20世纪以来,对知识创新的追求使得国内的思想呈现出纷争的状态,而文学理论在其中扮演着"思想旗手"这一重要角色,成为引领国内文化思想发展的核心。在20世纪90年代,国内在讨论文学现代性的问题上不断深入,诸多学者都思考并阐释了自己的想法,其中钱中文的某些论述得到了学界的认可,使得对文学理论现代性问题的探讨趋于成熟。在《文学理论现代性问题》一文中,钱中文具体阐释了"现代性"的含义,他将现代性与社会的现代化发展结合在一起,认为现代性是人文

精神和科学精神的高度发展状态。现代性作为一种现代意识精神，具体表现为一些普遍的规则，比如科学、人道、理性、民主、自由、平等、权利、法制，等等，因而现代性在社会不断走向科学与进步的过程中发挥着一种启蒙精神、理性精神的作用。

(二) 中国文学理论现代性建构及其特征

现代性是我国百年文学理论突进主旋律的伴随者，几乎贯穿于我国文学理论的发展始末。我国许多先进的思想观念都萌发于文学理论，这些开风之气与现代性的普遍精神相统一，在我国文学界结出累累硕果，无论是从身份认同到全球化文化，从颠覆经典到意识形态争论，从审美观念到语言学和符号学，还是从现代性到后现代性，都可以体现出文学理论的现代构建。另外，在文学理论构建过程中，文学理论就像一个不安分者想要穿越边界，常常在自我领域的边界上不断徘徊、不断突破。事实证明，文学理论在不同领域内实现了观念与方法论创新，这对所研究领域来说是不可小觑的贡献，比如研究社会理论、哲学、艺术，等等，这些问题都超出了文学范围，属于社会文化层面的突破。

从我国的发展历史来看，我国的文学理论现代性具有以下特征：第一，我国是农业大国，在农业文明向工业文明过渡的背景下，我国文学现代性为了实现文学的呼唤与表达，建立起了以进步、科学理性和个性解放为核心的价值观念，这种与时代的发展相同步的状态同西方文学现代性一样。因此，启蒙主义文学也成为中国文学现代性在早期的主要潮流。第二，中国文学现代性的形成经历了晚清到五四时期这一漫长的发展过程，其中，现代文学的体制基础和生产方式是中国文学现代性的依据。直到五四文学革命时代，中国文学现代性才得以确立。第三，中国文学现代性不是只顾自身发展，而是呈现出对两个维度的充分考虑，一是通过变革自身传统来与现代生活的创造性相适应，二是寻找与西方文学的相似点，实现融和。

(三) 对文学理论现代性建设的思考

目前，我国文学理论现代性的建设陷入了瓶颈期。受我国当前社会变革的影响，无序性的社会变革进程使得文学研究混杂不清，呈现出前现代的、现代的与后现代纠缠、混淆的状态，因而文学研究者也开始迷失了方向，社会思想也在混沌中变得模糊不清，一切都失去了原始的推动力。而文学理论在这种环境下也无所适从，停滞不前。

有些学者认为应该解构文学理论的现代性，着手推行后现代研究。其实这种观念是片面的理解，但"解构"二字不太恰当，不能用"解构"来代替"建构"，而应该立足于中国文论的现代性建设的关键性问题，做好二者的合理转换。要想建立健全的现代性文学理论，就应该通过借鉴后现代理论来服务于现代性建设，利用后现代理论中的合理因素来使现代性的偏执因素得以消解，这种相互融合后，又清晰明了的文学理论才是有可为的。

具体可以从以下几点做好现代范式和后现代范式的转换：

1. 在知识形态上做好文学理论向后理论的迁移

文学理论是与文学有关的理论，具有文学的普遍特性，包括文学性、审美性及自主性，突出表现在文学的风格、技巧、形式、修辞等层面，可以说，文学理论通过不断的分化过程来实现对边界与对象的确立，从而被看成一个完整而独立的知识形态，与其他的知识系统相区别。要想做到文学理论向理论的迁移，不仅仅只是将"文学"这个限定词去掉，而且挖掘其中的深刻内涵，顺应理论的特性，改变对社会、哲学、艺术和历史等内容的分析观念及方法。

2. 在研究对象上从作品向文本的转变

理论上，知识生产中概念的变化意味着知识关注重心的变化。在研究对象上，文学理论应该实现"作品"向"文本"的转变。"文本"在文学界并不陌生，有时甚至还要比"作品"这一概念更加受到人们的青睐。"作品"二字在文学理论的现代范式中常常被看作是独立实体，与作者和读者均无关系，而"文本"则打破作品结构的中心化，将文学研究的对象放置于诸多要素关联中，使其成为一个相对概念。这就增加了文学艺术的互动性，使得独立、固定不变的作品转变为生产性、互文性的文本。

五、新媒体与文学理论教学

实践的当下性、价值性、自由性和功用性，决定了文艺学实践教学设计要充分发挥学生的丰富性、自由性和新的趣味感知能力，引导其自主地融入新媒体环境下的文学现实，并保持应有反思意识和批判力。文艺理论教学要努力解决的关键问题是，如何让文艺学教学与当下社会现实、文学现实及大学生的学习现实结合起来，相互融通，合理统一。

（一）注重文学理论在新媒体环境下的当下性

文学理论要密切关注当下文学创作和文学消费的实际问题。新媒体环境下的文艺学实践教学必须充分注意媒体环境对于学生感知方式和趣味取向的制约和影响，文学理论的活力在于与现实的紧密联系中。理论的确是死的东西，但是，它必须脱离死的、僵化的刻板概念，成为一种指导文学活动与文学实践的工具，它必须也必然与当下的社会问题紧密相连，成为解决社会问题的话语体系。在文学理论课程的

讲授中，克服本质主义的思维方式和僵化的教学模式，时时注意与当下现实生活与文学创作的紧密联系，使之成为解决社会问题的实用理论。

(二) 注重文学理论在新媒体环境下的历史语境

在传统的文学理论教学中，更多地是强调文学理论的内在逻辑性与思辨性，在概念、范畴、判断、推理、逻辑中生存，并不太注重历史感。而真正的理论都是产生于特定的语境中的。今天，新媒体时代的文学理论也有自己特殊的语境。在"日常生活审美化"的今天，一些非审美的服饰、家居、饮食、环境和广告等日常生活方式纳入其视阈中，并带来了研究方法的转向，当代日常生活审美化现象的研究尤其关注社会文化语境等问题。开辟新媒体环境下的文学理论课程教学的新模式是新的历史语境下的必然选择。传统文艺学课程教学存在师生信息源不对称、价值坐标不统一、课堂内外的热点不同步、感性理性不协调等困境。文艺理论教学利用新媒体环境这一现实因素，坚持信息同源、热点统一和知识建构的感性化，使得理论的实践性与网络信息环境充分结合，从而实现新媒体环境下理论教学的新模式。

(三) 打通学科之间的关联

文艺理论的实施者和接受者都是人，马克思说过，人"不是处在某种幻想的与世隔绝、离群索居状态的人，而是处在一定条件下进行的现实的、可以通过经验观察到的发展过程中的人""人的本质并不是单个人所固有的抽象物。在其现实性上，它是一切社会关系的总和"。就是说，人的社会性决定其必然与他人建立社会关系。所以，打通学科之间的关系也势在必行。文学理论研究的视阈是广阔的，社会生活的急剧变化导致了文化领域的重大变革，新媒体环境会影响传统文学理论的研究对象和学科范式，如何在新媒体环境下实现文学理论教学与实践教学的融合成为当务之急。融合体现在理论讲授与学生实践的紧密结合，理论是实践中的理论，实践是理论下的实践。这种结合不仅体现在课堂教学上，而且体现在课内与课外。融合是体现为学生实践与新媒体环境的契合，实践是新媒体环境中的实践，新媒体文学现实是理论实践视野中的现实。使理论讲授与实践教学一体化、同步化，开放的、多元的实践内容设计以及网络资源和多媒体技术的应用，开发一套符合网络时代教学实际的教学模式，整合了多媒体教室、网络教学平台，建立了网络答疑辅导系统，资源共享，方便学生自学、交流、提问，从而实现理论讲授与实践教学的一体化、同步化。连接好文学理论课堂教学与社会实践教学的关系，社会实践教学内容的容量设计和课时比例分配。致力于采取"请进来、走出去"的实践教学模块方式。使经过优化的实践教学模块不仅包含传统的学年论文和毕业论文，还包括邀请媒体负责人参加网络座谈会，邀请专家为学生分析文学现实，促使学生积极参与到文学现实中,并加强了文学理论教学与文联、作家协会、文艺批评家、平面媒体等的联系。

第二节 中国文化概论教学研究

一、中国文化概述

广义来说,文化是人类在生产、生活中传承和实践着的生活方式、思维习惯、组织方式及其产品。从这个定义来看,文化包括物质产品和精神文化,本书也将文化分为三个方面:物质生产文化、制度行为文化和精神心理文化。泰勒的经典定义:"文化是一个整体,包括知识、信仰、艺术、道德、法律、习俗和任何作为一名社会成员而获得的能力和习惯的总和。"

中国传统社会的特征是:农业自然经济和血缘宗法制度。然后引申出来中国传统文化的基本特征是:(1)伦理、倡导道德之上;(2)重和谐与融合;(3)重实际、追求稳定;(4)重理性与人文教养。中国传统文化的基本精神是:刚健有为、自强不息的精神、人本主义精神、天人合一的精神以及礼制精神。中国文化的思维方式偏重辩证思维、直觉思维和中和思维,价值取向偏向:(1)修身齐家治国平天下的积极进取;(2)以伦理道德为人际关系和社会秩序的纽带;(3)物质和精神关系中的重义轻利;(4)尚古倾向和平均主义。

中国文化的主要源泉是儒、墨、道、法、兵以及佛家,还有中国古代文学、艺术、史学、审美教育、科技,内容广泛,其中儒、佛、道三教合流的精髓也说得不错。呈各流派相互吸收借鉴的趋势,古人处不同的境遇或者不同性格的人都可以从中找到自己的归宿,这代表了不同的人生观,达则兼济天下,穷则独善其身,追求功名利禄,需要积极进取的时候有儒家;遭遇失败或者需要退隐山林的时候有道家的清静无为;思考死亡、望及来生的时候有佛家。

二、加强当代大学生中国优秀传统文化教育的必要性

(一)继承中国优秀传统文化的传统美德

当今社会的大学生受到多种思想的影响,因周围环境的不断变化且学生自身没有形成成熟的价值观和思想观,非常容易形成不正确的价值观、思想观。根据很多调查显示,现阶段,我国大学生的个人主义和自我观念较强,但集体主义、团结意识较弱,凡事都以自我为中心,缺少正确的利益指导。一旦抱有这样的思想观念,在实际的社会生活中,很难与其他人真正融入,这势必会影响大学生的个人发展。

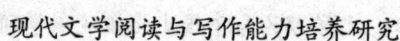

中国传统道德对于"利""义"有着非常好的判断和探讨，众所周知，中华民族的传统美德中对于"忠义"的关注点非常高，这对于教育、指导都有着巨大的意义。随着我国市场经济体制的深入，在经济社会中，金钱至上、重利轻义的情况泛滥，而要正确地引导和指引当代大学生形成正确的利益观念，培养大学生见利思义、讲求奉献的道德品质，就要加强和深化当前对大学生中国优秀传统文化的教育。

（二）培养中国优秀传统文化的崇高信仰

理想和信仰是促进人们追求真理以及进步的动力，是实现目标的基本支柱。就我国五千年的历史来讲，信仰和理想是支撑我们共存亡、共进步的重要因素，国家利益高于一切是我国一直以来的信仰与原则，中国优秀传统文化中也有"国家兴亡，匹夫有责"的爱国主义精神，一直以来，我国都将自强不息、坚忍不拔视为奋斗精神，这也激励着一代一代的中华儿女。然而在现代生活中，国人的思想已经受到多元化文化的影响，其思维方式和理想追求也呈现出多元化的特点。尤其对于当代大学生来说，很多学生甚至没有一定的理想和信仰，对于生活、生命显得很随意，而怎样梳理大学生的信仰和目标，使其能够成为挑起国家实力的力量成了社会各界关注的焦点。进一步加强和深化大学生优秀传统文化教育对于树立信仰和理想，健全学生人格有着重要的意义。

（三）弘扬中国优秀传统文化的爱国精神

需要特别注意的是，我国因受家族本位结构和礼教文化传统的影响，一直以来都将整体主义精神视为我国人民克己奉公、为社会、为民族、为国家献身的传统美德。纵观我国大学生的日常生活，他们受到和谐社会的影响，从小生活在和平安定的年代，对于祖国的团结稳定和繁荣富强有着一定的认识，但很少亲身经历苦难的岁月和不平的生活。因此，只有通过学校以及家庭正面的教育，接受系统的中国优秀传统道德教育，通过强化和深入的传统文化教育，促使学生树立起爱国主义精神，激发学生的热情和意识，进一步增强其爱国主义精神和整体主义意识。

三、中国优秀传统文化对大学生人文素质培养的影响

中国优秀传统文化是中华民族宝贵的精神财富，对我国人民的思想行为有重大的影响，不仅如此，随着中国的崛起，中国优秀传统文化在世界上的影响也越来越大。所以在当今的高校学生人文素质培养工作中，如何对中国传统优秀文化有一个正确认识，并且对其进行传承与弘扬具有重要意义。

（一）人文素质以及中国优秀传统文化概述

人文素质是一个将知识、观念、信仰、情感以及意志等众多元素融合起来形成

的外在风貌与内在品质。一个人人文素质的高低可以通过他的文化素养、理想追求、价值取向、审美情趣、思维方式以及行为习惯等诸多内容表现出来,人文素养注重人文知识及精神的融合,可以理解为经过对人文知识的学习了解,进一步使其变为自身的人文精神。各式各样的媒体是人文知识传承的载体,人们可以从耳濡目染、课堂以及一些媒体上来汲取人文知识。一个具有良好人文素养的人一般都具有一定的人文知识,它是人文素养形成的前提基础,同时还对良好的人文意识形成具有重要意义。从人文精神的层面来讲,它是人文知识经过转化进一步变为自身内在的精神成果,人文精神存在于人的内心世界,且可以从人的行为举止看出。人文精神的核心是自由的、批判的、自由的精神,并且它具有包容、开放、创新等特点,不仅如此,人文精神追求人格独立、社会责任、精神自由等,以无形的力量守护着传统文化和精神财富。

中国优秀传统文化反映了中华民族的风貌与特质,是民族文化的重要组成部分,是中华民族历史中各种思想文化以及观念形态的融合。各国的传统文化因其思想、地域差异而不同,我国的传统文化是以儒家、道家、法家作为其内在核心,并且融入了墨家、名家、佛教以及西方文化而形成的。在古文、诗词歌赋、戏剧、书画等中处处彰显出中国的传统文化。

(二)中国优秀传统文化对高校学生人文素质教育的作用

人文素质教育是为了提升当代高校学生的审美情趣、文化品位、人文修养以及科学素质等,进行对高校学生的文学、历史、哲学以及艺术等方面的人文社会科学教育。中国优秀传统文化有着大量人文教育资源,经过中国优秀传统文化的熏陶与教育,可以让民族优秀的人文成果以及其包含的价值观、道德相关标准、对待人生的态度、审美情趣以及思维的方式等融合成为高校学生的内在品格、气质,还可以提高高校学生自身的人文素质。中国优秀传统文化对高校学生的人文素质产生的影响大致体现在以下几个方面。

1. 为高校学生人文素质教育工作打下基础

(1)中国优秀传统文化包含的人文知识。中国优秀传统文化为我国人文知识的巨大载体,传统文化对于人文知识的教育的作用通过文化传递的形式表现出来。我国优秀传统文化十分丰富,大致上有民间文学、传统音乐、戏剧与曲艺、舞蹈、美术及技艺、医药、民俗、体育等。在以上的项目中,各自又都拥有丰富且复杂的人文知识,比如戏曲又有京剧,在京剧中又涉及人物、服装道具、典故、流程以及唱功技巧等诸多的人文知识,所以京剧的表演不但是一种娱乐活动,还是对人文知识的学习与了解。

(2)中国优秀传统文化所包含的道德方向。当前一般的中国优秀传统文化往往都会和传统道德观念有一定关系,尤其是以儒家的仁爱思想作为主导,弘扬孝悌作为根本的伦理道德观,这些思想在戏剧中有很多体现,如《秉烛夜读》《岳母刺字》等。不仅如此在木版年画中也有丰富的此类题材,如《二十四孝图》《孟母三迁》等。这些作品都是在倡导精忠报国、行孝、与人为善、勿要好高骛远等思想,这些思想都具有实用价值、传承价值。高校学生可以经过对这些优秀的中国优秀传统文化作品进行赏析与理解,能够于触景生情以及借物咏志、美好理想的畅想、真挚友谊的赞美中尽情陶冶情操并树立良好的道德观,进一步理解儒家思想所提倡的修身、齐家、治国等传统的道德观。

2. 为高校学生人文素质的培养提供内在精神动力

(1)中国优秀传统文化所包含的人文精神。中国优秀传统文化是在中国特有的自然以及人文历史环境下所形成的,它包含着深厚的民族人文精神,中国优秀传统文化是造就了中华民族品格的文化基因,是人民的精神家园。中国优秀传统文化展现出各个地区、各个民族之间的文化形式以及价值观与宗教信仰等不同方面的互相沟通与相互影响。长此以往,不只在不同地区间形成彼此间的认同以及理解,在此基础上还促进了各个民族之间的团结互助、和睦相处,使得各民族共同创造丰富的民族人文精神。

(2)中国优秀传统文化所包含的民族精神。与民族特殊的生活生产方式紧密联系是中国优秀传统文化的特点之一,它展现出不同的民族个性以及审美习惯。中国优秀传统文化可以反映中华民族与国家对我国文化特性的认同以及自豪感,同时也可以反映出被世界的认可程度,它是联系民族与民族文化之间的重要纽带。中国优秀传统文化作为一种抽象文化思维,体现出中华民族的独特创造力以及中华民族精神。中国优秀传统文化是中华民族的文化产物,它体现了中华民族整体的生活,并且与中国的风土人情息息相关,它将五千年的历史进行融合,同时加入了不同的理与风俗元素,展现出中华民族的生活、思想以及情感与文化,等等。在中国优秀传统文化世代传承的同时,使得中华民族一脉相承的社会行为与生活态度得以延续下来,并且确定了中华民族在心理上的皈依关系。

(3)中国优秀传统文化所包含的创新精神。中国优秀传统文化是中华民族智慧的图腾,作为一种鲜活的民族文化得以传承,中国优秀传统文化不仅是推动社会向前发展的不竭动力,还为文化创新提供了原动力,是我国人民进行创新的基础与源泉。比如中国优秀传统文化舞蹈以及以音乐作为基础进而创作的《茉莉花》《梁祝》以及《印象刘三姐》等优秀艺术作品,种种表明它的创新能力以及与时俱进的时代活力。中国优秀传统文化博大精深，它能够让高校学生收获专业之外的诸多学科知识，有利于开阔视野、拓展知识面以及激发当代学生的创新意识，等等。

3. 丰富了高校学生人文素质教育方法

当前我国教育处在应试教育的背景下，教学方法大都是通过课堂传授、课本阅读等形式。这些传统的方式比较单调，很少具有互动性，并且学生一般都是处在封闭环境中学习，这种方法使得学生学习十分被动，所以取得的学习效果并不理想。当然，该教学方式也引发了学校、家长及学生过于重视人文知识的积累，反而忽略了对人文精神的培养工作，造成这种情形的主要原因是由于不同层面对人文知识转化为学生自身人文精神有效方法的缺失。所以要用新型方法使学生在轻松快乐的环境中主动且积极地来学习人文知识，在此基础之上经过实践，使知识进一步转化为学生的内在精神。生活化、民间化源于实践并藏于民间是中国优秀传统文化的特性之一。把中国优秀传统文化引入到高校校园，可以使高校学生能更直观对中国优秀传统文化进行理解、学习以及继承，这是有效提高学生人文素质的重要方法。高校学生人文素质对中国优秀传统文化具有一定影响，这是由于中国优秀传统文化不是一个形而下的并且具体的文物，本质上，它应该作为一种观念及一种认识而存在，它是形而上的。

（三）如何将中国优秀传统文化与高校学生人文素质教育结合

对中国优秀传统文化的学习可以更好地提高高校学生的人文素质，因此加强这方面的课程，将这些优秀的文化逐渐地对学生进行灌输。教师在教学中将教学模式进行多样化，让学生在课堂上更能体会到中国的传统文化。学生要将学习的理论和课外实践活动相结合，以不断地加深对中国优秀传统文化的认识。学校要加强传统文化的宣传工作，以学生为主体进行传统文化的校园文化活动，不断营造出更好的学习环境。例如学校举办一些中华经典诵读比赛、书画展览等有利于传统文化的发扬的形式；也可以举办一些以弘扬优秀传统文化为主题的辩论赛、演讲比赛、报告会等；也可以开展传统道德建设月活动，组织学生开展文明礼仪大赛，并组织学生观看爱国主义影视片，举行爱国主义歌曲歌咏比赛等活动，这些活动可以让学生在浓郁的校园传统文化活动的气息中，潜移默化地接受传统文化教育。

学校也可以建设一些相应的规章制度，让学生得到教育。首先，学校通过建立健全中国传统文化教育的领导制度。这个制度是由学校牵头进行整合校园的各类优秀的资源，并联合学校内的各个部门共同制订教育工作计划及方案，并进行监督，从而保证教育的顺利开展。其次，学校要健全教师培训制度，加强学校师资队伍的全面建设。学校可以通过派出优秀的教师出去学习，也可以参加学术交流及参观考

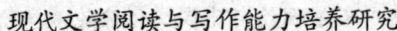

察等形式，将教师的传统文化素养进行提升。最后，学校要全力支持传统文化教育物质方面的投入。例如对教材建设、图书采购、刊物订阅、校园文化活动开展等方面要加大经费的支持，这样就可以保障传统文化教育能更健康更持续地开展。

中国优秀传统文化与高校学生人文素质教育之间具有紧密的联系。中国优秀传统文化可以为高校学生的人文素质培养工作提供一个良好的平台及渠道，在传统文化中往往包含着丰富的人文知识，这可以提升高校学生的人文知识含量，还可以为高校学生人文素质的教育工作奠定基础。在高校学生参与中国优秀传统文化相关活动的同时，不仅能加强学生的人文精神，还可以为高校学生人文素质培养提供内在动力，反之，良好的高校学生人文素质也有利于对中国优秀传统文化进行保护与发扬。

第十章
现当代文学阅读与现当代文学评论

第十章 现当代文学阅读与现当代文学评论

《中国现当代文学》是普通高等院校汉语言文学专业本科的一门必修的专业基础课程，本课程力求帮助学生正确认识中国现当代文学的发展过程及其特点；全面系统地了解五四文学革命以来的文学思潮、文学运动、文学批评和文学创作发展的基本情况，及主要成就和经验教训；培养学生运用正确的方法认识评价各历史时期的重要作家作品，提高学生的文学鉴赏能力。从教学大纲来看，这一课程的教学内容无外乎三大板块：文学运动、文艺思潮和作家作品。

第一节 文本阅读能力与中国现当代文学教学

一、现当代文学的文本阅读与人文修养

（一）如何培养学生的文本阅读能力

文本阅读能力"不是一个孤立的能力，而是综合着多方面的知识和内容"，[1]中国现当代文学教学对学生阅读能力的培养也应该从多方面入手，全面地培养。首先，对文本的理解，即读懂作品，这需要有较细致全面的文体知识，更需要有广泛的阅读经验。教师要提倡学生阅读大量的原著，占有翔实的第一手资料，提高他们对文本最直接的感悟能力和辨析能力。只有在广泛的文本阅读基础上，才能够辨别出何者为优、何者为劣，才能够造就对文学的敏锐感悟力。其次，要采用多种方法培养学生大胆创新精神、深入分析以及与现实相联系的能力。与古典文学相比，中国现当代文学还是一门年轻的学科，从某种程度上来讲，其规范性和经典性还很匮乏，学生们对文学作品自由解读和思考的空间很大，因此，在教学中要特别鼓励学生敢于怀疑和独立思考的精神，引导他们排除各种习见（包括文学史上的观点），真正从文本出发，独立地进行鉴赏、分析和评判。再次，让学生做读书笔记，笔记包括文摘、读后感、札记、小评论等，这需要有一定的理论知识。在这方面，我们应重视教师对学生的指导，比如教会学生利用图书馆、阅览室，使他们能读、会读。最后，表达能力，即用文字或口头的方式将自己的阅读体会有条理地表达出来。它要求一定的文字功底和写作能力，掌握一定的研究性表达习惯。

---

[1] 贺仲明.文本阅读能力与中国现当代文学教学[J].江海学刊，2006(3).

(二) 文学教育与人文修养

人文修养是指人们在人文方面所具有的综合品质或达到的发展程度。包括四个方面的内容：(1) 具备人文知识。即文史哲与道德、语言等方面的知识。(2) 理解人文思想。人文思想是支撑人文知识的基本理论及其内在逻辑。具有很强的民族色彩、个性色彩和意识形态特征。其核心是基本的文化理念。(3) 掌握人文方法。人文方法是人文思想中所蕴含的认识方法和实践方法。学会用人文的方法思考和解决问题是人文修养的一个重要方面。(4) 遵循人文精神。它是人文思想、人文方法产生的世界观、价值观基础。人文修养的形成主要有赖于后天的人文教育。人文教育包括文学教育、语言教育、历史教育、哲学教育、艺术教育、道德教育、思想教育、政治教育等内容。其一层面是文化教育，特别是民族文化的教育。包括文化基本传统、基本理念、基本精神等的教育和民族精神、民族传统的教育等内容。另一层面是精神修养的教育。包括精神境界、理想人格、信仰信念教育等内容。

《中国现当代文学》课作为中国优秀传统文化和现代文化传递的重要载体之一，在提高学生的思想修养、进行人生观教育等方面有着得天独厚的条件。"文学就是人学"，作家的人格、经历、作品中的思想情感和人物性格都能对学生产生深刻的影响，能使学生与这些中华民族的人文精神的楷模产生感情的交流、心灵的沟通、思想的融合，从中受到潜移默化的影响。

由此可见，文学作品的人文精神无疑是文学最重要的价值，优秀的文学作品蕴含着丰富的哲学、宗教、民俗学等人文精神的内涵。通过对文学作品的阅读，不仅可以窥见文学作品所反映的时代的人文精神风貌，还可以启迪自己的思想，通过对作品中人文精神的拷问，积极地参与到人文精神的建构中来。因此，要提高学生的人文素质修养，最重要的渠道之一就是加强文本阅读。

首先，大学生的学习是一种素质教育，他们学习文学这门课程更主要的是为了提高人文修养和文学审美能力。正如有论者所言："大学中文系学生的培养目标应该是使学生具有深厚的人文知识。深刻的人文思想、敏锐的审美感悟能力、丰富的想象能力和较强的写作能力。"[①] 这种修养和能力不可能在文化空谈中提高，它只有依靠大量文学作品的阅读和分析，在阅读实践中得以不断地深化。其次，即使是对那些将来有可能从事专业研究的学生来说，大学也只是一个重要的基础学习阶段，对他们而言，最重要的是培养良好的学习习惯，打下坚实的文学阅读基础。因为在他们未来的专业学习与研究中，不可能再有大学时代那么多的时间和精力去阅读广泛

---

① 王卫平.师范大学文学课教学的困惑、问题与出路 [J].北京大学学报，2003(6).

的作品,而他们将要接触和掌握的各种文学理论和方法,必须有丰富文学作品阅读的接受前提,否则就只能是纸上谈兵。最后,具体到中国现当代文学专业,由于这一学科的独有特点,强化文本研究,尤其强调大学教育中文本阅读能力的培养,更有其迫切性和重要性。现当代文学文本阅读能力的培养将对学生的文学兴趣和多种现实应用能力起到促进作用。当今的大学生对文学普遍缺少一种热情,面对这种现状,广大教师需要通过文本阅读的实践去引导学生认识和体会文学的魅力,培养他们对文学的热爱;同时,由于现当代文学作品与现实社会关系密切,文本上的阅读分析与对现实社会的关注和对社会的认识紧密联系在一起,大量的文本阅读实践将促进大学生进一步认识我们的社会文化和社会现实,促进他们的社会关怀热情。而且,文本阅读能力的培养还将促进大学生文学史课程的学习,因为文学史不是抽象的概念历史,而是鲜活的文学作品历史,通过大量的文本阅读,学生能够借助文本进行深刻的形象记忆,从而比较容易而又牢固地掌握文学史的相关知识。

二、中国现当代文学的文本研究

深入的文本研究对于中国现当代文学学科的发展意义将是长远的,也有迫切的现实意义。首先,它将进一步提升学科的规范性和理论性,完善学科的科学性建设。因为中国现当代文学已经有近一个世纪的历史,其创作规范的形成,其文本经典的确立应该已经是水到渠成的事情。以之为研究对象的中国现当代文学学科非常迫切地需要进行清晰的科学定位,文学创作也需要进行深入的总结,以达到一个更高的境界。其次,它将很好地开拓中国现当代文学学科的研究空间,因为在文本研究方面,存在着许多以往研究所忽略,却是很重要的研究点和研究空白,在研究人员日趋庞大、学术空间比较局促的现实背景下,可望成为一个新的学术增长点。它们将使我们从新的层面上认识现当代文学作品,清点现当代文学的遗产,也能进一步促进学科的繁荣。具体而言,可从以下几个方面促进其发展:

(一)建立文学的独立标准,确立新文学的真正经典

正如上所说,现当代文学学科的文本研究之所以衰微,文本规范之所以未能很好地建立,一个重要的原因是政治和文化研究、政治和文化标准代替和侵占了文学的阵营。要真正振兴文本研究,必须重新认识文学的标准是文学,而不是政治、经济,也不是文化。文学是有自己独立品格的精神产品,它有自己独特的思想意蕴和评价标准。就思想意蕴而言,它的内涵比文化批判要更为深邃,它的关怀可能是整个人类的,而不仅仅是某一时段或阶级的,而其独特的感动人类心灵的美学内涵也具有超越时空的特性,它的评价标准比一定时段的政治、文化要更高,也更为深远。

失去了文学的独特性，也就失去了文学本身，也自然难以建立起现当代文学的评价标准，难以使文本研究深化。只有在这一前提上，我们才能真正地进行深入的文本研究，才能真正确立文学的标准和规范，确立真正的文学经典。还是以鲁迅为例。鲁迅的经典地位建立在其文学成就的基础上，其独特的文学意义就应该得到充分认识。他的思想价值具有深邃的意义，像《孤独者》《伤逝》《故乡》《孔乙己》等作品就表现了知识分子在新旧时代交替之际的彷徨和悲哀，蕴含着深刻的孤独感，对人性的体会和表达都是超越具体时空的。而且，在小说、散文的表现艺术上，鲁迅也取得了自己独到的成就。可以说，我们只有从文学本身来理解鲁迅，才能真正认识鲁迅的文学价值和文学地位，才能真正确立鲁迅作品的经典性。延伸开去，我们只有从文学本身出发，才能准确地给所有的现当代文学作家作品进行定位，才能确立具有持久性的文学标准和文学经典。

(二) 新的视野和研究方法

方法的创新是文本研究深入的前提。我们以往的文学评价和文学标准一直是比较固定和陈旧的，它们的内在渊源是比较单一的传统现实主义理论，其局限和片面性是很明显的，也严重影响和限制着我们文本研究的深度和准确度。所以，今天的文本研究最迫切的事情是要更新我们的评价话语和研究方法。我们不能将视野和方法继续停留在"中心思想""语言风格""结构方式"的简单分析上，而是需要真正具有现代意识的，从深层次考察文本艺术探索的理论实践。客观上，这当然直接关联着中国文艺理论的建设情况，但作为文学研究者，我们不能简单地依赖于其他学科，要独立地进行理论上探索和创新。吸取理论学科研究的成果并付诸实践是现当代文学学科研究取得发展的重要前提。真正优秀的文学研究应该是有领先于文学创作的思想观念而不是跟在创作后面亦步亦趋，应该引领文学创作潮流，而不是只跟在创作后面为它做总结。只有拥有了新的理论和话语，我们才能真正深入地做好学科的文本研究，才能对文学潮流起引领作用。这方面的工作当然艰难，却是无可回避的任务。具体而言，笔者以为，我们需要接近西方文学批评的前沿和深刻处，更应该将中国传统文学的批评方法运用起来，脱离对西方文学批评模式的简单模仿，在立足本土文化的基础上形成独立而深刻的中国式的文学批评话语。

(三) 文本细读与现当代文学的整体研究

文本细读已经为许多中国现当代文学学者所淡忘了，一个重要的原因是学术界对它持淡漠的态度。当前的各家学术期刊愿意刊登文本细读型论文的微乎其微。学科研究生做文本细读方面的论文也往往会因"选题过小"而被否决。事实上，要建立文本的规范，确立文学的经典，最基本的方法就是文本的细读。只有细致认真地甄别和分析，才能够明确经典之价值体现在何处，才可知道现当代文学文体的标准和规范之所在。我们希望细读式的文本研究能够在中国现当代文学研究中占据一席之地。中国现当代文学的整体研究其实是一个老问题，也是一个人为造成的问题，但是一直没有得到很好的解决。从学科规范和发展来说，整体研究势在必行。因为整个中国新文学的发展还不到一百年，其中的经典作品并不多，从现代到当代，文体的变化，语言的演绎都有许多经验可以参照，也有许多共同的教训可以总结，许多问题更是一直连贯起来，对整个现当代文学的研究和创作产生关联性影响。如果只看现代或当代一面，很难看得清楚，也不利于对新文学的总结和规范的确立。

三、文本细读与现当代文学教学

（一）文本细读基本概念解读

所谓文本细读，是指把作品文本视为一个有独立生命的对象，通过对文本的详细读解，以及对文本结构、意象、语义等细致的剖析，实现对文本意义的解读。这种方法有时也被称作充分阅读，即尊重文本，从文本出发，通过细致的阅读和反复的阅读，注重细节的解读和结构的分析，对文本所蕴含的深厚意蕴做出丰沛的阐释。

文学的研究需要直面作品去体验，文学作品的教学也应当如此，只有把个体的感悟转变为课堂上的集体意识，文学作品才能体现出其应有的美学价值。文本细读法正是直觉文学作品的有效途径，因此文学作品教学要推行文本细读教学法。

（二）文本细读的作用

中国现当代文学课程的教学应注重对学生能力的培养，而强调文本细读则有助于培养学生的人文精神、审美能力和文学实践能力。

1. 有助于培养学生的人文精神

高职院校的文学教育不是培养文学研究的专门人才，而是给学生打下较为宽厚的人文根底。走出僵化封闭的思路，学生的获益会更大。教学中应始终贯穿文学精神对学生的熏陶和影响，这也是激发学生浓厚感情和生命寄托最有效的方式。由于现当代文学作品与现实社会的关系密切，文本上阅读分析与对现实社会的关注和对社会的认识紧密联系在一起，一定的文本细读实践将促进学生进一步认识我们的社会文化和社会现实，培养学生的社会关怀热情。我们可以精选的文本为重点，通过文本细读、思考、讨论和辨析，潜移默化地影响学生，培育他们的人文精神：人的权利和责任，人的理想和品格，人性的健康圆满。

2. 有助于培养学生的审美能力

高职院校文秘专业学生的学习不完全是职业性，更是一种素质教育，学生学习

文学这门课程不是为了研究，而是为了提高文学素养和文学审美能力。这种素养和能力不可能在文化空谈中提高，只有依靠大量文学作品的阅读和分析，在阅读实践中才能不断深化。教师需要引导学生去体会和认识文学的全部魅力，其中最重要的方式就是注重文本阅读实践，以文学作品本身的魅力去感染学生，培养他们对文学的热爱，建立起对文学的信心。文本细读要体悟作品的文学性，美学意蕴正是文学性的体现之一。现代文学中的名著名篇就是美的结晶，它集语言美、形象美、意境美、场景美、情节美于一体，文本细读可以加深学生对文本美学意蕴的体悟，提高他们的审美能力。

3.有助于培养学生的文学实践能力

文学实践具有两个条件：一是对现实的认识能力，二是对语言的感悟及运用能力。由于文本阅读的重点在于对现代文本的分析综合，然后进行适当的表达，这事实上也是现实生活中几乎所有写作能力所共同需要的，也是大学生需要强化培养的重要思维方式。因此，文本阅读的训练也就成了学生写作和思维能力的训练。大量的文本阅读与分析实践不仅能大力提高学生欣赏文学作品的能力，提高学生的文学修养，扩大学生的眼界，也有利于加强学生对文学语言的直接感悟性与运用能力，同时也为学生进行文学创作实践提供了一些有效的方法，激发他们进行文学创作实践的灵感与积极性。穿行在文学作品中，种种情景、情节、人物、生活片段可能激活学生沉淀在记忆中的生活素材，使他们产生丰富的联想与想象，引发他们跃跃欲试的创作激情，从而使他们的创作实践落在实处。

(三) 文本细读教学实践

文本细读要求学生在阅读的时候，首先尊重文本，立足于文本表达，通过慢慢的读，细细的品，通过细致和反复的阅读对文本所蕴含的深厚意蕴做出丰富的阐释。但是，目前教学所存在的现象是，学生阅读的积极性不高，认为作品的阅读涉及的考试内容十分有限，同时学生阅读水平的日益下降，导致学生读作品读不懂，读不深。例如，在讲到鲁迅的《狂人日记》时，学生普遍反映搞不懂小说到底讲了哪些内容。书中的"陈年流水簿子"为什么是象征性的含义，狂人为什么是一个反封建反礼教的先驱。另外关于文本细读存在的一个典型问题反映在诗歌的阅读上。当代文学中，20世纪80年代的"朦胧诗派"以一种复杂、怀疑、愤怒、无奈、对抗的复杂姿态表达了对抛弃的失落感、对幻灭了的理想的沮丧和执着、对失去家园的牵系，但是教材在介绍诗歌的时候，更多是以诗歌为基础，重点分析的是诗歌背后体现出的一代知识分子独特的精神历程，但是怎么个独特法，可能更多地需要学生去阅读。但很多教师在讲到该节的时候，更多是先给学生列举作品，接下来就开始分析诗歌背后的精神世界、艺术风格等。如讲到北岛的诗作的时候，学生一般根据教材和教师的要求，阅读的仅仅是《回答》《一切》等常见诗篇，但是北岛的《你好，百色花》《五色花》《我走向雨雾中》《路口》等诗歌同样具有一些和"朦胧诗"派总体特征不一样的美。笔者选了一个独特的讲课方式，课前让学生自行收集北岛诗作，课堂上开了一场"朦胧诗派诗歌欣赏品读会"，在学生一个个站起来朗读诗歌的过程中，一方面一些诗歌的诵读加深了学生对"朦胧诗派"总体特征的认识，另一方面，学生在文本细读的同时，也发现了北岛作为独特的个体，他的诗歌的独特魅力，同时在品读诗歌时，他们也体会到了诗歌"言有穷而意无尽"的美，可谓"一举多得"，远比教师照本宣科地讲授要好得多。

第二节 中国现当代小说及经典作品评论

一、中国现当代小说的发展概述

中国20世纪20年代的小说体现了鲜明的五四精神，"个性解放""人的解放"成为五四文学的基本主题。"文学为人生服务的文学研究会，强调文学的社会作用，反映时代的面貌"。与"为人生"的写实派小说相对峙的是20年代的浪漫抒情小说。浪漫抒情小说侧重自我表现，主观色彩浓厚；不注重事件的外部描写，侧重宣泄、表现作者的情绪、感受、心态等。

动荡不安的社会现实，曲折起伏的社会事件，矛盾复杂的社会心理，使得善于描写社会环境、展现人物命运的小说有了广阔的用武之地。小说题材更加广阔，对时代风云的及时把握和对城乡生活的多方位展现显示出20世纪30年代小说创作的丰富。由于30年代小说的触角深入到社会各个角落，真实地再现了当时社会生活的各种事件，堪称30年代中国社会的历史教科书。

20世纪40年代国统区、"孤岛"和沦陷区的小说，从内容和主题来看，大致可分为以下几种类型：抗战题材小说，直接反映抗战现实，富有战地实感，留下了时代剪影。以社会剖析和世情讽刺为主要内容的小说，标志着作者对现实认识的深化。注重文化分析的小说是作者对民族历史与现实进行文化探询与反省的结晶，它把抗战时期高昂的民族激情深化到了理性的层次。侧重于人生探索的小说主要表现知识分子对人生与生存意义的求索与追寻。

"十七年文学"间的小说以革命现实主义为主流。在历史题材方面，小说以反映民主革命为主。与历史题材相呼应，现实生活成为本时期小说创作另一个突出的题

材，以反映农村生活的小说为主。问题小说把反映与解决生活问题作为创作的主要目的，立论的基础是文艺为现实政治服务，本质上把文艺当成了反映与解决生活问题的工具。

新时期小说以快速的发展变化，全新的审美面貌，复杂的文学现象，自由而频繁的文学争论和多姿多彩的文学创作成果展现出自身独特的风采，成为中国当代文学史上极为重要的内容。新时期小说包括伤痕小说、反思文学、改革小说、寻根小说、新写实小说、现代派小说、魔幻现实主义小说、后现代派小说等。

二、第一个十年的小说（1917—1927）

(一) 鲁迅的《呐喊》和《彷徨》

鲁迅的《呐喊》共收小说13篇（1918—1922年），鲁迅把这个集子题作《呐喊》，意思是给革命者助阵作战，使他们不惮于前驱。这14篇小说是《狂人日记》（意在暴露家族制度和礼教的弊害）1918年4月，作品通过塑造狂人形象，表现对封建传统的大胆怀疑和批判精神，也表现出严格的自审精神，寄希望于未来，发出"救救孩子"的呼声。狂人是个具有现代意识的封建叛逆者形象，是清醒的启蒙主义者形象。从上述分析可以看出，《狂人日记》思想上的深刻性和对民族现状和前途的"忧愤深广"的特色。

鲁迅的《彷徨》共收小说13篇（1924—1925），《祝福》（祥林嫂、鲁四老爷）1924年2月7日，《祝福》真实地描绘了劳动妇女祥林嫂在旧社会的悲惨遭遇。作品通过封建礼教吃人的血淋淋的事实，愤怒谴责了以鲁四老爷为代表的封建制度和社会，也批判了周围群众所施于祥林嫂的冷漠、歧视和嘲弄。小说通过祥林嫂的婚姻际遇也表现了她的悲剧命运，并揭露了封建宗法思想、封建礼教对她的逼迫。祥林嫂出逃、抗婚、再嫁，从表面看，是祥林嫂对现实的一种反抗，实质上还是由于封建礼教和封建宗法思想对她的毒害所造成的。封建宗法思想、封建礼教使妇女失去了家庭地位，被剥夺了自己的人格和意志，而祥林嫂自己也深受封建礼教的毒害，有着浓厚的封建思想，这些是祥林嫂悲剧的根源。

其他还有鲁迅五四前的3篇小说：《狂人日记》《孔乙己》《药》。鲁迅仅有的一篇描写爱情的小说是《伤逝》，《伤逝》以子君的悲剧控诉了封建旧社会，表现了彻底的反封建精神。鲁迅的小说是现代小说"坚实的奠基石"。中国现代小说的经典之作——《阿Q正传》。

(二) 为人生派和艺术派的小说

1. 问题小说

目的是提出问题，进行思想启蒙。作家和作品是：冰心，《斯人独憔悴》《斯人独憔悴》直接反映了"五四"学生运动。军国要人的家庭里已经出现了初步的叛逆者，颖铭、颖石兄弟在南京参加了学生爱国运动。但身为军国要人的父辈却依然保持着压制晚辈的威严，他的一番震怒就把两个血气之徒禁锢在高门巨宅之中。四方是政府难以压制的学生运动，一室却依然存在着父辈压服儿辈的悲剧。这篇小说由于真实地反映了五四时期具有相当普遍性的父子两代人的思想冲突，传达了当时不甘被家庭所拘囿的新青年的苦恼而产生了广泛的社会影响。显示了冰心从家庭的窗口审查社会问题的独特视角。

庐隐的《海滨故人》是她的代表作。这是一篇自传体的小说，其中露莎就是作者自己的化身。作品写道：由于露莎出生时外祖母死了，便被母亲以为不祥之物而受到厌恶，饱尝了人情的冷暖。中学时期露莎和好友玲玉、莲裳、云青、宗莹等，都是人生问题的苦苦探索者。结果他们都有着坎坷的遭遇和不幸的结局：或远离故土到处飘零流徙，或寄人篱下孤苦无依，或先饱尝好友星散之痛苦后经受爱之熬煎，或未婚前有短暂的欢乐而婚后则发出所嫁非人的哀怨。那么"人生究竟是什么呢？"庐隐作品的回答总是充满了悲哀、苦闷、愤世、嫉邪，视世间事无一当意，世间无一人惬心。

另外还有汪静熙的《一个勤学的学生》，俞平伯的《花匠》，杨振声的《鱼家》《贞女》，《渔家》描写了渔民悲惨的生活；《贞女》写了一个十八九岁的姑娘被逼嫁给一个木头牌位，最后绝望自杀。《玉君》通过对小资产阶级知识女性玉君面对父母包办的婚姻和封建军阀之子的威逼，于痛苦绝望中萌发出反抗意识，终于和家庭决裂，"跑到社会里，自己去造生活"。

2. 乡土文学

作者不再热衷问题小说，写作者熟悉的乡间村镇生活，具有浓郁的乡土气息与地方色彩。许钦文的《石宕》渲染了一个"石葬"的悲凉氛围，"石"是整部小说的主题词。就"土性"意义而言，"石"也是一种土，而且是更坚硬的土。在一次采石劳作中，突遭山体坍塌，有几个石匠被埋在山石中了，他们凄惨的呼救声从坚硬冷酷的山石中传出，外面的妇孺们则是一片无助的哭号。而一茬又一茬的石工仍在前赴后继重复着这种明知险象环生，却又不能不冒死为之的艰辛劳作，小说中那群坚硬的石工组成了中国新文学中极其醒目的浮雕群像。《疯妇》揭示了时代性、社会性悲剧。城市的商业经济开始波及江南乡村，不仅双喜离乡到上海酒店当学徒，而且

河中来了"放纸船",双喜大娘不再是织布妇,而是去褙锡箔了。这就造成了婆媳两代人的隔膜,婆婆叹息自己的织布手艺后继无人,对媳妇总是不顺眼,终于逼疯了媳妇,小说深沉地反映了自给自足的自然经济开始解体,但陈规陋俗仍旧不变的乡村社会悲剧。

鲁彦,《菊英出嫁》写南方冥婚的习俗。文化产生于自然景观,落后的文化心态总是在无知的文化条件下形成的,正缘于此,"宿命难逃""鬼魂脱生"这类被文化人类学家称为"原逻辑"的思维方式仍弥漫在20世纪的广大乡村。

《黄金》是代表作。作品描绘了一个在金钱的灵光笼罩下的炎凉世界。陈四桥的如史伯伯本是一个"家庭弄得安安稳稳"的小康人家,只因儿子在年终不曾汇款,这个安稳人家便在势利的村风中被播弄得摇摇晃晃了。如史伯伯到近邻串门,别人担心他借钱;参加婚宴,也以白发老者屈居末席;女儿在学校受笑骂,家犬在屠坊挨刀砍。在他例定摆设的祭祖羹饭的席面上,后生小辈横挑鼻子竖挑眼,"强讨饭"也蛮横耍赖,向他勒取现洋。更为可悲的是,连两箱衣物被盗也不敢声张报案,怕人怀疑他假装失盗,不还债款。小说深刻地揭露了从钱眼中观世窥人的乡村中人与人之间鄙俗、冷酷而可怕的关系。

3.郁达夫和创造社作家的小说("自我小说""自叙传小说")

郁达夫和创造社作家的小说可以称作"自我小说",也叫"自叙传小说"。郁达夫的代表作是《沉沦》,除此之外还有《南迁》《茫茫夜》《风灵》《秋柳》等。

《春风沉醉的晚上》通过知识分子"我"和女工陈二妹的生活境遇,相互交往的描写,表达了这样的思想:①知识分子和工人在旧社会同在社会底层,有着相同的命运和遭遇。②歌颂了知识分子和工人的真诚友谊。

倪贻德的《玄武湖之秋》。倪贻德不仅是中国早期西画运动中颇有影响的人物,还创作了数量可观的文学作品。倪贻德1922年毕业于上海美专,1923年加入了郭沫若、郁达夫、成仿吾等发起组织的文学社团——创造社,成为该社后期重要的作家之一。美专毕业后的情感生活的真实性及画家的写作缘起,他在一篇散文中曾有过详尽的披露,这段史实却鲜为人知:"那篇小说(《玄武湖之秋——一个画家的日记》)是写我正当在年轻的时候,同了三个美貌的女学生,在那玄武湖上,如何相亲相爱,后来分别之后,又如何地思慕她们的一段想象。"他还有《东海之滨》《百合集》等小说集。

此外还有郭沫若的《牧羊哀话》《未央》《喀尔美萝姑娘》《漂流三部曲》《残春》《叶罗提之墓》。

三、第二个十年的小说（1928—1937）

（一）鲁迅的《故事新编》

《故事新编》是鲁迅的一部历史小说集，共收入八个短篇。《补天》(原名《不周山》)写于1922年冬，取材于女娲"抟黄土作人"和"炼石补天"的童话，描绘女娲进行创作工作时的辛勤和喜悦，歌颂了劳动人民的创造精神。《奔月》题材来自嫦娥奔月的神话，主人公羿曾射九日、除猛兽，因满地精光，只能天天跟乌鸦打交道。其妻嫦娥不满，盗食金丹，升入月宫。学生逢蒙也背叛了他，还想谋害他。作品刻画羿由于亲近者的叛离所引起的愤怒和伤感，但他并不灰心失望，赞扬了他的韧性战斗精神，同时谴责了贪图安乐的嫦娥和忘恩负义的逢蒙。《铸剑》(1927年)，眉间尺的父亲为暴君所杀，他为复仇，将头颅交给义士宴之敖者，义士设法复了仇，也献出生命。故事揭示了一个真理：反动统治阶级用屠杀政策来统治人民，人民就会用头颅来反抗这种统治，宁可同归于尽，表现了一种决不妥协的精神。《非攻》(1934年)，墨子是一个反对侵略维护和平的杰出战士，他的思想基础是兼爱与非攻，为了正义事业，他坚持到底，毫不动摇，面对杀机毫无惧色，在这个人物身上体现了中国人民反对侵略、热爱和平和勤劳勇敢的优良传统，同时也讽刺了国民党反动政府空谈救国和搜刮民财的罪行。《理水》采用大禹治水的故事，塑造了大禹这个古代圣贤的形象。《采薇》写伯夷、叔齐两兄弟因"不食周粟"而死首阳山，表面上他们是正直而勇敢的，实质却是迂腐和软弱，是对真正的现实斗争的逃避。《出关》写老子西出函谷关，他提倡无为，想依自然的规律立身处世以至于治理国家，但完全依循自然，则抹杀了人的主观能动性，成了虚无主义。鲁迅称这种人是"一事不做，徒作大言的空谈家"。《起死》中的庄子更悲观消极，他提倡彻底的虚无主义，否定是非标准和客观真理，这反映了当时对现实无能为力、对前途丧失信心的没落贵族阶级的思想，作者对他们进行了有力的批判。

（二）茅盾的小说

《蚀》是茅盾的第一部小说，包括《幻灭》《动摇》《追求》三个略带连续性的中篇，又被称为"蚀三部曲"。作品描绘了大革命时期的社会现实，表现了当时社会的剧烈变革，刻画了那一历史时期小资产阶级知识青年的思想面貌和心路历程，即表现了当时小资产阶级知识青年在革命浪潮中所经历的三个时期：革命前夕的亢奋和革命既到面前的幻灭；革命斗争剧烈时的动摇；幻灭动摇后不甘寂寞尚思做最后之追求。"作品对时代生活进行了广阔的描写，对复杂社会矛盾中的人物进行了深刻的刻画，对人物心理状态进行了细致的披露。

《子夜》以一位民族资本家的悲剧命运表明了中国不可能走资本主义的社会性质。《子夜》的主要思想成就有相互联系的三个方面：①对中国民族资产阶级悲剧命运的描写。作品中描写的吴荪甫是上海工业界的巨头，他开办了规模很大的丝厂。作品还写出一些中小工业资本家，但他们的公司、工厂最后都以经济破产结局。破产的原因是帝国主义、买办资本家、国民党政权的压迫。各种压迫使得民族工业举步维艰。再加上军阀大战，农村经济破产，更加深了民族工业的恐慌。吴荪甫等的失败结局说明了实业救国的道路是不行的，表现了中国民族工业资本家的悲剧命运。②表现了20世纪30年代的时代特征。民族资产阶级在帝国主义等的压迫下为求出路，而加剧对工人的剥削和工人起而反抗的时代特征。吴荪甫等使用各种手段压迫工人，使得无法生活，只得被迫罢工。③对中国社会半封建半殖民地性质的深刻揭示。小说中矛盾的焦点是中国民族工业的命运。资本主义列强在中国大肆倾销剩余产品危及民族工业，而国民党政府也以苛捐杂税来排挤民族工业，买办资本家操纵中国的金融、公债市场破坏民族工业，以吴荪甫为代表的中国民族工业资本家在这重重压迫下，一步步走向破产结局。

抗战爆发后，茅盾先后写出及时反映现实的长篇《第一阶段的故事》《锻炼》《腐蚀》《霜叶红似二月花》等。社会分析小说，"社会分析小说"指30年代革命现实主义作家剖析重大社会问题的小说，具有鲜明的时代感和理性分析色彩，并十分注重对历史背景、社会环境、社会关系的描写和反映。《子夜》是"社会分析小说"的典范。

(三) 巴金的小说

《灭亡》是他的处女作。小说描写了在北洋军阀统治下沾满了"腥红的血"的上海，一些受到五四新思潮的鼓舞，因而寻求社会解放道路的知识青年的苦闷和抗争。《爱情三部曲》，《爱情的三部曲》包括《雾》《雨》《电》三个连续性的中篇。小说通过爱情纠葛，分别写了三种性格的人物：优柔寡断的周如水，热情而浮躁的吴仁民，近乎健全的革命者李佩珠。

《激流三部曲》(《家》《春》《秋》)，《家》是代表作。《家》的思想内容有三个方面：①通过梅、鸣凤、瑞珏三个女子的悲剧，控诉封建制度、礼教对年轻生命的摧残，揭露、控诉封建大家庭、封建制度的罪恶；②歌颂封建大家庭中青年一代民主主义的觉醒及其反封建斗争；③暴露了封建大家庭的腐朽及其没落、崩溃。主要人物是觉慧、觉新、觉民；瑞珏、鸣凤；高老太爷、克明。

抗战爆发后，创作了《火》《憩园》《第四病室》《寒夜》。

（四）老舍的小说

最早的讽刺长篇《老张的哲学》《赵子曰》《二马》。《赵子曰》写北平学生及公寓生活；《老张的哲学》则以一个北平近郊的小学校长老张为主角，复以一对青年的恋爱穿插其间。《二马》，作者把二马放在英国环境中考察，在中英民族性对照和老马、小马新旧两代人对比中，剖析中国的民族性弱点。老马是中国老派人物，人虽正派，但抱残守缺，他的人生哲学是"好歹活着吧"。他无所作为，一辈子未做过官，却又是官迷，开口闭口以做官为上等。小马则是敢作敢为，富有进取心，具有面向潮流走向开发的个性。在中英民族性对照和新旧两代人的对比中，小说对以老马为代表的中国传统文化和国民性弱点做了深刻批判。

30年后，又先后创作了长篇《猫城记》寓言体小说《猫城记》写一个漂流到火星上"猫国"里的机械师在猫国都城的所见所闻，在科幻小说的外衣下寄寓着明显的政治讽刺意旨，为一个行将没落的社会（当时的中国）写照。作品借猫人丑恶行径的描写，对中国这个古老民族的劣根性做了淋漓尽致的剖析。间接地抨击了国民党政府内政外交的腐败、无能。对革命力量进行了不正确的嘲讽。在对民族前途的瞻望上又染有比较浓厚的悲观色彩。作品的基本倾向则是表达了对统治中国的国民党政权的无情抨击与对半殖民地半封建的旧中国国民性的严厉批判。

《骆驼祥子》是现代文学反映城市贫民生活最杰出的作品。通过祥子追求"拉上自己的车"而三起三落的悲剧故事，描绘了北京人力车夫的悲惨命运。

（五）沈从文的小说

他先后发表过《好管闲事的人》《石子船》《虎雏》《边城》《旅店及其他》《老实人》《月下小景》《八骏图》。

《边城》是他的代表作。《边城》以20世纪20年代湘川边境上的小山城茶峒及其附近的乡村为背景，描写撑渡船的老人和他的孙女翠翠的生活，以及翠翠与当地掌水码头船总的两个儿子之间曲折的爱情悲剧故事。作家用人性描绘了一个瑰丽而温馨的"边城"世界，一个充满"爱"与"美"的天国。这里人性皆真、善、美。人人勤劳，为他人做奉献。如老船夫忠于职守，对过河人分文不收，实在难却的，则买了烟茶再招待乡亲。船总顺顺虽是富人，但常常体恤穷苦人，老船夫死后，他资助并组织安排料理丧事。商客、妓女等各式人均待人以诚，表现出仁厚、淳朴的土性乡风。加上美丽的自然环境，俨然是如诗如画的世外桃源。集中表现"边城"世界人性美的，是发生在这里的一个爱情悲剧，这个故事也同样建立在人性思想的基础之上。船总的两个儿子天保、傩送同时爱上了老船夫的孙女翠翠，而翠翠却心属傩送。天保求婚未成，失望之下，驾船外出而意外溺亡。船总在大儿子死后，一时

未答应傩送娶翠翠的要求，使傩送与其父发生争吵而远走他乡。这种种的"不巧"，使翠翠与傩送的爱情终成"善"的悲剧。天保与傩送对翠翠展开自由竞争，未伤同胞之情。作者所表现的似乎是一个"谁也没有错"的悲剧。

(六)"京派小说"和"现代派"小说

1. 京派小说

主要作家除沈从文外，有废名(冯文炳)、凌叔华、萧乾、林徽因及稍后的汪曾祺等。废名，短篇集《竹林的故事》，多写乡土，具有田园牧歌风味。短篇《桃源》《菱荡》、长篇《桥》可作为代表作。《莫须有先生传》描绘的是京西城郊。《莫》是以作者西山卜居这一段现实生活为蓝本的自传体作品，是现实的，卞之琳评价说"是写他自己的'狂人日记'，他对当时的所谓'世道人心'笑骂由之，嘲人嘲己……自有他的'满纸荒唐言，一把辛酸泪'"。凌叔华，早年作品《酒后》《绣枕》，其后出版了《小哥儿俩》《花之寺》《倪云林》等小说。融诗、画艺术于小说中。《绣枕》是凌叔华的代表作，最初发表于1925年3月《现代评论》第1卷第15期上。小说发表后反响热烈，曾受到鲁迅的赞赏。小说中的主人公是一位美丽温柔的深闺小姐，她长时间在家中默默地精心刺绣一对靠枕，完工后将其送给白总长，以便这位上层人物请客时为人赏识，企图达到别人纷纷来说亲的目的。但绣枕送去的当晚，却被醉酒的客人吐脏踩坏，最终丢给家中的用人。小说以此反映了旧时代的中国女性难以掌握自己命运的苦闷心境，描绘了中产人家温顺女性的孤寂和忧郁的灵魂。小说笔调清淡透逸，人物心理刻画细腻传神，富于诗情画意。萧乾，描写人间的不平和世态炎凉，(《篱下》《放逐》《雨夕》；以乡下人的眼光发现劳动者的苦难和人性的美(《印子车的命运》《花子与老黄》《邓山东》)；从民族意识揭露宗教、教会的虚伪(《栗子》《皈依》《鹏程》。京派小说的特点：为人生的创作思想；原始纯朴的人性美和人情美。

2. "现代派"小说，也称"新感觉派"小说

与京派对立并有过争论，主要作家：施蛰存、穆时英、刘呐鸥等，当时称为"新感觉派"。施蛰存，短篇集《上元灯》《将军底头》《梅雨之夕》《善女人行品》，其后又有《小珍集》。《春阳》选自施蛰存的小说集《善女人行品》。小说采用意识流的方法描写她在遇见各种男性时的感觉。她来到饭馆，便注意一位正寻找座位的男客的态度；来到银行，又对年轻男职员的举动格外敏感。她处处希望得到爱的温情，然而人们只把她看成"太太"。小说表现出一个未婚寡妇的苦闷与变态心理，从一个特定角度表现了封建宗法制度对人性的戕害。穆时英，短篇集《南北极》，写阶级对立，此后转向感觉主义、印象主义方法。《公墓》《夜总会里的五个人》《上海的狐步舞》《黑牡丹》。展览"十里洋场"的畸形"风景"，写出人物在"快乐面具"后的悲哀，

是穆的一大成就。穆时英的《上海的狐步舞》是新感觉派小说的代表作,原计划写成长篇,但未成稿。《上海的狐步舞》开头写夜晚僻静街道上一个提篮的人被杀,接着写一个富豪人家父子夫妻间的堕落生活,中间又插进一个暗娼的母亲替她在拉客。同时发生在夜晚的这几件事,构成"上海,造在地狱上面的天堂"的主题。

(七) 东北作家群

萧红的《生死场》描写了九一八事变前后,哈尔滨近郊一个偏僻村庄发生的恩恩怨怨以及村民抗日的故事,字里行间描摹着中国人对于生的坚强与死的挣扎。小说前十章描述了农民在封建地主压迫下的悲惨生活。在这里,"人和动物一起忙着生、忙着死"。沉重的剥削,自然灾害的袭击,瘟疫的流行,使他们倾家荡产,尸横荒野,王婆为偿还地租,忍痛把老马送进屠场,然而还没到家,"地主的使人早已等在门前",人们试图用自己的力量来惩戒压迫者,而换来的却是更深的灾难,人们为生而挣扎,但死却威胁着每一个人。萧红在描绘农民物质生活的极端贫困外,还描绘了他们在精神生活方面的极度贫乏。在这里,占据人们头脑的仍然是几千年因袭下来的陈规陋习,而受害最深的是处于社会最底层的劳动妇女。成业在高粱地里因本能冲动使金枝怀了孕,然而金枝嫁给他后又受他欺负,连出生一个月的婴儿也在夫妻口角中被摔死。金枝进城里谋生,却受了侮辱而归。她只好去当尼姑,然而庵里已是人去庵空。美丽而温柔的月英瘫痪了,丈夫用砖头围住她溃烂的身子,任其痛苦地哀号。萧红借助这些女性的悲惨遭遇,控诉了族权与夫权的不合理性。"十年过去了,世道依旧,丝毫没有变化",却又多了日本侵略者的抢劫、捕杀、强奸。许多人家破人亡,在李青山的提议下,被逼上梁山,起而战斗。小说自第十一章开始,就着重表现东北沦陷后人民身受更加深重的压迫以及为了挣脱这种压迫而进行的抗日斗争。他们"生是中国人,死是中国鬼""不当亡国奴",小说结尾那个胆怯畏事的二里半告别了老山羊投奔抗日队伍的描写,说明了在时代激流的搅动下,蒙昧的人们开始了变化。它象征着民族的普遍觉醒,说明中华民族不可亡,也不会亡,正是这种昂扬的民族意识与抗争意志,使这篇凄楚动人的故事显得悲而且壮,给了国人以异样的激动。

《呼兰河传》于童年生活的回忆中描写北方小城人民愚昧不幸的生活,刻画出沉默的国民的灵魂。萧军的《八月的乡村》通过一支抗日游击队在血泊中成长的过程,揭示了不抗战,就沦为万劫不复的奴隶的严峻真理。

第三节　中国现当代散文及经典作品评论

散文素有"美文"之称，作品语言词汇丰富，内容广泛，它除了有精神的见解、优美的意境外，还有清新隽永、质朴无华的文采。经常读一些好的散文，不仅可以丰富知识、开阔眼界，培养高尚的思想情操，还可以从中学习选材立意、谋篇布局和遣词造句的技巧，提高自己的语言表达能力。散文取材十分广泛自由，不受时间和空间的限制；表现手法不拘一格。而散文的语言清新明丽，生动活泼，富于音乐感，行文如涓涓流水，叮咚有声，如娓娓而谈，情真意切。所谓凝练，是说散文的语言简洁质朴，自然流畅，寥寥数语就可以描绘出生动的形象，勾勒出动人的场景，显示出深远的意境。余光中说："散文与诗是我的双目，任缺其一，世界就不成立体。"

一、中国现代散文概述

中国现代文学是指1919—1949年的文学，中国现代散文也同样如此，在这三十多年中，散文的发展也经历了三个发展阶段。第一阶段（1919—1927年），以反帝反封建为主题，从五四新文学革命至1927年，这是中国现代散文的开创时期。开创了现代散文关注人生、参与历史变革，其基本主题是反帝反封建，艺术上创建了各式各样；有效表达了现代人的思想感情，适合现代读者审美需要的散文，奠定了现代文学的发展基础，这一时期在中国的散文发展史上具有划时代的历史意义。第二阶段（1928—1937年），以阶级斗争为主题，大革命失败后，革命形势的逆转，新文学阵营地也在这个历史转折关头发生了新的分化和组合，广大作家的创作面临着新的考验和选择，这一时期散文取材的范围扩展，写实性、战斗性增强，社会政治思想主题深化，使现代散文沿着反帝反封建的方面继续前进，并为下一阶段的服务于民族、民主革命的战争提供了宝贵经验。第三阶段（1937—1949年），以抗日战争、抗日救亡为主题，抗日战争全面爆发后，中国社会进入了战时大动荡、大变迁的状态，由于这一时期客观上不同政治区域，文化据点不同，作家的创作也因时因地而异，比如上海的"孤岛"时期，国统区、解放区各地的散文创作及特点也有所不同。

在"文学革命"的呐喊中就有散文变革的呼声。刘半农首先提出"文学散文"的概念。周作人率先把文学散文称为"美文"。王统照在《纯散文》一文中，则把文学散文称为"纯散文"且分为五类：(1)史类的散文，又称叙述的散文；(2)描写的散文，包括状物写景一类的作品；(3)演说类的散文，又称激动的散文；(4)教训的散文，又称说明散文；(5)时代的散文，又称杂散文。这些理论观点更新了散文观念，在散的语言形式、文体格式、思想内容诸方面提出了革故鼎新的任务和要求，对现代散文的创建和发展具有重要的指导意义。

五四时期的新型散文以性质和功用区分，主要包括议论性散文和记叙抒情散文两大类型。中国现代散文中的记叙抒情散文是以众多的记游之作开头的。游记、通讯一类文体适应社会开放、中外沟通的时代需要而迅速兴起，且风行一时，出现了一批游记名家和游记专集，如瞿秋白的《饿乡纪程》和《赤都心史》、冰心的《寄小读者》、徐志摩的《巴黎的鳞爪》、徐蔚南和王世颖的《龙山梦痕》等。早期游记体散文中还出现了一些可称为"漂泊记""流浪记"的作品，如郁达夫的《还乡记》、成仿吾的《太湖游记》等。这些作品侧重抒写作者的漂泊生涯、不幸遭遇及其不满现实、崇拜自然的浪漫感伤情绪，带有浓厚的自叙传色彩和释愤抒情气息。

抒情性散文小品的勃兴发生在五四运动爆发之后。觉醒的知识分子挣脱封建主义的束缚，思想感情获得大解放，他们热烈追求新的人生理想，积极探索个人和社会的出路，但同时也"更分明地看见了周围的无涯际的黑暗"（鲁迅语），更真切地感到觉醒的痛苦和前途的渺茫，更敏锐发觉理想追求与现实社会的尖锐对立，大多处于梦醒之后而无路可走的苦闷彷徨状态。这种社会心态促成了抒情散文的蓬勃发展。第二个十年的散文继承和发扬"五四"文学期刊的传统，适应时代需要，在现实生活土壤中不断拓展散文的疆土，充分发挥了散文反映现实轻便自由的特长，在现代散文史上做出了不可磨灭的贡献。

散文诗跨过幼稚的试作阶段，出现了鲁迅《野草》这样的艺术丰碑，和焦菊隐《夜哭》、高长虹《心的探险》、于赓虞《魔鬼的舞蹈》以及不少单篇的成功之作，标志着散文诗这种新创的抒情文体走上了独立发展的道路。鲁迅的散文创作有散文集《野草》(1924—1926)、记叙散文《朝花夕拾》。《野草》侧重于展示作家主体的自我内心世界，复杂、尖锐的茅盾和斗争通过自我的抒怀述志来折射，几乎包括鲁迅情绪、性格，甚至整个内心世界，各个侧面，是启蒙时期的文化批判者间者向启蒙时期后的战斗者转折过渡的心灵历史，是苦闷中求索，失望中抗争，孤独中前进。《朝花夕拾》则围绕自己的生活道路，回忆、记述一些人和事，通过记事怀人来反映时代变迁。其中《野草》在艺术上广泛采取象征主义的方法（造词）（结构）……有时借助于眼前自然景观的象征性描写等，有时借助于梦境、幻境等，有时借助于寓言故事创造等，都体现出从小见大、实中见虚、由一而众、由此及彼、由表及里、以形带意的特点；《野草》是鲁迅融化中西文化的艺术创造，"散文诗""象征主义"概论手法是新文化运动初期从国外引进的，鲁迅散文诗受波德莱尔、屠格涅夫等的影响，同时，《野草》中受到中国古典文学和民间文学的影响也是显而易见的，唯其如此，鲁迅才

能取得艺术手法、探索手法上的极大成功。

冰心《笑》和《往事》、许地山《空山灵雨》是这时期最早的抒情小品名篇和"美文"佳作。随后，周作人陆续发表了那些影响很大的平和冲淡之作，朱自清也写出了脍炙人口的《背影》和《荷塘月色》，鲁迅在《朝花夕拾》中忆旧述感，郭沫若在《小品六章》中捕捉"牧歌的情绪"……在短短五六年间，抒情性散文小品领域就出现了名家辈出、佳作连篇、形式多样、风格各异的盛况。

"五四"记叙抒情散文率先发展成为一种自觉的艺术创作和独立的文学形式，形成了以它为文学散文主体的新的发展格局。这是"五四"散文艺术变革的一个重要方面。另一个重要方面是散文的语言形式发生了根本变革。人们不仅用白话写作议论文、杂感文，而且用白话创作叙事抒情散文，不仅写得平易畅达，自然活泼，而且也能写得简洁缜密，优美隽永。在20世纪20年代末，杂感短评因为形势严峻，不能不由正面交锋变为旁敲侧击，由锋芒毕露变为隐晦曲折。散文小品领域也发生了明显的分化和变化：茅盾等人的抒情小品曲折表达自己对大革命失败的情感经验和理性反思，沉郁顿挫，含蓄蕴藉；周作人等人开始改弦易辙，往闲适、趣味一路发展。游记方面出现了流亡、避祸、消忧之类的新内容。这种种变迁的迹象预示着20世纪30年代，散文将迎来一个更为丰富复杂、五光十色的发展前景。

进入30年代，伴随着民族民主革命浪潮日益高涨，散文界重新趋于活跃。以1932年底黎烈文接编并改革《申报·自由谈》为重要标志，散文创作进入了一个新的繁荣兴盛期。专注于散文的刊物有《太白》《论语》等，1933年和1934年分别被称为"小品文年"和"杂志年"，可见，极一时之盛。30年代，散文创作队伍空前壮大，老作家中，鲁迅、周作人等人都不断有散文新作问世，仍是这一时期散文界的主干；20年代中期开始从事散文创作的作家，如茅盾、丰子恺、鲁彦、沈从文等，到这时期取得了丰硕的成果；还有20年代末30年代初陆续涌现的一大批文学新人，如何其芳、李广田等活跃于散文界，成为30年代创作的一支生力军。在新老作家的辛勤耕耘下，30年代散文园地呈现出繁花似锦、全面丰收的动人局面。

另外，在20世纪30年代这热闹繁杂的散文界，存在着两种主要艺术倾向、两种流派的鲜明对立，即"论语派"和"太白派"的抗争：1932年9月，林语堂创办《论语》半月刊，提倡"幽默小品"和"趣味小品"，继而创办《人间世》，打出"以自我为中心，以闲适为格调"的旗号，后来还创办了《宇宙风》，从而形成了以林语堂、周作人为代表的"论语派"。他们在趣味、游戏、幽默、闲适中改变了20年代散文"问世"的路径，从意兴湍扬的激扬文字走向了沉潜适世的生命关怀与日常人生的吟味咀嚼。所谓"太白派"，指的是团结在《太白》杂志周围，以"左翼"作家为骨干，包括鲁迅、茅盾、陈望道、胡风、聂绀弩、曹聚仁、徐懋庸、唐弢、陈子展、夏征农等。他们支持创办了《涛声》《新语林》《太白》《芒种》《中流》等刊物，积极提倡反映现实生活斗争的"新的小品文"，促进了30年代散文写实精神的发展和深化。

超然于"论语派"和"太白派"之外，有些名作家独自拓展个人的创作道路，如朱自清、冰心等，或絮语家常琐事，领略人生情趣；或记述异域文化风习，陶写古国山水名胜；或回忆个人经历，怀念师友亲人，大多回避政治性题材和尖锐问题，但又不流入消闲玩世之类，主要以益人心智的知识、情趣和自然美吸引读者，在随笔、游记、传记和抒情散文等方面取得很高的艺术成就。平津一带文坛新崛起的一批年青作家，如何其芳、李广田、缪崇群、丽尼、陆蠡等，他们专注于叙事抒情散文的创作，力图把散文作为"一种纯粹的独立的创作"（何其芳语），刻意追求散文艺术本身的圆满完美。这种有意追求散文艺术性的倾向，突出地表现在所谓"小说家的散文"和"诗人的散文"两类作品里。东北作家群，代表作家有萧军、萧红等。"东北作家群"的散文创作以反映东北沦陷区人民的生活斗争和自身的逃难经历为主要内容，充满着血泪的控诉、悲愤的呼号和对白山黑水、父老同胞刻骨镂心的思念，开了抗战文学的先声。

二、中国当代散文

新时期散文的创作在内陆主要继承了20世纪40年代以纪实为主的散文和古典散文，导致中华人民共和国成立初期"通讯""报告"极盛一时，后者则促成60年代"诗"化的散文创作的热潮，在前二十七年的时间里，散文创作缓慢而有限地发展，无论创作方法、艺术个性，还是品种样式、风格流派，都比较单调，甚至趋于雷同化、模式化、公式化。为了摆脱这样的框架和模式，一辈散文作者回归"五四"散文创作传统，他们在作品中高扬个性意识、文体品位和文体意识，使现代散文得以薪火相传，只有进入改革开放的新时期，思想个性的解放，封闭体制的打破，艺术视野的扩大，才使大陆散文经历了长时间的徘徊与停滞之后，迎来了真正的转机，散文创作形成热潮。

正是在振兴散文创作的诉求下，一直被认为是超稳定结构的散文文体从20世纪80年代开始掀起变革热潮。首先是一批老作家突破了散文"简约""抒情"的审美规范，接着是一批学者、小说家、诗人在真正意义上实现了"大散文"的理论主张，重新恢复散文的大度和洒脱。真正给传统散文美学观念带来天翻地覆的变革，并在散文文体的创新发展上做出革命性贡献的是唐敏、赵玫、黄一鸾、斯妤等女作家和曹明华、胡晓梦、元元、苇岸、钟鸣、张锐锋等新生代散文家。

散文文体求变革新的追求一直未曾中断。早在20世纪60年代，余光中就提倡过"散文革命"，他的散文文体革新，从理论到创作实践都比较全面。到了20世纪80年代，余光中仍然不忘提倡散文文体的开拓与变通，主张"众体兼擅"。在余光中之后，林燿德、简媜、杜十三、张启疆、周志文等人的都市散文则被认为是摆脱感性散文的形式与内容的"一只突起的异军"。20世纪80年代兴起的都市散文不再耽溺于以抒情为主流的叙述模式，而是突破抒情散文第一人称的主体中心，改以知性的角度观察人生的感官世界，发掘其背后潜藏的多重形而上的意义，因而越来越趋近于当代小说形构的思维，并明显地寓言化。

在散文文体实践上最大胆、也最有创新的是钟鸣，他在1998年推出150万字的三卷本《旁观者》一书，文体纵横交错，新颖复杂，作者熔随笔、小说、诗歌、文论、传记、注释、翻译、文献、新闻、摄影、手稿等于一炉，通过"自由的文体展示出自由的精神"，体验了"一次飘逸而精致的文本解放"。这部极富实验精神和先锋意味的书一问世，立即引起出版界和文学界的极大兴趣。《旁观者》被认为"是九十年代以来最具个性的散文作品之一"。进入20世纪90年代，一股散文文体革命潮正悄然勃兴，这就是文类的跨越与整合。罗智成相继推出《无法归类的专辑》及《无法归类的专辑2》，有人称罗智成是"一个无法归类为散文家、诗人或插画者、摄影者的作者"，郑明娳认为他"不满既有散文文类的单纯性，蓄意向其他文类寻求营养，以突破类型界限，希望借此别创一格，开拓一超越文类的新局面"。

第二个十年的散文继承和发扬"五四"文学的传统，适应时代需要，融入现实生活的元素，散文的形式和内容适应了这种生活化，在现代散文史上做出了十分重要的贡献。

第四节 中国现当代诗歌评论

中国现当代诗歌主要是指从五四文学革命时期起到现在为止的这一时期的诗歌创作。其间的创作流派众多，体裁多有尝试和突破，胡适、郭沫若、徐志摩等诗歌大家丰富了诗歌的精彩舞台。对于现当代诗歌的阅读和鉴赏，从审美这个角度切入，可以更好地领会诗歌的韵美，感受时代的脉搏。

一、中国现当代诗歌的阐释问题

从五四白话运动以来，中国新诗发展到现在，在艺术主张上，越来越倾向于写自我，强调心理；在表现手法上，反铺陈，重暗示。诗人对现实的把握也越来越摆

第十章 现当代文学阅读与现当代文学评论

脱具体生活事件、情景的羁绊，而上升为具有丰富内涵的情感的与意象的概括。面对诗歌当中如此繁复的意象，如此多的隐喻和暗示以及强烈的个人化意识，我们曾经习惯性地用道德、民族、教育及社会意义，甚至政治标准来评论诗歌显然是不适当的，而且在某种程度上对诗歌也是一种误读。因为诗是一种集中反映社会生活的文学样式，它饱含着丰富的想象和感情，常常以直接抒情的方式表现诗人的性灵。那么我们应该如何对中国现当代诗歌进行阐释呢。本文将进行简要的分析。

在新诗刚开始起步不久的20世纪20年代，当时的中国正处于内忧外患之时，面对国家的苦难，民族的苦闷，无数青年知识分子内心强烈地希望通过自己的情感表达唤起民众的民族自尊心和爱国热忱，从而挽救民族危亡于水深火热之中，因此，诸如郭沫若般的狂热和带有强烈自我解放意识的诗在时代大背景下顺应了历史的潮流，从而赢得了那个时代很多人的好评。

如郭沫若在《女神》中，一开始诗人便自称"天狗"，它可吞月、吞日，吞一切星球。而"我便是我了"则是个性获得充分张扬所带来的自豪感。所以它是诗人在五四精神观照下对个性解放的赞歌，也正因有了冲决一切束缚个性发展的勇气后，个性才得以充分发扬，五四新人才具有无限的能量："我是全宇宙底 Energy 底总量！"这样的五四新人将会改变山河、大地、宇宙。"我飞奔，我狂叫，我燃烧……"诗句所释放出的情感力量像猛烈的飓风、奔腾的激流，在那个时代产生了强烈的冲击波。"我飞跑"则是令人振奋的呐喊，充分展示了五四时期个性解放的痛苦历程。诗歌基调高昂，把天狗自喻，尽显自由、浪漫、豪情之风。这样的"我"个性张扬，对创造一个新世界充满了极端的自信。他希望这个"我"成为有强大力量的人，可以解救民族于危难之中，这个"我"是集合了全民族力量的一个"超人"。他有着巨大的破坏力，从而整首诗表现出了积极的、高亢的，充满英雄主义式的浪漫基调。这个"我"与自然合二为一，被诗人赋予了创造与驱使自然万物的神力。在这种想象似的力量的驱使下，作者在《女神》中，热情地叫喊，热情地宣泄自己的情感，处处充满一种口号式的，却又是让人鼓舞的诗句，这给当时苦闷的青年们注入了一针强心剂，因此，这本诗集理所当然地顺应了时代潮流。其后，随着时局的变化，在《女神》之后的《星空》《瓶》，郭沫若逐渐由"呐喊"转入"彷徨"，诗也逐渐转入含蓄风格，感情更为深沉，诗的技巧其实是更为圆熟了，但这些诗歌却没有像《女神》引起极大的关注，诗歌在当时或许也是一种政治需要。

郭沫若等诗人的诗政治气息浓，它切合的是时代大的政治背景，但是真正的诗歌是要能经受得住时间的考验，即使跨区域跨时代，它依然能打动我们的内心，依然能有很多值得我们解读和鉴赏的东西。所以抛开诗歌的政治意识形态，我们应该

回归到诗歌的本身进行解读。当然，我们也不应该回避那些表现宏观的生命本质。诸如危及人类生命的主要因素是自然灾难、饥馑病疫、贫困失业、恐怖暴力和战争杀戮，以及人类时刻潜藏的危机。因为"诗是一种创建，这种创建通过词语并在词语中实现"。[①]诗人通过各种词语组成每一首诗，而这每一首诗都是诗人独一的，它从诗人痛苦的裂隙中产生，当中的诗意只为诗人一人所表现。诗歌除了表现幸福、快乐和死亡的人生极端，还要表现犹豫不决、乐极生悲、悲恸欲绝、性心理、恶遭遇、癫狂、恫吓、惊悚、无奈、伤残、疾病的另一个极端和它的具体细节。

那么该如何进行阐述呢。如上所说，诗是诗人特殊性灵的体现，在对一首诗进行分析的时候，大多数人首先想到的是对诗人的写作背景有一个了解，这或许有助于读者理解诗人的写作目的或背景。但更多时候，诗人的写作往往可能是一触即发的。思维活跃，灵感跳动，似乎无章可循。而且，有了对背景的了解，会影响、制约读者的阅读。在《在北大课堂读诗》一书中，在谈到柏桦《琼斯敦》时，洪子诚所提出了几个问题："围绕这首诗的背景材料对我们的解读究竟起什么作用？它是否制约、甚至决定了我们对诗的理解的基本框架？没有这些材料，解读是否不可能？或将会产生另一种理解？"事实上，在《琼斯敦》这首诗当中，似乎并没有对这个事件背景进行价值上的判断，它只是描述一种比较迷狂的状态，一种疯狂的激情。体现出诗人独特的"知识、激情、经验、观察和想象"所具有的综合作用。这首诗既有浪漫主义意义上的异乎寻常的激情，又有强调诗歌艺术现代感知的象征主义表现手法，柏桦在这样一首以革命、青春和宗教为表现内容的诗歌中，彻底跳出了当代传统政治抒情诗的窠臼，而以一种非常个人的方式，以诗人审美的立场，将美国的人民圣殿教悲剧这一重大事件作为一种挖掘诗意的独特语境，从而创造出一种视野广阔、诗意浓郁的时事诗。

诗歌是诗与思的对话。"对这首独一之诗的探讨便是一种与诗的运思的对话。它既不是描绘一位诗人的世界观，也不是考察诗人的工作环境。首要地，对这首独一之诗的探讨绝不能取代对诗歌的倾听，甚至不能指导对诗歌的倾听"。因此，在对诗歌进行阐释之时，首要的一条是不能脱离诗人之诗和思，要用心灵去感受。在西方，本雅明用大量引文来阐释波德莱尔的诗歌，他旁征博引，通过浪荡游民、休闲逛街者以及现代主义的英雄这三个形象，不仅向读者展现出波德莱尔的诗，还向读者展现出诗人本身的形象。他注重的是整体把握诗及诗人本身，对诗歌当中语词的解释并不是特别地讲究。如他在《发达资本主义时代的抒情诗人》中多次提到的一

---

① [德]海德格尔：《荷尔德林诗的阐释》，商务印书馆2000年版，第35—54页。

首诗——《给一位交臂而过的妇女》，他抓住都市中的这个女人形象带给诗人的一种"惊颤"的如电光火石的感觉，一种生命体验：爱也被大都市所玷污，只是一闪而过的空心的爱。诗就是一种体验，灵魂被触动的一刹那。

另外，诗歌中的语言似乎也是重要的一环。"语言乃是一切关系的关系"[①]诗人运用语言既显示，又遮蔽着，但又把世界呈现出来。从这里不难看出语言对诗歌的重要性。所以，在对诗歌进行阐释时，应关注其中重要的语词，比如具隐喻意义的意象等，通过解释这些语词，达到阐释整首诗歌并让读者透过这些阐释，看到隐藏在背后的诗人形象的目的。当然，中国汉朝的汉学讲究经典字词的训诂，宋明理学讲究对经典的自我阐释。如果这两种方法用在现当代诗歌的阐释中，是只对诗歌当中的经典字词用引文进行简单解释，讲究点到为止呢，还是除了对语词的解释，再加上些许个人的理解，或是再挖出语词下面的隐喻？这得根据诗歌的性质以及解读者自己的意识进行阐释。

当然，任何方法都存在"两面性"，无论是本雅明式的用大量引文来描绘出诗的内涵和诗人形象（这需要广博的知识和大量的文献资料），还是着重对语词的理解的阐释方法。为此笔者认为可以不局限于某一种解释方法，而是多种方法相结合。比如在理解起来比较困难，需要深一步挖掘的地方，就得进行更进一步的解释，对于简单的语词，点到即止，不用多加分析，甚至可以跳过，让读者自己去感受。而且，任何解读都仅仅是进入作品的意义空间的一条途径，也仅仅能提供阐释的一种可能。正如"一千个人眼中就有一千个哈姆雷特"一般，再完美的阐释，也总会有让人不满意的地方，我们只能尽可能地找到一种相对适合相对比较好的阐释方法来尽可能对诗歌进行阐释。对于现当代特别是当代诗歌，更强调个人性，注重经由自我心灵的审视、感悟、升华而达到精神超越的文本境界，笔者认为，在阐释的时候，更要注意把握诗歌的本质与内在价值，把握本质的语言，达到倾听诗人的目的，这就是于现当代诗歌阐释相对较好的一种方法。

二、把握中国现当代诗歌的审美特征

(一) 把握诗歌强烈的抒情性

诗歌与其他文学样式相比，有更强烈的抒情性。刘勰在《文心雕龙·明诗》中说："人禀七情，应物斯感，感物吟志，莫非自然。"严羽在《沧浪诗话》中说："诗者，吟咏情性也。"诗人面对生活接触外物并受到刺激的时候，情感会发生变化。古代诗

---

① [德] 海德格尔：《在通向语言的途中》，商务印书馆，2004年9月（修订译本）。

歌强调情，现当代诗歌也强调情。抒情性是诗歌最基本、也是最重要的元素，无论是抒情诗，还是叙事诗，都是诗人感情的自然流露，都是诗人在生活中情感积累的宣泄，所以，诗歌必然带有强烈的抒情性特点。比如，郭沫若的《炉中煤》，诗人把自己比作熊熊燃烧的"炉中煤"，把五四以后新生的祖国比作"年青的女郎"，把"年青的女郎"视作自己热烈爱恋和追求的对象，象征着经过五四运动洗礼后的祖国生机蓬勃、青春焕发，表现了作者真挚的爱国热情。

（二）注意诗歌语言的精美性

无论是古代诗歌，还是现当代诗歌，其语言都是很精美的。艾青的《诗论》中说："诗是艺术的语言——最高的语言，最纯粹的语言。"诗歌是诗人用精练的语言和富有韵律美的语言来承载思想和感情的艺术。

在鉴赏现当代诗歌时，只有把握好诗歌语言的精美性和韵律美，才能领略到诗歌的妙处。例如徐志摩的《再别康桥》，无论哪一段语言都很精练，看似寻常口语，但都经过了洗练磨砺，是随着诗人的情感律动自然抒发出来的。"那榆阴下的一潭，不是清泉，是天上的虹；揉碎在浮藻间，沉淀着彩虹似的梦。"诗句中，"揉碎""沉淀"这样的词，不经过锤炼是无法得到的，诗中的旋律和节奏也是很分明的。正是这种语言的精练和韵律美，才使得这首诗充满了柔情，很好地表达了诗人对旧情的眷恋和无比的珍视，以及再次到康桥来寻梦的惆怅、苦闷和寂寞。

（三）探寻诗歌的意蕴美

中国现当代诗人都善于借歌咏某一景、某一物，运用某一种表现方法来寄托某种意蕴。比如，戴望舒的《我用残损的手掌》这首诗，以"我"用"无形的手掌"抚摸祖国的地图时的想象和联想作为全诗的抒情线索，通过抚摸，逐一再现了家乡、长白山、黄河、江南、岭南、南海和他从来没有到过体验过的解放区的景象，而正是借助于这"残损的手掌"的逐一抚摸，炽热情感的不断喷涌，诗中寄予的意蕴也就逐渐清晰地呈现出来。所以，阅读现当代诗歌时，不能满足于理解诗歌的表层意思，一定要仔细琢磨诗歌的内容及其深层的意蕴，只有挖掘到诗歌的思想和艺术的底蕴，鉴赏到诗人深蕴于字里行间的情感、精神、风骨时，才能领略到诗人的匠心独运，才能领略到诗歌的意蕴美。

（四）捕捉诗歌意象美和形象美

现当代诗人在诗歌创作中，都善于从生活中捕捉意象和形象，并刻画它们，赋予其美感。诗中的意象、形象可能是一件物，也可能是一幅画。在诗中，无论是什么意象、形象，诗人必然赋予其一定的思想意义，赋予其一定的艺术感染力。这些意象、形象有的诉诸视觉，有的诉诸听觉，它们都能诱发鉴赏者去自由地想象和联想。所以，在鉴赏诗歌时，鉴赏者应该抓住生动具体的意象、形象和画面去分析诗歌的意境。

比如戴望舒的《雨巷》，诗人描绘了一幅梅雨时节江南市镇寂寥悠长的小巷的阴沉图景："撑着油纸伞，独自彷徨在悠长、悠长又寂寥的雨巷，我希望逢着一个丁香一样的结着愁怨的姑娘。"诗中，诗人抓住"雨巷""丁香"两个意象和"姑娘"的形象，运用象征、暗示的手法来抒情，使得这首诗在朦胧的意境中表达了一种幽微精妙的感情，而这种感情是耐人寻味的。如果我们把诗人的写作背景联系起来思考，就可看到《雨巷》深层的具有时代意义的悲剧主题。

三、新批评与中国现当代诗歌

英美新批评是20世纪西方极为重要的文学批评方法，特别是对诗歌分析领域。文本细读，"非个性论"，语境分析，悖论，反讽都是至今影响很大的常用文学批评概念。20世纪30年代，我国诗人、翻译家曹葆华将新批评引入中国，给中国文坛带来极大的、延续至今的影响。

第十一章
汉语言文学专业基础写作教学中的能力培养

第十一章 汉语言文学专业基础写作教学中的能力培养

第一节 基础写作课程建设

写作课中既要提高学生的写作本领,又要提高学生的综合素质,培养学生健全的人格、高尚的情操、坚强的意志、认真的学习态度。作文指导的核心价值在于唤醒学生的个人记忆、激活学生的个人经验、丰富学生的自我心灵、调动学生的语词积累等。对于大学基础写作课程的完善和发展也有很强的指导意义。

一、《基础写作》课程教学的现状及不足

基础写作课是高校汉语言文学专业的专业基础课和主干课,是高等学校培养合格毕业生,突出素质教育、人文教育的重要指标。它不仅承担着培养优秀毕业生的人文修养和职业能力的重任,而且对优化大学生的综合能力,提高大学生的写作能力及认知水平都具有重要意义。20世纪70年代起就作为中文教育专业、文秘专业的专业基础课开设,现在,《基础写作》课程仍是本科汉语言文学专业重要的专业基础课程,是汉语言文学专业学生必须重点掌握的一门集理论知识与实践运用为一体的课程。

当年叶圣陶的一个愿望便是要让高校写作教学从基础写作过渡到专业写作。专业写作实质便是一种实用写作,然而专业写作毕竟和专业相联系,"专"就可能带来"偏",而未来社会对大学生写作能力的需求主要还有"通"的一面。如一般的事务类文书写作、日常的经济类文书写作、常见的传播类文书写作等,这些是不分行业,也无专业区别的。正因如此,"秘书写作""新闻写作""广告文案写作"等实用类写作课程作为热门开出的选修课广受学生的欢迎。然而,开实用写作课并不意味着可以低到以"条据"写作为起点,或简单地靠"格式+例文"来维系。实用写作的内在规律,文体的规范,文种间的互相联系和区别,这些都是课程内容的重点。同时模仿、模拟又是实用写作训练的一种方法,但训练不是为了得到具体的"鱼",而是为了获取举一反三的"渔",从而形成所需的写作能力。

三十多年来不断进行课程建设及改革。第一阶段,20世纪70年代末到80年代末,主要是调整教学体系,从传统的老八大块(材料、主题、结构、语言、表述、修改、文风、文体)到新八大论(规律论、作者论、感知论、运思论、表述论、技巧论、文采论、读者论)。第二阶段,20世纪90年代中期,逐步转变教学重心。从文章成分组合的讲解到作者能力组合的训练,即用教练式代替学究式。将作者的写作基本

能力划分为观察、采集、感受、想象、开合、思索、结构、语言、修改九种能力，构成能力培养训练的基本单元。第三阶段，20世纪90年代中后期，随着市场经济对写作人才的需求，我们重新构建课程系列，基础、实用写作分流，建立两类写作课程序列。第四阶段，21世纪以来，加强实践环节的教学，进行"面向地方，走进市场，融入社会"的生活化、实践型的写作教学体系，构建提高写作能力的实训课程，并进一步适应大众教育背景下的写作教学的新形势，以理论规范写作；以案例启迪写作；以实践推动写作；以策划引领写作；以习题训练写作。虽有种种措施，但《基础写作》课程教学仍然停留在"三个中心"(以教师为中心、以课堂为中心、以书本为中心)的传统教学模式中，存在着写作评价方式不科学和写作理论与实践严重脱节等突出问题。随着发展和课程改革的需要，开展《基础写作》课程教学的改革将成为有益的实践探索。

二、《基础写作》课程教学改革的思路

传统的写作教学目标总是定位在学生综合素质能力的提高上，但往往在教学过程中无法具体操作。综合素质能力的提高是一个漫长而潜在的过程，需要配合多学科的综合发展，绝不是基础写作课程就可以完成的。针对这一现状，《基础写作》课程必须调整教学目标，以达到实践应用型较强的教学效果，具体落实到学生写作能力的提高上。当代大学生不仅要了解和掌握写作的规律、基本原理、各种文体的特征和写作要求，更重要的是要利用现代信息技术，实现自主阅读、自觉写作和自我评价能力的培养。

本课程的教学内容分三部分：第一部分，写作原理论。包括写作主体与客体、写作载体与受体、写作行为、技巧，属理论教学部分，由教师课堂讲授完成。第二部分，写作文体论。包括新闻文体、文学文体、理论文体和应用文体，属实践教学部分。第三部分，写作教学论。包括写作教学的前沿和热点问题，需要教师和学生互动讨论完成。

新的教学改革就是要打破学生在中学阶段对写作课所形成的思维定势，坚持理论与实践相结合的原则，把讲授、分析范文落实在写作实践上。把单项练习与综合练习结合起来、把讲授与讨论结合起来、把阅读与写作结合起来、把教师讲评和学生自改互改结合起来，将写作原理、文选与训练结合，读、写结合，课内学习与课外阅读、写作及特色活动相结合。教师重视教学策略的设计，以及活动方案的制定，使学生在参与中学习，在活动中提高，强调进行现代写作实践，力争解决实际问题。

三、《基础写作》课程教学改革的具体措施

(一) 从教学概念方面理解，提高学生在写作课程中的主导地位

顾明远在《教育大辞典》中指出："教学是以课程内容为中介的师生双方教和学的共同活动。"苏联教育家斯卡特金指出"教学是一种传授社会经验的手段，通过教学传授的社会活动中的各种关系的模式、图式、总的原则和标准"。不论是哪种论述，都侧重教学中的教师、学生和教学内容，这说明教学是教师与学生在教学内容的连接下的一种双边活动，教，是教师教学生学，教师在教学中起主导作用。学，是学生学；尤其在课堂教学中学生始终处在被动一方。但教学目标的实现是要通过学生来完成，学生又可以是教学活动的主体。双方在教学活动中是可以相互转化的，学生的被动学习可以转化为主动探索、主动学习。在教学中，教学所承担的任务有三大项，分别是传授系统的科学文化知识、培养完善的智力能力、建立学生完整的世界观和思想品德。

写作课的目的是培养学生一定的记忆能力、观察能力、想象能力、思维能力和感知能力。这五种能力的集中体现就形成了创造能力，写作是一种带有极大心理诱导作用的课程，这需要教师在课堂中激发学生的创作热情，引导学生开阔思路、观察生活、展开丰富的联想和想象，这比在课堂上机械地重复写作技巧、束缚了学生对生活的亲和力和热情要好得多。在引导中，坚持深入浅出、循序渐进的原则，从生活的小事入手，由小到大，从贴近生活的人物观察入手，以点带面，更从身边的事物写起，在一点一滴、一举一动、一草一木、一颦一笑中逐步促进写作兴趣、提高写作的基本观察技能。

(二) 在认识教学特征中，建立有效课堂概念

"有效教学的特征指有效教学的独特征象、标志等，即有效教学区别于低效、负效、无效教学的方面"。它们包括正确的教学目标、充分的准备、科学的组织、清晰的讲解、饱满的热情、融洽的师生关系以及高效的时间利用等方面。俗话说"授之以鱼，不如授之以渔"。现代教学对于好课的标准表现在尽可能多的学生在尽可能深入的程度上凸显有效学习，建立有效课堂就要明确教学目标、尽可能实现师生平等互动。基础写作强调的是学生的动手实践操作能力，作为一名教师，要熟悉自己的教学对象，熟练驾驭上课的气氛和掌握学生的学习状态。在学生不明白上课环节、内容不理解的时候，重新强调问题，并做出适当的提示，激发学生的参与意识，与学生产生"共鸣"，才能营造有效课堂，使学生轻松地学习知识。

(三)建立合理的大学教学评价体系,激发师生的学习积极性

目前各高校实行的评价类型有学生评价、同行评价、院系领导评价、教师自评和专家评价,教师可以在评价中了解学生的学习状况和存在的问题、发现造成学生学习困难的原因以便对症下药,有针对性地改进教学方法、解决教学环节中出现的问题。总体来说,教学评价对教学过程发挥的作用是积极的,必须得到高校教育工作者的重视。然而,任何体系都不是尽善尽美的,在看到评价体系带来的积极作用的同时,我们也要必须注意各门课程的个体差异性和对评价对象正确引导。写作课程强调的是平时的练习以及对于学生独立观察思考生活的引导,如果一味地以学生的最终成绩来衡量课堂的优劣,又会给写作课程戴上"紧箍咒"。在高校的评价体系中,同样也要对学生的评价进行正确的引导,因为个别学生的价值体系还未成熟,很可能会根据自己的好恶进行主观臆断,缺乏客观性,从而给教学造成不良的后果。正确对待大学教学评价体系是激发师生工作学习积极性的关键。

"越来越少的传递知识,越来越多的激励思考",建立开放式教学的观念,眼中有学生,心里装着学生,用教材来教,但是又不拘泥于教材。而"生活""个人的生活""个人真实的生活"也要成为现代写作课程需要关注的话题之一。

第二节 写作活动与写作"四体"理论

一、什么是写作

写作是运用语言文字符号反映客观事物、表达思想感情、传递知识信息的创造性脑力劳动过程。作为一个完整的系统过程,写作活动大致可分为"采集—构思—表述"三个阶段。与作家的自由写作、职业人群的专业写作不同,语文课程意义的写作是学生在教师的指导下,按照特定要求用书面语言创造文本,以发展和提高自身写作能力的学习活动。简单来说,写作是生活中与人沟通、交流、分享信息的一种方式,就像我们平常说话一样。写作就是用笔来说话。

写作是以语言文字为媒介文化交流的行为,是人类各个领域不可或缺的信息记录与传播方式。作为人类凝聚思想、表达情感、加工与传递知识的基本手段。写作是人类精神生活与实践的活动重要组成部分,同时也是创作文学作品的重要途径。写作是人类表现无穷创作力的方法之一,这些作品称为文学。作品的情节可以是虚构或纪实的,可以表现为各式长短的文章、诗词歌赋、小说、剧本、书信等。

写作是人类一种特殊的,有目的的社会实践活动的记录,是为满足人类社会活动实践的需要、学习社会知识的需要而产生的。从操作层面而言，写作可以这样进行定义：写作是写作者为实现写作功能而运用思维操作技术和书面语言符号，对表达内容进行语境化展开的修辞性精神创造行为。从本体论层面，从终极的本质意义上，即生命、人性、存在的意义讲，我们可以为写作给出如下的本质性定义：写作是人类运用书面语言文字创生生命生存自由秩序的建筑的行为、活动。这个定义要表述的写作原理是，写作行为本身的深层本质在于寻求生命生存的依托、"家园""故土"，中国古代圣贤所谓"立言不朽"、所谓"发愤著书"体现出来的优秀写作文化精神的最终本质也正是如此。当代西方学者所谓"我写故我在"的哲学依据也正是如此。

在表层上，写作是一种表情达意、交流信息的行为；在深层上，写作又是一种生命生存的形式、途径。从这个意义上讲，写作就是对生命秩序的创生行为。因此，写作行为又具有一种哲学性、生命性。写作活动具有如下一些显著特征：(1) 目的性；(2) 创新性；(3) 综合性；(4) 实践性。写作活动的主要作用和意义在于：(1) 表达感情、交流思想、传递信息；(2) 现代人才必须具备较高的写作能力，才能从容应对日常工作生活中的诸多问题；(3) 写作关系到全民族文化素质和综合国力的提高。

二、写作四要素

现代写作文认为，写作是一个由写作主体、写作客体、写作受体、写作载体四个要素综合作用所形成的系统活动。这就是所谓的写作四要素。写作四要素是现代写作活动尤其是应用写作活动中必须充分考虑的四个方面，只有充分认识到这四要素在写作活动中的重要作用，写作者在从事写作实践活动的时候才能更加自觉地进行材料的收集、筛选，主题的提炼、结构的完善、语言的推敲锤炼，最终写出实在、有力、有用的好文章。

具体而言：(1) 写作主体。即进入写作状态的人，一般谓之作者。就写作四要素而言，写作主体在写作活动中无疑是居于主导地位的要素，动人的诗句、感人的文章都要在其手中诞生。(2) 写作客体。实际上就是指作家所要描绘的现实世界(物质世界和精神世界)，泛指一切能够成为写作对象的人、事、景等客观对象。写作客体往往制约、引导着写作主体的主观能动性的发挥。(3) 写作受体。即写作活动的接受对象，一般谓之读者。作为写作活动中的一个要素，其价值和地位正随着网络时代的到来而日益受到人们的重视。一个读者至上的时代正在到来。商家宣称，"顾客是上帝"，那么，可以做个简单的类比——"读者是上帝"。(4) 写作载体。一般而言，写作载体是指书面文章。具体来讲，写作载体是构成写作行为的、以语言文字有规

律地排列传递信息的组织系统，通常由主题、材料、结构、语言四个基本要素构成。对于传统的写作活动而言，写作载体的存在形式主要是纸质媒介，文章作品依托其呈现在世人面前。而随着电脑和互联网的日渐普及，电脑及网络作为新的写作载体形式正在受到越来越多人的关注，一些有识之士分别就网络文学、短信文学、博客写作等展开研讨。

三、写作主体与客体的关系

文章的作者在整个写作传播活动中始终处于中心地位，且发挥着主导作用。因此称之为"主体"。写作主体是指作者自然形态、心理形态同写作的关系。

（一）客体内化为作者写作的动力、动机和写作蓝图

写作主体观察、体验写作客体，完成写作活动，需要具有认识、理解、把握客体的基础和条件，从理论上讲，只有当生活中那些和创作主体的思想感情发生同构关系，并为创作主体的本质力量所同化而形成具有审美价值的事物，才能成为写作思维产生的对象。创作主体同化客体的关键在于主体必须有相应的素质、修养、能力。没有认识和反映生活的写作能力，创作主体既不能发现可以转化为作品的客体，也不能使这个客体的对象通过写作完美地表达出来。

写作不仅是对作品的创作，而且也是对事物的主动认识；客体不仅是被动描述的对象，同时又是一个被认识的对象。认识过程是一个能动的过程，主体对客体的知觉总是在现有的"心理定势"的基础上发生的。作者不是作为一般人去感知客体对象，而是自觉地、积极地在从事写作活动主体特有的"心理定势"上去观察客体、感知客体，认识客体。当生活的信息流向创作主体的大脑时，创作主体首先有一个选择、同化的过程，凡是和写作主体的气质、性格、情绪、情感、思想能够吻合、同构的生活信息，便被创作主体积极同化，而成为凝结了创作主体的本质力量。

（二）主体对客体加以意化的改造而成为写作的内容

首先，思维对客体的自然形态的总体把握，对客体的本质特征的深刻理解是完全能够做到的，因此客体的意化过程也就是对客体由表及里，由此及彼的改造过程。按照一定意图的需要，意化后的客体也就进入了写作的范围。其次，情感的外射给客体涂抹上了感情色彩，使客体感情化了，在感情的作用下，客体也便涌入写作的范围。最后，文化心理结构的积极作用。高层次的文化心理结构有一种写作的使命感，乐于对客体研究，并把成果诉诸文字符号。高层次的文化心理结构还能够以人类的眼光、历史的眼光、文化的眼光透视客体，使客体经过"人类""历史""文化"的改造而为人们所认识。

第十一章 汉语言文学专业基础写作教学中的能力培养

写作主体为写作时间活动确定方向和目标。各种各样的写作实践活动，事先都有一个总体设想，有一个"蓝图"。这个"蓝图"是通过写作主体的构想，在观念上确定下来的，在某些情况下，它表现为文章的内容提纲或结构提纲，它体现着写作主体的"尺度"与写作客体的"尺度"在观念上的初步统一。在写作过程中，它虽然可能有所变化，但从整体上看，它像建筑师的设计图，对写作实践活动起着定向作用和导引作用。

写作主体赋予写作客体以生命和灵魂。写作客体在进入文章之前，它是一种自然状态的存在。如果把它原原本本地写入文章，那又有什么意义？清代学者王夫之指出："烟云泉石，花鸟苔石，金铺锦帐，寓意则灵。"他的意思是说，像烟云泉石、花鸟苔石、金铺锦帐这样一些写作客体，只要让它们体现人的个性因素或某种思想，它们就会飞扬灵动起来，获得生命和灵魂。由此可见，写作主体对于写作客体的价值和意义是至关重要的。写作主体在写作实践活动中进行控制和调节，不断解决写作过程中出现的各种矛盾。写作实践活动是复杂的，并且带有一定的艰苦性，写作的方向和目的确定之后，并不见得都能一帆风顺地按照预定计划进行，它往往会遇到种种困难，出现种种矛盾，在这种情况下，写作主体要发挥其主导作用。一方面，写作主体要进行自我控制，克服自我障碍，坚定写作信心，顽强地把写作进行下去。鲁迅主张一口气写下去，然后再做补充和修改，这正是写作主体进行自我控制的一项主要内容。

（三）主体通过写作内容传情达意

心理素质包括产生心理活动的生理机能对客体的感觉和知觉，对客体的思维和思想以及主体品格的意志和个性，这些项目的优劣决定着传情达意的好坏；文化素质主要是指后天受教育的程度，智力的高低，文化知识的深浅，以及文化环境影响的大小，这一切都制约着情、意的表达方式；审美情趣则是感情的愉悦表现，对客体的感情自觉投入也是主体自由境界应达到的；所谓创作才能，就是指能力培养、能力获得、能力施展等问题。这里不可否认地存在着个人禀赋，优越的禀赋是写作创作才能的基础条件。

在精神生产中创作主体发挥的不是个人的具体体力，也不是个人的抽象思维能力，而是由第一信号系统的情绪、情感，第二信号系统的思想、理想构成的艺术创造力。情绪、情感使得创作对象显现了创作主体的个性感情色彩；思想、理想使得创作对象闪烁出绚丽的人生哲理之光。写作主体创作的作品的感染力和说服力就由此而生了。写作形式的创造、写作视野的扩展、写作手法的变换、写作内容的开掘、写作观念和方法的更新，都能够在某个方面驰骋才能。获得创造才能，主要靠后天

的培养和个人的勤奋。勤奋就是实践，在实践中才会获得并发展创造才能，使写作进入自由的佳境。

第三节　写作过程与写作方法

一、创作过程

艺术家创作文艺作品的活动过程包括以下阶段：(1) 准备阶段。艺术家通过查阅观察、访问等手段，收集资料；形成概念，有目的有计划地为创作活动做准备。(2) 酝酿构思阶段。此阶段可能很短暂，也可能长达几年。在这一阶段中，艺术家没有任何看得见的外显创作活动。(3) 顿悟阶段。这一阶段，艺术家常"恍然大悟"，仿佛构思的各个部分一下子各就各位，一种新的关系突然被觉察出来。此阶段常与灵感直觉等心理活动有关。(4) 完善和验证阶段，也称表现阶段。艺术家把头脑中的观念外化出来，写在纸上、画在纸上，或做成模型，包括一系列的修改、润色活动。①

从一篇文章的具体写作过程来看，可分为如下几个基本环节：即材料选择、主题提炼、结构安排、语言表达、修改定稿。写作过程是一个复杂的创造过程和艰苦的实践过程，始终伴随着作者的独特思维活动。写作过程又是主、客体相互转化的过程，客体作为写作运动的物质基础，自始至终支配着这个过程；主体作为写作运动的内在驱力，自始至终制约着这个过程，作者的世界观和写作目的对写作过程的进行具有巨大的指导作用。在写作冲动的激发中，作者凭着自己对社会生活的独特认识、通过事件的叙述、人物的刻画、环境的描绘、理论的阐释、事物的说明等强烈地表现出自己的理想、愿望和感情来，而后传给读者，感染读者，充分发挥文章的社会作用、教育作用、审美作用、娱乐作用。

二、写作方法概述

写作方法属于艺术表现方法——艺术手法和表现手法，也含表达手法 (技巧)，常见的有：悬念，照应，联想，想象，抑扬结合、点面结合、动静结合、叙议结合、情景交融、首尾呼应 (前后呼应)、衬托对比、伏笔照应、托物言志、白描细描、铺垫悬念、正面侧面、比喻象征、借古讽今、卒章显志、承上启下、开门见山，烘托、

---

① 林崇德.心理学大辞典 (上卷)：上海教育出版社，2003.

渲染、动静相衬、虚实相生,实写与虚写,托物寓意、咏物抒情等。

称谓方法。(1)第一人称,由于文章的内容是通过"我"传达给读者,表示文章中所写的都是叙述人的亲眼所见、亲耳所闻,或者就是叙述者本人的亲身经历,使读者得到一种亲切真实的感觉。采用第一人称,由于叙述人是当事人,所以叙述的人与事只能是"我"活动范围内的人物和事件。活动范围以外的人物和事情就不能写进去,要具体分析。(2)第三人称,使用第三人称叙事法,叙述人既不受空间、时间的限制,也不受生理、心理的限制,可以直接把文章中的人和事展现在读者面前,能自由灵活地反映社会生活。但第三人称叙事又往往不如第一人称叙事那么亲切自然。

叙述方法。(1)顺叙法,顺叙是按时间的先后顺序来叙述事情,这就跟事情发生发展的实际情况相一致,所以易于把文章写得条理清楚,脉络分明。运用顺叙,要注意剪裁得当,重点突出。否则容易出现罗列现象,犯平铺直叙的毛病,像一本流水账,使人读了索然无味。(2)倒叙法,倒叙并不是把整个事件都倒过来叙述,而是除了把某个部分提前外,其他仍是顺叙的方法。采用倒叙的情况一般有三种:一是为了表现文章中心思想的需要,把最能表现中心思想的部分提到前面,加以突出;二是为了使文章结构富有变化,避免平铺直叙;三是为了表现效果的需要,使文章曲折有致,造成悬念,引人入胜。倒叙时要交代清楚起点。倒叙与顺叙的转换处,要有明显的界限,还要有必要的文字过渡,做到自然衔接。特别要注意,不要无目的地颠来倒去,反反复复,使文章的眉目不清。(3)插叙法。插叙是为了表达文章中心的需要。有时是为了帮助读者了解故事情节的追叙,有时是对出场人物的情节做注释、说明。使用插叙一定要服从表达中心思想的需要,做到不节外生枝,不喧宾夺主。在插入叙述的时候,还要注意文章的过渡、照应和衔接,不能有断裂的痕迹。(4)补叙法。补叙主要用于对上文的叙述补充说明,一般是片段性的、简要的不具备完整的事件,也可以把解释或说明的文字放在前面,以引起下文。补叙的作用一般不发展情节、事件,只对原来的叙述起丰富、补充作用。(5)分叙法。分叙的作用是把头绪纷繁、错综复杂的事情写得眉目清楚,有条不紊。分叙可以先叙一件,再叙另一件,也可以几件事情进行交叉的叙述。采用分叙时要根据文章内容和表达中心思想的需要确立叙述的线索,还要交代清楚每一事件发生和发展的时间。(6)详叙法。详叙一般用在对每件事发展变化过程的具体叙写。详叙时要抓住人物的特征或事情的细节进行详尽、细致的描叙。作文时,与中心思想密切相关的部分,要详叙。与中心思想关系不大,而又与也须交代的,则几笔带过。否则文章会出现无中心或多中心,显得烦琐。(7)略叙法。略叙的作用在于交代事件发生发展过程中不可缺少,

但又不必详叙的内容。它与详叙相结合,使整个叙述有详有略,疏密相间,形成叙述的起伏。略叙一般用于文章的开头和结尾;与中心思想关系一般的部分;人所共知的部分。(8)直接抒情法。直接抒情可以使感情表达得朴实真切,震动人心。直接抒情一般适用于抒发强烈而紧张的感情。直接抒情的特点是叙述时感情强烈,节奏时快、紧张,情感直露,容易把握。(9)间接抒情法。间接抒情的特点是抒情含蓄婉转,富有韵味,感染力强。间接抒情一般可以通过叙述抒情,作者在叙述时加上自己的主观感情色彩,根据感情的流动来叙述,使读者在叙述的过程中感受到作者的思想感情;也可以通过议论抒情,作者在议论中,表达强烈的爱憎、褒贬之情,这种记叙中的议论一般是利用判断来进行;还可以通过描写来抒情,作者在描写的过程中,渗透自己的情感。采用间接抒情的方法,要做到语言美丽,而又富有感情色彩。(10)先叙后议法。先叙后议是先叙事后议论,因此议论要起总结上文,点明中心的作用。议论时,要对事件的主要内容,或事件的主要人物,或主要事物进行议论。这样才能做到叙事和议论的统一。议论的方法可以通过文章的人物的语言、心理活动进行议论,也可以以第三者的身份进行议论。(11)先议后叙法。采用先议后叙的方法,首先开门见山地提出记叙的要点和中心,并以此统领全文,使全文所记事件的意义,通过议论之后,显得清楚明白。在叙事的时候,要根据议论的中心,抓住重点进行写作。(12)夹叙夹议法。夹叙夹议的特点是叙事和议论穿插进行,写法上灵活多变,作者可以自由自在表情达意。采用夹叙夹议的方法写作要注意叙事的连贯性,议论插入要自然。(13)以物为线索。在叙事的过程中,让某一物品在事件的各个阶段重复出现,并通过各种手段加强它的形象。这种物件往往起过渡作用或象征和点明中心思想。(14)以人为线索。以人为线索叙事,要注意不同时间、不同环境人物性格的统一,还要注意人物年龄特征、外貌、动作、地方和民族特征、生活习惯等方面的统一。否则容易造成混乱。(15)以思想为线索。这种写法,思想发展的主线要分明。思想变化的各个阶段贯要自然,对照要清楚。(16)以事件为线索。主要事件记叙突出,次要事件交代清楚,主次搭配合理,叙述井然有序。这种写法,事件再复杂,也可繁而不乱,等等。

第四节 写作习惯的培养与写作能力的习得

基础写作课的目的是要让学生掌握基本的写作思维原理、方法与技巧,建构起基本的写作学理论框架,并用这些原理、方法、技巧和理论去分析那些人类文化发展中的名作名篇,加深并巩固对原理、方法、技巧、理论的理解和运用。此外,要

第十一章　汉语言文学专业基础写作教学中的能力培养

培养起学生经常写作的习惯，喜欢写作的兴趣，逐渐建构起独立自主、自由自适的写作主体心灵结构。

一、空间写作与写作习惯的培养和写作能力的习得

哈佛大学前校长德雷克·博克在《回归大学之道》一书中介绍了许多研究，并谈到了他们的研究成果有："连本科生自己也承认，提高写作水平的最好方法就是不断地练习。"[①]

要使学生不断地练习写作，就要培养学生经常写作的习惯。在网络高度发达、信息传递极为迅速、书写设备相当先进的当下，培养学生经常写作的习惯变得非常简洁与便利。其中空间写作就是一种既方便学生即时随时写，又方便老师即时随时阅的方式，能够实现师生之间的交流与反馈，从而将理论运用于实践，并及时评阅交流，使写作得到提高。所谓空间写作，是指在学期开始之初，由课代表申请一个QQ号，班上每个同学都知道密码，都可登录。每个同学想在该QQ空间发表作品的时候都可以发表。该QQ号成为班级的公用QQ号，该空间成为班级的公用空间。其便利之处是学生可以在任何灵感来时或者是构思就绪时，拿出手机就可写作。可以随时将如"兔起鹘落，稍纵即逝"的灵感或妙思付诸笔端，而不至于留下"行犹响起""藏若景灭"[②]、去后不可再追般的遗憾与无奈。于是空间里随时可能会弹出那些瞬间的微情细绪、灵动的感悟哲思、动人的场景风物、独到的视角与发现。老师也可随时阅读欣赏学生们的新作，并随时给予或共鸣或异议或击掌或建议等内容或形式的点评，及时实现师生之间的交流。老师的及时反馈也是学生提高写作水平的一项重要因素："超过80%的学生认为，老师给予更多的反馈是提高写作水平的最有效途径。"

空间写作还可以培养学生以写作或审美的心态去关注日常生活，养成细心观察和思考的习惯，养成将看到的信息、想到的对象语词化，从而养成积累素材、积累观点、积累语言的习惯。空间写作可以结合教学进程将理论学习即时运用到实践中，而且这种实践可以日常化、重复化。在日常重复中既加深对理论的理解，又方便对理论理解的修正，同时很好地指导实践。因此，空间写作最有利于学生的是让他们能不断地练习写作，"超过70%的大四学生认为，写作练习对提高归纳能力、养成批判性思维的习惯、深入掌握某领域知识、有效表达思想等方面起着'重要'或者

[①] 侯定凯，梁爽，陈琼琼译，德雷克·博克.回归大学之道：对美国大学本科教育的反思与展望》，上海：华东师范大学出版社，2012年，88—93.
[②] 陆机:《文赋》，郭绍虞，王文生:《中国历代文论选1》，上海古籍出版社，2001年版。

'非常重要'的作用"。引文中所提到的这些能力或习惯正是我们认为的汉语言文学专业的基础应用性所包含的能力和习惯。实际上,不断练习写作对提高学生的综合能力是有重要或非常重要作用的,两个学期的空间写作坚持下来,学生们基本上都能具备常看、常读、常想、常思、常写、常积累的能力和习惯,同时具备较系统的写作学理论,真正打下较好的写作基础。

二、名作细读与写作学理论的深化与巩固

当一个阶段或一个专题或一个章节的写作学理论学完后,布置学生深入阅读某一篇或多篇名作名著,阅读的时候注意分析名作名著中使用或暗含的写作学理论。读完之后再组织讨论,每个同学将他(她)的分析结果与大家分享,师生一起进行讨论。讨论中可以了解各学生对理论概念和观点的理解是否正确,运用概念和观点分析名作名著的写作是否确切,是否合乎逻辑。在了解的基础上,老师可以对理解有误的概念重新界定和解释,对运用错误的概念和观点加以阐述,对不合逻辑的地方指出其问题所在并提出修正意见。当然,更多的是肯定并理顺同学们那些出色的分析、独特的视角、新颖又合理的见解。在阅读、分析和讨论中切实加深和巩固同学们对理论的理解和消化,也有助于他们对理论的运用。讨论之后,再请同学们将各自的阅读分析、讨论成果写成小型论文。于是,阅读既促进了理论的学习和运用,又实现了写作实践的训练和提高,可谓一举多得!

比如,上完写作赋形思维、路径思维、张力思维三种思维操作模型的建构理论[①]之后,老师便示范分析《苏州园林》《景泰蓝的制作》《别了,司徒雷登》《伤逝》等游记、说明文、论说文、小说等不同文体作品的写作思维运用体现。让学生对各种文体的文体思维,对各种文体中赋形思维、路径思维和张力思维的运用等都有个较直观而全面的理解。

然后再布置他们先后阅读、分析、讨论论说文如鲁迅的《我们今天怎样做父亲》、小说如沈从文的《边城》两篇文章的写作思维体现,并且将各自的分析讨论成果写成小论文上传到空间。经过这样扎实的分析、讨论、撰写的过程之后,从小论文中能明显地看到学生对理论理解、阐述的准确与合乎逻辑性,以及论文写作中的条理性、逻辑性。使学生在从事实得出结论、有理有据的论述等方面的能力得到训练、提高。老师引导的分析、讨论课是老师对学生学习与实践的有效反馈,研究表明:"那些认为自己的写作水平在大学期间有明显进步的学生有一些共同特点:他们

---

① 马正平.高等写作思维训练教程[M].北京:中国人民大学出版社,2002年,78-154.

第十一章　汉语言文学专业基础写作教学中的能力培养

通常有机会写很多论文,他们参加的考试中通常含有许多论述题,他们的教师经常给予反馈。"我们让学生用所学知识与理论分析名著、写作小论文的练习,即是抱着提高学生综合能力(包括分析表达能力、批判性思维能力和内容的道德推理能力等)的目的做出的举措。

三、部分文体的写、演结合与综合性能力的培养

新闻写作教学中,让学生分组,每组设计一张系报。系报的时间周期:日报、周报或月报由组员自己决定。系报上的栏目也由组员设计,每个栏目中的文章由组员采写,要求消息、通讯、评论、深度等基本文体都有,也可以有副刊甚至广告。教师授课除了讲授基本知识和理论外,要加强调学生在完成具体任务过程中自己阅读、采访、调查、讨论的能力,让学生自己学会如何办报、如何排版、如何采稿、如何写好各种新闻文体,等等,这委实是一个综合了诸多实际事务的教学培训项目。一个项目做下来,不仅培养了学生务实的新闻写作及其相关工作所需的专业能力,而且还可培养和训练学生团结合作、扎实基础、力图创新、有计划有步骤地学习和做事、与人交往和应对等方面的习惯和能力,实可谓学一技而备诸能。

又如,空间写作进行一个阶段之后,组织同学们分组,将空间里的好文章编成本班的一本杂志。要求不同的组编出来的杂志的宗旨和视角不一样。于是,主办期刊的基本流程、事务、思路;一本杂志的宗旨、栏目构成和设计;栏目文章的组稿、审编、选用等专业基本能力绝大部分由学生自己在自学、讨论、调查、操作中习得。除了习得专业技能之外,同样也能训练他们与人交往、团结合作、创新思路、缜密思考、勤劳务实等综合各方面的习惯与能力。尤其是在这过程中,因要选编入册,无形中会促使同学们在写作训练时提高对自己的要求,约束自己力求多写精品,真正提高写作的水平与能力。更为重要的是,因为要边学边做边写,会逐渐养成良好的自学习惯与能力,而自学习惯与能力于人无疑是终身受用的。

再如,在小说、剧本等叙事性文体的写作教学中,我们采用范本细读、名著选段表演和剧本创作加表演的方式学习文体规范、名著内容及其写作艺术、揣摩并演练人物角色及其情节。通过名著范本细读及其选段表演,既给学生以文学素养的熏陶,又增强他们在叙事性文体方面的人文底蕴,同时加深他们对叙事性文体规范的理解,强化他们对叙事性文体规范的习得。通过小品、相声的写作与表演,既让学生习得这两种文体的写作规范和要求,又让他们了解、坚持、传承这两种文体自古而今的鲜活生命力;既养成学生"入乎其内"的关注生活、观察生活、发现生活深处、妙处、奇处、趣处的习惯,又养成学生"出乎其外"的思考生活、提炼生活、语

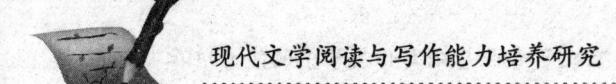

词化生活、剧情化生活深处、妙处、奇处、趣处的习惯。写作训练了文体能力、赋形能力、路径思维能力和行文操作与语言表达能力，表演则能强化对文体的认识、对文本的体验，有助于对语言运用的体味与修正，还能深刻细化人的感情与道德体验和判断，增强学生的心理能力。这也委实是一个培养和训练综合能力与习惯的实践项目。

  此外，在诗歌文体写作教学中，我们采用先读诗集，再诵读或背诵比赛，再仿写，再朗诵，再交流的方式，来体验古今中外诗歌体裁特性、名家名作特色，在模拟写作中实践诗歌体裁特性和要求，训练学生诗歌文体思维，能加强学生的诗性意识和美学思维习惯与能力。散文写作教学则主要在空间写作的前期实践中培养和训练学生的写作习惯和能力，建构其写作知识与理论框架。科研论文写作教学则多采用如下的方式：教师先讲授知识和理论要点，然后引导学生进行名家名作的分析，再布置学生就指定作品进行独立阅读、分析，然后一起讨论，再独立写成各自的研究性论文。这两种文体的写作教学及其能力培养在前文阐述空间写作和名著细读中的能力培养中都有论及，此处不再多论。

第十二章
现当代文学阅读与文学写作能力培养

第十二章　现当代文学阅读与文学写作能力培养

第一节　小说阅读与小说写作

小说是什么？理论上的定义是：小说是作者对社会生活进行艺术概括，通过叙述人的语言来描绘生活事件，塑造人物形象，展开作品主题，表达作者思想感情，从而艺术地反映和表现社会生活的一种文学体裁。小说的特点主要有三点：第一，以塑造人物形象为反映或表现生活的主要手段；第二，有较完整、生动的情节；第三，有具体的、典型的环境描写。因此，人物、情节和环境被称为"小说的三要素"。

小说的类别可分为：长篇小说、中篇小说、短篇小说和微型小说。在写作上，这四类小说各有不同的要求。如短篇小说，它的篇幅和容量比较短小，一般两万字以下，两千字以上。人物集中，故事单纯，结构紧凑。往往截取生活中富有典型性的某一侧面或片段加以集中描绘，以提示社会生活的意义，"它往往只有一个主人公，一条线索；往往只写几个小时或几天之内集中发生的事，却使读者读了以后可以联想到更远更多的事"。由于它借一斑而窥全貌，以一目尽传精神，鲁迅把它譬为"大伽蓝"中的"一雕栏一画础"。如他的《狂人日记》《风波》《祝福》等。再如微型小说，它的篇幅更短，一千多字，几百个字甚至几十字。情节单一，人物很少。多取材于日常生活中的一件小事，寓有褒贬或哲理。

小说的写作技巧：(1)价值性。小说的价值本质是以时间为序列、以某一人物或几个人物为主线的，非常详细地、全面地反映社会生活中各种角色的价值关系(政治关系、经济关系和文化关系)的产生、发展与消亡过程。非常细致地、综合地展示各种价值关系的相互作用。(2)容量性。与其他文学样式相比，小说的容量较大，它可以细致地展现人物性格和人物命运，可以表现错综复杂的矛盾冲突，同时还可以描述人物所处的社会生活环境。小说的优势是可以提供整体的、广阔的社会生活。(3)情节性小说主要是通过故事情节来展现人物性格、表现中心的。故事来源于生活，但它通过整理、提炼和安排，就比现实生活中发生的真实实例更加集中，更加完整，更具有代表性。(4)环境性。小说的环境描写和人物的塑造与中心思想有极其重要的关系。在环境描写中，社会环境是重点，它揭示了种种复杂的社会关系，如人物的身份、地位、成长的历史背景等等。自然环境包括人物活动的地点、时间、季节、气候以及景物，等等。自然环境描写对表达人物的心情、渲染环境气氛都有不少的作用。(5)发展性。小说是随着时代的发展而发展的：魏晋南北朝文人的笔记小说是中国古代小说的雏形；唐代传奇的出现，尤其是三大爱情传奇，标志着古典小说的

195

正式形成；宋元两代，随着商品经济和市井文化的发展，出现了话本小说，为小说的成熟奠定了坚实的基础；明清小说是中国古代小说发展的高峰，至今在古典小说领域内没有可超越者，四大名著皆发于此。(6)纯粹性。纯文学中的小说体裁讲究纯粹性。"谎言去尽之谓纯。"(出自墨人钢《就是》创刊题词)便是所谓的"纯"。也就是说，小说在构思及写作的过程中能去尽政治谎言、道德谎言、商业谎言、维护阶级权贵谎言、愚民谎言等，使呈现出来的小说成品具备纯粹的艺术性。小说的纯粹性是阅读者最重要的审美期待之一。随着时代的发展，不光是小说，整个文学的纯粹性越来越成为整个世界对文学审美的一个重要核心。

第二节 散文阅读与散文写作

一、散文之形散神不散

散文通常有广义和狭义之分。学者林非认为："广义的散文以议论性和叙事性为侧重，在不同程度上融合抒情；而狭义散文以抒情性为侧重，融合形象的叙事和精辟的议论。"我们在课本里和平时的课外阅读中所接触到的多是狭义的散文，狭义散文作为一种文体，注重抒写真实的情感境遇，是一种结构自由灵活、题材无所不包的文学体裁。

首先，"真情"是散文的生命内核。从一些大家(鲁迅、冰心、老舍、朱自清等)的散文作品中我们不难发现，散文是最接近生活真实的，无论是记人叙事，还是状物写景，都体现出了这一点。在推崇散文的审美品格上，周氏兄弟都强调真性情的重要性。现代散文大家吴伯箫认为："说真话，叙事实，写实物、实情，这仿佛是散文的传统。"这也肯定了散文的写实性特征。鲁迅先生的《朝花夕拾》中记下了他成长过程里熟悉的百草园、三味书屋、藤野先生、长妈妈、范爱农，这些伴着鲁迅成长的人和物都被作者写得真真切切。我们在文字的导引下进入鲁迅的成长隧道之中时，也会因作者这种真实而又灿烂的记忆而深受感动，特别是他的《阿长与山海经》，鲁迅对长妈妈的崇敬、怀念之情感人至深，不愧为能够反复令我们咀嚼的佳作。所以，抒写真实的感受是散文艺术表现的核心，这使它与小说的虚构叙事从根本上区分开来。

其次，散文形散神聚。与小说、戏剧等较为规范的文体相比，散文的结构没有受到严格的限制，所以进行散文创作的灵动之笔，可以在艺术的自由空气中尽情去呼吸。中国的现代作家李广田曾说过："诗必须像一颗珍珠那么圆满。小说就像一座建筑，必须结构严密。至于散文，我以为它很像一条河流，凡可以流处它都流到，而流来流去却还是归入大海。"从李广田对散文所做出的形象生动的总结，我们不难看出散文"形散而神不散"的特点。正如我们所熟知的秦牧的《土地》，作者忽而写土地的今天，忽而联想到土地的历史和未来，忽而提及土地上的人物和事迹，忽而为土地的失去而悲痛不已。全文从公子重耳想到古代皇帝的封疆仪式，又想到太平洋岛屿上土著居民的投降仪式。总之，作者思绪的触角伸展自如，行文结构自由而巧妙，给人以飞翔灵动之感。可是这些广阔的历史与现实的抒写都是有其共同归巢的，其意旨是为了表达作者对土地的爱惜，对中华人民共和国新气象和建设者的赞颂。这篇文章很好地诠释了"形散而神不散"的精髓。

最后，散文题材丰富广泛，无所不包。散文可以写景、咏物、怀友、记人、叙事，也可以抒写民俗风情，展现国际风采，着笔往事回忆，细写茶语风声。朱自清的散文最能说明这一特征。《春》《荷塘月色》是他的写景名篇，《背影》《给亡妇》是其抒写珍贵亲情的代表作品；还有《欧游杂记》这本散文集，其生动地记录了作者游访欧洲的整个过程。散文大家往往都是生活杂家，他们以一双善于发现的眼睛对生活的点点滴滴、历史甚至科学万象等进行捕捉，不断地思索、升华，最后流诸笔端。正是由于散文的无所不包，我们五光十色的生活、意蕴无穷的生命哲学才有它最佳的表达方式。

二、散文创作"十要"

作家于坚曾经说过："散文是最基础的写作，也是最开放，最具有创造空间的写作。散文没有边界，怎么写都行……散文不是什么轻骑兵，而是一种高难度的写作……"这其实就说明了散文的易写难工，需要不断地摸索探讨，积累经验。

一要有意义。就是有思想，散文创作必须有思想，有内涵，显示正能量，这样才能打动人，作品才能直抵人们的心灵，使读者在阅读前有吸引力，阅读中有鉴赏性，阅读后有影响力，作品能折射出思想的光辉，给读者以潜移默化的教育、引导、启迪的作用。经典名篇往往有多方面意义，时而引领一个时期的散文创作潮流，不只是在影响读者，更重要的是引领散文作者，成为散文创作的导向，这也就是散文作品的意义。

二要有意思。就是有趣味性，要有生活的情趣。散文写作必须有意思，才能吸引人，只有描写得绘声绘色，妙趣横生，读者才愿意看，从文中获得一种精神享受和愉悦。作者是用"味道"调起读者的胃口，读者是以"悦读"来回报散文作者，也是一种"写"与"读"的互动，逛书店常会听到这样的对话："×……作家写得太有意

思了，越看越想看。""是啊，他的作品现在火了。"这就是作品的趣味性在现实中的反应，给读者一种启示和愉悦。经典散文初读品嚼有味，深读耐人寻味，读后令人回味。对于论散文创作的趣味性，朱自清堪称楷模，他写的《荷塘月色》《南京》《看花》等都极富趣味性。

三要有角度。也就是有个性，每个作者都要有自己的个性，不能都是"老面孔""千人一面"，张三有张三的风格，李四有李四的风格，写出千人千模样，万人万思想，这才是"百花齐放，百家争鸣"，这才能写出自己对现实生活的感悟，突显自己的写作风格。不是有人经常提到"有一千个读者，就有一千个哈姆雷特"吗？其实，散文作者也是一样，是一个个生活阅历、思辨方式、想象程度、生命体验各异的人，作者笔下的生活、人物、事件、情节、感悟必然不同，且每个作者的写作风格、类型、抒情、叙事的方式也不同，呈现给世人的作品必然会各有千秋，异彩纷呈。这样也就"去模式化"，写出真正的散文作品。

四要有主题。也就是有主旨。散文写作历来强调"形散而神不散""形散而神聚"，其实都是说的要有主题，万变不离其宗，你有千变万化，我有一定之规，孙悟空一个筋斗十万八千里，跳不出雨来佛的手心。散文写作正是需要这种意境，既要"放得开"，又要"收得拢"。就如同我们走路一样，无论怎么走，往哪里，大脑始终在那里指挥着。散文写作始终有一条线在"拴"着，一个"魂"在牵着，也就是灵魂，这就是散文的"魂"，阅读名家名篇，写得轻松自然活泼，纹路脉络又很清晰，张弛有度，其实这也就是功力。

五要有文采。就是有韵味，要善于描写，生动形象。散文写作有着宽泛的意境，有着"形散而神不散的潜结构"，有描写、叙述、抒情多种表达方式，有多种生活幻象，有苦辣酸甜，有离合悲欢，有人生本真，有时代变迁，有真情表达，有现实体验，有山的伟岸，河的流动，海的汹涌，湖的平静。这就拓展了散文创作的空间，就可从各个不同角度展示散文的文采和精彩。它犹如篇篇浓缩的历史画卷，可描绘我们的人生，可为我们的生活抒情，可叙述生活的甘苦，可写出生命的感悟，可写出春天的灿烂，夏天的热烈，秋天的收获，冬天的贮藏。还可旷达不羁，可烟雨浩渺，可含情脉脉，可炊烟袅袅，可沐阳光风雨，可察人间冷暖。散文写作里那斑斓的故事，那过往的岁月，那鲜活的人物，那精彩的情节，还有高山、有大海、有坦途、有沙漠、有绿洲……这些不都是散文写作中的灵性吗？这样鲜活的灵性使散文灵动起来，就会处处彰显着文采。遭受宫刑的司马迁写出了究天下之际，通古今之变，成一家之言的《史记》，曹雪芹的"红楼一梦"，蒲松龄的"一生聊斋"；范仲淹的"先天下之忧而忧，后天下之乐而乐"，文天祥的"人生自古谁无死，留取丹心照汗青",这些都是散文的"传神之笔"。

六要有真情,就是要有真性情。好的散文浑身洋溢着"真性情"。如同作家姜琍敏所说:"表露着真实的生活和自我;吟咏着作者的个性和特识;饱蕴着歌者的深情与大意。"散文创作从生活中来,从人民大众中来,都是亲身生活真正的体验、感受和人生经历,抒的都是有感而发人间情,带有强烈的个人色彩,理应表达出"真性情",也就是常说的真情实感。有真情,就要在散文作品中带有感情色彩,有实感,就要在散文作品中体现自己的切实感受、思想,有真情,才能产生真正的诗意。

七要有引子,也就是新闻作品里的有由头。有感而发或因事而发。有了来龙去脉,才有了散文的"魂",这样写起来就会有底气,也就顺手了。从另一个角度说,这个"引子"也突显了时代性,使散文的内涵富有时代感,具有大境界,也就是"大散文"意识。散文创作只有写出每个时代的时代意义,才能彰显出时代气息,蕴含时代特色,具有时代的影响力。

八要有意识,也就是有想法。散文创作必须有一种创作意识,才能写出好散文,也就是创作欲望。在现实生活中,作者对散文创作的意识越强烈,越能把握散文作品的总体结构和局部细节,也就好谋篇布局,写起来就顺畅自然了,也就可以真正体会出"形散而神不散"的意境来。而这种意识的产生得益于作者深厚的生活积累和对现实生活的深刻感悟,也就具有了散文作品的底蕴,渐渐变成了创作的灵感。

九要有闲话,也就是把散文创作的人和事都交代过了,再说几句补充式的话就是闲话。这种闲话往往在散文写作中起着很重要的作用,表现着才情,彰显着风格。散文大家往往都是说闲话的"高手"。譬如沈从文、林语堂、张爱玲、贾平凹,都在散文作品中流露出"闲话"。说闲话看似不太重要,无关紧要,可文章的精彩处往往就在这里。说闲话也不是普通作者就能写好的,也需要生活沉淀和积累,要有想象力,没有想象力,则写不了闲话。闲话就是散文作品中的调料,才华横溢的作家"溢"出来的都是闲话。

十要有故事,就是要有情节。大多散文是需要有故事、有情节的,当然,个别抒情散文不需要故事。有了故事情节,散文就会生动起来,就会鲜活起来,就会吸引读者品味故事的来龙去脉,故事情节中蕴含的生活哲理,探讨对人生、生活带来的感悟和感受是什么,探寻人生的真谛、生活的启迪。

第三节 诗歌阅读与诗歌写作

一、捕捉和创造诗的形象

(一) 诗用形象思维写作

别林斯基早就指出:"哲学家用三段论法,诗人则用形象和图画说话,然而他们说的都是同一件事。"(《一八四七年俄国文学一瞥》)这就告诉我们,写诗要用形象思维。所谓用形象思维,首先指的是深入生活时,要对生活进行形象的感受,形象地体验生活、观察生活、分析生活。

进行形象思维,要在形象感受的基础上,善于进行形象的捕捉。艾青指出:"形象思维的活动,在于使一切难以捕捉的东西,一切飘忽的东西固定起来,鲜明地呈现在读者的面前,像印子打在纸上样地清楚。"因此他说:"写诗的人常常为表达一个观念而寻找形象。"能捕捉到新颖的形象,也就有了写诗的素材。那么怎样才能捕捉到形象呢? 这就要靠灵感。马雅可夫斯基举过一个捕捉形象的例子:大约在1913年,他从萨拉托夫回到莫斯科。为了对一个在火车上同路的女人表示他对她完全没有邪念,诗人就说道:"我不是男人,而是穿着裤子的云"。说了这句话之后,他立即考虑到这话可以入诗——但他又担心这句话口头上传出去白白地滥用掉了。那怎么办呢? 他十分焦急,差不多有半小时,诗人用许多问题问那少女,直到他相信自己的话已从少女的另一只耳朵飞了出去之后,他才放心。两年之后,他用"穿裤子的云"作为一首长诗的标题。

(二) 诗是"想象的表现"

亚里士多德说:"诗需要一种特殊的赋予,或其人有疯狂的成分,或者使他容易想象所要求的神态。"雪莱:"一般来说,诗歌可以解作'想象的表现'。"布莱士列特:"诗歌是想象和激情的语言。"别林斯基:"在诗中想象是主要活动力量。创作过程只有通过想象才能完成。"艾青说:"没有想象就没有诗""诗人最重要的才能就是运用想象"。诗人的想象和科学家的想象不同。培根指出:"诗是一门学问,在文学的韵律方面大部分有限制,但在其他方面极端自由,并且和想象有关系。想象因为不受物质规律的束缚,可以随意把自然开的东西联合,把联合的东西分开。这就造成了不合法的配偶和离异。"雪莱也说过:"诗使它触及的一切变形。"安徒生在他的童话《创造》中写道:一个爱写诗的青年人,因为写不出好诗来而苦恼,于是去找巫婆。巫婆给他戴上眼镜,安上听筒,他就听到了马铃薯在唱自己家庭的历史,野李树在讲故事,而人群中,一个故事接着一个故事在不停地旋转。这里说的其实是要做一个诗人，光凭常人的听觉还不够，还得有诗人变形的眼镜和听筒。所以，我们写诗，既要对生活特征观察得很精确，而同时又不缺乏把这些特征加以变化的勇气。由于变形，诗的形象往往具有象征的意义。如臧克家的《老马》：总得叫大车装个够，这刻不知道下刻的命，它横竖不说一句话，它有泪只往心里咽，背上的压力往肉里扣，眼里飘来一道鞭影，它把头沉重的垂下！它抬起头来望望前面。

这里写的并不仅仅是一匹可怜的老马，而主要是写20世纪30年代北方农民忍辱负重、坚韧不拔的精神素质。"老马"是个有象征意义的形象。

(三) 诗歌形象的创造

马雅可夫斯基在《怎样写诗》中对青年作者说："应该使诗达到最大限度的传神。传神的巨大手段之一是形象。"艾略特认为，创造形象就是"寻找思想的客观对应物"具体方法很多，如虚与实转化；人与物转化；物与物转化；内与外转化；大与小转化；远与近转化；少与多转化；部分与整体转化；历史与现实转化；现实与未来转化等。

需要强调的是，诗中的诗人形象和景物形象都是为表现情感、情绪、情趣服务的。诗的情感性重于形象性，离开抒情需要而胡乱堆砌形象，只能损害诗歌。

二、巧妙地进行诗的构思

(一) 诗的灵感

构思是诗歌创作过程中一个最重要的阶段。构思是什么引起的？简单的回答是：创作的冲动——灵感的爆发。

艾青说："所谓'灵感'，无非是诗人对事物发生新的激动，突然感到的兴奋，瞬即消逝的心灵的闪耀。所谓'灵感'是诗人的主观世界与客观世界最愉快的邂逅。"(《诗论》)对于一首诗来说，灵感是因；对于客观世界而言，灵感是果。由客观世界获得灵感，由灵感开始创作。这是诗人写诗的过程。在"灵感"爆发之后，创作就进入了具体的构思。

(二) 诗的构思

诗歌构思十分重要。诗人郭小川在《谈诗》中说："诗是要有巧妙的构思的。""你提到了构思，我觉得这是抓住了关键的"。关于诗的构思的内容，黑格尔在《美学》中指出："首先关于适合于诗的构思的内容，我们可以马上把纯然外在的自然界事物排除在外，至少是在相对的程度上排除。诗所特有的对象或题材不是太阳、森林、山川风景或是人的外表形状如血液、脉络、筋肉之类，而是精神方面的旨趣。诗纵然也诉诸感性观照，也进行生动鲜明的描绘，但是就连在这方面，诗也还是一种精

神活动，它只为提供内心观照而工作。"什么是诗的构思方式呢？诗的构思方式是内心体验。黑格尔说："诗既然能最深刻地表现全部丰满的精神内在意蕴，我们就应该要求诗人对他所表现的题材也有最深刻最丰富的内心体验。""诗人必须从内心和外表两方面去认识人类生活，把广袤的世界及其纷纭万象吸收到他的自我里去，对它们起同情共鸣，深入体验，使它们深刻化和明朗化。"(《美学》第三卷下册，第54页)所以，诗人写诗虽然"并不是每首诗都在写自己。但是，每首诗都由自己去写——就是通过自己的心去写"。(艾青)遵循这个构思方法，在写作抒情诗时，由于抒情的真正源泉就是创作主体(诗人自己)的内心生活，诗人应该只表现"单纯的心情和感想之类，而无须就外表形状去描述具体外在情境"。(黑格尔《美学》)

诗歌构思的过程包括以下内容：(1)提炼诗情。就是从一般感受中寻觅显示一般感受的独特感受，从共同感受中寻觅表现共同感受的具体感受。如艾青的《自由》。(2)选取角度。抒发诗情应选择合适的角度。一般地讲，有两个大角度，一是直抒胸臆，诗人直接站出来抒情，如闻一多的《口供》。用这个角度写诗，应忌空泛，要创造出鲜明的个性化的诗人形象，否则容易直露。另一个角度是象征寄托，借物寄情，借人表意，借景写感。如前边提到的臧克家的《老马》。(3)布局谋篇。诗的开头、结尾怎么写，各部分之间如何组成有机的整体，需要认真考虑。这就要思索：在这首诗中，我用什么把诗情串联起来？一般抒情诗，"总是以情绪(感情)的变化的层次来贯穿的"(郭小川《谈诗》)。(4)锤炼语言。语言是诗的表现的最重要因素。在构思过程中极为重要。

第四节　新闻阅读与新闻写作

一、新闻阅读的关注点

新闻是报刊、广播、电视经常运用的一种文体，是对新近已经发生和正在发生，或者早已发生、却是新近发现的事实的及时报道。新闻是消息、通讯、特写、采访等的统称。我们在阅读新闻时，应该关注新闻的内容与形式。新闻以事实为依据，尊重事实，忠于事实，反映事实原貌。记录事实、再现事实是新闻的根本和立足点。因此，新闻内容的主要特点是真实性和及时性。

我们可以从提取新闻要素和探究新闻主题两方面把握新闻内容。①新闻要素。新闻的内容，无论是哪种新闻类型，一般都离不开新闻要素。新闻要素是指新闻事实的主要构成因素。新闻要素一般包括何时、何地、何人、何事、何故，统称"新

第十二章 现当代文学阅读与文学写作能力培养

闻五要素"。就每一条新闻来讲,除了必须交代"何事",不一定五要素或六要素齐全,关键在于能使读者了解新闻所报道的基本事实。如一句话新闻:明湖公园利用筹资购置的娱乐仿真模拟器获得可观的经济效益。该新闻包含何人(对象)、何事(事件)这两个主要的新闻要素。②新闻主题。新闻是一种观念形态。通过报道,或表示一种倾向,或宣扬一种观点,或抒发一种情感,即新闻是有主题思想的,也因此,新闻具有一定的社会功用,能体现人生价值和时代精神。探究新闻主题是对新闻内容的深入理解。

新闻主题鲜明,也就是观点鲜明,态度明朗。如《人民日报》曾发新闻,就河北对违规项目进行拆除、停建、罚款等处理的行为持支持态度。新闻主题往往比较深刻,即在诸多客观事物现象中蕴含思想深度。如《中国青年报》中的一篇《十年"善小"成"大德"》报道了国家电网山东电力公司10年来着力打造"善小"志愿服务品牌,每年组织开展志愿服务活动,该报道既体现了深厚的企业文化,也展现了奉献爱心的良好社会风尚,具有倡导善举的积极作用。探究新闻深刻的主题,能增强我们的公众意识与社会责任感。当然,无论哪种新闻体裁,新闻的主题通常并不是直露的,而是隐匿于事实的报道之中,需要我们透过事实现象,挖掘本质内涵。

二、新闻写作的几个要点

新闻是以读者或听众为服务对象的。因此,如何写才能够吸引所服务对象的眼球或"震撼"他们的心灵就成为新闻写作中重要的一环。相对于报纸、网络以及电视报道而言,最先映入读者眼帘的是标题,所以好的标题是写好新闻的重要因素。

第一步,"抢眼"的标题。如今是快节奏的时代,而且又有太多的媒体充斥在人们的周围,如报纸、网络、电视、电台……大家争抢的不只是新闻的速度,还争抢着新闻的看点,在看点的争抢上应分为内容与标题两部分。内容上,要把具有冲击性(事件的影响力)和接近性(与读者、观众或听众具有地理上或情感上接近性的事件,公众对它们感兴趣)的新闻展现给读者或观众、听众,而标题则是新闻看点中最基础也是最重要的。比如前不久受到网友热推,并且各大媒体报道、评论的河北大学校园车祸的事件,有的媒体只用《河北大学发生"校园车祸"》或《局长之子校园撞人致死》来做标题,就不能立即吸引住读者的眼球,而网络上出现的《我爸是李刚》这一标题,一看便可立即勾起人们的好奇心:李刚是谁?他爸是李刚与别人有什么关系?与报道有什么关系?一扫标题,几个问号便打在了读者的心中,使人产生了看报道、解心惑的兴趣。看完、解了心惑之后,这句雷人的"我爸是李刚"就深深地被读者记住了,又以口传"新闻"的方式传播开来。这就是新闻标题的特

203

殊之处，看似于虚处做题，实则挖出来的是最令人深思，最有新闻价值所在的东西。而在这件新闻事件的后续报道中，《"官二代"的"牛气"从何而来？》《有了横行的权力才有嚣张官二代》等评论性报道，有种"官样"的文气，只看标题不能令更多的读者产生情感上的接近，难以产生共鸣，而那篇《官二代撞人之后究竟是谁的眼泪在飞》从标题上拉近了与读者的距离，虽说后一篇评论并不一定写得比前两篇好，但单因标题上的精彩，它在网上获得的点击率就高过前两篇。这就是抢眼标题的魅力。

第二步，"完美"的导语。万事开头难。写好一篇报道，首先要写一个有效的导语。而有效的导语要满足两个要求：抓住了事件的实质；吸引读者或听众为该报道停留。"墙上碎裂的油漆半挂在厨房的天花板上，零零碎碎犹如雪花般；水浸透了天花板，逐渐形成一个小窟窿……这是繁华纽约的破败一角。"《东方早报》——写因政府缺钱使得美国老公房的维修捉襟见肘，老公房快消失的消息。"20日他们来送尸检报告的时候还说月底开庭，但21日下午律师接到通知说是22日上午在凤凰县法院开庭，连我们家属都没有通知，这太突然了！"《北京青年报》——写少女凤凰坠亡案的审理工作。小摊上的民生是不是就可忽略不计？小摊上的民生丢了谁的脸？《南方周末》——就南京玄武区以"影响市容"等为由要拆除所有报刊亭一事探讨小书报亭中的民生问题。这三篇报道的导语，第一条为描写式导语，以人直接看到的情景导入，对与这个消息有关的、有意义的侧面做简洁朴素而又有特色的描写，为报道营造出气氛，形成铺垫。第二条为叙述式导语。引用家属的话，把报道中最新鲜、最主要的事实简明扼要地写出来，更直接地导入所报道的事件。第三条为提问式导语。用两个问句揭露出矛盾，鲜明地、尖锐地提出问题，引起读者的关注和思考。

这些导语因其贴近读者，而令人难忘。我们说把读者"诱入"报道不仅是新闻写作的任务，而且是确保读者或听众耐心看和听的重要手段。柏拉图在《理想国》中道："开头是工作中最重要的部分。"而一个能吸引人看下去的导语是新闻报道中"完美的开头"。一个"完美的导语"不应该按照导语的类型去生搬硬套，而是需要发现，是以一个读者的角度去设计。《纽约人》杂志撰稿人约翰·麦克菲说："第一部分——导语、开头——是全部写作中最难的部分。如果你已经写好了导语，那么你就已经完成了90%的报道内容。"他说，确定导语是一场战斗。写好导语，首先就要求作者站在读者的角度去设想，把所采写的消息中最打动自己的、与身边的人息息相关的、最能引起大众关心的、最能表现出所报道的主题以及能延续读者阅读的内容提出来，勾起读者的阅读欲望。

第三步，"生动"的内容。新闻报道是让读者看或听的。能让读者愉快地接受，就要求报道清晰、有趣。如果写得不好，读者自然不会买账。为了吸引、取悦读者，记者就要开发出讲故事的方式——技巧和策略，能给读者一种"引人注目"的内容和亲临现场的感受。美联社记者哈尔·博伊尔说："认识事实真相，并对它进行清晰的陈述，这是一个能干而诚实记者的首要职责。"一篇引人入胜的小说都有让人动心的内容，这些内容可以是虚构的。可新闻报道不同，它不仅要求记者要以事实说话，而且还要求记者创作出"精确而美观"的报道。

第五节　戏剧阅读与戏剧写作

戏剧是四大文学样式之一，它是运用文学、音乐、美术、舞蹈等艺术要素来塑造人物形象，反映社会生活的综合艺术。我们读到的剧本是戏剧的文学部分，是一剧之"本"。戏剧文学具有其他文学体裁所具有的共同特点，但由于它要供舞台演出，受到多方面因素的制约，便产生了剧本区别于其他文体的一般特点：一是时空集中性；二是矛盾尖锐性；三是语言个性化。

一、如何阅读剧本

（一）整体感知——了解戏剧结构

剧本的结构是表现戏剧冲突和性格撞击的手段。剧作家只有精心设计剧本结构，才能将他所概括的生活现象更典型更集中地展示出来，而剧本的阅读者也只有在对剧本结构进行整体观照之后，才能把握剧本的构成方式和内容构建规律。对剧本结构的分析要首先注意区分以下三种模式：一是开放式结构。这是一种把戏剧故事从头到尾、原原本本地表现在剧场舞台上的结构形式。莎士比亚的剧本、我国的一些传统剧本就是典型，时间拉得长，地点拉得开，既便于剧情发展的腾挪起伏，也能使人物的性格刻画得更加细致、完整，但在情节铺排和性格表现上平均用力，容易顾此失彼。二是闭锁式结构。这种结构形式不是从头说起，而是采取横切的方式，把戏剧冲突中的"危机"一下子抛到观众面前，正面表现并集中刻画从高潮到结局的一段戏。对于过去的事件和人物关系，则用"回顾"或"内省"的方式，随着剧情的发展而逐步交代出来。曹禺的《雷雨》、易卜生的《玩偶之家》等都是这种闭锁式结构。三是展览式结构，这种结构就像一幅展示各种人物风貌和性格特征的群像画构图。人物较多，但没有明显、突出的主角，即使有一两个贯穿全剧的人物，也只是起着一种把不同人物、不同事件汇集到同一个场合里展现的"串线"作用。在这种剧本结构中，每个角色都独来独往，彼此互不相干，整个剧本的构成像万花筒一

般，看似松散，实际有内在的结构章法。曹禺的《日出》、老舍的《茶馆》就属于这种模式结构。

(二) 重点突破——把握戏剧冲突

冲突离不开矛盾，但不等于矛盾。对立双方的摩擦、争执、撞击，称之为"冲突"。戏剧要在两三小时内，通过人物的语言和动作塑造形象反映社会生活，就必须把矛盾集中起来，达到紧凑、尖锐、紧张、激烈的程度。因此有人说，"戏剧就是冲突""没有冲突就没有戏剧"。创作剧本必须展示冲突，阅读剧本必须把握冲突。

为了吸引观众，剧本十分讲究情节性。读者了解了戏剧情节，才能把握戏剧冲突，受到艺术熏陶。从情节的推进入手，分析戏剧冲突的发展过程，有两条途径：一是从场次入手。分析时，可把一场戏分解为若干小单位进行微观考察，省去不重要、交代性的细节，仔细研究主要事件、主要场次的描写，最后把各个场面合起来，做综合分析。如《窦娥冤》第三折，写窦娥被押赴刑场直至行刑的全过程，按情节的开展，这折戏可以划分为三个场景：押赴刑场、诀别、临刑。抓住"指天斥地""发下三愿"这两个主要场面，不难把握此折展示的是窦娥与元代贪官污吏之间的矛盾。此外，作者着意写窦娥要求避开前街去后街，为的是怕自己的婆婆看见自己受刑而伤心，这充分显示了窦娥的善良性格。如此善良的人却蒙冤而死，从而更深刻地批判了毁灭美好的黑暗现实。二是从情节的线索入手。一部戏的情节主线就是贯穿全剧的主要矛盾冲突。《窦娥冤》的情节主线很清楚，就是蔡婆婆、窦娥婆媳二人与赛卢医、张驴儿父子、桃杌县令的矛盾。这条主线经历了蔡婆婆与桃杌县令的矛盾等三个发展阶段，多侧面地揭露了元代社会地痞流氓、贪官污吏等各种恶势力对两个弱小妇女的欺凌、侮辱和伤害，反映了元代社会的黑暗腐朽和人民生活的悲惨痛苦。

(三) 深入探究——品味戏剧语言

戏剧里有两种语言：一是舞台说明，包括人物、时间、地点、布景的说明，动作、表情、声调的说明，幕起、幕落的说明；二是人物语言，戏剧上称为台词，包括对白、独白、旁白等。戏剧语言是塑造艺术形象的重要手段，我们探究艺术形象，主要从分析戏剧语言入手。分析舞台说明，体会它对塑造人物的辅助作用。如《雷雨》第二幕开头的舞台说明："午饭后，天气更阴沉，更郁热。低沉潮湿的空气，使人异常烦躁……"这一段舞台说明交代了故事发生的时间和舞台氛围，奠定了全剧的基调，烘托出了人物烦躁、郁闷、不安的情绪，也为下文雷雨声中矛盾冲突的总爆发做好了铺垫。分析人物语言，体会它对塑造人物的主要作用。人物语言是戏剧语言中的重要部分，它是塑造人物、表现主题的基本手段。分析时应从人物语言的个性化、动作化、潜台词三方面入手。

其一，什么人说什么话。个性化的语言是指符合人物性格，最能表现人物本质的语言。老舍说过，"对话是人物性格的'声音'，性格各殊，谈吐亦异"。分析时抓住那些特定情境下特定人物的特殊语言，就能准确把握人物的性格特征。如《雷雨》第二幕，当周朴园认出鲁侍萍时，先是严厉地责问"你来干什么"，后又转了语气，"你可以冷静点"。三言两语就勾画出了周朴园的个性：凶狠、虚伪。

其二，人物语言要有动作性。不是要求用台词来代替人物动作，而是指用台词来表现人物内心复杂细致的思想活动，也就是这种语言要能展示性格和心理。如上例，周朴园发现面前的"下人"是侍萍后，立刻撕去了"怀念旧情""弥补过错"的虚伪面纱，责问"你来干什么"，他以自己的心理揣度侍萍，"谁指使你来的"，认为她一定是受人指使来敲诈他的，于是感到害怕、愤怒，暴露了他阴暗卑劣的内心世界。侍萍呢，一句"命，不公平的命指使我来的"，展示出思想感情的风暴，痛苦、愤怒的感情充斥着内心。人物细腻的情感波澜，通过动作化的语言，淋漓尽致地表现了出来。

其三，戏剧语言，要求凝练、含蓄、深邃。"片言百意"，使人们有充分想象的余地，这就是潜台词的妙处。什么叫潜台词？通俗地说，要除话的表面意思之外，还隐含着没有说出来的更深一层的意思，这更深一层的意思即是潜台词。我们阅读时，要揣摩人物语言的"潜台词"，借助自己的生活经验，体味话中之话，话外之意，补充和丰富原台词的内容，从而把握人物微妙的内心世界和性格特点。

如《雷雨》第二幕，繁漪与四凤有一段对话，繁漪想从四凤嘴里打听周萍的消息，却不便显得过于急切，暴露自己与周萍的暧昧关系。四凤呢，她也生怕繁漪知道她和周萍的关系，于是一问三不知，使繁漪很是不快，因此繁漪"（看了她一眼）嗯！"其潜台词是：你太做作了，你真的不知道？四凤小心翼翼，繁漪不达目的，加紧追问，心虚中泄露"天机"，最后她"（注视着四凤）嗯！"这一声"嗯"的潜台词是：你知道了也没关系，我也不掩饰，我就是问大少爷。抓住这些精练、含蓄的语言，体味其中的潜台词，不难挖掘人物（繁漪）复杂微妙的内心世界和性格特点。

二、戏剧创作的几个要点

戏剧的创作过程中，各个方面都要一一考虑周全。简单来说，要写好一个故事，首先要构思好你的故事走向、人物关系、情节高潮、主题思想等……美国好莱坞有一套编剧规律：即开端、设置矛盾、解决矛盾、再设置矛盾，直至结局。中国也有自己的编剧规律：起、承、转、合。

1. 取材

要把写作的素材转化成戏剧要素,最重要的是要把上述要素进一步铺陈为一部有首有尾的戏剧。以丰富的想象能力和逻辑思维能力,把剧本情节的首尾恰当地连接起来。一般而言,剧本要求把内容情节限制在几个场景之中,其中的时间、人物、剧情发展都要经过深思熟虑的安排,以便下一场剧情的进行与发展。这在取材的时候一定要找出重点部分,但同时也要求剧情的连贯性。

2. 主题

取材之后你要选择一个表现主题。在下笔写故事之前,你必须要问自己:你要讲一个怎样的故事?主题必须十分明确、贯彻、毫不怀疑。所以我们在剧本的创作过程中一定要明确自己要表现的主题是什么,并且从始到终要跟着主题进行剧本的情节内容。

3. 语言风格

想要用文字创作,最先想到的因素之一就是语言风格的问题。戏剧写作的情形也差不多。戏剧的语言除了推动剧情外,还是营造整出戏适当气氛最有效的工具之一。语言风格的取材范围越广,所能表现的空间就越大。

4. 创造角色冲突

角色冲突是吸引观众的不二法门。这包括故事角色和角色之间的冲突,角色和其自身价值观的冲突等。全剧必须围绕着一个贯穿冲突展开情节。基本要求是,冲突展开要早,开门见宝;冲突发展要绕,出人意料;冲突高潮要饱,扣人心窍;结束冲突要巧,别没完没了。冲突每一次较量就是一个情节段落,而每一个段落的内部又有着各自的启、承、转、合。剧本创作中连贯的剧情是非常重要的,一般的剧作一般有很多的伏笔,前面的伏笔为后面剧情的发展做好的铺垫。在剧本的创作中为了达到影片效果的吸引力,就需要制造紧张的场面情节,创造表面张力。

第十三章
中国现当代文学概述

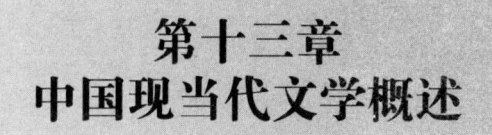

第一节　中国现代文学概述

中国现代文学发端于五四运动时期,但以鸦片战争后的近代文学为其先导。现代文学是新民主主义革命时期现实土壤上的新的产物,同时又是旧民主主义革命时期文学的一个发展。广义上的中国现代文学史是指1917—1997年的文学史。《中国现代文学三十年》序言:"所谓'现代文学',即是'用现代文学语言与文学形式,表达现代中国人的思想、感情、心理的文学'。"

一、所谓"现代"

（一）"现代"作为一个时间概念

1. 传统分法:1917—1949年。有很多学者的著作,如钱理群、温儒敏、吴福辉的《中国现代文学三十年》(修订本),北京大学出版社;程光炜等的《中国现代文学史》,中国人民大学出版社,等等。

2. 现代分法:包括当代文学,有南方不少学者的著作。如朱栋霖主编的《中国现代文学史》(上、下),高等教育出版社;上即指1917—1949年,下指1949年至今。另外,还有一种把现代文学和当代文学都包括进去的说法:20世纪中国文学。不过,上限又推到1898年至今,如孔范今主编的《二十世纪中国文学史》(上、下),山东文艺出版社;黄修己主编的《二十世纪中国文学》(上、下),中国青年出版社年版;刘明馨、赵金钟主编的《二十世纪中国文学论纲》(上、下),河南人民出版社,等等。

（二）"现代"作为一个性质概念

《中国现代文学三十年》序言:"所谓'现代文学',即是'用现代文学语言与文学形式,表达现代中国人的思想、感情、心理的文学'。"语言上,白话文代替文言文。文学形式上,小说、诗歌、散文、戏剧的内涵和地位古今并无二致。创作方法上,现实主义,浪漫主义、现代主义并重。内容上,真正属于"现代人"的思想、情感、审美心理、审美标准;民主主义、人道主义、个性主义、劳工神圣、儿童崇拜、妇女解放。最关键的一点是,个人的出现——现代意义上的个人的出现。于是,一切思想,情感和审美心理均从个人出发,皆因个人变化。特别是现代主义文学的产生和出现。

二、中国现代文学形成的原因及其影响因素

首先,中华民族救亡图存、穷则思变的结果。1840年鸦片战争,中国大门从此被打开→军事革命、实业革命(洋务运动,师夷长技以制夷失败,1906年中日甲午战争致远舰舰长邓世昌战死;北洋水师总管丁汝昌自杀)→政治革命(戊戌政变失败,日本明治维新成功;辛亥革命大权被迫移交给袁世凯)→文化革命(深感国民素质的低劣,教育救国;深感国民思想意识上的麻木,落后,五四新文化运动)→文学革命(反对文言文,提倡白话文;反对旧文学,提倡新文学)。

其次,中国文学自身发展演变的结果。(1)古典文学已近尾声。历史自进入20世纪以来,人们的生活发生了很大变化,人们的思维方式、思想情感,心理结构也发生了很大变化,中国固有的古典文学模式已再也不能满足人们思想情感表达的需要。①语言障碍,世界上最难学的文字。30年代,鲁迅指出,要普及文化,非废除汉字不可(《门外文谈》)。②体式陈旧,诗词文,严格的规范使现代人望而却步。③文风不健康,师古、拟古。形式主义,脱离实际人生,成了无病呻吟的玩意儿。(2)近代文学实则先声。近代以来,与政治思想革命相适应,文学界也相应掀起革命浪潮。①"小说界革命"。以梁启超(1873—1929,字卓如,号任公,别署饮冰室主人,广东新会人)为代表。戊戌政变失败以后,梁启超转重于思想文化启蒙工作。以西方为借鉴,特别注重小说的宣传启蒙作用。贡献:一是借此抬高了小说的地位,二是开了近现代启蒙文学的源头。②"诗界革命"。最先提出的还是梁启超,但最有代表性的是黄遵宪(1848—1905,字公度,广东嘉应州今梅州市梅县区人)。黄遵宪长期做国外大使,思想很开化。他看到中国古典诗歌已经不能适应时代的需要,于是提倡"诗界革命"。著名观点是:"我手写我口,古岂能拘牵即今流俗语,我若登简编,五千年后人,惊为古斑斓。"(《杂感》)认为"诗无古今",而不必模仿古人,只要能将"身之所遇,目之所见,耳之所闻","笔之于诗",我诗自有存在的价值。而且不必避俗字俗语,要求言意合一,明白畅晓,通俗易懂。这又是与启蒙有关。代表作有《人境庐诗草》,1911年刊行于日本,是"百年百种优秀中国文学图书"之一。对胡适很有影响。③"文界革命"。以梁启超为代表,反对"传世之文",提倡"觉世之文"。这还是与启蒙有关。日本流亡期间,创办《清议报》《新民丛报》,创建一种笔端常带感情、不拘一格、汪洋恣肆的新政论文体,梁自称"新文体"。④戏剧界革命。柳亚子等创办近代第一个戏剧性刊物《二十世纪大舞台》。李叔同、曾孝谷等人的春柳社及其文明新戏。《巴黎茶花女遗事》和《黑奴吁天录》(林纾翻译)先在日本演出,后回国内于上海、天津等地演出,促使国内风气的转变。旧剧改编,对五四很有影响。⑤白话运动。以1898年裘廷梁于《苏报》发表《论白话为维新之本》揭开序幕。从救国救民的高度认识文字革新的意义。1911年教育部召开读音统一会，议定注音字母39个。1916年教育部设立注音字母传习所。同年8月，北京成立中国国语研究会。1918年教育部正式审布注音字母，同时设立国语统一筹备会。1919年，重新颁布注音字母次序。接着，国音字母出版。白话国语运动无形中推动了白话文学运动。

最后，外国文学、文化的巨大影响。可以说，没有外国文学、文化的影响，中国现代文学的产生是无法想象的。严复是中国最早派向英国的海军留学生，但他没有成为海军将领，却成了中国最早思想界的翻译家(英国生物学家赫胥黎著《进化论与伦理学》翻译成《天演论》等)，也翻译过西洋文学作品。

三、中国现代文学的发展历程

中国现代文学的发展，是吸收外来文学营养使之民族化、继承民族传统使之现代化的过程。中国是一个具有悠久文化传统的文明古国，近代中国又受到西方文化的巨大冲击；中国现代文学产生于这一文化背景下，如何正确对待中国传统文化与西方外来文化，直接关系着现代文学的发展。现代文学在发展初期，为打破抱残守缺的国粹主义的思想统治，进行文学的彻底革新，曾对西方各个历史时期的文艺思潮、文学流派，包括各种文学形式、表现手法，作了全面介绍与广泛吸收，同时对中国传统文学遗产进行重新评价。这对打碎封建旧思想、旧文学的枷锁，促进思想与艺术的解放，促进文学的现代化，起了重大作用。中国现代文学的伟大奠基者鲁迅曾经指出，中国现代小说的产生，"一方面是由于社会的要求，另一方面则是受了西洋文学的影响"[1]，他自己开始进行创作时所仰仗的也"全是先前看过的百来篇外国作品和一点医学上的知识"。但由于中国现代作家自身与中国人民生活，特别是与民族解放、人民革命运动的天然联系，对民族心理、习俗、语言的熟悉，以及中国传统文学的修养，外来文化必然要经过有意识地借鉴、汲取、消化的过程，逐步实现民族化。中国现代文学各个领域的早期开拓者，无论是小说领域的鲁迅、郁达夫、叶圣陶，诗歌领域的郭沫若、闻一多，散文领域的周作人、朱自清、冰心，戏剧领域的田汉、洪深，他们的创作几乎是从一开始就显示出了现代化与民族化兼而有之的特征。与此同时，作为发展过程中的历史现象，也曾经出现过对西方文化与传统文化都缺乏分析的形式主义偏向，一部分作家提出了在文化(包括文学)上"全盘西化"的错误主张，一些创作存在着脱离群众、脱离民族传统的"欧化"倾向。

---

[1] 鲁迅.且介亭杂文，人民文学出版社，1973.

20世纪20年代末30年代初,马克思主义(包括马克思主义文艺思想)的进一步传入及其与中国文艺运动实践结合的结果,产生了中国无产阶级文艺运动。同时,苏联及西方"左翼"文学思潮和文学作品,也对中国现代文学的发展产生了日益明显的影响,使中国"左翼"文学成为世界"红色的30年代"文学的组成部分。在中国"左翼"作家联盟成立前后,进步文艺界又进行了长达10年之久的关于文艺大众化问题的讨论;在确认文艺的大众化方向的前提下,这次讨论涉及文学语言的通俗化、旧形式的利用等问题。鲁迅所提出的必须"采用外国的良规,加以发挥","择取中国的遗产,融合新机"(《且介亭杂文·〈木刻纪程〉小引》),以促进现代文学自身创造与发展的主张,即是这次讨论的理论成果。在创作实践上,则出现了鲁迅的《二心集》《伪自由书》等杂文,巴金的《家》,曹禺的《雷雨》《日出》,老舍的《骆驼祥子》,艾青的《大堰河,我的保姆》等中外影响熔为一炉,具有鲜明的民族风格与艺术个性的现代作品,标志现代文学艺术上的日趋成熟。左联时期为克服创作上的"欧化"现象,促进现代文学的民族化、群众化做出了巨大努力,但由于左联本身所带有的五四形式主义向"左"发展的成分,也妨碍它去彻底克服同是根源于形式主义的"欧化"倾向。

20世纪40年代,抗日民族解放战争的现实突出了新文学运动与普通工农兵群众生活仍然存在着距离的矛盾,更为迫切地提出了文学民族化与群众化的历史要求。毛泽东在理论上首先明确提出必须"把国际主义的内容和民族形式""紧密地结合起来",创造"新鲜活泼的,为中国老百姓所喜闻乐见的中国作风和中国气派"(《中国共产党在民族解放战争中的地位》),并由此展开了关于民族形式问题的讨论(见民族形式问题论争)。1942年延安文艺整风运动(见延安文艺座谈会)对五四以来现代文学中所存在的某种程度上的生吞活剥马克思主义和西方文化的文学教条主义与艺术教条主义倾向进行了理论上的批评和研讨。在解放区小说、诗歌、戏剧创作中,出现了深入群众生活,研究群众(首先是农民)艺术趣味,学习群众语言,批判继承民族传统,特别是民间艺术传统的文学潮流,出现了一批在内容和形式上都鲜明地民族化、群众化的作品,也出现了以赵树理为代表的深深扎根于农民群众和民族文化传统之中的人民艺术家。

中华人民共和国的成立,人民政权的建立,为更广泛地吸取与借鉴中外文化遗产提供了精神与物质的可靠保证。20世纪五六十年代,曾有计划地广泛介绍了东西方古代和18世纪、19世纪的文艺理论与文学作品;由于复杂的内外原因,对西方现代派文学则相对隔膜。对20世纪五六十年代中国文学创作起着重大影响的仍然是苏联和西方进步文学。由于作家贯彻党的文艺方向,长期深入工农兵群众的生活,从理论到创作实践都努力追求文学的民族化与群众化。批判地吸收与借鉴中国传统文学艺术（包括民间文学艺术）的精华，反映中国人民的历史与现实生活，成为许多作家艺术探索的中心，并且取得了可观的成绩。柳青的《创业史》，梁斌的《红旗谱》，姚雪垠的《李自成》(第一部)，老舍的《茶馆》，田汉的《关汉卿》，以及贺敬之、郭小川等的诗歌，巴金、杨朔等的散文，显示了新中国的人民艺术家为创造具有鲜明的中国特点的社会主义文艺所达到的水平。20世纪40年代在延安抗日根据地开始的戏曲改革运动在中华人民共和国成立后得到了新的发展；在"百花齐放，推陈出新"的方针指导下，大量传统戏曲剧目经过整理、改编，获得了新的生命，运用传统戏曲形式反映现代新生活，也取得了重要进展。

20世纪70年代中后期，在摆脱了思想与文化的10年禁锢之后，文学的现代化与民族化进入了一个新的阶段，中外文化交流空前频繁和深入：不仅包括西方现代派在内的各种创作方法、流派、风格的作品广泛地介绍到中国，中国现代文学艺术也越来越为世界文坛和各国人民所关注。在现代文学面向世界的新的历史条件下，有选择地吸收外来文化中一切好的内容和形式，溶化到本民族文艺的血液之中，以丰富和提高本民族的文艺，成为新时期作家艺术探索的重要课题。历史的发展正在纠正这种探索中出现的选择不慎和消化不力的现象，使之走上健康、积极的道路。与此同时，作家在探索文学民族化道路时，较多地注意到深入开掘由民族经济、社会发展条件所决定，在民族文化长期熏陶下形成的民族心理、民族性格，描绘具有民族特色的人民生活、风物习俗，在选择与吸收民族传统艺术表现形式、创造民族风格时，也表现了多样化发展的特色，民族风格与个人风格得到了更好的结合与统一。

中国现代文学是在积极的思想斗争中向前发展的现代中国面临一个动荡的大变革时代，处于这样历史时代的中国现代文学，呈现出不同阶级、不同趋向的文学作品和文学思潮纷然杂陈，彼此冲突而又互相影响与吸收的复杂面貌。这种情况决定了现代文学在尖锐激烈的斗争中取得自身的辩证发展。在现代文学的历史发轫期，新文学即是通过文学革命与思想革命，在对封建传统文学的猛烈批判中，为自己开辟道路的。此后，新文学每前进一步，都会遇到旧文学的顽强反抗。从20世纪20年代封建主义的国粹派、学衡派、甲寅派、鸳鸯蝴蝶派文学，到20世纪30年代国民党政府的文化"围剿"、法西斯民族主义文学，直至20世纪40年代的战国策派、"戡乱文学"，以及日本帝国主义卵翼下的汉奸文学，构成了新民主主义时期文学发展中的逆流。反帝反封建的新文学与上述形形色色的文学逆流的斗争，决定着新文学的命运。

新民主主义文学所具有的反帝反封建的统一战线性质，决定了其内部各种成分的文学之间，存在着既团结又斗争的关系。无产阶级和革命民主主义文艺思想同各种形式的资产阶级文艺思想之间，展开过反复的讨论和斗争。从20世纪20年代的现代评论派，到20世纪30年代的新月派、"第三种人"、论语派，直至20世纪四十年代的自由主义文学，尽管政治倾向十分复杂，就其文艺观而言，则是属于资产阶级范畴的。通过这些讨论和斗争，无产阶级和革命民主主义的文艺在理论上和创作实践上都获得了更健康的发展，为文学向社会主义方向发展开辟了道路。

在现代中国的历史条件下，小资产阶级的革命民主主义文学与无产阶级文学一起构成了现代文学的主流；而无产阶级文学运动的兴起，也首先是"经过革命的小资产阶级作家的转变，而开始形成起来，然后逐渐地动员劳动民众和工人之中的新的力量"（瞿秋白《〈鲁迅杂感选集〉序言》）。如何对待小资产阶级作家、小资产阶级思想及小资产阶级革命民主主义文学，对于现代文学，特别是无产阶级文学的健康发展，具有特殊的重要意义；现代文学史上的多次论争都与这一问题直接相关。曾经发生过否定或贬低小资产阶级作家和小资产阶级革命民主主义文学的"左"的关门主义、宗派主义的错误，也有过混淆小资产阶级革命性与无产阶级革命性，放弃或削弱无产阶级思想领导的右的偏差，这两种倾向都对现代文学的发展产生过消极影响。正是在纠正上述错误的过程中，无产阶级渐渐团结了大多数小资产阶级作家，将民主革命进行到底。在社会主义历史新时期，小资产阶级作家仍然作为可靠同盟军，与无产阶级作家一起组成了中国的文艺大军。

无产阶级文学运动的发展，同时是在内部斗争中实现的。无产阶级文学运动内部斗争呈现更加复杂的情况：既有在历史转折时期由于对客观形势认识的不同而产生的革命战略、策略问题的争论，又有为克服因对马列主义掌握的偏差而产生的革命幼稚病所进行的艰苦斗争。这种革命幼稚病在中国现代无产阶级文学运动中主要表现为思想上的教条主义，组织上的宗派主义、关门主义，以及忽视文学的艺术特征、否定艺术规律的公式化概念化的创作倾向。坚持用科学的实事求是的态度展开必要的内部思想斗争，促进了无产阶级文学运动内部在马克思主义基础上的团结，并推动了马克思主义文艺思想与中国革命文艺运动实践日益密切的结合。

1949年10月，中华人民共和国成立后，面临在旧的基地上进行经济建设和文化建设的任务。历史的发展要求文学界从思想上澄清对于旧事物、旧文化与新事物、新文化之间界线的认识。但一些片面性、绝对化的观点，也带来一些偏颇和失误。1955年错误地对所谓"胡风反革命集团"的斗争以及1957年文艺界反右派斗争的扩大化，进一步发展了极"左"倾向。20世纪60年代又进行了一系列过火的错误的学术批判和文艺批判,终于由对新编历史剧《海瑞罢官》的所谓"批判"构成了爆发"文化大革命"的直接导火线。"文化大革命"结束后,文艺界在党的正确方针指引下,科学地总结了历史经验,针对长期形成的"左"的思想及其影响,在一系列理论问题上进行了拨乱反正的工作,同时实事求是地批判了背离社会主义方向的右的倾向,在两条路线的斗争中,为新时期文学的健康发展廓清了道路。

第二节 中国当代文学概述

第一次文代会是当代文学的起点。大会确定以《在延安文艺座谈会上的讲话》为今后全国文艺工作的总方针,以文艺为人民大众首先是为工农兵服务的方向为全国文艺运动的总方向。

1949年7月,北京召开的第一次文代会标志着中国"当代文学"的开始,同时也是文学"为工农兵服务,为政治服务"的文学规范和方向确立的标志。这种单一的文学规范和方向体现在文学创作和文学理论的各个领域、各个方面。"颂歌"是中华人民共和国成立初期文学的主流,作家主要是从解放区来的和刚刚成长起来的。新的文学规范和方向反映在小说创作中,主要是《保卫延安》(杜鹏程)等共产党领导的革命战争题材的小说,《山里湾》(赵树理)、《创业史》(柳青)等农村题材小说的风靡盛行。20世纪50年代中后期和20世纪60年代前期,中国当代文学掀起了一个文学创作高潮,既有老舍、田汉分别创作的话剧《茶馆》《关汉卿》把话剧创作提高到新的高度;更有一大批革命历史题材的长篇小说纷纷亮相,如杨沫的《青春之歌》、曲波的《林海雪原》、吴强的《红日》、欧阳山的《三家巷》,等等;还有郭小川、贺敬之、闻捷等的诗歌,秦牧、杨朔、刘白羽等的散文的纷纷涌现。总的来说,这时期的文学创作传播了国家意志,灌输和强化了国家主流意识形态,配合了现实社会的政治形势和现实斗争,传达和张扬了昂扬、明丽的时代情绪。客观地说,这一时期的文学创作是政治意义大于艺术意义的。

这一时期,"十七年文学"尤其突出。"十七年文学"呈现的特点也是非常鲜明的,当时,全国人民对中国共产党和它的领袖是非常崇拜的,国人都非常积极向上,思想非常单纯,这也不同程度地反映在文学作品中,所以这一阶段的作品题材大约有三个:歌颂、回忆、斗争。歌颂党、领袖、社会主义、人民;回忆战争岁月,回忆苦难年代,回忆过去生活;和帝国主义、资本主义、旧思想、旧观念作斗争。所以这个时期的少数作品艺术性是不高的,作品也主要体现文以载道的思想,作品的风格往往失之于简单,人物也呈现一些程式化的倾向。"十七年文学"时期也产生了

很多艺术成就很高的文学作品，如《保卫延安》《红日》《林海雪原》《红旗谱》《青春之歌》《上海的早晨》《创业史》《红岩》《山乡巨变》《小城春秋》《太阳照在桑干河上》《三里湾》《茫茫的草原》《新儿女英雄传》《苦菜花》《大波》《战斗的青春》《苦斗》《平原枪声》《逐鹿中原》《艳阳天》《风云初记》《陶渊明写挽歌》《改选》等。还涌现出如赵树理、杜鹏程、曲波、柳青、周立波、周而复、魏巍、姚雪垠、刘绍棠等优秀作家，在十七年中老舍、田汉等老作家也奉献了不少好的作品。

　　1966年"文化大革命"的爆发，使中国文学陷入了灾难的深渊。这是使单一的文学规范和文学方向走向绝对化、极端化和纯粹化的荒谬时代，文学完全沦为政治斗争的工具和奴隶。经过江青等人别有用心地对新文学"经典"的颠覆和破坏，整个文坛几乎只剩下"两本书"和八个"革命样板戏"。但文学的"地火"依旧在燃烧，文学仍在文化专制和政治暴政的"历史语境"中艰难而冥顽地沿袭自身的香火。除了穆旦、丰子恺等失去创作权利的老作家依旧在坚持秘密创作外，"白洋淀诗派"和张扬、赵振开等的小说创作是"地下创作"的典型代表。任何事物走向了极端，必然会从其内部滋生出新的反叛的质素，文学也是如此，1976年4月5日爆发的"天安门诗歌"运动又揭开了文学的新篇章，将文学新的册页做了改写。

　　所谓"新时期文学"便是指1976年"四人帮"被粉碎后，文学禁锢被打破，伴随着"实践是检验真理的标准"的讨论，文学空间得以拓展后，获得了自由生长的中国的文学。新时期文学是从苦难的行旅中起步的，只有党的十一届三中全会以后，文艺"为人民服务，为社会主义服务"方针的提出，五四文学所开辟的现实主义优良传统的恢复和发扬，"文学是人学"的职能重新得到确认，才标志着一个多向拓进的新时期文学的到来。新时期文学是以"伤痕文学"为开端的。以对刚刚过去的那个荒谬时代的控诉和反思为写作题材的"伤痕文学"和"反思文学"是新时期首先涌动的创作潮流。"伤痕文学"的代表作品有刘心武的《班主任》、卢新华的《伤痕》等，"反思文学"的代表作品有王蒙的《布礼》、古华的《芙蓉镇》、张贤亮的《绿化树》等。20世纪70年代末80年代初也是诗歌"改头换面"的大好时期，艾青、公刘等一大批"复出的诗人"率先恢复了诗歌的现实主义传统；以北岛、顾城、舒婷等为代表的"朦胧诗人"在思想和艺术两方面都展现了新的美学风格，呈示出"崛起"的诗歌姿态。"改革文学"是顺应时代的改革进程出现的，有影响的作家作品有蒋子龙的《乔厂长上任记》、张洁的《沉重的翅膀》、高晓声的"陈焕生系列"小说，等等。在新时期，单一的文学局面被打破，文学的题材和艺术表现都得到了突破和拓展：爱情题材、知识分子题材、军旅题材、"文化寻根"题材……多姿多彩，竞相斗艳；意识流等现代主义创作手法与现实主义手法的交叉融汇，使当代小说得到了迅猛发展，使文学领域呈现出朝气蓬勃的多元格局。

新时期文学主要是批判和否定"文革文学",回归"十七年文学"。20世纪80年代文学超越了"十七年文学",回归五四进而学习西方,完成五四未完成的"现代性",但对于西方文学的学习主要限于艺术形式上。20世纪90年代文学则是沿着五四方向前行,充分借鉴西方,继承传统,文学体制双轨制,文学现象多元化,通俗文学得到充分的发展。新世纪文学不再有学习的目标,而是独立自主地发展,处于"自由"与"自为"的状态,中国当代作家之文学现象非常复杂,写作方式、作家身份、读者阅读等都发生了巨大的变化。

20世纪80年代中后期,发展中的中国文学进入了一个多主题或无主题的多元化时代。在诗歌领域,具有后现代主义特质的"新生代诗歌"(第三代诗歌)取代"朦胧诗"占据了"先锋"的位置,海子、西川、韩东、于坚,以及女诗人翟永明、伊蕾等,用各自的诗歌实践给诗歌创作带进了广阔的空间。在小说领域,"先锋小说"发起了声势浩大的叙述革命从而结束了传统现实主义完整叙事的时代。余华以《现实一种》《难逃劫数》《活着》《许三观卖血记》《我没有自己的名字》等作品显示了雄厚的实力。现代主义创作经历了王蒙等的"形式上的现代主义"、刘索拉等"荒诞小说"的"观念上的现代主义"后,到马原等的创作,才真正实现从小说观念到形式都进行现代主义的全新尝试。刘恒、池莉、方方等作家的"新写实主义"小说,莫言、苏童、陈忠实的"新历史小说",王朔为代表的"新市民小说",林白、陈染、海男和宣称"身体写作"的更年轻的女性作家的"女性文学",在新时期小说格局中也都占据着引人注目的位置。散文、戏剧等其他文学样式在探索中不断调整、不断完善,从整体上把中国当代文学推向了一个个新境界,如戏剧走向小剧场,散文出现"学者散文热""美文热",等等。

自20世纪90年代以来,文学的个人化特点越来越明显,同时,文学面向市场的价值取向特征也越来越明显。总之,中国百年新文学既无时无刻不与时代、社会纠葛在一起,忠实地记录各种现实存在和精神存在并且审视、赞美或是质疑着这种种存在的合理性;另外,又无时无刻不在捍卫、寻求其自身的本质特性和规律。市场经济对计划经济的全面取代亦使文学发生了前所未有的变化。在新的价值观念的驱动下,不少作家"下海",更多的作家投身报酬远高于"纯文学"的影视剧作、纪实文学、广告文学等"亚文学"的创作。写作甚至在相当程度和范围内成为"操作",批量化生产和商业化炒作屡见不鲜,各种迎合市场、满足娱乐刺激乃至猎奇猎艳心态的俗化作品充塞街头巷尾的书屋、书摊。面对"危机",上海的学者发起了"人文精神"大讨论。就作家行列而言,20世纪80年代以《黑骏马》《古船》等创作而蜚声

文坛的张承志、张炜，言辞激烈地指责文学的商品化、平庸化，呼吁作家恪守人文立场。受指责的一方也毫不示弱地予以反击。但事实的另一面则是，自20世纪90年代逐渐形成的国家意识形态文化、知识分子文化和大众文化三足鼎立的格局，不仅给各种类型的文学提供了存身的空间，也为它们提供了相互渗透的机缘。在更为明显的多元化中属于知识分子文化范畴的"纯文学"依然处于显要位置。由于20世纪五六十年代出生的作家唱起了主角，当初被视为反传统的叙事与语言方式，已作为一种文学的"常识"被接受，融会在普遍的创作追求之中。反之，一些曾引潮流的作家也不约而同地加重了对现实或历史内容的关注，如余华写出了《活着》《许三观卖血记》，格非写出了《敌人》《边缘》，刘震云写出了《故乡天下黄花》《故乡相处流传》《故乡面和花朵》，池莉写出了《预谋杀人》《你是一条河》，叶兆言写出了"夜泊秦淮"系列，苏童写出了《米》《我的帝王生涯》，刘恒、方方各写出了《苍河白日梦》《何处是我家园》，等等。创作多以商州山地情怀著称的贾平凹在20世纪90年代上半叶调整视域，推出了表现都市文化人生存境况与心态的《废都》，作品不俗的内涵和诸多过俗的描写体现了"纯""俗"之间的某种兼容。陈忠实以渭河平原一个家族的世事经历为依托成就了展示民族秘史的力作《白鹿原》。张承志、张炜、韩少功各以《心灵史》《柏慧》《马桥词典》等书写着自己的精神理想。以《我的遥远的清平湾》为知青文学加入清幽牧歌旋律的史铁生，这一时期创作了越显生命体验深度的《务虚笔记》《我与地坛》。因《红高粱》获殊誉的莫言，再以《丰乳肥臀》等显出艺术探求的态势。被冠以能够驾驭多种生活经验的王安忆，20世纪90年代后写下《叔叔的故事》《长恨歌》等面目一新的作品，而后者被授予茅盾文学奖，表明主流意识形态对另类创作的认可与肯定。林白、陈染、张旻以自传形式或"亲历者"身份进行的"个人化写作"也是一道风景线。林白的《子弹穿过苹果》显示了她专注于表现"性别之战"。陈染的《与往事干杯》则倾心于展示女性生存之痛的验证。张旻的《自己的故事》内容如其题名，主人公唯在叙述个人性情感经历与欲望体验。

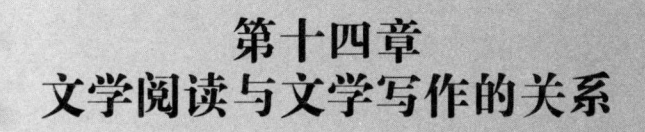

第十四章
文学阅读与文学写作的关系

第一节　文学阅读为文学写作积淀言语基础

文学作品以丰富形象和富有表现力的语言传达作者的思想情感，读者可以从独特而鲜明的言说方式里去理解丰满的意义和精神。钱理群先生说："语言（说与写）是人的基本存在方式，言说的背后是人的心灵世界，因此，对于语言的敏感、驾驭能力，也应是衡量人的精神素质的重要标尺，是提高人的精神境界，使人变得更美好的不可或缺的方面。"作为读者，能不能直接而迅速地抓住语言文字的有效信息加以分析理解和体会内化，在感知语意、体会情感和领会意境中捕捉到象外之象、言外之意，这是语感能力的一种反映。

一、文学之美首先是语言之美

一个成熟的作家，首先应该是一个语言使用的行家里手，作家贾平凹每天练笔，三五个句子，随想随写。其实文学语言就是这么积淀来的。语言积淀另一个重要途径是阅读文学经典。对于有志于文学的人来说，读文学经典，关键在品出语言的味道、语言的魅力、语言的美感。古往今来的经典文学作品，往往一开头就能现出作家语言的功力和语言风格的取向。譬如鲁迅的《故乡》，开头一段写景，即用了大量具有拟人化特征的词组：深冬、阴晦、冷风、呜呜作响、篷隙、苍黄、荒村、活气、悲凉。这寂静的荒村，马上就活起来了。鲁迅的语言体系，是对绍兴官话和现代白话的融会与改造，虽已属纯然的现代白话，但这白话，并非一般的俗语和口语，而是经过高度修饰、提炼和改造了的文学语言。鲁迅对现代白话进行了文学的改造，并形成了自己风格鲜明的语言范式。

文学大师就像建筑巨匠，一定对语言有一种如琢如磨的"工匠精神"。反观我们的语言态度，一个越发明显的事实是，我们的文学语言乃至生活语言，似乎正变得越来越贫乏、干瘪，汉语本身的简洁之美、音律之美和灵动之美，已然十分难得。比如表示"看"这个动作的词汇，今天的文学作品中，一般只有三五种，而在古代汉语中，则有数十种之多，诸如睨、瞟、瞄、眨、瞪、眺、睬、瞥、盯、睹、瞭、眦、瞋、眴、睇、觑等，且不同词汇皆有微妙的动作差异，生动形象，姿态万千。

（一）语言之美在于形象性

形象在文学理论中指语言形象，即以语言为手段而形成的艺术形象，亦称文学形象。用有效和生动的语言刻画和描写的有形或可见的表现，我们从生活中获得的

真切感受往往在于事物的形象性，而不是它的概念性。因为鲜活的形象有着比概念本身更丰富的内涵，可以为读者提供更多思考和想象的空间。由概念到具象的思维延伸，能使抽象的事理变得鲜活，给文字增添空灵诗意。诗歌和散文中常见形象化的语言。曾绍炉在散文《落红》中这样写：在捧掬、拾捡、探读的过程中，我想到了与落红同处一个世界的另类：人当艳红吐翠时自也慷慨大度，一旦凋残飘零却又悲凉不堪；人当兼收并蓄之时面对风雨也不屈不挠，而一旦收获果实、回报滋育时常不免患得患失。在落红面前，我不仅热泪盈眶……联系文本会明显地感到文中的"艳红吐翠"是一个色彩极为鲜明的词语，它喻指人取得的成功成就梦想得以实现，"凋残飘零"情调哀伤低迷，它喻指人壮志难酬的失意，人生跌回凄楚境地，而"兼收并蓄"是指人在逐梦的征途踌躇满志，"风雨"指在征程上遇到的各种考验逆境等，"实满果红"指人春风得意，功成名就。作者运用这些词语把人拟物化了，借助这些拟物化的词语生动而形象地展现人们在不同的际遇面前呈现的态势和价值取向。议论文中借助形象会把道理阐述得简约、形象而富有韵味，使文章显得既有情趣，又有理趣。

有学生在以"奋斗"话题的作文中这样写：凤凰说，它的美丽源于灵魂在黑暗中的涅槃；珍珠说，它的高贵源于贝壳在剧痛中的血与泪；红梅说，它的孤高源于热情在寒雪中的怒放；大海说，它的狂澜源于水滴在礁石上的勇敢的碰撞。这一切不可触及的美好，都只源于爱因斯坦对生命的呐喊："奋斗能使我们解脱自身束缚，并使我们成为最优秀、最伟大的人物的同伴。"在这个段落中，作者将奋斗的情形化为凤凰涅槃、贝壳落泪、红梅怒放、大海狂澜四个形象，使得所论述的道理非常具有说服力和感染力，突出了"能屹立于生命的巅峰，只因为灵魂深处涌动的永不枯竭的源泉——奋斗"这个中心。

(二) 语言之美在于鲜活性

作家张炜说：动词是语言的骨头。言下之意没有动词，语言难立。含有动作的词语，容易引起印象。凡是要表示事物，必须在事物动作的时候。如门前有小河，隔岸有高山。不如说门前流着小河，隔岸耸着高山。读者在阅读文学作品时，多是通过语言来感知形象，形象是鲜活的，还是模糊的，是概念化的，还是个性化的，有赖于作者对语言的驾驭，准确来说是对动词的驾驭。因为形象个性化、立体化多是通过它的行为体现出来的，所以要让形象活，就得把它置于动态之下，让形象自身的动作行为表现它的个性特点。

孙犁《荷花淀》里写道：听说丈夫要到队上去，女人的手指震动了一下，想是叫苇眉子划破了手。她把一个手指放在嘴里吮了一下。作者用"震动""吮"两个动词，准确、细致而生动地写出了水生嫂得知丈夫明天就要上大部队去的消息之后丰富、复杂、细腻的情感世界极其微妙的心理变化，一个关心丈夫，体贴丈夫，但又深明大义，顾全大局的思想进步的青年妇女形象跃然纸上。

一般说来，动词在写作中的运用有两种要求：一是写准确，即能够把动作的状态如实地描摹出来；二是写生动，即能够通过动词传神地写出动作的意蕴、情感和态度。同时，动词的运用和细节描写密切相关，我们需细心体验生活，细心观察生活，发挥自己的联想力和想象力，才能创造性地描摹出可信传神的动作。

(三) 语言之美在于节奏性

汪曾祺先生说：我觉得研究语言重要的是研究字与字之间的关系，句与句之间的关系，段与段之间的关系。又说：语言的美不在一个一个句子，而在句与句之间的关系。这就启发我们要感受句与句间的节奏关系。节奏美的句子在关系上多是对称句(包括排比句、对偶句、连用四字短语及大体整齐的一组语句)。例如，世间之美，参差百态。静物是凝固的美，动景是流动的美；直线是流畅的美，曲线是婉转的美；喧闹的城市是繁华的美，宁静的村庄是淡雅的美……语言之美不仅在于它的形象性，还在于它的节奏性。语言节奏美在于长短句交错，骈散结合，错落有致。长句内蕴丰富，节奏舒缓；短句干净利落，生动明快，节奏性强。

再如台湾作家三毛对自己说：如果有来生，要当一棵树，站成永恒，没有悲欢的姿势。一半在尘土里安详，一半在风里飞扬。一半洒落阴凉，一半沐浴阳光，非常沉默非常骄傲，从不依靠从不寻找。四个"一半"句式整齐又两相对比，再加每句的最后一个字有着共同的音韵，所以读起来富有节奏感和韵律美。此外，这几个句子还展现了作者自在逍遥、豁达奉献、独立不羁的个性特点以及人生追求，意蕴深远。史铁生在《我与地坛》中写道：太阳，他每时每刻都是夕阳也都是旭日。当他熄灭着走下山去收尽苍凉残照之际，正是他在另一面燃烧着爬上山巅布散烈烈朝晖之时。此句巧妙运用对比的表现手法，使日出与日落情景形成鲜明对照，给人以深刻的印象。再加前后对称的语言形式写景，给人以整齐的美感。

(四) 语言之美在于思辨性

"思辨"字典上解释为"思考辨析"，它体现在议论文的立论和论证之中。议论文必须以思想性见长。思辨性强的语言不仅能够准确反映事物的表象，更能揭开表象探求内在的本质。全面地以辩证的观点来看问题，最后达到以理取胜的论证目的。现在不少学生信奉议论文的模式，走论点、论据加分析的路子，这有一定价值，但如若不深入本质加以分析，只在表面做文章，终不能趋向语言之美。例如有学生这样写：有时候，磨难恰恰能够历练人生，绽放光彩。(论点) 司马迁遭受腐刑，却能

在这样的耻辱中写成《史记》,汗青溢光。(事实论据)那是因为他有坚定如山的信念,刚毅如铁的意志,于诽谤讥嘲中坚持自己的志向,才成为一代"史圣"(分析)。

(五)语言之美在于典雅性

语言之美除了在于形象而富有节奏感外,还在于它的典雅性。何为典雅呢?"典"是古典,"雅"是文雅,典雅的语言要求我们的文字要具有古典语言的韵味与雅致,让人读起来能够感受到传统文化与现代思想的高度融合,能够体会到作者较为深厚的学养。语言的典雅体现在对诗文的引用上,如有学生在作文里这样写:朋友,生活是五彩缤纷的。也许"淫雨霏霏"会使你"感极而悲","皓月千里"会使你"心旷神怡",但只有"不以物喜,不以己悲"才是生活的真谛。有了"会当凌绝顶,一览众山小"的雄心壮志,就一定会"直挂云帆济沧海"。文章写怎样对待生活中的挫折与痛苦、苦闷与彷徨,结尾处以范仲淹、杜甫、李白的名句来勉励读者,画龙点睛,富有哲理,余味无穷。引用诗文让整个语段就有了摇曳的美感,提升了文化品位。

典雅的语言除了引用诗文外,适宜的地方运用文言词语会增添语言的典雅之韵。例如下面一些句子:夜深人寂,挑灯夜书,会心之处,不觉莞尔;昏君在位,宦官当道,朝廷里牛骥同槽,庸杰难分,使英雄气短,才士心寒;曾国藩虽看似乡间老农,相貌平平,却胸藏风云,腹有经书。读了以上句子,它们多以四字为主,两两相对,显得整饬简约,古朴典雅。此外,善抒情、巧修辞、多联想等都可以增添语言的典雅之美。

(六)语言之美在于平淡性

语言的平淡性指什么意思呢?指的是平和淡雅。古人有诗云:"作诗无古今,欲造平淡难。"意思即作诗不论在古代还是今天,唯有达到平和淡雅的境界才最难。真正的奇诗奇文,表面上看去,往往是比较平淡的。《红楼梦》第四十八回里香菱和黛玉讲究讨论诗文的时候说:"'大漠孤烟直,长河落日圆。'想来烟如何直?日自然是圆的。这'直'字似无理,'圆'字似太俗。合上书一想,倒像是见了这景的。要说再找两个字换这两个,竟再找不出两个字来。""大漠孤烟直,长河落日圆"一联被近人王国维称之为"千古壮观"的名句。两句诗写出了进入边塞后所看到的塞外奇特壮丽的风光,画面开阔,意境雄浑,边疆沙漠,浩瀚无边,所以用了"大漠"的"大"字。边塞荒凉,没有什么奇观异景,烽火台燃起的那一股浓烟就显得格外醒目,因此称作"孤烟"。一个"孤"字写出了景物的单调,紧接一个"直"字,却又表现了它的劲拔、坚毅之美。沙漠上没有山峦林木,那横贯其间的黄河,就非用一个"长"字不能表达诗人的感觉。落日,本来容易给人以感伤的印象,这里用一"圆"

字,却给人以亲切温暖而又苍茫的感觉。一个"圆"字,一个"直"字,不仅准确地描绘了沙漠的景象,而且表现了作者的深切的感受。诗人把自己的孤寂情绪巧妙地溶化在广阔的自然景象的描绘中。这就是诗的好处,有口里说不出来的意思,想去却是逼真的;又似乎无理的,想去竟是有理有情的。

王安石说:"看似寻常最奇崛,成如容易却艰辛。"意思即看似平常的东西其实不平常,看似容易的事其实不容易。此言不妄,我们知道文字需经历气象峥嵘,彩色绚烂,才可能文辞丰富,才有了选择的余地,才可披沙拣金,才能发纤浓于简古,寄至味于淡泊。外枯而中膏,似淡而实美,质而实绮,癯而实腴。古人不废炼字法,他们有"为求一字稳,耐得半宵寒"的执着,有"吟安一个字,拈断数茎须"的求索,有"两句三年得,一吟双泪流"的感喟。这对于我们今天作文意义深远,未经绚烂,就要之极,结果往往言之无文,苍白乏味。

语言要想达到造语平淡的境地,不仅要求作者要确实情动于中而发为吟咏,还要求作者对生活要能细致地观察、准确地认识、深刻地理解,并有比较深厚的艺术积淀功力。法国作家福楼拜说:"你要描写一个动作,就要找到那个唯一的动词,你要描写一种形状就要找到那个唯一的形容词。"欠缺积累,唯一难寻,平淡不及。

二、文学阅读对大学生语言修养的影响

(一) 语言修养的概念与文学的概念

《现代汉语词典》这样界定"语言"的概念:人类所特有的用来表达意思、交流思想的工具,是一种特殊的社会现象,由语音、词汇、语法构成一定的系统。"语言"一般包括它的书面形式,但在与"文字"并举时只指口语。张泠编著的《大学生语言修养概论》认为语言修养"是一个人在运用语言的场合所表现出来的思想、品质、感情、态度、知识、表达等方面的自我认识,自我要求,自我教育,自我完善的综合水平","是人们运用语言的能力和智慧"。根据以上所述,本文题目中"大学生语言修养",是指高等院校的学生在口语交际过程中所表现出的语言能力与水平。

《现代汉语词典》这样阐释"文学":以语言文字为工具形象化地反映客观现实的艺术,包括戏剧、诗歌、小说、散文等。本书涉及的文学阅读,实际上是指对书面文学的欣赏。

(二) 文学作品和语言修养的关系

通过对概念梳理,我们发现文学作品和语言修养有一个基本的共同构成要素,那就是语言。语言形式表现在文本中就是书面语,体现于人们的社会交际活动中则主要指口语。

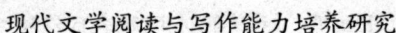

同时，文学作品与语言修养还有一个共同的基础，那就是客观生活（如上文"文学"概念中所提，文学是反映客观现实的艺术，它源于人的生活，也服务于人的生活。语言修养则是人在现实生活运用语言的场合中所表现出的综合水平，它表现于人的生活，也服务于人的生活。因此，人的现实生活既是文学作品与语言修养的共同源泉，又是文学作品与语言修养的终极指向。如果我们进一步深究文学艺术的起源和发展，文学书面语和口语表达之间还有更深的渊源和联系。

鲁迅在《且介亭杂文·门外文谈》谈到文学起源时，说过一段很精彩的话："我们的祖先原始人，原是连话也不会说的，为了共同劳作，必须发表意见，才渐渐地练出复杂的声音来。假如那时大家抬木头，都觉得吃力了，却想不到发表，其中有一个叫道'杭育杭育'，那么这就是创造；大家也要佩服、应用的，这就等于出版；倘若用什么记号留存来，这就是文学，他当然就是作家、文学家，是'杭育杭育'派。"由此可见文学语言不仅来源于劳动生活，且日常口语是文学书面语的雏形，是先有口语创作，后有书面文学。书面文学自产生日起，本身就已经容纳了大量的、精彩的口语成分。在文学的最初阶段，生活口语反而是文学书面语的前身和渊源。

我们继续探究文学的发展，也会发现和文学产生阶段类似的现象。在文学发展的历史长河中，中外重要作家的经典作品莫不是向生活口语学习的典范之作。李白的诗歌语言"清水出芙蓉，天然去雕饰"，是向生活学习的结果；白居易写完作品，要读给老太太听，一直修改到老人能听懂为止；京味作家老舍说"我无论写什么，我总希望充分地依赖大白话"，又曾再三强调"大众语言原是一座取之不尽的宝库"，白话中有金子，"要积极地在大白话中找出金子来"。

文学作品与语言修养之间有共同的构成要素，有共通的基础，且水乳交融、密不可分。明确了文学作品与语言修养的关系，文学阅读对语言修养的重要影响就逐步显现了。

（三）文学阅读对语言修养的重要影响

文学源于生活，文学语言取材于生活口语；而文学作品形成后，又反而对后来读者的语言修养的提高起着重要的、无可替代的作用。这种影响主要体现在以下几个方面。

首先，文学阅读可以扩充我们的词语储备，增强我们对语言的感知能力，从而使我们能更加准确、生动地表达思想和感情。古今中外众多的经典文学作品，是各国家、各民族不同历史时期现实生活的高度概括，涉及社会生活的方方面面。与此相应，文学作品反映社会生活、运用词语的数量也是惊人的，阅读作品的过程也是我们增加词汇储备的过程。头脑中的词汇丰富了，我们在语言交际活动中才可以游

第十四章 文学阅读与文学写作的关系

刃有余地选择运用,更能够准确明白地表达和交流。另外,文学语言最重要的一个特色是它的精练性和形象性,尤其是经典性作品,更是语言精练、形象的典范和楷模。在阅读过程中,作品准确精练、生动形象的语言不断地为读者接纳和吸收,逐渐成为读者意识系统中的语言储备,进而使读者的口语表达更具华彩和魅力。朱镕基在刚刚当选为国务院总理时曾面对中外记者庄严宣誓:"不管前面是地雷阵还是万丈深渊,我都将一往无前、义无反顾、鞠躬尽瘁、死而后已。"这一铿锵有力、掷地有声的宣言感染了全体中国人。朱总理的语言表述言简意赅、情真意切,对文学语言信手拈来、巧妙化用,作为一位成功的政治家,其深厚的文学素养让我们折服。

在文学阅读活动中,文学作品主要通过形象、简练、精辟的语言表达,影响读者的思想和情感。在这个过程中,读者的语言储备得以充实和丰富,语言信息的系统功能得到提升和改善,进而读者在口语交际中可以自然而然、挥洒自如地引经据典、旁征博引。这正是我们的语言修养有较高水平的一个重要体现。

其次,文学阅读可以给我们的语言表达提供语法规范。语言修养的状况还体现在一个人的普通话水平上。1956年2月6日,国务院关于推广普通话的指示明确规定:普通话是以"北京语音为标准音,以北方话为基础方言,以典范的现代白话文著作为语法规范"的现代汉民族的共同语。所谓"典范的现代白话文著作"是中国现代重要作家如老舍、巴金等的经典白话文著作,这些作品在时间的历史长河中经久不衰、历久弥醇,深受广大人民群众的喜爱。他们高超的语言驾驭能力理所应当成为我们学习的目标,其作品在遣词造句过程中所展现出的语言组合形式也是我们在语言交际中所遵循的规范和准则。违背了这些规范和准则,人们的语言表达就容易出现模糊甚至歧义的现象,不能准确有条理地表述我们想要传递的信息,从很大程度上丧失了信息传达的有效性,造成我们语言交际的失败。日常交往中,我们有时候能听到这样的评论,某人说话颠三倒四、不知所云,说了大半天也没明白他说的什么意思,这常常是因为表达者没有很好遵从语法规范,表意不明,使听者不能够迅速、及时、有效地捕捉到他的语言信息。

文学阅读是学习语法规范和增强语言修养的重要途径。文学阅读活动是读者通过语言文字的媒介接触信息、选择信息、加工信息并最终成为自己大脑知识系统的过程。在长期的日积月累的阅读过程中,经典文学作品中的语法规范潜移默化地成为我们结构语言的重要准则,进而使我们更能清晰明白地表达我们的思想和情感。

因此,经典文学作品不仅直接给我们提供了语言材料,也给我们的口语表达提供了基本的语法规范。我们对优秀的经典文学作品语言的直接引用和加工化用,对文学语言语法规范的自觉或不自觉的遵从,这些都是我们良好语言修养水平的重要体现。

最后，文学阅读能够全面提升人的审美能力和气质修养，从而会使语言表达更加富有魅力。良好的文学阅读习惯和积累能够培养人的思想情感、性格气质与审美能力等诸多方面，会使我们个人的综合素养有质的提高，也是造就儒雅绅士和优雅淑女的必备条件。我们常说"最是书香能致远，腹有诗书气自华"，就是这个道理。当文学阅读提高了我们的综合素质和审美能力，语言修养的深化和提升就是自然而然、水到渠成的事了。从这个意义上也可见文学阅读对大学生语言修养的重要影响。大学是很多人一生集中学习的最后阶段，大学生有相对充足的时间，也具备良好的外部环境和便利的条件，如能静心阅读，潜心涵养，必能为以后的人际交往储备下良好充足的语言营养。

大学生在努力提高自己普通话水平、掌握必要的语言表达技巧、合理使用网络流行语的同时，更应该意识到文学阅读对我们语言修养的重要影响和作用，并且把这种意识落实到古今中外经典文学作品的阅读中，养成良好的文学阅读习惯，在文学阅读中涵养我们的整体素质和语言积累。文学阅读是大学生语言修养提高的重要途径。

第二节　文学阅读为文学写作积累丰富素材

积累素材，是从事写作的基础。要提高写作水平，首先应该做好积累材料的工作，然后才能谈得上运用。如果没有相应的知识储蓄，生活积累，材料搜集和生活体验，是写不出好文章的。而文学作品犹如一个硕大的宝藏，等待着大家的挖掘。在内容上，文学作品因为是作家头脑中的产物，不是对生活的呆板快照和机械蜡像，而是作家在写法上，文学作品的题材处理、遣词造句、布局谋篇、描写方法等方面更是极好的写作范例。作品富有想象力，运用了各种修辞方法。很多作品直接可以拿来作为指导写作的范文，从经典作品中获得精神养料，不断丰富精神世界，用书中美好的形象为榜样，逐步形成优秀的人格。

一、文学四要素的基本内涵

美国学者 M.H. 艾布拉姆斯在他的《镜与灯——浪漫主义文论及批评传统》一书中提出文学是一种活动，由四个相关的要素构成，即世界、艺术家、作品和读者，四者共同构成文学活动。

（1）世界是指文学活动所反映的客观世界、主观世界。不论主观世界还是客观世界，世界是文学活动产生、形成和发展的客观基础，它不仅是作品的反映对象，

第十四章　文学阅读与文学写作的关系

也是作者与读者的基本生活环境，是它们通过作品产生对话的物质基础。

（2）作者是文学生产的主体，他不单是写作作品的人，更是以自己最世界的独特审美体验通过作品传达给读者的主体，文学活动也是一种作者的感情表现活动。

（3）作品作为显示世界的"镜"和表现主观世界的"灯"，作为作家的创造物和读者的对象，作品既是作家本质力量对象化的显现，又是读者接受的对象。

（4）读者是文学接受的主体，他不只是阅读作品的人，也是与作者共同生活与世界的活生生的人，他们通过作品而进行潜在的精神沟通，只有经过作者阅读鉴赏，作品才能实现其价值。

（5）文学"四要素"所形成的流动过程，其中必然包含人的本质力量的对象化，才能成为文学活动。文学活动不仅指文学"四要素"所形成的流程，在文学活动中，主体和对象的关系始终处于发展与变化之中，一方面是主体的对象化，另一方面又是对象的主体化，在这个双向互动过程中，才显示出文学特有的社会和审美的本质属性。

文学活动"四要素"不是彼此孤立或静止存在的，而是相互依存、相互渗透、相互作用的，它是围绕着作品这个中心，作者与世界、读者之间建立起来的是一种话语伙伴关系，一个有机的活动系统。

二、从文学活动"四要素"看文学创作

文学创作类型不外乎两种情况，一是原创性创作，二是利用已有的文学资源进行重新创造，生发新意。前者要想成为名著，产生广泛影响，必然要经过长期的历史淘洗，即从一般性、通俗性到经典圣性的证立过程，此为经典化。而后者却可以利用原典已有的影响，较容易在互文阅读中产生轰动效应，这就是经典的重构。经典的重构已成为当今文学创作日趋浮躁、日趋世俗化、感官化、日趋追求"明星化"文化策略和时尚效应中一道亮丽的文化景观。

经典重构的社会效果不外乎两种情况。一种情况是从经典到经典，即在经典的重构中巩固其经典地位。比如《西厢记》经典地位的形成，就经历了由元稹《莺莺传》到董解元《西厢记诸宫调》再到王实甫《西厢记》的过程。在这一过程中，其流传日益深远、经典地位逐渐得以确立和巩固。另一种情况是从经典到通俗化、世俗化，经典在发展过程中逐渐"解魅"，笼罩其上的光晕逐渐淡散，读者由阅读的膜拜心态转为"戏谑"心态，读者不再关心其神圣价值，而仅仅留意娱乐效果。例如，四大名著之一的《西游记》，就经历了由经典名著《西游记》到动画片《三打白骨精》《孙悟空大闹天宫》再到《大话西游》的重构历程。大凡一个有生命力的经典文本的

命运一般都要经历两个阶段：第一个阶段是其经典圣性的确立，第二个阶段则是经典的"解魅"。就目前而言，在曾经创造了古代灿烂文化而当今又缺少原创且追求价值多元化的中国，后一种情况尤为突出。本文重点论述这一问题。当然经典重构的方式多种多样，主要有经典曲目的改编、经典名著的改写、经典名著的拍摄与翻拍，等等，兹不赘述。

(一) 文学经典重构的素材——经典文本

在文学活动"四要素"中，"文本"处于核心地位，其他要素都围绕着"文本"而存在，因与文本关系的不同而发挥着不同作用。文学经典重构过程中的"文本"包含两层理解：一是作为前在"文本"的经典作品，二是重构之后的新文本。在笔者看来，前在经典文本本身就类似一个意义丰富的创作素材，具有可供挖掘的多重潜在质素，其价值含量是经典重构的前提条件。当然，前在经典文本也可以被看成"世界"的重要组成部分，因为它有着"世界"因素的相同功能：提供创作灵感和素材。但在经典重构这样一个特殊的文学创作活动中，笔者更愿意把它作为一个独立的内在要素进行分析。

据刘象愚先生考证，汉语"经典"中的"经"从"系"从"巠"，按照《说文》段注的解释，"巠"乃川在地下之象，后来与"系"结合，才表示织物的纵线，并引申出"规范""标准"等义。"典"原是册在架上的意思，指"五帝之书"，即所谓的"三坟五典"。"经"与"典"二者结合，经过漫长时间的演化，才有了"经典"的现代意义。"经典"一语大约从汉魏时期就开始使用了，主要用来指儒家典籍。譬如，《汉书》第77卷《孙宝传》中就使用了这一名词。英语中与"经典"对应的大约是 cannon 与 classic。cannon 从古希腊语的 kanon (意为"棍子"或"芦苇") 逐渐变成度量的工具，引申出"规则""律条"等义，然后指《圣经》或与《圣经》相关的各种正统的、记录了神圣真理的文本。可见，这一概念原初具有浓烈的宗教意味。大约从18世纪之后，其使用范围才逐渐超越了宗教范围，扩大到文化的各个领域，于是也就有了文学的经典。然而就文学经典而言，classic 似乎是一个更为恰当的词，因为它没有那样强烈的宗教意味。classic 源自拉丁文的 classicus，原意为"头等的""极好的""上乘的"，是古罗马税务官用来区别税收等级的一个术语。从上述对"经典"概念的由来与含义的考察可以看出，"经典"指那些权威的、典范的、具有较高入史率的伟大著作。它应该包括以下因素，正是这些因素使其被重视、被重构，并得以浴火重生。

(1) 文本内容的丰富性与复杂性。经典文学文本一般具有"百科全书"性质，包含着人类社会生活中诸如政治、哲学、人生、自然、宇宙等方方面面的思想和观念，从不同侧面展示着人类试图解决这些困惑的历史踪迹。它能让来者重读时产生无边的想象，并有着从某一角度重新阐发和引申的可能。因而，容量大、涉及面广是其最重要的特征。比如被称为"史家之绝唱，无韵之离骚"的《史记》就不仅以精练的笔法描述春秋战国时期的风土人情、人事物理，而且还栩栩如生地摹写了上至王公大臣下至平民百姓的各类人物，并且其点到为止的白描手法及曲折生动的传奇色彩最能引发后人的想象，因此便有了《英雄》《孟尝君》等重构故事。

（2）文本内容的深刻性与震慑力。经典文本具有代表性和典型性，往往从某一角度揭示社会生活发展的规律和本质。但这不是抽象的解释，而是在形象的流转中给来者以心灵的启发、抚慰和震动，使其自觉反思生活的沉重、人类命运的劫难和可能出路。比如民间传说《白蛇传》中感人肺腑的"人妖情"、白居易《长恨歌》中超越时空的爱情、鲁迅《阿Q正传》中震人心魄的"民族惰性"等都具这一性质。

（3）文本鲜明的风格和艺术特色。这种因素与前两者一起造就文本的社会影响。经典文本一般在开掘某一题材方面具有独创性，并以特有的言说方式加以表达，使其在文学史上具有特殊地位。它要么是某一体式的开创者，要么是集大成者。一般而言，文学经典也都是文学史经典。比如《牡丹亭》的"因情生死"模式、《红楼梦》的"汉语白话"成熟形态与言情模式的突破、《西游记》的神魔小说结构体式等，都达到了巅峰状态，成为一种典范和摹本，具有高山仰止地位和风范。

（4）文本内容的广泛社会影响。上述三种因素使得经典文学文本具有永久的艺术魅力和广泛的社会影响，并以文学史经典和课堂教育方式承传和延续下来，成为人们时时模仿又时刻渴望超越的对象。中国古代的《诗经》《离骚》《史记》，古希腊神话、但丁的《神曲》、歌德的《浮士德》等作品，就具有这种超越时空、跨越国界的影响。这样看来，文学经典的"经典性"是其之所以被不断重构的、不可忽视的内在原因。

（二）文学经典重构的语境——世界

世界——社会历史状况，是文学活动的场所，也是文学得以产生的缘由。当代社会经济、政治、文化价值观念的演变与转型导致了对经典阐释的变化。

1. 经济领域中消费经济的到来

当前社会经济转型是空前的。传统社会是农业经济社会，是一个侧重生产的社会形态，文艺作为经验承传和社会公德、礼仪组织的承担者，历来发挥着不可忽视的作用。古人名言"成孝敬、厚人伦、美教化、移风俗""文以载道"等，就是对其功能很好的描述。当代社会处于后工业信息时代，是一个消费社会，经济全球一体化已经到来。与此相应，文艺的政教功能退位，审美本质得以凸显，娱乐休闲几乎成为其唯一的追求，它可以给快节奏工作中获得短暂休息的大众以心灵的放松。这样，

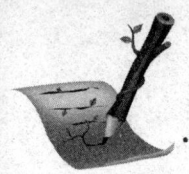

那些承载沉重礼仪典训的经典便遭遇空前危机,适时挖掘其潜在审美价值就有了必要和可能。

2. 政治领域中文化资源的重新配置和文化权利的重新分配

这是一个值得重视和研究的领域。在传统社会中,作为正统文人的"知识贵族"掌控着文化领导权和发言权,并且操控着私塾、讲堂选讲篇目的裁定,因此,何谓"经典"与"谁的经典"休戚相关,都是特权阶层的附属物。当前,随着文艺审美功能的突出和文化"资本"的下移、"知识贵族"的衰朽,经典与经典的阐释权回到了大众与民间。民间文艺俚俗化、狂欢奇观效果的诉求,在经典的重构中得到了体现。例如"三言""二拍"、《金瓶梅》等明清禁毁著述的整理与挖掘、改编等,就体现了民间叙述立场。

3. 文化领域中价值判断与价值观念的转变

经济发展全球化、多极化和政治体制民主化转变带来的直接后果,是价值观念的多元化。文艺中唯政治、唯历史是从的"宏大叙事"面对民间立场的冲击日渐式微,真正的多元化时代已经到来。特别是在大众传媒技术的影响下,这种价值观念得到了最有效的张扬。那些尘封已久的经典文本中潜在的文化价值被重新挖掘,并得以夸张化、放大化的阐释,以人们陌生得几乎不能辨认的"另类"方式重登历史舞台,极大地满足了大众的消费欲望。比如,《大话西游》《新白蛇传》《新笑傲江湖》等的闪亮登场,就应和了这一变化。

总之,当代社会领域中,经济转型、文化权利重新配置与资本转移以及价值观念的多元化追求,构成了文学经典重构的大舞台,即大众审美文化语境,并以此影响着文学活动的两个主体——作家和读者的参与意识。

(三)文学经典重构的主体——作家

按照童庆炳先生主编的《文学理论教程》中的认识,作家进入创作过程需要三个先在条件:足够的材料储备、敏锐的艺术发现和不可遏制的创作冲动。就文学经典重构来说,材料、素材早已存在,其中潜在的因素作为艺术发现可能早显端倪,只是在过去不能述说,而最重要、存在最大变数的恐怕就是创作动机(创作意图)。当代作家"影响的焦虑"、颠覆的冲动和时尚欲望化的心态,最终导致了经典文本重构。

第三节 文学写作是文学阅读情与志的抒发

一、文学的内涵

(一) 文学的基本概念

文学是属于人文学科的学科分类之一，与哲学、宗教、法律、政治并驾于社会建筑上层。它起源于人类的思维活动。最先出现的是口头文学，一般是与音乐联结为可以演唱的抒情诗歌。最早形成书面文学的有中国的《诗经》、印度的《罗摩衍那》和古希腊的《伊利昂纪》等。中国先秦时期将以文字写成的作品都统称为文学，魏晋以后才逐渐将文学作品单独列出。欧洲传统文学理论分类法将文学分为诗、散文、戏剧三大类。现代通常将文学分为诗歌、小说、散文、戏剧四大类别。

文学是语言文字的艺术，是社会文化的一种重要表现形式，是对美的体现。文学作品是作家用独特的语言艺术表现其独特的心灵世界的作品，离开了这样两个极具个性特点的独特性就没有真正的文学作品。一个杰出的文学家就是一个民族心灵世界的英雄。文学代表一个民族的艺术和智慧。文学是一种将语言文字用于表达社会生活和心理活动的学科，属社会意识形态范畴。

中华民族的文学，以汉民族文学为主干部分的各民族文学的共同体。中国文学有数千年的悠久历史，以特殊的内容、形式和风格构成了自己的特色，有自己的审美理想，有自己的起支配作用的思想文化传统和理论批判体系。它以优秀的历史、多样的形式、众多的作家、丰富的作品、独特的风格、鲜明的个性、诱人的魅力而成为世界文学宝库中光彩夺目的瑰宝。中国文学分为古典文学、现代文学与当代文学。古典文学以唐宋诗词及四大名著为代表，现代文学以鲁迅小说为代表，当代文学则以具有独立思想的中国自由文学为标志。

(二) 文学的内在价值

文学除了拥有外在的、实用的、功利的价值以外，更为重要的是它还拥有内在的、看似无用的、超越功利的价值，即精神价值。

关于精神，可以有诸多不同的定义。我们一般是在这样的意义上界定精神这一概念的：它是人内在的一种意向性存在，是人的理性与感性诸多心理因素的有机统一，是人不断超越自我、完善自我的一种心理活动过程。因而，精神的价值不同于物质的价值，精神价值是内在的、本体的、不断超越自身的。文学艺术的创造活动是文学艺术家的精神活动，文学作品属于人类的精神产品，文学艺术的接受鉴赏也属于人们的精神领域的活动，所以，文学艺术的精神性价值应当是其自身最为内在

的、基本的价值所在。正如早期的德国现象学学家莫里茨·盖格尔 Moriz Geiger 指出的:"在艺术作品中,存在着一些构成其价值的确定的特性,那就是艺术的精神性价值的特性,即它并不为实现某种目的而服务的手段。这些价值是作为存在于作品之中,作为被包含在艺术作品之中的特性而被人们体验的。"艺术,在履行自己的种种"服务"职责时,反而已经忘记了什么是它自己,而我们在拥有过多"艺术作品"时却失落了"艺术的精神"。艺术,并不仅仅是工具,甚至也并不总是"作品"。艺术在本质上是一种生存方式、生活态度、生活的内涵,是生命赖以支撑的信仰。

二、文学与世界

(一) 物感说

一种由外部生动对象激发而生的体验,中国古人称之为物感。物感说纵贯中国千年,它从心与物的审美关系中追问探索,认为诗生成于物触而感动的心物共振。这里,物包括自然物象、社会现实和人生遭际等;感即感应,是人的生理、心理或物理的自然感发与应和,包括人的感动、感悟、感兴、感触、感怀、感念、感知以及直观等,是一种特殊的微妙的心理活跃过程。

物感,就是指人与自然物象、社会现实、人生遭际等之间的相互感应,引发人的文学艺术床在冲动,文学艺术作品由此生成。物感说萌芽于先秦时期,《周易》最早提出了感应问题。《咸卦》中云:天地感而万物化生,圣人感人心而天下和平。观其所感,而天地万物之情可见矣。《周易》用天人感应说来看待生命,强调这种感应是一种气即生命因素的相互感发和应和,这是中国古典哲学认识人与世界关系的一种基本态度,从中衍生出了后世艺术创造的物感说。战国时期的《礼记·乐记》,系统地总结了先秦美学思想,首次推出了物感说:乐者,音之所由生也;其本在人心之感于物也。凡音者,生人心者也。情动于中,故行于声;声成文,谓之音。但《乐记》主要是儒家的美学著作,担负着阐释音乐的伦理教化的特殊使命,因此,他所谓的物,多囿于王政伦理,主要指蕴含社会的伦理道德之物,与教化观念联系在一起。

到了魏晋时期,中国文学进入"自觉的时代",物感说终于突破单纯政教的藩篱,物感激发文学艺术创造的内涵得到了更为全面的阐发。物作为自然物象此时获得独立的地位,具有独立的审美价值和审美意义,如曹丕甚至以《物感赋》为题,并作序云:南征荆州,还过故里,舍焉。乃种诸蔗于中庭。涉夏历秋,先胜后衰,悟兴废之无常,慨然永叹,乃作辞赋。他强调了感悟赋诗的心理活动。陆机更是对物感与文学创作的关系有着深刻的体认,他在《文赋》中认识到作者对自然物象的感兴和文思，他说：遵四时以叹逝，瞻万物而思纷；悲落叶于劲秋，喜柔条于芳春。心懔懔以怀霜，志渺渺而临云。……慨投篇而援笔，聊宣之乎斯文。意思是说，四时的变化，引起诗人的叹息，复杂的万物引起诗人的纷纷思绪。也就是说，人的各种情感不是凭空产生的，没有对万物的感应，就没有动人的诗情。

齐梁时期是物感说的成熟时期，对之做出巨大贡献的是刘勰和钟嵘。刘勰的《文心雕龙·明诗》云：人禀七情，应物斯感，感物吟志，莫非自然。也就是说，人先天的情，应物而动，而形成志。而在《文心雕龙·物色》中进一步论述了心与物的辩证关系：写气图貌，既随物以婉转；属采附声，亦与心而徘徊。这里刘勰描述了作家的创作实践过程。具体来说，作家一旦进入创作实践活动，在摹写并表现自然的气象和形貌的时候，就以外境为材料，形成一种心物之间的融会交流的现象。一方面心既随物以婉转，另一方面物亦与心而徘徊。在《文心雕龙·神思》有进一步提出了神与物游。即神与物不分主观客观，而是天人合一地游，是一种彼此相互平等、交流、超越、融通的自由状态。情以物化，物以情显。钟嵘承接前人的话题，在《诗品序》的开篇就提出了"气之动物，物之感人，故摇荡性情，行诸舞咏"。在他看来，舞咏的形成是性情为物所摇荡的结果，也就是说，情与物的相互感应、感发和激荡，促使诗人陈诗展义，长歌骋情。这是钟嵘对艺术创作过程的把握，对艺术本源的追溯。

(二) 原道说

道是中国哲学最基本的范畴之一，是一种形而上的抽象的观念。道家的道，指的是万物之始、万物之母，这个道实质上指的是宇宙的本体，是万事万物发展变化的总规律，具有明显的超验性质。儒家的道，即人道，它的美学内涵体现了社会美和人格美的种种规范，其道德观念与审美观念是同时展开的。刘勰在《文心雕龙·原道》中提出原道说，此处的原用作动词，指探究的意思；道并非指圣人之道，在思想上更为接近道家之道。原道指的就是探究文之根本。在之后，韩愈提出了文以贯道，柳宗元提出文以明道，都是在刘勰的原道的定义之上提出的。到了宋代，理学家们提出了文以载道，这里的道更多的是儒家的仁义礼智信的圣贤之道。

(三) 西方文论中的文学与世界的关系

西方的传统文论——文学是模仿。古希腊时期，哲学家们用模仿来讨论文学与世界的问题。即认为文学是对客观现实的再现、模仿，并且强调创作者的主观性应给以忽略不计。柏拉图在《理想国》中说道，诗歌模仿人物的感情并激发听众的感情，使人不受理性的制约，对于公民的教育不利，消除感情的影响，服从理性的要求，这才是理想国中公民应当遵循的品德。亚里士多德在《诗学》中为诗歌的模仿

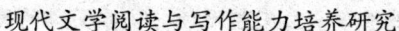

和再现进行了辩护,他认为诗人所再现的并不是现实中的行动,对现实行动的摹写是历史学家的职责,诗歌中所描绘的行动旨在想象中存在,诗人的职责不在于描述已经发生的事,而在于描述可能发生的事。亚里士多德对模仿的功能也有与他的老师不同的理解,他认为模仿并非让人们远离真理,反而是使人们接近真理所必经的阶段。

古希腊以后的欧洲中世纪思想家继承了希腊的文艺思想,认为文学是现实世界的再现。到了19世纪,欧洲兴起了以关注现实生活为特征的现实主义文学运动,法国的司汤达、福楼拜、左拉,俄国的列夫托尔斯泰,英国的狄更斯都是杰出的现实主义大师。现实主义的首要原则是写出生活的本来面目,反映现实生活,记录真实的社会面貌和人们具体的生活状态,并塑造典型的社会环境和人物形象。文学活动所把握的现实并不是科学的自然世界,而是人类心灵对外界的人与自然所形成的表象,因此,文学并不是被动地描绘原始自然,而是积极主动地表现深层的真实世界。文学与现实之间的关系并不是只有模仿,当我们说文学是一面镜子的时候,我们会发现这面镜子常常是变形的,而不是绝对平面的。实际上,倘若文学真的只能是一面镜子,我们也不可能有如此丰富的文学作品。对于一个探索世界和人生的作家来说,它的重要任务不是描绘我们的视觉感官所能捕捉的外部世界,而是通过这个世界来发掘深层的现实,探索只有用诚挚的心灵才能体会到的真理。

三、"情志说"与"情致说"

刘勰在总结中国诗学中提出的"诗言志"和"诗缘情"的基础上,提出了文艺创作中"情"和"志"不可分的关系,并在理论上使两者有机结为一体,即"情志"这个具有特殊内涵的美学概念。"情志说"便成为我国古代美学中阐明文艺创作中思想与感情、情感与理性统一规律的重要理论。"情动而言形,理发而文见""志足而言文,情信而辞巧""情者文之经,理者文之纬""率志以竭情",这些都是强调"情"和"志"互相联系、互相渗透,甚至互文同义。说明刘勰已经清楚地认识到文艺创作中的思想与感情是互相交织在一起的有机整体,文艺作品中内容既不同于单纯的理性认识,也不同于单纯的情感表达,而是二者化合为一。

"情致说"是18世纪德国哲学家黑格尔在论述人物性格时提出的"情致"概念,就是情与理、思想与感情结合统一。所谓"情致",就是那种"活跃在人心中,使人的心情在最深处受到感动的普遍力量",又是"存在于人的自我中而充塞渗透到全部心情的那种基本的理性的内容"。即"情致"是作为理念的"普遍力量"在个别人物身上所形成的主观情绪力量,是渗入了"理性内容"的情感。也就是情与理的统一。

这表明，在黑格尔看来，艺术要能感动人，引起人们在情感上共鸣，就要在人物身上表现出一种具有普遍性的情感力量，使理性内容和情感力量融为一体，这才符合艺术美的理想。

在美学意义上，黑格尔的"情致说"主要是就人物性格的创造来说的，他是结合人物性格来探讨的，既要求人物性格具有明确性和主导性，也要求具有丰富性和复杂性。是西方叙事文学创作经验的理论概括。而刘勰的"情志说"则是探讨文艺创作的基本原则和基本规律，是对前人以抒情为主的文学创作经验的理论概括。"二说"在中西诗学发展史上都具有承先启后的重大意义。

四、阅读"世界"与创造"世界"

（一）阅读"世界"，丰富情志

写作者的精神世界与读书有着密切的关系。宋朝诗人黄山谷说："三日不读书，便觉言语无味，面目可憎。"读书的收获是精神世界的拓展，这对后期的创作有着决定性作用。读书还有一个作用，就是要通过阅读精美文章来刺激写作者的欲望。要想写出好的东西，必须先过阅读这道坎。"书读百遍，其义自现。""读万卷书，行万里路。""至善莫如教子，至乐无如读书。"等古代很多名言警句都是在描写读书阅读的好处所在。哲学上讲，量的积累，促成质的飞跃。在没有大量阅读之前，我们人的脑子和内心都是空的，必须大量阅读书籍，积累知识，储备材料，然后到达一定的量，厚积薄发，往往这时候写的东西才是真正有价值的好作品。

许多文学名家都反复强调阅读，"才高八斗，学富五车"等名言警句就是告诉后人，广泛地阅读各种书籍，一是能延伸自己的生活，二是丰富了自己的生活，三是阅读不仅能为我们的精神生活补充营养，还能直接获取信息和写作素材。增大自己的阅读量，不仅要读小说、散文诗歌还要涉及天文地理、人文科学、社会科学理论等，更大限度地拓展自己的知识面。

阅读形式的一种是直接从书本中或电视上看到学到的东西，另一种就是在现实生活中阅读，观察事态万千，人们的茶余饭后、喜怒哀乐和家长里短中的钩心斗角、现实社会中的尔虞我诈，这些亲眼看到的，或者是亲身经历过的事情，总比在书上看上几遍要清楚得多。这种培养观察力和思考力的方法极为重要，特别是对于写小说和散文的作者。因为写小说和散文构思和立意都是特别的重要，这最能反映出作者的文学功底。读书如阅世，现在的很多例子在书中都能直接或间接地看到。当自己在读的过程中有一些见解或者想法，可以以读后感的形式写出来，突发奇想时，也可以按照原作者的思想立意和写作框架模仿一篇文章来。当自己在写的过程中遇

到了些困难，那么，回过头来，再拿起书本阅读，不久后，这样的难题就会迎刃而解了。一个饱经风霜和一个博闻多识的作家，远远要比自己整天漫无目的而急功近利的作家写出来的作品要更有价值。自己经历过的一些事件或情景，再以修辞手法和写作方法润色，完全可以登上大雅之堂，比起那些无病呻吟或者没话找话说，东一榔头，西一锤子的写作要好得多。

著名作家周国平说过，为了使阅读更有助于写作，最好养成记笔记的好习惯。（1）摘抄对自己有启发的内容；（2）读书的体会，特别是读书时浮现的联想、随想和感发，哪怕它们与正在读的书完全无关，越是这样它们对你也许就越有价值，是你的沉睡宝库被唤醒了；（3）养成一个看到重点知识和精美文字就标记的习惯，好记性不如烂笔头，时常勾点圈画，有利于自己对新知识的认识和理解，不要向毛主席那样，看完一本书基本上就不能看了，里面写的画的到处都是，必须有条理地勾画和记录。阅读绝对是写作的一个基础，是万米赛跑中的一个起跑点，如果在这个地方落下了或者赶不上别人，那就步步跟不上，差之毫厘，谬以千里了。此外，我们阅读时总会看见有些文章显得很老练，但却是一位青年人所创作，文笔老辣，结构严谨，功底十分深厚。这般功底，除了要阅读大量书籍，而且还要勤动笔，也就是接下来所谈的文学创作。

（二）创造"世界"，表达情志

阅读达到了一定的功底，又有了自己的想法，可以逐渐地尝试一下创作，以检验自己的水准。什么样的人适合搞文学创作？这一直是困扰文学爱好者的一大心病。很多文学家常说，适合搞文学创作的，一是必须具有形象化思维，讲究情感虚无的右半球大脑相对发达的一类人；二是要有强烈的动情力和真挚的情感，对生活要有激情和渴望，写作时更有激情。因为人的左脑控制的是逻辑思维能力，左脑发达的人可以搞数学和计算机，这要求他们的准确度和耐心值比较高，右脑控制的是人的空间几何想象能力，这样的人更容易成为画家、文学家这类需要具有很强的联想和想象能力的人。文人作家大多是多愁善感型的，对爱憎有着明显的界限，充满激情，更容易抒发自己的情感，达到创作的目的。

右脑的发达是可以锻炼的，如找机会锻炼自己的情感，努力丰富自己的想象力，多观察事物并且"想入非非"，这些都可锻炼自己的右脑，从而提升自己的创作水平。有很多学者主张要养成写日记的习惯，并且养成写读后感和一篇一论的习惯。这种主张存在着一些争议，当自己写不出来东西的时候，硬要他写，规定字数或目标，可能对于大多数人来说这个办法是行得通的，对于文学底子较差的人来说，无疑是雪上加霜了。

第十四章　文学阅读与文学写作的关系

　　许多老作家都是平时给自己定目标，每天必须写三千字，一周看一本书，然后写出读后感，用这样的"律令"和"教条"来提升自己的写作水平。这种做法并不是没有道理，因为不用担心自己平时写的东西过于平淡，有些知识叙述一些鸡毛蒜皮的小事，通过仔细描写把它写"细"写"精"，这恰巧就是创作路上的奠基石。通过自己量的积累，达到一定程度后，就会涌现出较好的作品，从而达到质的飞跃。这也更加要求写作者能够坚持写下去，不积跬步无以至千里，不积小流无以成江海，许多经典的作品都是这样一步一步走过来的。所有的文学大师面对"为什么要写作"时，表现出的一是他们内心的需要，二是写作本身给他们带来了莫大的快乐。一个带着沮丧或者蔑视的心情写出来的作品，大多是颓废自甘的文章。通过写作，我们把即将逝去的生活变成文字，以某种形式让它们存活得更加久远。

　　在写作的手法上，必须要提到一种手法——修辞。修辞，就是修饰文字词句，运用各种表现形式使语言表达生动有力的过程。修辞在整个文学里都起到了至关重要的作用。"入妙文章本平淡，等闲言语变瑰奇。"这更有力地说明了语言文学的魅力。文学是语言文学，这就要求我们善于运用修辞手法，一篇平淡的文章怎样让它出奇制胜，让人读完后流连忘返，那就是在保持原文结构不变的情况下，最大限度地运用修辞手法让你的文章多一丝精彩，增添一片生机与活力。

　　作家是语言的魔术师。要求我们必须重视修辞手法的作用，能为自己的文章添枝加叶、锦上添花。在使用修辞时要注意：(1) 语言要精练准确、必须遵照母本按部就班地创作，不可标新立异和哗众取宠，要使用更加准确、规范、恰当和贴切生动的词汇；(2) 语言要鲜明生动，让人一读就能够找到感觉，把握好主人公的鲜明形象，必须重点刻画，力求栩栩如生，其余的配角一笔带过，要有些取舍，注重托云拱月之势态。在语言文字方面力求达到"语不惊人死不休"的要求，给人一种强烈的心灵震撼。清代学者李渔曾对写文章的"凤头"和"豹尾"有过这样的评价：开卷之初，当以奇句夺目，使之一见而惊，不敢弃去，此一法也；终篇之际，当以媚语摄魂，使之执卷流连，若难邃别，此一法也。形象有力地说明了卷首尾的重要作用，必须把握新意，让读者眼前一亮，爱不释手，合卷之后，每每思之，倍感亲切，这就要求作者在写作方面有运用的技巧和语言文字表达的能力。

　　创作可以练就一种内在的视觉，使人留心并善于捕捉住生活中那些有价值的东西。这就要求我们写作的观点新颖，格式脱俗，文体创新，最大限度地把作者内心世界的情感表达出来。另外，真正的写作，是完全为自己的写作，不为利益的创作。托尔斯泰说："写作的职业化是文学堕落的主要原因。"法国作家列那尔也同意他的观点："我把那些还没有以文学为职业的人称为经典作家。"所以说，最理想的是另有

稳定收入，把写作当成业余爱好。否则，你的生活将会很乏味。文学创作应保持良好的心态和轻松愉快的心情，摒弃迂腐念想，端正心态，在生活中提炼自己的创作能力和水平。不要急功近利，抛弃名利心，从阅读到创作再到发表文章中间要经过很大的一个落差，这是无法回避的一个很不愉快的苦闷徘徊期。这时应当大量阅读经典文章，提高自己的文学修养和文字功底，然后静下心来创作，积攒自己的力量。待到时机成熟，一鸣惊人，让自己在文学之路上越走越远。

第十五章
大学生"文气"培养与中国现当代文学教学

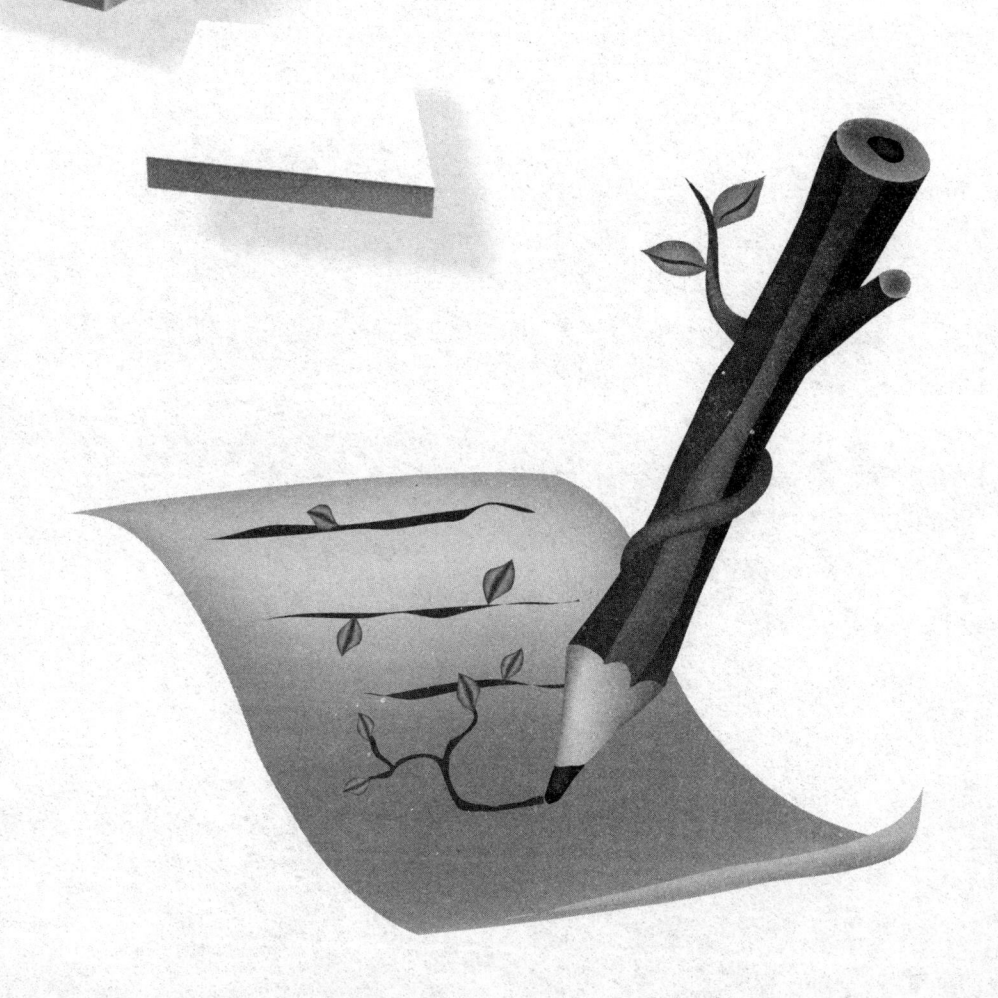

第十五章　大学生"文气"培养与中国现当代文学教学

中文专业学生应具有的"文气"内涵是"人文性+审美力+表达力+书卷气"。"中国现当代文学"与中文专业大学生"文气"培养的关系密切,"中国现当代文学""互主体互动教学模式"的实践方法有：经典文本教学法、"小剧场式"体验教学法、专题演讲教学法、课外写作延伸式教学法等。中文专业的学生应该具有极高的人文素质和文学修养，具有较强的审美判断力和鉴赏力，有锦心绣腹能出口成章，并具备较强的组织协调能力与开拓创新能力，具有高洁文雅的气质与翩翩的风度——一句话，应该有"文气"。不管在哪个时代，中文专业的毕业生大致从事的工作是高校及研究所的汉语言文学教学和研究及中小学语文教学、新闻写作与编辑、文秘和文化宣传等。这就需要高校尤其是地方性大学的中文专业明确培养目标，在强调"应用型"人才培养目标时，要特别重视对学生"文气"的培养。

第一节　"文气"释义

"文气"一词的含义绝难定于一尊。气，本指构成宇宙万物本体的一种自然物质。加上一个"文"字，在中国即被运用到多个学科里。在文章学里，"文气"是中国古代文论史上最具中国特色的一个范畴，是指在作者的情感与作品的内容相统一的基础上，通过一定的语言表现形式表现出来的抑扬顿挫、轻重缓急的情调、气韵和气势。通俗地说，"文气"是作者的气质、才性、文思以及由此而形成的作品的气韵和风格。文学作品必须有文气，而且，"文以气为主"（曹丕《典论·论文》），它是文本美的圆心，失去文气，则作品的美感不复存在。在教育学、心理学方面，"文气"含义有褒有贬。褒义应是"细心、文静、温和、善解人意"等，贬义为"胆小、怯懦、不自信、责任感缺乏"等，甚至有点"娘娘腔"乃至很"娘炮"。在文化学里，"文气"又与人文素养等密切相关。北京大学温儒敏教授认为：文气的核心内容是"艺术审美能力，对语言文学的感悟力和表达能力"。但就中文学科的学生而言，"文气"的内涵还应该更丰富：在价值观及其规范方面，应该拥有丰厚的人文情怀；在情感判断力方面，应该具有很高的审美能力，即具备审美感觉力、审美想象力和审美理解力，能够对自然美、社会美以及艺术美进行鉴别、欣赏和创造；在交际手段方面，不管是书面表达（写作）还是口头表达，应该有"四气"，即"底气""大气""灵气""才气"；在个人气质方面，应该拥有对文学的热情、感觉、情趣等，谈吐儒雅，

有书卷气。要之，中文专业大学生的"文气"是"人文性+审美力+表达力+书卷气"相加所呈现的学识、能力、修养、风度与气质。

第二节 中国现当代文学与中文专业大学生"文气"培养的关系

  当下中文专业的培养目标在于培养具有深厚人文底蕴的应用型人才。但中文专业的培养目标并非培养学生的某一项专业技能，而应重在培养学生的"文气"，"如果我们办的中文系没有'文气'，培养的学生也没有'文气'，甚至写作都不过关，那就满足不了社会的需求"。"文气"需"养"。养"文气"最主要的途径是语言文学的长期浸润。而"中国现当代文学"是文学专业中的核心课，与大学生"文气"培养的关系非同寻常。

  (1) 在培养学生的人文情怀方面："中国现当代文学"内容富有丰富的现代人文性，关于个性、自由、博爱、平等等现代人追求的精神因素，关于尊重个体生命、关注生态环境等当代人必备的现代人文精神，是"中国现当代文学"的题中要义。可以说，要培养学生的现代人文情怀，"中国现当代文学"有着举足轻重的作用。

  (2) 在培养学生的审美水平方面："中国现当代文学"与其他学科最大的不同就在于它的现代审美性。其经典作品都不是平面化的叙述或叠加故事，一般都有跌宕起伏的故事情节，有精妙绝伦的叙事语言，有意味深长的生命旨意，这样的情感和审美完美融合的作品，容易得到学生的青睐，可以助养学生提高文学感受，让他们获得审美体验，锻炼他们的想象力、创造力，使他们在表达时，酝酿好情感，把握好文字，安排好内容，设置好结构，做到出口成章，"文气"盎然。

  (3) 在提高学生的语言表达力方面：与古典文学相比，"中国现当代文学"作品没有语言障碍；与外国文学相比，"中国现当代文学"没有文化的隔膜。"中国现当代文学"中每一个作家都有自己独特的表达风格，鲁迅忧愤深广沉郁顿挫、老舍幽默风趣俗白精致、舒婷真挚委婉含蓄凝练、莫言驳杂狂欢气势磅礴……学生在学习"中国现当代文学"的过程中，用心体会作家的风格，仔细品赏文本的语言魅力，无疑会大大提升自我的表达力，出口可骈四骊六，动笔皆文采斐然。

  (4) 在助养学生的书卷气方面：《红楼梦》里说："才华馥比仙，气质美如兰。"书卷气就是这样一种内外一致的气韵美、动静结合的灵动美，是一种饱读诗书后形成的高雅的气质和风度，是良好素质的表现。而书卷气采自于书卷。"中国现当代文学"经典探寻人类的精神家园、反思民族文化、关注人性，其反映的"当代意识"极为浓厚、审美价值相当高。学生通过学习与阅读"中国现当代文学"经典作品，让人物逸飞的豪情熏染自己，让作家横溢的才华感染自己，从而成就自我达"腹有诗书气自华"之境。

第三节　中国现当代文学教学方法概述

中国现当代文学课程教学，传递给学生知识是基本的要求，而更为重要的是培养学生多方面的能力，在具体授课中，不要只讲授是什么，而要深入引导学生思考，在传统的教学中，十分看重知识本身，而当下，在新形势下，许多观念在改变，学生对中国现当代文学的作品缺乏整体的认知，也缺乏系统的阅读，对经典文学的兴趣转向对时尚文学、影视作品的关注，所以，引导学生对作品的阅读、分析、提高写作的能力就被提到日程上来，只有彻底改变教学方法，才能够起到好的教学效果。

(1) 打通近、现、当代，体现文学史的承续性。任何文学现象，都不是孤立存在的，它与前后左右都有着紧密的传承、影响。特别是近代与现代，近代文学的改良，实际就是现代文学发生的序幕与先声。而现代文学的发生发展，又是当代文学赖以存续的基石与营养库。而近、现、当，又是难以区分的近义词，且随着时间的推移，势必不能用此称呼。所以，以"二十世纪中国百年文学"来命名，能够很好地涵盖近、现、当代文学的内容，体现文学史的传承关系，开拓了教学的视野，培养了"史"的意识，同时，便于比较、了解文学与时代、政治的关系，了解作家的发展与沉浮，全面地、历史地、发展地看待文学现象。

(2) 注重阶段特征，体现文现象的特殊性。在"以史为纲"的同时，能够更好地突出文学的阶段性特征，由启蒙—革命—救亡—歌颂—文革—反思—多样化，文学在自身传承发展的同时，绕不开时代、经济、政治、军事对它的影响。以宏阔的纵向视野把握，以细微的横向视角比较，能够更好地体现不同时期文学的特征，更好地比较同一时期不同地域文学的特色。

(3) 强调文本解读，尊重人性与个性。文学的教育，史是线索，作家作品是串在线上的珍珠。所以，重点在作家作品的了解，突出的是文本的解读。而在文本解读的过程中，往往有三个解读层面：社会层面—文化层面—人性层面，层层深入，直达"以人为本"的终极目标。显然，旧的文学解读已经不适应新时代教学的要求，如《骆驼祥子》是资产阶级丑女腐蚀无产阶级强男"等论断。最好是先读文本，珍惜同学们最初的阅读感受，宝贵的灵感产生于自我的真切体验，在以学生为主体的教学基础上，再进行引导、挖掘，尊重学生的个性解读。

(4) 以有限表达无限，突出文学课的实践性。文学课与理论课不同，理论重道理，文学重感悟。所以在实际教学中，好的文学老师应该是有渊博知识和丰富生活体悟的，在讲解过程中，能够"以有限表达无限"。也就是说，一千个读者有一千个哈姆雷特，一千个学生应该有各自不同的感悟，所谓"以有限表达无限"就要求老师会引领、会启发、会带着学生去感悟，而不是把一个论断告诉他。以教师的"有限"启发学生的"无限"，突出文学课的实践特点，而不是纸上谈兵、人云亦云。

第四节　渗透教学实践，培养当代大学生"文气"

一、文本阅读能力培养

莎士比亚说："生活里没有书籍，就好像没有阳光；智慧里没有书籍，就好像鸟儿没有翅膀。"指导大学生阅读文学经典是当前高校开展人文教育的重要途径。新媒体时代"浅阅读"盛行，文学经典阅读被边缘化。当前大学生的阅读特征主要有三个：一是阅读方式多样化，二是阅读范围宽泛化，三是阅读选择功利化。不同时代对经典的认定标准不同，这是今天人们对某些经典作品的关注度有所降低的重要原因。指导学生阅读经典，应当做好四个方面的工作：一是保证阅读资源充足，二是培养学生的阅读兴趣，三是教给学生阅读的方法，四是研究学生的阅读倾向。

中国现当代文学基本的实践能力便是对文本的阅读和赏析能力的培养，而事实上，学生对经典文学作品很少去认真阅读，更谈不上去理解和感悟，针对此种情况，教师为了切实提高上课教学效果，要从两个方面去引导学生，一是上课时，一定要有文学作品的课堂解读，可以让学生畅所欲言，老师在自己思路的基础上，可以引导学生多方面地思考，但切实要在一定语境下进入文学作品本身，不能抛开文本去臆想，更不能断章取义，要通读作品的基本要义才能进行局部的细解。同是作品的一些段落，上下之间的衔接和段落本身要表达的意义要认真体会，同时，应有自己的感悟和认识。二是课外的阅读在进行课外阅读时，阅读的面要宽，阅读同时要有阅读笔记，记下自己的感受，只有课内和课外相结合，才能够改变阅读量小、阅读面窄、阅读缺乏感知的问题。

事实上，要解决阅读中出现的问题，最关键的还是兴趣问题。对现当代文学作品产生时间较早的，尤其是语言更加深奥一些的、缺乏扣人心弦的情节等文学作品，无疑会成为学生阅读的障碍，而如果作品反映的内容学生比较陌生，就很难在情感上产生共鸣。当代学生更喜欢青春、时尚、娱乐性强的作品，而对与时代比较有隔

第十五章 大学生"文气"培养与中国现当代文学教学

膜的文学作品就产生排斥心理,很难静下心来阅读,即使勉强阅读,也很难产生感觉,难以走进文学作品本身,难以理解文学作品,难以产生精神的相通。要解决这些问题,关键是老师的课上引导,老师在布置阅读作品任务时,可以抛砖引玉说出一些有关作品的关键词,引导学生多去关注。另外,时代的大环境和作家创作的特定语境可以简要与学生沟通,常与他们交流阅读中遇到的难题和不解,应在不解之处多质疑、多思考,特别要重视的是对文学作品的整体感悟与局部解读相结合,梳理出自己看后的感悟,而这是实践能力培养的最关键的一步,如果缺乏对文本的理解,那中国现当代文学就成了无本之木,学生就很难深入走进文学作品,自然也无从领会和把握其经典文学的魅力。兴趣的培养是提高阅读文学作品能力的关键,要找到与当代大学生契合的一些因素和关键点,否则,学生会觉得一些作品离现实社会太遥远而失去阅读的兴趣。只要找到一些让学生容易接受的东西,产生的阅读兴趣就更浓厚些,提高阅读能力也就更行之有效。

在阅读方面,学者王富仁和陈思和的阅读方法值得借鉴。王富仁对鲁迅作品的解读,可谓真正进入了鲁迅作品的境界,解读得那么到位而又富有真知灼见。陈思和对许多作品的解读,另辟蹊径,给人别开生面的感觉,即便是对茅盾的《子夜》,很多学者都达成了共识,是一部现实主义的杰作,反映了重大的历史事件,塑造了典型环境中的典型的人物。如果学生也带着这种结论去阅读,可能很难产生兴趣。而陈思和在阅读中却有一种新的发现,认为《子夜》是一部充满浪漫主义的作品,如果关键词有"浪漫"二字,相信应该会激发很多人的阅读兴趣。同理,对闻一多的作品阅读,过去仅停留在爱国主义诗歌层面的解读和理解上,遮蔽了其诗歌的丰富性和多样性,造成对闻一多诗歌认识的片面性,而全面了解其作品,会发现他表现自然美的诗歌是如此美艳动人,具有巨大的感染力和吸引力。所以,阅读的实践必须建立在广泛阅读文本的基础上,才能形成对作家、作品全新的认识。

二、写作能力的培养

中国现当代文学作品建立在阅读的基础上,更进一步的实践主要体现在两个方面,一是评析文章的写作,二是作品的具体创作。对前一个方面的能力培养,大家觉得更容易理解和把握,事实上,阅读任何文学作品,都可能带给大家新的感受,而对新的感受的整理、提炼、总结,就可能形成一篇赏析的文章,如果评析得更为理性和条理,有自己的独特见解,那么,评论文章的写作就可能更上一个台阶,如果只有浅表的感悟,也能写成一篇简要的赏析文章,尽管可能刚开始文章的质量还一般,但作为练笔而言,有可能形成一定的思路,对学生逻辑思维能力的提升还是

有很大帮助的。而对具体作品的创作，情况比较复杂，认识上也存在巨大偏差，一般认为这是写作课程的事情，跟中国现当代文学没有太多关联。但细细考究，却与中国现当代文学有千丝万缕的关系。把作品的阅读与写作本身结合起来，是现当代文学教师在新形势下教学中迫切需要做的，也是提高教学效果的法宝。

因为中国现当代文学中的经典作品，无疑是学生写作的优秀范本，许多创作技巧和方法可以直接借鉴，而创作中许多成功的经验可以启发学生的写作。而更为关键的是，在尝试各种题材的写作中，比较有个性和特色的作家的风格会自然对学生产生影响。对大量优秀作品的广泛阅读，可以使学生对写作产生潜移默化的影响。而为了提高阅读兴趣，为了写出好的作品的强大动力会促使学生更深入接触作品，更深刻理解作品的内涵和特色，而优秀作品的独特表达方式会促使学生进行模仿乃至形成自己的独特表达方式。如果在学习鲁迅的杂文，可以让同学们练习写作杂文，在写作过程中，更进一步深化杂文的写作技巧，同时，领略鲁迅杂文的犀利幽默和强烈的针砭时弊的特色，还要做到生动、形象化和说理的统一。同时要有一定的战斗性。而事实上，在具体的写作过程中，同学们会发现自己的问题，找到差距，促使大家更认真领悟鲁迅杂文的特色。如果同学们在写作中遇到知识的瓶颈，启发他们广泛地阅读各种书籍。从开始的摹写到后来的游刃有余，是一个过程，这个过程就是实现写作能力提高的过程。

而写作能力的培养还有重要的一个环节，学生之间的互评机制的形成，以及老师对学生的鼓励。在教学中，常以小组为单位交叉进行评阅，写出评阅意见，同时，老师收集评阅意见，在此基础上，写出老师的评语。这样，无形当中会对学生的写作提供更好的建议，也促使学生在下次的写作中克服问题，通过一定时间的训练，学生建立在阅读基础上的写作能力自然会有所提高。而最为重要的是，解决了学生学习中国现当代文学的困惑，学以致用就更能让学生感觉到文学作品的真正魅力，也能和当下的现实联系在一起，学习的兴趣就容易提上来，学习的效果就更好。

三、人文素养的培养

中国现当代文学教学中实践能力的培养除了阅读能力和写作能力的培养以外，人文素养的培养也是实践教学中的重要一环。其实，在阅读过程中，自然会感受作品的魅力，作品传递的真、善、美及人文关怀等使学生受益匪浅，与此同时，作家本身传递的正能量，也会给人带来巨大的启发。优秀的作家及作品，本身就赋予读者强大的感染力。如果学习鲁迅的作品，鲁迅的国民性批判会超越所处的时代，依然能够给当下的青年学生带来心灵的震撼。同时，促使学生肩负起建设社会的责任。

第十五章 大学生"文气"培养与中国现当代文学教学

而鲁迅对国家、民族的一腔热血,也容易唤起年轻人的共鸣。百年中国文学所流露出的忧患意识,也会给年轻的学生带来无尽的思考。"文学的建设最终作用于人的精神。作为物质世界不可缺少的补充,文学营造超越现实的理想的世界。文学不可捉摸的功效在人的灵魂。它可以忽视一切,但不可忽视的是'它始终坚持使人提高和上升'。文学应当有用,小而言之,是用于世道人心;大而言之,是用于匡正时谬,重铸民魂。"正是因为文学能够影响人、陶冶人,所以,在实践中,可以引导学生感受优秀作品的人文精神,如对生命的尊重、对人的关怀等,有人认为"人文精神是人的全面发展的内在精神动力,也是人的全面发展的外化表现形式。以人为本是人文精神的出发点,也是人文精神的最后归宿"。而文学恰恰以人为中心,对人文精神的关注是一个有思想有远见的优秀作家在作品中独特的表现。所以,在学习过程中,自然会引发大家对人的高度重视,从而拥有更多悲悯情怀和心怀天下的意识。

第十六章
现代文学的阅读方法与大学生写作能力培养

第十六章　现代文学的阅读方法与大学生写作能力培养

现当代文学作品时代感强，所涵盖社会生活面广，更符合我国"文以载道""文以传道"理想。阅读既是猎获知识的重要途径，又是提高思想认识和写作水平的重要条件。它体现时代特点、切合社会的需要，所以，现当代文学作品的阅读和教学被摆在了重要位置。阅读方法是理解读物内容，从中接收信息所采用的手段或途径。有不同类别和层次。(1)综合类，有朗读法、默读法、精读法、略读法、速读法等；(2)分项类，有解词、释句法，文章结构分析法，文章中心思想归纳法等；(3)与思维方法结合，有分析、综合、比较、概括、归纳和演绎阅读法等；(4)阅读笔记方法，有划重点、写标题，编写读书提纲，写读后感及读书心得等方法；(5)按文体阅读，有散文阅读法、小说阅读法、诗歌阅读法、剧本阅读法、科技文阅读法等。运用不同的阅读方法，对阅读能力和写作能力有不同程度的影响，本章将概以论之。

第一节　综合阅读与写作能力培养

一、朗诵是感知文本的有效方法

(一)朗诵的含义及其特性

朗诵，指清清楚楚地高声诵读。就是把文字作品转化为有声语言的创作活动。朗，即声音的清晰、响亮；诵，即背诵。朗诵，就是用清晰、响亮的声音，结合各种语言手段来完善地表达作品思想感情的一种语言艺术。朗诵是口语交际的一种重要形式。朗诵不仅可以提高阅读能力，增强艺术鉴赏，更为重要的是，通过朗诵，读者可以陶冶性情，开阔胸怀，文明言行，增强理解；小者，可以有效地培养对语言词汇细致入微的体味能力，以及确立口语表述最佳形式的自我鉴别能力。

文学性。朗诵的内容一般都是诗歌、散文、小说等文学作品。一些非文学作品，如社论、书信等，一旦作为朗诵材料，往往也会偏向于表现某个人的某种思想感情，自然带上明显的文学色彩。文学艺术也是语言的艺术。作品的人物形象、故事情节都是运用语言表现的。有声语言最能显示语言的风采和魅力。文学作品通过朗诵可以再现作品描写的人物形象、环境气氛和生活场景，充分发挥它的艺术魅力和教育作用。

艺术性。朗诵是一种比较精细、高级的有声语言艺术。朗诵者必须具备一定的

文学修养，要能分析欣赏各种体裁的文学作品，这是朗诵表情达意的前提；朗诵者必须具备一定的语言修养，要熟练掌握标准发音和发声技巧。要善于正确地运用语调语气，这是表情达意的关键；朗诵者必须具备一定的舞台表演艺术的修养，要敢于在大庭广众之下说话，要能正确地发音，有自然的表情，这是朗诵表情达意的重要条件；此外，朗诵者还必须具备一定的政治思想修养、社会知识修养，这是朗诵表情达意的基础。朗诵艺术就是以上各方面修养的综合体现，缺少哪一方面的修养都不可能成为一个合格的朗诵者。

表演性。朗诵，一般都在舞台上，在大庭广众之下进行。朗诵者必须具备一定的表演技能。要有优美的语音、端庄的仪态、丰富的表情。朗诵者还可以适当化妆，可以运用灯光布景，可以进行配乐。所有这些，都是为了增强朗诵艺术的表演效果。只要是朗诵，即使是在小的范围内进行，都会带有表演的性质。朗诵者要向听者显示自己的文学素养和口语艺术才能，听者总要对朗诵者的文学修养、口语才能和表达效果等进行评价，这些都具有表演活动的明显特点。

（二）朗诵的技巧

朗诵是朗诵者的一种再创作活动。这种再创作，不是脱离朗诵的材料去另行一套，也不是照字读音的简单活动，而是要求朗诵者通过原作的字句，用有声语言传达出原作的主要精神和艺术美感。不仅要让听众领会朗诵的内容，而且要使其在感情上受到感染。为了达到这个目的，朗诵者在朗诵前就必须做好一系列的准备工作。

1. 选择朗诵材料

朗诵是一种传情的艺术。朗诵者要很好地传情，引起听众共鸣，首先要注意材料的选择。选择材料时，首要注意选择那些语言具有形象性而且适于上口的文章。因为形象感受是朗诵中一个很重要的环节，干瘪枯燥的书面语言对于具有很强感受能力的朗诵者也构不成丰富的形象感受。其次，要根据朗诵的场合和听众的需要，以及朗诵者自己的爱好和实际水平，在众多作品中，选出合适的作品。

2. 把握作品的内容

准确地把握作品内容，透彻地理解其内在含义，是作品朗诵重要的前提和基础。固然，朗诵中各种艺术手段的运用十分重要，但是，如果离开了准确透彻地把握内容这个前提，那么，艺术技巧成了无源之水、无本之木，成了一种纯粹的形式主义，也就无法做到传情，无法让听众动情了。要准确透彻地把握作品内容，应注意以下几点：

（1）正确、深入地理解。朗诵者要把作品的思想感情准确地表现出来，需要透过字里行间，理解作品的内在含义。首先，要清除障碍，搞清楚文中生字、生词、

第十六章 现代文学的阅读方法与大学生写作能力培养

成语典故、语句等的含义,不要囫囵吞枣、望文生义。其次,要把握作品创作的背景、作品的主题和情感的基调,这样才会准确地理解作品,才不会将作品念得支离破碎,甚至歪曲原作的思想内容。以高尔基的《海燕》为例,扫除文字障碍后,就要对作品进行综合分析。这篇作品以象征手法,通过暴风雨来临之前、暴风雨逼近和即将来临三个画面的描绘,塑造了一只不怕电闪雷鸣,敢于搏风击浪,勇于呼风唤雨的海燕——这一"胜利的预言家"的形象。而这部作品诞生之后立即不胫而走,被广大工人和革命群众在革命小组活动时朗诵,被视作传播革命信息、坚定革命理想的战歌。综合分析之后,朗诵时就不难把握其主题:满怀激情地呼唤革命高潮的到来。进而,我们又不难把握这部作品的基调:对革命高潮的向往、企盼。

(2)深刻、细致地感受。有的朗诵,听起来也有着抑扬顿挫的语调,可就是打动不了听众。如果不是作品本身有缺陷,那就是朗诵者对作品的感受还太浅薄,没有真正走进作品,而是在那里"挤"情、"造"性。听众是敏锐的,他们不会被虚情所动,朗诵者要唤起听众的感情,使听众与自己同喜同悲同呼吸,必须仔细体味作品,进入角色,进入情境。

(3)丰富、逼真地想象。在理解感受作品的同时,往往伴随着丰富的想象,这样才能使作品的内容在自己的心中、眼前活动起来,就好像亲眼看到、亲身经历一样。以陈然《我的自白书》为例,在对作品进行综合分析的同时,可以设想自己就是陈然(重庆《挺进报》的特支书记),当时正处在这样的情境中:我被国民党逮捕,在狱中饱受折磨,但信仰毫不动摇,最后,敌人把一张白纸放在我面前,让我写自白书,我满怀对敌人的愤恨和藐视,满怀革命必胜的坚定信念,自豪地写下了"怒斥敌酋"式的《我的自白书》。这样通过深入的理解、真挚的感受和丰富的想象,使己动情,从而也使人动性。

二、朗诵为文学创作涵养情感

艺术是反映社会生活,满足人们精神需求的意识形态,这种意识形态用形象来反映现实但比现实更加富有典型性。朗诵是人们喜闻乐见的语言形式,是因为它能够通过有声艺术语言的手段来反映现实、传情达意。它不是和新闻一样简单告诉大家社会生活中发生了什么事情,也不管这事情是好是坏,古代圣贤告诉我们:"非礼勿听",是直接表现朗诵者内心体验到通过舌和嗓音借助语言表达出来,表现出来。这种感情是真实的,因为不真实的情感连自己都打动不了,更不能感染别人。朗诵的意义就是让众人感受到正气的能量,从而减少疾病的发生。朗诵是从艺术形象所渗透思想感情、所寄托的理想愿望中体现出来。

朗诵是口头文化的一种重要表现形式。朗诵可以提高读者的阅读兴趣、鉴别真书和伪书的能量。比如，现代社会中一些所谓的畅销书，包装书不是内容取胜，而是商业的符号作为卖点，这样人就蜕变为金钱的奴隶，由智转愚，从而失去慧性，失去创造力。增强审美艺术趣味，更重要的是，通过朗诵艺术活动，可以陶冶性情，拓宽胸怀，因为文字是先贤圣人所留下的经典，与圣人居与圣人谋，心灵就受到了洗涤，身上的毒素也也就会被净化。

朗诵还可以美化语言、理解文学。从而实现人与人的平和，为构建和谐社会发挥每个细胞的善性因子。朗诵作品的体裁多种多样，诗歌、散文、寓言、故事、小说、戏剧都可以纳入朗诵的范畴中。

以下以朗诵技巧中的重要组成部分——语速为例说明朗诵在情感涵养方面的重要作用，其技巧也在一定程度上启示着写作者可以学以致用的艺术方法。

（一）什么是语速

语速是指朗读时在一定的时间里，容纳一定数量的词语。世间一切事物的运动状态和一切人在不同情境下的思想感情总是有千差万别的。朗读各种文章时，要正确地表现各种不同的生活现象和人们各不相同思想感情，就必须采取与之相适应的不同的朗读速度。例如：(1)其间有一个十一二岁的少年，项带银圈，手捏一柄钢叉，向一匹猹尽力地刺去，那猹却将身一扭，反从他的胯下逃走了。(2)月亮地下，你听，啦啦的响了，猹在咬瓜了。你便提捏了胡叉，轻轻地走去。(鲁迅《故乡》)(提问：以上两种语速怎么体现？)师：以上是两种不同的动态。这不同的动态在我们心里引起的感觉是不一样的。朗读时必须体现出前者"将身一扭，从他的胯下逃走了"之快和后者"你便提捏了胡叉，轻轻地走去"之慢。

（二）决定语速不同的各种因素

1. 不同的场面

急剧变化发展的场面宜用快读；平静、严肃的场面宜用慢读。例如，海在我们的脚下沉吟着，诗人一般。那声音仿佛是朦胧的月光和玫瑰的晨雾一般。又像是情人的密语那样芳醇；低低地、轻轻地，像微风拂着琴弦；像落花飘零在水上。海睡熟了。大小的岛拥抱着，偎依着，也静静地恍惚入了梦乡。星星在头上眨着慵懒的眼睑，也像要睡了。许久许久，我俩也像入睡了似的，停止了一切的思念和情绪。不晓得过了多少时候，远寺的钟声突然惊醒了海的酣梦，它恼怒似的激起波浪的兴奋，渐渐向我们脚下的岩石掀过来，发出汩汩的声音，像是谁在海底吐着气，海面的银光跟着晃动起来，银龙样的。接着我们脚下的岩石就像铃子、铙钹、钟鼓在奏鸣着，而且声音愈响愈大起来。没有风。海自己醒了。喘着气，转侧着，打着呵欠，

第十六章 现代文学的阅读方法与大学生写作能力培养

伸着懒腰,抹着眼睛。因为岛屿挡住了它的转动,它狠狠地用脚踢着,用手推着,用牙咬着。它一刻比一刻兴奋,一刻比一刻用劲。岩石也仿佛渐渐战栗,发出抵抗的嗥叫,击碎了海的鳞甲,片片飞散。海终于愤怒了。它咆哮着,猛烈地冲向岸边袭击过来,冲进了岩石的罅隙里,又拨刺着岩石的壁垒。音响就越大了。战鼓声,金锣声,呐喊声,叫号声,啼哭声,马蹄声,车轮声,机翼声,掺杂在一起,像千军万马混战了起来。银光消失了。海水疯狂地汹涌着,吞没了远近大小的岛屿。它从我们的脚下扑了过来,响雷般地怒吼着,一阵阵地将满含着血腥的浪花溅在我们的身上。分析:这段描写是怎样实现速度的转换的。

2. 不同的心情

紧张、焦急、慌乱、热烈、欢畅的心情宜用快读;沉重、悲痛、缅怀、悼念、失望的心情宜用慢读。前者如:(师读)……她猛然喊了一声。脖子上的钻石项链没有了。她丈夫已经脱了一半衣服,就问:"什么事情?"她吓昏了,转身向着他说:"我……我……我丢了佛来思节夫人的项链了。"他惊惶失措地直起身子,说:"什么! ……怎么啦? ……哪儿会有这样的事!"他们在长衣裙褶里,大衣褶里寻找,在所有口袋里寻找,竟没有找到。他问:"你确实相信离开舞会的时候它还在吗?""是的,在教育部走廊上我还摸过它呢。""但是,如果是在街上丢的,我们总得听见声响。一定是丢在车里了。""是的,很可能。你记得车的号码吗?""不记得。你呢,你没注意吗?""没有。"他们惊惶地面面相觑……(莫泊桑《项链》);后者如:(师读)在一个深夜里,我站在客栈的院子中,周围是堆着破烂的什物;人们都睡觉了,连我的女人和孩子。我沉重地感到我失去了很好的朋友,中国失掉了很好的青年,我在悲愤中沉静下去了,然而积习却从沉静中抬起头来,凑成了这样的几句:惯于长夜过春时,挈妇将雏鬓有丝。梦里依稀慈母泪,城头变幻大王旗。忍看朋辈成新鬼,怒向刀丛觅小诗。吟罢低眉无写处,月光如水照缁衣。(鲁迅《为了忘却的记念》)

3. 不同的谈话方式

辩论、争吵、急呼,宜用快读;闲谈、絮语,宜用慢读。前者如:(分角色朗读)周朴园:鲁大海,你现在没有资格跟我说话,矿上已经把你开除了。鲁大海:开除了?! 周冲:爸爸,这是不公平的。周朴园(向周冲):你少多嘴,出去! (周冲愤然由中门下)鲁大海好,好。(切齿)你的手段我早就明白,只要你能弄钱,你什么都做得出来。你叫警察杀了矿上许多工人,你还——周朴园:你胡说! 鲁侍萍(至大海说):走吧,别说了。鲁大海:哼,你的来历我都知道,你从前在哈尔滨包修江桥,故意叫江堤出险——周朴园(厉声)下去! 仆人们(拉大海):走! 走! 鲁大海:你故意淹死了两千二百个小工,每一个小工的性命你扣三百块钱! 姓周的,你发的是

259

绝子绝孙的昧心财！你现在还——周萍（冲向大海，打了他两个嘴巴，）：你这种混账东西！（大海还手，被仆人们拉住。）周萍打他！鲁大海（向周萍）：你！（仆人们一齐打大海。大海流了血。）周朴园（厉声），不要打人！（仆人们住手，仍拉住大海。）鲁大海（挣扎）放开我，你们这一群强盗！周萍（向仆人们）：把他拉下！鲁侍萍（大哭）：这真是一群强盗！（曹禺《雷雨》）第二课时

4.不同的叙述方式

作者的抨击、斥责、控诉、雄辩，宜用快读；一般的记叙、说明、追忆，宜用慢读。前者如：(听录音)反动派暗杀李先生的消息传出以后，大家听了都悲愤痛恨。我心里想，这些无耻的东西，不知他们是怎么想法，他们的心理是什么状态，他们的心怎样长的！（捶击桌子）其实很简单，他们这样疯狂地制造恐怖，正是他们自己在慌啊！在害怕啊！所以他们制造恐怖，其实是他们自己在恐怖啊！特务们，你们想想，你们还有几天？你们完了，快完了！你们以为打伤几个，杀死几个，就可以了事，就可以把人民吓倒了吗？其实广大的人民是打不尽的，杀不完的！要是这样可以的话，世界上早没人了。(闻一多《最后一次讲演》)后者如：(生读)在延安人的记忆里，毛主席永远穿着干净的旧灰布制服，布鞋，戴着灰布八角帽。他的魁梧的身形，温和的脸，明净的额，慈祥的目光，时时出现在会场上，课堂上，杨家岭山下的大道边。主席生活在群众中间，生活在同志们中间。主席的音容笑貌，举手投足，人们都是熟悉的、理解的。人们怀着无限的信任和爱戴的感情团聚在他周围，一步不能离开，也一步不曾离开。如今，主席穿上做客的衣服，要离我们远去了。(方纪《挥手之间》)

5.不同的人物性格

年青、机警、泼辣的人物的言语、动作宜有快读；年老、稳重、迟钝的人物的言语、动作宜用慢读。前者如：(听录音)"这有什么依不依。闹是谁也总要闹一闹的；只要用绳子一捆，塞在花轿里，抬到男家，捺上花冠，拜堂，关上房门，就完事了。可是祥林嫂真出格，听说那时实在闹得厉害，大家还都说大约在念书人家做过事，所以与众不同呢。太太，我们见得人多了：回头人出嫁，哭喊的也有，说要寻死觅活的也有，抬到男家闹得拜不成天地的也有，连花烛都砸了的也有。祥林嫂可是异乎寻常，他们说她一路只是嚎，骂，抬到贺家墺，喉咙已经全哑了。拉出轿来，两个男人和她的小叔子使劲的擒住她也还拜不成天地。他们一不小心，一松手，阿呀，阿弥陀佛，她就一头撞在香案角上，头上碰了一个大窟窿，鲜血直流，用了两把香灰，包上两块红布还止不住血呢。直到七手八脚地将她和男人反关在新房里，还是骂，阿呀呀，这真是……"(鲁迅《祝福》)后者如：(师读)"冬天没有什么东西了。这

第十六章 现代文学的阅读方法与大学生写作能力培养

一点干青豆倒是自家晒在那里的,请老爷……"我问他的景况。他只是摇头。"非常难。第六个孩子也会帮忙了,却总是吃不够……又不太平……什么地方都要钱,没有定规……收成又坏。种出东西来,挑去卖,总要捐几回钱,折了本;不去卖,又只能烂掉……"他只是摇头;脸上虽然刻着许多皱纹,却全然不动,仿佛石像一般。他大约只是觉得苦,却又形容不出,沉默了片时,便拿起烟管来默默地吸烟了。(鲁迅《故乡》)

第二节 分项阅读与写作能力培养

分项阅读有解词、释句法,文章结构分析法,文章中心思想归纳法等,简言之,即精读文章或文学作品。

余映潮先生说:精读训练就是细细地读,精致地读,分析地读,品析地读,赏析地读。精读训练既读完文章,又训练能力。精读是以掌握阅读方法、发展阅读能力、理解文章内容、积累知识为目的的读书方法。即精细深入地阅读。要求"字求其训,句索其旨。未得乎前,则不敢求乎后;未通乎此,则不敢志乎彼"。把字字句句读明白,达到"使其言皆若出于吾之口""使其意皆若出于吾之心"的融会贯通的理解水平。对文章的语言、结构、内容、写作方法等,进行细琢细磨的研读,经过努力钻研,从困勉达到理解。叶圣陶《〈精读指导举隅〉前言》:"像这样把精读文章作为出发点,向四面八方发展开来,那么,精读了一篇文章,就可以带读许多书。"

一、如何精读

(1)把经典论述的句子找出来;(2)对书中的名词、概念加以界定(特别是一些关键的词);(3)对该书形成的背景(或理论产生的背景)应有所了解;(4)归纳出基本观点和特征;(5)同类的事物要比较;(6)找出理论的体系结构和逻辑关系;(7)所采用的研究方法(或操作、原则、步骤);(8)理解典型案例;(9)分析其指导意义、可应用的领域、途径;(10)找出其局限性和不足;(11)运用例子进行联想;(12)自我思考一下假设性的问题和情况;(13)把已经理解过的东西用自己想法再复述一遍;(14)写读后感。

以下以精读词语为例进行举例说明。《孔乙己》是鲁迅先生的一篇小说,作者借科举考试落第的孔乙己的悲惨故事,反映出科举制度对读书人的毒害,同时揭露了这种制度下冷酷无情的社会风貌。

(1)精读:孔乙己是站着喝酒而穿长衫的唯一的人。他身材很高大;青白脸色,

皱纹间时常夹些伤痕；一部乱蓬蓬的花白的胡子。穿的虽然是长衫，可是又脏又破，似乎十多年没有补，也没有洗。他对人说话，总是满口之乎者也，教人半懂不懂的。因为他姓孔，别人便从描红纸上的"上大人孔乙己"这半懂不懂的话里，替他取下一个绰号，叫作孔乙己。孔乙己一到店，所有喝酒的人便都看着他笑，有的叫道："孔乙己，你脸上又添上新伤疤了！"他不回答，对柜里说："温两碗酒，要一碟茴香豆。"便排出九文大钱。他们又故意地高声嚷道："你一定又偷了人家的东西了！"孔乙己睁大眼睛说："你怎么这样凭空污人清白……""什么清白？我前天亲眼见你偷了何家的书，吊着打。"孔乙己便涨红了脸，额上的青筋条条绽出，争辩道，"窃书不能算偷……窃书！……读书人的事，能算偷吗？"接连便是难懂的话，什么"君子固穷"，什么"者乎"之类，引得众人都哄笑起来，店内外充满了快活的空气。

（2）思考：这篇文章用字准确，本语段体现出作者用词的妙处："便排出九文大钱"一句中"排"字对刻画孔乙己形象有什么作用？"孔乙己便涨红了脸，额上的青筋条条绽出"一句中的"绽"字十分传神，结合文义，谈谈它有怎样的表达效果。"哄笑"表达出一种什么样的情感？通过词语的分析，理解了作者对这一人物形象所寄托的感情：哀其不幸，怒其不争。作者将批判矛头对准了封建制度、科举制度。

二、精读对文学创作的积极影响

经典文学作品凝聚了世代人类思想艺术的精华，可以陶冶思想情操，给人以深沉的思维空间。精读经典文学作品，加以思考，对人格塑造有很大的好处。通过这些不朽的文学作品而认识、感悟到的世界，对真善美、假恶丑的认识和理解，对人生哲理潜移默化的接受，会更加深刻有效。学习经典名著，学习大作家，主要是研究其文学作品的思维，研究其理念，同时启发思考，你对这个世界是什么看法，你对这个社会是什么看法，你对生命是怎么体会的，在这个基础上你才能建立起自己的文学观。

精读经典文学作品，除了能够在言语层面给予写作者以有益养料，还是写作者创作灵感的重要源泉，因为精读的过程最能训练一个人的思考力，同时也能够帮助有效积累大量知识和素材。

文学创作灵感需要文学创作家的辛勤付出。文学创作是一个艰苦的劳动过程，作家在获得素材后，必须苦心经营，几经推敲，方可成文。"灵感是对艰苦劳动的奖赏"，艺术大师列宾的这句名言揭示了灵感的本质特征，即灵感以创作家们热烈而顽强地致力于创造性解决问题为基础，需要以劳动的热情培育和辛勤汗水的浇灌。任何成果只能从辛勤耕耘、奋发进取中获得。车尔尼雪夫斯基说，灵感是一个不喜欢拜访懒汉的客人。不管什么人，如果闭目塞听，无所事事，灵感决不会垂青于他。

　　灵感需要文学创作家大量的知识积累。任何灵感触发的佳作都是作家调用平生的记忆信息，厚积薄发而形成的。知识，是人类在征服自然和改造社会的实践活动中积累起来的精神文化财富和认识成果，它正确反映了作为认识对象而存在的客体自身的内在本质和运动规律，是灵感产生的直接土壤。大量知识的日积月累，在作家头脑中建立起许多间断的、暂时的联系，这些联系在作家长期研究和思考某一类问题的过程中，挥之不去，驱而不散，时而有序，时而无序，不断撞击，经常变换，一旦受到某种情境的刺激，就可能像接通了电源，立即大放光明，这就是灵感的闪现。大量知识的积累为灵感的产生做好了准备工作。

第三节　思维阅读与写作能力培养

一、有效利用分析、综合解读文本

　　分析与综合在认识中把整体分解为部分和把部分重新结合为整体的过程和方法。分析是把事物分解为各个部分、侧面、属性，分别加以研究。是认识事物整体的必要阶段。综合是把事物各个部分、侧面、属性按内在联系有机地统一为整体，以掌握事物的本质和规律。分析与综合是互相渗透和转化的，在分析基础上综合，在综合指导下分析。分析与综合，循环往复，推动认识的深化和发展。一切论断都是分析与综合的结果。文学作品鉴赏是以审美活动为主导的综合活动，读者通过注意、期待、知觉、想象、领悟、情感、回味等心理活动，并使之互相关联、互相渗透的心理活动，实现文学作品的审美价值和其他价值。

　　文学作品是一个有机的整体，文学作品中的各个部分都是整体中的一个有机单元。朱光潜先生把一篇作品的整体布局比作兵家所谓的"常山蛇阵"。它的特点是：击首则尾应，击尾则首应，击腹则首尾俱应。就是说，文学作品中的各个部分共同组成一个互相联系的有机整体，这就要求鉴赏者在鉴赏文学作品的时候，要整体把握作品，不能仅把作品中的某些场面、某些情节、某些细节孤立起来进行鉴赏，并以此去评判作品的优劣。

　　比如"我来迟了"，作为一句完整的话来看，无所谓优劣。日常生活中，它表述的是言说者的一种行为，没有什么更深的含义。但同样的话置于《红楼梦》中，让它由王熙凤的口中说出，其含义就不一样了：

　　一语未了，只听后院中有人笑声，说："我来迟了，不曾迎接远客！"黛玉纳罕

道:"这些人个个皆敛声屏气,**恭肃严整如此,这来者系谁,这样放诞无礼?**"心下想时,只见一群媳妇丫鬟围拥着一个人从后房门进来。

在这里,"我来迟了"就不仅是王熙凤的一个简单的行为动作。联系上下文,考虑王熙凤在整个贾府中的身份和地位,我们知道,这句普普通通的话语背后包含着十分丰富的内容。我们既可以从中感受到王熙凤风风火火、泼泼辣辣的性格,也可以体会到王熙凤在贾府中非同一般的地位和身份,还可以领略到王熙凤放肆的语气中所包含的炫耀和盛气凌人的气势,认识到王熙凤"体格风骚、粉面含春威不露,丹唇未启笑先闻"的独特气质。在那种场合,这样的语言只能从王熙凤的口中说出。

再如"绿""过""到""入""满"这些字,从语义的角度来比较,我们很难说哪一个字更好一些。但在作者感情的参与之下,经过作者的巧妙安排,毫无感情的文字就传达出了作者非同一般的审美感受。《容斋随笔》卷八云:"吴中士人家藏其草,初云'又到江南岸'。圈去'到'字,注曰'不好',改为'过'。复圈去而改为'入',旋改为'满'。凡如是十许字,始定为'绿'。"为什么"绿"好呢?从科学的角度讲,风一般只能以听觉、触觉来感知,但春天却是惠风和畅、吹面不寒、过耳无声的。现在诗人用"绿"去描写它,化不易传达的听觉、触觉为触目成色的视觉,既见春风的到来,又惊异于春风到来后江南水乡的变化,形象生动,一举两得,这就是诗歌创作中通感的妙用。就整首诗而言,"绿"字与其他几个字相比,更能强化诗意:青山绿水、碧野春风、明月孤舟,多么富有诗意的图画啊!

孤立地看,下面的这段语言是非常啰唆的:……于是看小旦唱,看花旦唱,看老生唱,看不知什么角色唱,看一大班人乱打,看两三个互打,从九点多到十点,从十点到十一点,从十一点到十一点半,从十一点半到十二点,——然而叫天竟还没有来。

当鲁迅把它放在《社戏》中,用来表现"我"盼望小叫天出场的急切心情的时候,它却是传"情"妙笔。

在文学作品中,某些场面、情节、细节孤立地看可能是丑陋的、恶俗的、不健康的,但从整体看,它们有时却是作品的必需。鲁迅先生早就批评过那种不顾整体,单纯寻章摘句的鉴赏方式,"还有一样最能引读者入于迷途的,是'摘句'。它往往是衣裳上撕下来的一块绣花,经摘取者一吹嘘或附和,说是怎样超然物外,与尘浊无干,读者没有见过全体,便也被他弄得迷离惝恍"。所以鲁迅说:"我总以为倘要论文,最好是顾及全篇,并且顾及作者的全人,以及他所处的社会状态,这才较为确凿。"对于部分的分析是有必要的,但是只有顾及全篇,把部分放在整体中去品味、去鉴赏,才是正确的鉴赏方法。

二、正确理解归纳与演绎的内涵

归纳，是从个别性的前提推论出一般性结论的推理方法。先摆事实，后求结论，这是从个别到一般，寻求事物普遍特征的认识方法。它有两种功能，一是概括一般情况，二是推测将来结果。优点是体现事物共性，寻求根本规律。局限是不完全归纳，则无法穷尽同类事物的全部属性。

演绎，是从一般性的前提推论出个别性结论的推理方法。先假说，后求证，其推理形式是由大前提、小前提和结论构成的"三段论"，这是从一般共性到特性，推论和判断个别事例的认识方法。其优点是把一般原理运用于特殊现象，使得原有知识得以深化。局限是其本身只揭示共性和个性的统一，不能进一步揭示共性和个性的对立。

所以，孤立的演绎与孤立的归纳都不能正确地反映不断变化的客观世界。逻辑史上曾形成过"归纳派"和"演绎派"两大派别。两派各执一端，各自夸大彼此间的矛盾和对立，忽视了联系和统一，结果是给逻辑学发展造成了极大伤害。①

其实，在思维实际中，归纳推理与演绎推理紧密联系、相互补充。其联系表现在：第一，归纳推理为演绎推理提供前提。演绎推理要以一般性知识为前提，这就要依赖归纳推理来提供一般性知识。第二，归纳推理也离不开演绎推理。为了提高归纳推理的可靠程度，需要运用已有的理论知识，对归纳推理的个别性前提进行分析，把握其中的因果性、必然性，这就要用到演绎推理。归纳推理还要依靠演绎推理来验证自己的结论。因此，归纳和演绎作为两种逻辑推理方法，二者相辅相成，不能厚此薄彼。

三、文学创作中的联想思维

文学创作思维作为一种存在方式，直接影响文学作品的行文内容和行文方向。不同的作者因其兴趣爱好、生活阅历、审美情趣、政治倾向的不同，在文学创作过程中其采用的思维方式必然各有差异。

思维方式是一篇文学作品的高度的标志，采取恰当的思维方式有助于作者合理的安排情节的发展。通过大脑直接地表现客观事物体现着文学思维的直观性，创作者在大脑中把各种形象串联成一个整体体现着文学思维的连续性，对客观事物的分析、综合，由感性认识升华到理性认识体现着文学思维的概括性。文学是情感的产

---

① 王海传. 普通逻辑学 [M]. 科学出版社，2011.

物，通过对发生的事物的有感而发，加之合理的逻辑梳理，一篇有感染力的文学作品便呈现在读者面前。本小节将以联想的思维方式为对象，阐述其在文学创作中的重要作用。

　　苏联心理学家哥洛万和斯塔林茨经上百次实验证明，任何两个概念都可以经过四五个阶段建立起联想关系。实验表明，联想思维是所有思维中最活跃的，具有极强的随意性和跳跃性。作为一种思维方式，联想是物象之间的深层联系，这种深层联系未必符合逻辑，但又显得合情合理，非逻辑的表达不是企图说服，而是通过形似与神似的深层联系去感染，从而触动灵感与顿悟。

　　文学拒绝理性思维的直接表达，文学也不需要判断和推理，文学的深刻与思考体现在物象构成的特定情境。或是触景生情，或是睹物思人，或是发人深省，或是豁然开朗，都依赖于特定的情境。物象是一种客观存在，一旦为人所感知，便赋予了人的情感与思考，此时物象就不再客观了，便成为寄寓了情感与思考的文学意象。物象之间没有逻辑联系，也没有非逻辑的联系，物象之间的联系是一种物理的、自然的联系。意象之间则是一种非逻辑联系，这种非逻辑联系，融合了人的情感，表达的是人的灵感和顿悟。

　　散文中"形散神聚"，指的是物象之间深层的联系，"神"是散文的主旨，这可以是情感的起伏跌宕，也可以是心灵的顿悟，还可以是片刻的灵感。苏东坡"泛舟游于赤壁之下，诵明月之诗，歌窈窕之章"，仅寥寥数字，竟然囊括了泛舟、夜游、明月、赤壁、诵读、吟唱、诗、歌等多种文学意象，其联想自然丰富，呈现出跳跃性特点。由"客有吹洞箫者"其声"如泣如诉"，联想到"月明星稀，乌鹊南飞"的曹孟德之诗，由"舳舻千里，旌旗蔽空"联想到"一世之雄"的曹操而今消失得无影无踪，感慨人生虚无，这即是作家情感的起伏，也是灵感的顿悟。联想思维的跳跃性符合人类情感的特点，能把一种情绪的变化表现得淋漓尽致，这种转换是在瞬间完成的，不需要推理与演绎，不需要任何思考，而是潜意识的自由流动。

　　联想思维的跳跃性，是人脑中物象与意念瞬间的组合，这种组合是非逻辑的。《将进酒》中"君不见黄河之水天上来，奔流到海不复回"是一种壮阔的空间意象，虽然也是一种客观物象，但绝不在人的视觉范围之内，也只能依赖想象才能获得。接下来的诗句是"君不见高堂明镜悲白发，朝如青丝暮成雪"，又是对人生短暂的慨叹，是一种极度夸张的时间意象。两个意象之间的转换给人以猝不及防的感觉，联想跨度之大出人意料，这也是联想思维跳跃的集中体现。李白诗歌中的联想极具跳跃性，《行路难》由"金樽清酒"到"玉盘珍馐"，由"停杯投箸"又到"拔剑四顾心茫然"，由"黄河冰塞"到"将登太行""垂钓碧溪上"都是在瞬间完成的意象组合，完全打破了时空的界限。李白依赖联想思维的跳跃性、非逻辑性，抒怀和表达的完全是主观感受，运用大胆的夸张和巧妙的比喻进行创造性的生发和联想，以纵横恣肆的文笔形成了磅礴的气势。

联想思维的非逻辑性，只是不符合生活表面的逻辑，其实正是事物与情感的深层联系，所以，显得合情合理。我国台湾地区诗人余光中运用联想思维把乡愁与邮票、船票、矮矮的坟墓等系列意象组合起来，联想奇特，但合情合理，将乡愁这一人类普通的情感表达得深刻而沉重。尤其最后一句："乡愁是一方矮矮的坟墓，我在外头，母亲在里头……"更是催人泪下，震撼人心。诗歌描写抒发的是乡愁，但表现的却是一个时代的悲剧，因为战争，台海两岸处于长期隔绝状态，一首小诗激起了两岸读者，特别是台湾读者的强烈共鸣。通过共鸣，联想思维就不仅仅是诗歌本身的艺术手法了，而是化成了一个时代两岸人民普遍的情感。

文学创作依赖联想思维传情达意，与逻辑推理、逻辑论证及逻辑判断相比显得简洁而概括，联想表情达意的途径不是说服而是感染，联想思维施加的影响比起理性的说服与论证更加有力而持久。"朱门酒肉臭，路有冻死骨"（杜甫：《自京赴奉先县咏怀五百字》），通过两种截然不同的意象对比深刻地揭示了古往今来的社会现实。诗句只有十个字，所以能传达出如此丰富的社会文化内涵，主要依赖于系列的文学意象，依赖于联想思维将这些具有鲜明对比色彩的意象组合起来，从而使传情达意简洁而概括，影响深远而持久。意象之间的非逻辑联系是依赖联想完成，所以，联想思维是所有文学创作中通用的思维方式，联想思维也是所有创作者最擅长的思维方式。联想可以是物象之间的，也可以是物象与事理之间、物象与概念之间、物象与推理之间、物象与判断之间的，但事理与事理之间，概念与概念之间，推理与推理之间，判断与判断之间不能产生联想，事理、概念、推理、判断之间也不可能产生联想，因为文学不是逻辑思维，而是形象思维。

第四节　笔记阅读与写作能力培养

一、什么是读书笔记

读书笔记是指读书时为了把自己的读书心得记录下来或为了把文中的精彩部分整理出来而做的笔记。在读书时，写读书笔记是训练阅读的好方法。记忆，对于积累知识是重要的，但是不能依赖记忆。列宁具有惊人的记忆力，他却勤动笔，写下了大量的读书笔记。俗话说："好记性不如烂笔头。"所以，俄国文学家托尔斯泰要求

自己：身边永远带着铅笔和笔记本，读书和谈话的时候碰到一切美妙的地方和话语都把它记下来。记下重要的知识如有不懂可以再看一下。

我们在阅读书籍或文章时，遇到文中精彩的部分或好词佳句和自己的心得、体会，随时随地把它写下来的一种文体也叫读书笔记。读书要做到：眼到、口到、心到、手到。这"手到"就是读书笔记。读完一篇文章或一本书后，应根据不同情况，写好读书笔记。写读书笔记，对于深入理解、牢固掌握所学到的知识，对于积累学习资料，以备不时之需，很有必要。

做读书笔记不仅能提高阅读书、文的效率，而且能提高科学研究和写作能力。通过学习和实践使学生充分认识到图书馆的作用，不但学到了知识，锻炼了能力，更激发了学生的探索欲。最简单的一种做读书笔记的方法是"摘抄法"。所谓摘抄就是读一本书、一篇文章，把其中的一些好的句子和段落摘下来，抄在本子上或卡片上。摘抄的内容要根据自己的需要来定。可以抄录领袖导师的教导，思想家、文学家、科学家的至理名言，人民群众、英雄人物的豪言壮语和格言谚语……例如：在科学上没有平坦的大道，只有不畏劳苦沿着陡峭山路攀登的人，才有希望达到光辉的顶点。——马克思

读书笔记的主要内容：摘抄精美语句，语段，词语。写读后感或读书心得，内容鉴赏，探讨主题，评论人物，评品语言。读书笔记一般分为摘录、提纲、批注、心得几种，格式及写法并不艰深，心得笔记中的读后感有点麻烦，但只要懂得论点、论据和论证这三要素的关系，就会轻松拿下，因为读后感不过就是一种议论文而已。很多应用文种只有在将来的工作实践中才能具体应用，而读书笔记属日用文类，应即学即用。

二、写作读书笔记常用的形式

读书笔记常用的形式有：提纲式——以记住书的主要内容为目的。通过编写内容提纲，明确主要和次要的内容。摘录式——主要是为了积累词汇、句子。可以摘录优美的词语，精彩的句子、段落，供日后熟读、背诵和运用。仿写式——为了能做到学以致用，可模仿所摘录的精彩句子、段落进行仿写，达到学会运用。评论式——主要是对读物中的人物、事件加以评论，以肯定其思想艺术价值如何。可分为书名、主要内容、评论意见。心得式——为了记下自己感受最深的内容，记下读了什么书，书中哪些内容对自己教育最深，联系实际写出自己的感受，即随感。存疑式——主要是记录读书中遇到的疑难问题，边读边记，以后再分别进行询问请教，达到弄懂的目的。简缩式——为了记住故事梗概，读了一篇较长文章后，可抓住主

第十六章 现代文学的阅读方法与大学生写作能力培养

要内容,把它缩写成短文。以下重点说明几种写作读书笔记的方法。

1. 摘要式

即将书中或文章中一些重要观点、精彩精辟语句、有用数据和材料摘抄下来,目的是积累各种资料,为科研、教学、学习和工作做好准备。可按原书或原文系统摘录;也可摘录重要论点和段落;还可摘录重要数字。摘要式读书笔记,是在读书时把与自己学习、工作、研究的问题有关的语句、段落等按原文准确无误地抄录下来。摘录原文后要注明出处,包括题目、作者、出版单位、出版日期,页码等,便于引用和核实。摘录要有选择,以是否有用作为摘录的标准。摘录式笔记可分为:(1)索引式。索引读书笔记是只记录文章的题目、出处的笔记,如书刊篇目名、编著者、出版年月日、藏书处。如果是书,要记册、章、节,如果是期刊,要记期号,报纸要记年月日和版面,以备日后查找。例如:庄照:《也谈为谁立传》《光明日报·〈史学〉》。(2)抄录原文式。抄录原文读书笔记就是照抄书刊文献中与自己学习、研究有关的精彩语句、段落等作为日后应用的原始材料。摘抄原文要写上分类题目,在引文后面注明出处。

2. 评注式

评注式读书笔记不单是摘录,而且要把自己对读物内容的主要观点、材料的看法写出来,其中自然也包括表达出笔记作者的感情。评注式笔记有时对摘录的要点做概括的说明。评注式读书笔记常用方法有书头批注。即在书中重要地方用笔打上符号或在空白处加批注、折页做记号;也可用提纲方法把书和文章论点或主要论据扼要记叙下来;还可用摘要式综合全文要点、记下主要内容;读完全书或全文对得失加以评论也是一种方法。评注式笔记有下列几种:(1)书头批注,是一种最简易的读书笔记做法。就是在读书的时候,把书中重要的地方和自己体会最深的地方,用笔在字句旁边的空白处打上个符号,或者在空白处加批注,或者是折页、夹纸条做记号,等等。这种笔记方法不但对书中的内容可以加深理解,也为日后查找提供了方便。(2)提纲。提纲是用纲要的形式把一本书或一篇文章的论点、论据提纲挈领地叙述出来。提纲可按原文的章节、段落层次,把主要的内容扼要地写出来。提纲读书笔记可以采用原文的语句和自己的语言相结合的方式来写。(3)提要。提要和提纲不同。提纲是逐段写出来的要点,提要是综合全文写出要点。提要可以完全用自己的语言扼要地写出读物的内容。提要除客观叙述读物内容外,还带有一些评述的性质。另一种提要,是对一篇文章或一本书的内容梗概作简要的说明。(4)评注读书。评注读书笔记,是读完读物后对它的得失加以评论,或对疑难之点加以注释,这样的读书笔记叫做评注笔记。例如,鲁迅读《蕙櫋杂志》中的一段:清严无照《蕙櫋

杂志》：西湖有严嵩和鄂王《满江红》词石刻，甚宏壮。词即慷慨，书亦瘦劲可观，末题华盖大学士。后人磨去姓名，改题夏言。虽属可鄙，然亦足以惩奸矣。(5)案：案：严嵩篇和岳飞词，有如是作为，后人留词改名，有如是自欺，严先生以为可笔而又许其惩奸，有如是两可。寥寥六十字，写尽三态(鲁迅《集外集拾遗·书苑折枝(二)》)。(6)补充原文。补充原文的读书笔记，是在读完原书或文章之后，对感到有不满足的地方进行补充。需要注意的是补充原文不是随意地加以补充，而是要围绕中心思想加以引申或发挥。

3. 心得式

心得式读书笔记，是在读书之后写出自己的认识、感想、体会和得到的启发与收获的一种笔记。它有如下几种：(1)札记。札记，是读书时把摘记的要点和心得结合起来写成的。这种札记的形式是灵活多样的。可长可短。(2)心得。心得笔记也叫读后感。读书后把自己的体会、感想、收获写出来。这种读书笔记，可以写读书时的心得体会，也可以写对原文的某些论点的发挥或提出批评、商榷的意见。写这种笔记，一般是以自己的语言为主，也可适当地引用原文。(3)综合读书。综合读书笔记是读了几本或几篇论述同一问题的书文后，抓住中心评论它们的观点、见解，提出自己看法的笔记。上述三种类型的读书笔记，五论采用哪一种类型，目的都是为学习、工作、科学研究和写作服务。做笔记时开始可采用摘要式，以后读书多了，有了比较，产生了看法，就可以写译注式，至于心得式是更进一步了，它是属于科学研究的范畴。

第十七章
现代文学的阅读视角与大学生写作能力培养

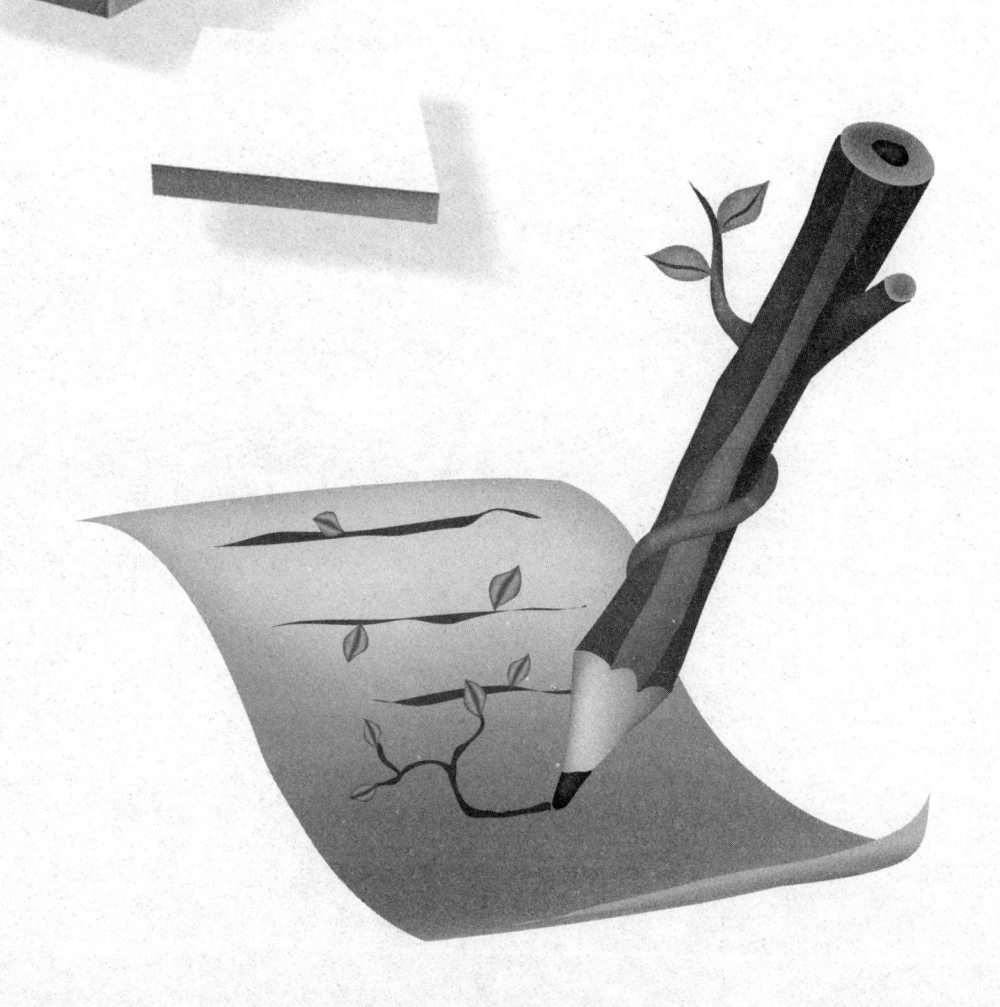

第十七章　现代文学的阅读视角与大学生写作能力培养

叙述视角也称叙述聚焦，是指叙述语言中对故事内容进行观察和讲述的特定角度。同样的事件从不同的角度看去就可能呈现出不同的面貌，在不同的人看来也会有不同的意义。作者，尤其是虚构叙事的作者，对其作品中的人和事，往往拥有全知的权利和资格。在运用叙事谋略的时候，他们放出了叙述者这个幽灵，把全知的圆切割成文本中限知的扇面，这就是视角。视角有全知、限知之别，实际上是作者感觉世界的角度、程度、层面和方式，从中可以领会到作品蕴涵的某种哲学意蕴和审美趣味。

第一节　全知视角与写作能力培养

一、三种视角

（一）全知视角

全知视角（零视角），叙述者＞人物，也就是叙述者比任何人物知道的都多，他全知全觉，而且可以不向读者解释这一切他是如何知道的。正如韦勒克、沃伦在《文学原理》中所说："他可以用第三人称写作，做一个'全知全能'的作家。这无疑是传统的和'自然的'叙述模式。作者出现在他的作品的旁边，就像一个演讲者伴随着幻灯片或纪录片进行讲解一样。"这种"讲解"可以超越一切，任何地方发生的任何事，甚至是同时发生的几件事，他全都知晓。在这种情况下，读者只是被动地接受故事和讲述。

这种"全知全能"的叙述视角，很像古典小说中的说书人，只要叙述者想办到的事，没有办不到的。想听、想看、想走进人物内心、想知道任何时间、任何地点发生的任何事，都不难办到。因此，这种叙述视角最大、最明显的优势在于，视野无限开阔，适合表现时空延展度大，矛盾复杂，人物众多的题材，因此颇受史诗性作品的青睐。然后是便于全方位（内、外，正、侧，虚、实，动、静）地描述人物和事件。另外，可以在局部灵活地暂时改变、转移观察或叙述角度，这既多少增加了作品的可信性，又使叙事形态显出变化从而强化其表现力。叙事朴素明晰，读者看起来觉得轻松，也是它的一个优点。

正因为有如上优越性，全知视角尽管已被视为落伍，却至今仍具有生命力。但

这种叙述视角的缺陷也是相当明显的。它经常受到挑剔和怀疑的是叙事的真实可信性，亦即"全知性"。冯·麦特尔·艾姆斯在《小说美学》中说："一般的方法是这样：无所不知的作者不断地插入故事中来，告诉读者知道的东西。这种过程的不真实性，往往破坏了故事的幻觉。除非作者本人的风度极为有趣，否则他的介入是不受欢迎的。"因为这里只有作者的一个声音，一切都是作者意识的体现。这种叙事形态大体是封闭的，结构比较呆板，时空基本按照自然时序延伸扩展或改变，缺少腾挪跌宕；加之是"全知"的叙事，留给读者的再创造的余地十分有限，迫使他们被动地跟着叙事跑，这显然也不符合现代人的口味。

(二) 内视角

叙述者＝人物，也就是叙述者所知道的同人物知道的一样多，叙述者只借助某个人物的感觉和意识，从他的视觉、听觉及感受的角度去传达一切。叙述者不能像"全知全觉"那样，提供人物自己尚未知的东西，也不能进行这样或那样的解说。由于叙述者进入故事和场景，一身二任，或讲述亲历或转叙见闻，其话语的可信性、亲切性自然超过全知视角叙事，它多为现代小说所采用的原因也恰恰在这里。这种类型，法国结构主义批评家热奈特取名为"内焦点叙事"。这种内视角包括主人公视角和见证人视角两种。

主人公视角的好处在于，第一，人物叙述自己的事情，自然而然地带有一种特殊的亲切感和真实感，只要他愿意就可以袒露内心深处隐秘的东西，即使他的话语有所夸张或自谦，读者也许把这当作他性格的外现，而不会像对待"全知"视角那样百般挑剔质疑。第二，它多少吸收了全知视角全方位描述人物的优点，特别便于揭示主人公自己的深层心理，对于其他人物，也可以从外部描写，并运用一定的艺术方式接触到他们的内心世界。这种视角的主要局限是受视点人物本身条件诸如年龄性别、教养熏陶、思想性格、气质智商等的限制。弄不好容易造成主人公情况与其叙事话语格调、口吻、与其所叙题材的错位，结果就会像全知视角那样不可信。由此生出的另一缺陷是，难以用来叙述背景复杂事件重大的题材，《战争与和平》不可能由娜塔莎·罗斯托娃来作总的叙述者；而对于讲述个人历史却往往得心应手，像《鲁滨孙漂流记》和《阿甘正传》等。第三，很难描写充当视点人物的主人公的外部形象，勉强这样做就像照镜子，不免有些扭捏造作。

见证人视点即由次要人物（一般是线索人物）叙述的视点，它的优越性要大于主人公视点。第一，作为目击者、见证人，他的叙述对于塑造主要人物的完整形象更客观更有效，这是很明显的。第二，必要时叙述者可以对所叙人物和事件做出感情反映和道德评价，这不仅为作者间接介入提供了方便，而且给作品带来一定的政论

第十七章 现代文学的阅读视角与大学生写作能力培养

色彩和抒情气息。普希金《别尔金小说集》中的《射击》《驿站长》都是有代表性的见证人叙事。第三，通过叙述者倾听别人的转述，灵活地暂时改变叙事角度，以突破他本人在见闻方面的限制。如《驿站长》中驿站长的女儿杜妮亚被骠骑兵拐走的经过，就是由驿站长转叙给"我"的。第四，见证人在叙述主要人物故事的时候，由于他进入场景，往往形成他们之间的映衬、矛盾、对话关系，无疑会加强作品表现人物和主题的力度，有时则会借以推动情节的发展。但见证人视点同样受叙述者见闻、性格、智力等的局限，有些事情的真相以及主要人物内心深处的东西，只有靠上面提到的主人公自己的话语来揭示，如果这样的话语写得过长，就可能冲淡基本情节，并造成叙事呆板等弊病。

从具体分析中我们认为，作者没有大于主人公的意识。这是一种建立在对等关系上的叙事作品，作者绝不比人物或主人公知道得多，而是以对等的权力参加对话的。在当代小说中，以这种叙述视角叙述的作品大量存在。它强化了作品的真实性，扩展了作品的表现力。在冯骥才的《高女人和矮丈夫》中，作家选取了团结大楼的居民眼光作为叙述视角。这种叙述视角一直难以窥破那对高低不成比例的夫妻之间的秘密。作家固执地坚持这种叙述视角，因而最终我们只是和团结大楼的居民一道得到几个画面：他们在外观上的不协调，他们挨了批斗并被迫生离，他们的重聚以至话别。小说不仅以这些画面有力地征服了读者，而且画面之间的空白还令我们的思绪萦绕不已。

(三) 外视角

叙述者＜人物。这种叙述视角是对"全知全能"视角的根本反拨，因为叙述者对其所叙述的一切不仅不全知，反而比所有人物知道的还要少，他像是一个对内情毫无所知的人，仅仅在人物的后面向读者叙述人物的行为和语言，他无法解释和说明人物任何隐蔽的和不隐蔽的一切。它最为突出的特点和优点是极富戏剧性和客观演示性；叙事的直观、生动使得作品表现出引人入胜的艺术魅力。它的"不知性"又带来另外两个优点：一是神秘莫测，既富有悬念又耐人寻味。在这方面，海明威的《杀人者》就是人们交口称赞的一篇。两个酒店"顾客"的真实身份及其来酒店的目的，在开篇伊始除他们本人外谁也不知道，这必然造成悬念和期待，至于杀人的内幕在小说中只有那个要被谋杀的人晓得，可他又闭口不言。直至终篇，读者所期待的具体的、形而下的答案也未出现，然而这却使他们思索深层的、形而上的问题。结尾的对话好像做了些许暗示，其实仍无明确的回答，叙述者只是让尼克觉得"太可怕"并决定离开此地，从而激起有思想的读者对我们生存的这个世间的恐惧感——这也许正是作品的旨归。由于这一长处，它常为侦破小说所采用。二是读者

275

面临许多空白和未定点,阅读时不得不多动脑筋,故而他们的期待视野、参与意识和审美的再创造力得到最大限度的调动。

但这种叙述视角的局限性太大,很难进入人物内心,顶多做些暗示,因而不利于全面刻画人物形象,也就为一般心理小说所不取。又因为作者的"替身"言而不尽,作者直接明显地介入就十分困难,即使巧妙介入也不易察觉,这样用于写日常题材往往缺乏力度。

二、三种情形

叙述视角的特征通常是由叙述人称决定的。传统的叙事作品中主要是采用旁观者的口吻,即第三人称叙述。较晚近的叙事作品中第一人称的叙述多了起来。还有一类较为罕见的叙述视角是第二人称叙述。除了上述三种视角之外,另一类较重要的特殊情况是变换人称和视角的叙述。总的来说就是四种情形:第三人称叙述、第一人称叙述、第二人称叙述和人称或视角变换叙述。

(一)第三人称

第三人称叙述是从与故事无关的旁观者立场进行的叙述。由于叙述者通常是身份不确定的旁观者,因而造成这类叙述的传统特点是无视角限制。叙述者如同无所不知的上帝,可以在同一时间内出现在各个不同的地点,可以了解过去、预知未来,还可随意进入任何一个人物的心灵深处挖掘隐私。由于叙述视点可以游移,这种叙述也可称作无焦点叙述。总之,这种叙述方式由于没有视角限制而使作者获得了充分的自由。传统的叙事作品采用这种叙述方式的很普遍。但正由于作者获得了充分的叙述自由,这种叙述方式容易产生的一种倾向便是叙述者对作品中人物及其命运、对所有事件可完全预知和任意摆布,读者在阅读过程中也会有意无意地意识到,叙述者早已洞悉故事中还未发生的一切,而且终将讲述出读者所需要知道的一切,因此读者在阅读中只能被动地等待叙述者将自己还未知悉的一切讲述出来。这样就剥夺了接受者的大部分探索、解释作品的权利。因而到了现代,这种无所不知的叙述方式受到许多小说批评家的非难。

现代的第三人称叙述作品有一类不同于全知全能式叙述的变体,作者放弃了第三人称可以无所不在的自由,实际上退缩到了一个固定的焦点上。如英国女作家沃尔夫的小说《达罗卫夫人》,用的是第三人称。故事中有好几位人物,然而叙述的焦点始终落在达罗卫夫人身上,除了她的所见、所为和所说之外,主要是着力描写了她的心理活动。其他人物都是作为同达罗卫夫人有关的环境中的人物出现的。我们可以感到,叙述者实际上完全是从达罗卫夫人的角度观察世界的。这是一种内在式

第十七章 现代文学的阅读视角与大学生写作能力培养

视角的叙述。这种第三人称叙述已经接近于第一人称叙述。

（二）第一人称

第一人称叙述的作品中叙述者同时又是故事中的一个角色，叙述视角因此而移入作品内部，成为内在式焦点叙述。这种叙述角度有两个特点：

首先，这个人物作为叙述者兼角色，他不仅可以参与事件过程，又可以离开作品环境而向读者进行描述和评价。

这双重身份使这个角色不同于作品中其他角色，比其他故事中人物更"透明"、更易于理解。

其次，他作为叙述者的视角受到角色身份的限制，不能叙述本角色所不知的内容。这种限制造成了叙述的主观性，如同绘画中的焦点透视画法，因为投影关系的限制而有远近大小之别和前后遮蔽的情况，但也正因为如此才会产生身临其境般的逼真感觉。近现代侧重于主观心理描写的叙事作品往往采用这种方法。

但如果对各种采用第一人称叙述方法的作品进行仔细分析就会发现，在不同的作品中，这个叙述视角的位置实际上不尽相同。这通常是因为叙述者所担任的角色在故事中的地位不同：有的作品中叙述者"我"就是故事主人公，故事如同自传，如英国作家笛福的《鲁滨孙漂流记》、鲁迅的《狂人日记》都是这样的例子。这类作品中叙述视角的限制最大，因为叙述者所讲述的内容都直接地属于他参与的或与他有直接关系的行动；尤其是像《狂人日记》这样的日记体叙事作品，人物叙述的时态也被限定了只能是当时的叙述。但这种例子并不能代表所有的第一人称叙述的特点。事实上第一人称的叙述视角同故事保人物的视角往往并不是完全重合的。因为这类作品一般是以过去时态叙述的，这就是说叙述者仍有可能以回忆者的身份补充当时所不知的情形。还有许多作品中的叙述者只是故事中的次要人物或旁观者，由于叙述者与故事中主要的事件有一定距离，这样的叙述比前面所说的那种叙述往往要客观一些。这些叙述方式中比较极端的一个例子是俄国作家普希金的小说《驿站长》。这篇小说中的叙述者虽然是第一人称"我"，但这个"我"同故事中所讲述的故事情节几乎不发生任何关系，仅仅是个旁听者而已。这样的第一人称叙述有时同第三人称叙述就很接近了。

（三）第二人称

第二人称叙述是指故事中的主人公或者某个角色是以"你"的称谓出现的。这是一种很少见的叙述视角。因为这里似乎强制性地把读者拉进了故事中，尽管这只是个虚拟的读者，但总归会使现实中的读者觉得有点奇怪。阿根廷作家博尔赫斯的短篇小说《玫瑰色街角的人》中就有这样的叙述方式：想想看，您走过来，在所有的

277

人中间,独独向我打听那个已故的弗兰西斯科·雷亚尔的事……我见到他的面没有超过三次,而且都是在同一个晚上。可是这种晚上永远不会使您忘记……当然,您不是那种认为名声有多么了不起的人……

这里的第二人称不过是叙述者设定的一个听众,与叙述视角毫无关系。故事本身的叙述视角仍然是第一人称。事实上,讲述"你"的故事的叙述者只能是"我"也就是第一人称。即使故事中的叙述完全都是"你"的语言,那也只能是"我"在转述,但因为"我"不出场而使得叙述变成了旁观者的视角,也就是变成了以"你"为角色称谓的一种第三人称叙述的变体。但因为叙述者把叙述的接受者作为故事中的一个角色来对待,从而使得现实的读者与虚拟的叙述接受者作为故事中的一个角色被对待,从而使得现实的读者与虚拟的叙述接受者二者之间的距离拉大,形成一种叙述者参与故事内容中的反常阅读经验。这是作者刻意制造的一种特殊效果。由于这类作品的数量和影响都很小,所以对于叙事学研究来说意义很有限。

但有些研究认为,戏剧叙事在某种意义上也是一种第二人称叙述方式,因为戏剧表演中把观众席作为"第四堵墙"的意识使得剧中人的叙述往往具有面向观众的倾向,在独白或旁白一类的叙述中这种倾向尤为明显,无形中成为一种以"你"为对象的叙述,也就意味着观众成为剧中叙事的一个参与者。第二人称叙述具有使接受者明显参与叙述行为的特点,这正是戏剧叙事所需要的。

三、文学作品中的全知视角举例解读

全知视角是在小说创作中常用的叙述形式,即叙述者处于全知全能的地位,是无处不在、无所不知的权威,能够洞察秋毫,作品中的人物、故事、场景等无不处于其主宰之下、调度之中,把事件和人物的方方面面都展现出来,极富有立体感,一般以第三人称为主,这类叙述的传统特点是无视角限制,叙述者大于人物,叙述者如同无所不知的上帝,可以在同一时间内出现在各个不同的地点,可以了解过去、预知未来,还可随意进入任何一个人物的心灵深处挖掘隐私,因此也可称作无焦点叙述。汪曾祺的短篇小说《陈小手》即采用了"全知视角"的叙事方式。小说给我们讲述的是一个过去时代乡村男性妇产科医生陈小手的故事,叙事的过程就好像有位见多识广的老乡给大家在讲叙一则见闻,小说细致地介绍了"我们那个地方"生孩子的乡俗、陈小手作为一个男性产科医生的特别、陈小手在"我们那个地方"的声誉等等。不知不觉中,我们已经随着故事的讲述,来到了陈小手一生中最后一次展示他高超助产技术的那个时刻。讲述者站在一个高于故事中任何一个人物的角度,俯瞰全局,每个人物的一举一动他都尽收眼底。因而他可以知道陈小手的杰出的医

第十七章 现代文学的阅读视角与大学生写作能力培养

术、他在产房里的活动,知道产妇临产时的痛苦,以及产妇在痛苦中听到陈小手的白马脖子上銮铃的声音一下子就会心里安定起来的情形,知道团长女人的肥胖,知道团长的委屈,等等。在这篇小说中,作者总是站在一个旁观者的角度冷静地讲述着,讲述者的任务就是原原本本地交代清楚故事的一切,不需要承担过多的责任,"全知视角"恰到好处地适应了作者的这一要求。福楼拜的名著《包法利夫人》、鲁迅的《示众》《肥皂》等也都是采用的这种"全知视角"。这种叙述方式由于没有视角的限制而使作者获得了充分的自由,传统的叙事作品采取这种叙述方式很普遍,但正由于作者获得了充分的叙述自由,这种叙述方式容易产生的一种倾向便是叙述者对作品中人物及其命运,对所有事件可完全控制、任意摆布,剥夺了接受者的大部分探索、解释作品的权力。

四、应用全知视角写作的作用

全知视角即叙述者处于全知全能的地位,作品中的人物、故事、场景等无不处于其主宰之下,调度之中。

传统作家通常采用全知全能的叙事角度,叙述者凌驾于整个故事之上,洞悉一切,随时对人物的思想及行为做出解释和评价。这种视角可以使作者随意地对故事情节及人物形象进行加工处理,但作者的过多干预和介入也同时在作品和读者之间产生了距离,从而降低了作品的真实度和可信度。

第三人称全知视角的特点,就在于"全知":作者不但知道故事的全部,而且知道所有人物的一切隐秘,包括其复杂微妙的心理变化。中国古代小说一般都是第三人称全知视角,到了近代以后中国作家才有意识地使用了叙事视角的技巧,在小说的艺术形式上产生了重大变革。

第三人称的最大优点是叙述者能够灵活自如地周游于被叙述对象之间,拥有更大的叙述空间,叙述也更显客观和有序。鲁迅的采用第三人称叙述的小说对现实人生的批判带有更冷静的性质。选择性全知视角,就是从故事中一个人物的角度来讲述的。由于只限于写一个人物的思想感情,所以比全知视角更接近于实际生活;同时也连贯、富于条理,因为所有事件的发生,所有的人物都是用一个价值标准去看待、衡量的。

摄像式视角:用客观的叙事视角,作者完全处于画面之外,只写出所见所闻,而不写他未见未闻的事。这使作者与他的故事之间的距离拉大,读者必须自己最大限度地来理解故事。

第三人称小说的叙述者是在小说文本之外的,他极大地靠近了小说文本,但却

没有进入小说文本。他把作者和读者领到了现场，并给我们述说着事情发生的原委和情景，但他却不是这个事件的参与者。当小说的叙述者把叙述的具体任务转交给了小说中的一个人物，就成了第一人称的小说。小说中的"我"，一面引导我们在小说的世界里漫游，一面亲身参与小说的事件，影响着事件的发展。采用第一人称叙事视角时，故事是由故事里的某一个人物讲述的。

第一人称叙事有很多优点，它使故事显得真实，好像某人正在给你讲故事，大大缩短了读者与故事中人物的距离。

第二节 限知视角与写作能力培养

一、什么是限知视角

所谓"限知视角"，即叙述视角受到限制，叙述者通常以第一人称出现。历史叙事在总体上采取全知的视角，并不排除其局部描写上采取限知的视角。在某种意义上，限知视角是对全知视角的有限性认可、突破和发挥。一些精彩的历史叙事片段由于采取限知视角，使叙述委婉曲折，耐人寻味。由全知到限知，意味着人们感知世界时能够把表象和实质相分离。因而限知视角的出现，反映人们审美地感知世界的层面变得深邃和丰富了。我国志怪小说中的佳作较多地采用限知视角。因为志怪小说不能在开始落笔的时候就让人一眼看出妖怪来，它需要用常态掩盖异态，用假象冒充真情，使人物（以及读者）遇怪不知怪，然后渐生疑窦，突然翻转出一个出人意表的结果。

我国古代的章回小说结构宏大、线索纷纭，很少采取限知视角，但这不排除它局部上的限知。到了现代，限知视角在小说中得到了非常广泛的运用。它简直被视为对世界感觉精致化和深邃化的一种标志。第一人称视角虽然不是限知视角的全部，但无疑是它的一个重要侧面。小说《祝福》的开头，就是采取第一人称视角的。它写"我"回到阔别五年的鲁镇的心境和见闻，第一人称视角把鲁四老爷充满理学俗儒味道的书房和被贞节观摧毁精神支柱的祥林嫂之死联结在一起，使作品具有了反讽意味和社会哲学的深度。限知视角会留下某些叙事的空白，但这些空白不应该是平板的，而应该是富有暗示性的。暗示的极致是"千呼万唤始出来，犹抱琵琶半遮面"，不贸然突破视角的界限，给人们留下寻味的余地。如，蒲松龄《聊斋志异》中的《葛巾》一篇，写游历曹州的洛阳士人常大用在花园遇到美丽的女子葛巾，怀疑她是"贵家宅眷"或者仙女。随着接触的加深，常大用常常能"忽闻异香"，家中衾枕也"皆染异香"。这些暗示，已经把一个国色天香的牡丹花精烘托得呼之欲出了，但毕竟没有点破，它只不过在一个潜在的信息源中，不断地发出某种信息，等待故事主人公最终的破译。

中国当代文坛开始有意识地运用限知叙述视角。20世纪初，在西方小说大量涌进中国之前，中国古代小说创作在叙事视角方面主要以全知全能的叙事视角为主，尽管作品中偶尔会穿插使用限知叙事视角的创作手法，但作家缺乏自觉的创作意识。当代作家李劼人的代表作《死水微澜》在继承传统小说全知叙事模式的同时，有意识地突破并开创新的限制叙述视角模式；先锋派小说对限制叙述视角的运用更加具有普遍性，莫言、格非就是其中的代表人物，如莫言的小说中喜欢使用人物限知视角，尤其偏爱运用儿童为视点人物，如《透明的红萝卜》《枯河》《酒国》等。

二、文学作品中的限知视角举例解读

结合叙事学的方法，从形式分析的角度入手，可以掘开文学本体的裂隙，发现作家作品独特性及其文学性奥秘所在。像萧红，虽以《生死场》名世，但在文学性上，毫无疑问《呼兰河传》才是萧红最为成功的作品，代表萧红文学创作在文学性和艺术性上的最高成就。

中国文学自现代以来，凡是作家主体较多融入叙事的小说，往往要么因为作者思想意识侵入小说叙事太多太盛而伤害了小说的文学性，要么多令小说呈现情节性、故事性削减和散文化、抒情性增强的特征，这种情况，自五四时期即已肇始。个性主义思潮和民主自由意识的催生，独白式小说，包括日记体、书信体小说，曾经是五四作家最为热衷和喜爱的小说形式。但是独白的过剩，便是小说情节性大受冲击，很多小说如《狂人日记》根本无法还原为完整的故事或者改编为讲求故事性、情节性的戏剧和电影。小说是典型的虚构叙事文本（非虚构作品不在此讨论之列），对虚构性、情节性和可读性有着较强的要求，小说求真求的是艺术的真实。

"内观"的"自传体"型作品，能够在诗化、散文化、抒情性特征之外，葆有很好的情节性、可读性，能够避开将作家主体过多融入叙事的窠臼，具有充沛的文学性，是非常不容易的，将之置于新文学发展的谱系，就更加能够理解这种难得和罕有。萧红做到了，而且显示了她非凡的文学才华。她后期作品的《呼兰河传》《小城三月》《家族以外的人》《后花园》等，虽然也是带自传体特征的小说，但却同时也是她最成功、最感人的作品。《呼兰河传》被葛浩文称为萧红"巅峰之作""她那注册商标个人'回忆式'文体的巅峰之作"。她以极为细腻的笔法回溯往事，几乎不费吹灰之力、轻而易举就将小说的散文化、抒情性与小说的情节性、可读性和一定的虚构

性并置，几乎形成一种"萧红体"。这一切，都得益于萧红高超的小说叙事能力和叙述的手法。

与《生死场》一样，《呼兰河传》中没有主要和中心人物，同样是农家、乡间生活题材，素材驳杂，而且根据小说结尾的提示来看，作家选定的叙述人是"逃荒去了"的"小主人"，以一个小孩——未成年人的视角，来写的回溯童年和故乡往昔故事的小说，对作为小说文本叙事世界掌控者的隐含作者来说，就更加是一种考验。对于小说能否具有一种可读性强的情节性，是一种考验，至于达到葛浩文所说的"扣人心弦的情节"的程度，就更加是一种考验。如果《呼兰河传》的限知视角和限制叙事，仅仅体现在儿童的、非成人叙事策略的层面，小说断不会包含如许繁复的审美意蕴和文学性、也不会被认为"该书是写作技巧上最成功之作"，而且，这是一部让人读了便感喟不已、被认为越历时将越成为不朽之书的小说。在《呼兰河传》所采取的非成人视角叙事策略里面，我们常常看到和听到两种不同的视角和声音：儿童叙述者的声音和成人的隐含作者偶尔安排的成年人的视角和声音——两种视角和声音的穿插交错甚至是水乳交融，共同构成了小说文本的复调叙事。在复调叙事的文本叙事结构里面，似乎就是饶宗颐在《人间词话平议》里所说的"惟物我合一之为时极暂，浸假而自我之我已浮现。此时之我，已非前此之我，亦非刚才物我合一之我，而为一新我——此新我即自得之境"。[1]

三、文学作品运用限知视角的优势

中国古代小说创作在叙事视角方面主要以全知全能的叙述视角为主，直到20世纪初西方小说的大量涌进中国后，当代作家才开始有意识运用限知叙述视角进行创作。限知叙述视角，顾名思义，是指叙述视角受到限制，叙述者知道的和人物知道的一样多，作者无权超越视角人物的视野，即人物不知道的事，叙述者无权叙述，这有利于在写作中设置故事的悬念，这些悬念能激发读者的阅读兴趣。读者进入文本中创设的语言叙述世界，跟着叙述者去寻找答案，其阅读感受有如在侦破案件，犹如拿到了打开了作者心灵之窗的钥匙。正所谓"横看成岭侧成峰，远近高低各不同"，读者看问题的角度不同，对情节发展的想象空间是无限的。与全知叙述视角相比，使用限制叙述视角的叙述在真实性和可信度方面就大大增强了。

虽然，限制叙述视角是小说中最常用的，因为"限制"使视角受到局限，所以才利于促成了矛盾冲突，让情节的发展既在读者意料之外，又在情理之中。但其实，

---

[1] 彭玉平. 人间词话疏证 [M]. 北京：中华书局，2014：156，157.

第十七章 现代文学的阅读视角与大学生写作能力培养

这种技法,用在记叙文写作中,同样是大有可为的。尝试限制叙述视角,有如是在写作中探索现实生活。训练学生用限制叙述视角写作,对促使他们关注现实生活,感悟人生,都是大有所益的。

第十八章
现代文学的阅读层次与大学生写作能力培养

第十八章 现代文学的阅读层次与大学生写作能力培养

第一节 表层阅读与写作能力培养

一、表层阅读及其与深层阅读的关系

根据心理学观点，文本阅读也应遵循认识客观事物的基本规律，即由表及里、由现象到本质，因此，"表层阅读"和"深层阅读"是文本阅读的两个必然阶段。笔者认为，"表层阅读"指的是理解文本中基本词句的意思，初步把握文本的主要内容，直白地讲，就是能够顺利把整个文本读下来，知道文本讲了什么；而诸如揣摩文本的表达顺序，领悟文本的表达方法等阅读行为则属于"深层阅读"的范畴。

（1）"表层阅读"是"深层阅读"的物质基点。如果把整个阅读教学比作一株绿色植物的生长链，"表层阅读"就是植物生长所必需的二氧化碳和水，唯有"养料"足了，阅读教学才能茁壮成长。试想一下，学生连文本讲了什么都不甚了了，又怎么可能实现所谓的"阅读生成"呢？

在一些"特殊"课文的阅读教学中，"表层阅读"尤为重要。叙事类文章中的一些历史题材篇目，如《将相和》《草船借箭》《晏子使楚》等；革命传统教育题材篇目，如《狼牙山五壮士》《金色的鱼钩》《十六年前的回忆》等这些作品内容与学生的生活实际相距较远，学生理解起来有困难，这就需要通过"表层阅读"让学生了解课文的背景，知道事件的来龙去脉和主要人物的所作所为，才能在阅读理解时做到心中有数，才有可能进行深层次的阅读思考。"表层阅读"则能够很好地丰富学生的认知体验，变未知为已知。

（2）"表层阅读"的知识与技能目标。"表层阅读"是"深层阅读"的方法基点，是阅读生态链的"叶绿素"，唯有"叶绿素"充足，阅读教学才能充满生机与活力。阅读教学需要教师进行阅读方法、阅读技能的渗透、点拨、培养，也必然存在学生对于阅读方法、阅读技能的感悟、理解和生成。"表层阅读"的过程与方法的目标主要是：预热本课可能采用的阅读方法，尝试初步运用阅读技能解决问题，感知阅读过程。

（3）"表层阅读"是"深层阅读"的情感基点，是整个阅读生态链中的"光源"。"光源"充沛，阅读才有激情，才更具有人文味道，彰显人文光辉。阅读不是简单的机械运动，而是充满了情感的交互、碰撞。阅读情感包括阅读者的阅读兴趣、阅读态

度，对阅读生成的美感审识与自我内化，在阅读活动中是否主动与他人交流互动等。阅读情感是需要不断累积、渐进养成的，"表层阅读"是培养阅读情感的起始阶段，如果做得好，将为后续"深层阅读"注入强劲的情感动力，促动阅读效能的提升。"表层阅读"的情感态度与价值观目标主要是：找准切入点，让学生爱上文本，产生阅读兴趣，激活继续阅读的内驱动力，与文本的情感基调接轨，尝试进入文本建构的情感世界，为实现"人""本"情感融合奠定基础。

二、新媒体时代表层阅读对文学创作的影响

新媒体是与计算机信息技术相关的媒体形态，是与传统的报纸、杂志、广播、电视不同的新的信息储存和传播的载体与媒介，形成了与传统媒体迥异的刊载、储存、发布方式，新媒体影响了人们的表达方式、接受渠道，甚至改变了人们的思维方式、生活形态。新媒体时代的文学创作发生了重要的变化，新媒体也影响着人们的文学阅读。

（一）新媒体时代的新媒体形态与特征

计算机的出现是人类社会的巨大进步与发展，进入了互联网时代之后，在计算机信息技术的不断发展过程中，在数字技术不断完善的进程中，新媒体具有了与传统媒体不同的形态。对于新媒体的定义，大多认为是："利用数字技术、网络技术，通过互联网、宽带局域网、无线通信网、卫星等渠道，以及电脑、手机、数字电视机等终端，向用户提供信息和娱乐服务的传播形态。"[1]

按照传播学的视阈，新媒体大致可以归为如下形态：（1）网络新媒体。因互联网发展而诞生的网络媒体是新媒体的形态之一，网络报纸、网络杂志、网络游戏、网络动画、网络文学、网络视频、网络社区、网络出版、电子图书、博客等，构成了丰富而博大的网络媒体形态。（2）手机新媒体。随着手机技术的发展与互联网的联姻，随着卫星、数字、移动通信技术的发展，手机在人们的生活中担任着极为重要的角色，产生了手机短信、手机报纸、手机杂志、手机出版、手机电视、手机广播、手机游戏、手机动漫等已经成为传播与交往等重要新媒体。（3）电视新媒体。在数字、网络和移动通信技术等新技术的发展过程中，出现了数字电视，电视成为多功能的电子平台，收视者可以点播影视剧、查看股票、医疗、行车等信息。以宽带有线电视网为依靠的交互式网络电视（IPTV）是电视新媒体的一种，它融汇了互联网、多媒体、通信等技术，向客户提供包括数字电视在内的多种交互式服务，它利用计算机

---

[1] 廖祥忠.何为新媒体？[J].现代传播，2008(5).

第十八章 现代文学的阅读层次与大学生写作能力培养

或机顶盒+电视完成接收视频点播节目、视频广播及网上冲浪等功能。(4)其他新媒体。在现代媒体的发展中,出现了其他诸多的新媒体形态,诸如车载移动电视、楼宇电视、车站电视、灯箱广告等,在公交车、地铁、出租车、火车上的移动电视在播放新闻的同时,还会播放诸多关于商品信息、演出信息、旅游信息等。高档写字楼、高档小区常常装有楼宇电视,在播放商品广告的同时,也传播着某些实用信息。

与传统媒体不同,新媒体已形成了某些新的特征:(1)信息的开放性。新媒体构成了现代信息传播的开放性,只要有相关的网络设备,人们就可以从新媒体获得信息,也可以利用新媒体传播信息,传统媒体严格的审核制度对于诸多新媒体没有了制约力。(2)传播的便捷性。在信息爆炸的时代,新媒体可以十分便捷地将任何地方的任何信息瞬间传遍全球,人们可以通过不同类型的新媒体获得信息,可以在事件发生的同时获得相关信息。(3)传受的互动性。与传统媒体的单向传播不同,新媒体具有传播的互动性,人们在接受相关信息过程中,可以将自己的意见和看法通过新媒体进行表达,在运用新媒体IPTV时,人们可以主动点播节目,形成了传播者与接收者之间的互动。

新媒体的出现不仅改变了人们的某些生活方式,也改变了人们的某些观念。新媒体不仅影响了现代社会的文学创作,也影响了当下社会的文学阅读。

(二)新媒体时代的文学阅读

新媒体时代的文学创作发生了某些变化,新媒体时代的文学阅读也有了重要的变化,新媒体信息的开放性、传播的便捷性、传受的互动性,让读者的阅读具有了新的特点。

阅读浅泛化,成为新媒体时代阅读的特点之一。网络文学、电子报纸、电子图书、手机文学,让读者的阅读更为自由与随意,地铁里、码头上、公交车里、办公室里,只要有电脑、手机、电子书就可以阅读,翻阅浏览式的阅读,一目十行跳跃性的阅读,囫囵吞枣不求甚解、浅尝辄止的阅读,成为新媒体时代阅读的一种现象,便捷、快速浅尝辄止的阅读,成为当下社会浅阅读的基本特征。由于这种阅读方式,形成了大量浏览而缺乏深入的泛阅读,甚至只浏览标题而不细读文本的现象,不在大量文本前驻足,而在吸引眼球的段落词句上留步。

阅读的图像化,成为新媒体时代阅读的特点之二。数字电视、动漫图书、移动电视、DVD影视、3D电影、彩信等,让现代人的阅读图像化了,人们对于古典文学名著的阅读常常凭借影视作品,而非通过名著的文学文本,在读图时代往往又出现了插图本文学作品的出版与流行,甚至也出版了一些图说中国古典哲学名著系列丛书,在让一些深奥的古典哲学图像化的同时,却也将一些深邃的思想简单化了。有

人指出:"现代科技照相技术、电影技术、电视技术、计算机技术、数字图像处理技术先后打开了通向读图时代的大路,消费文化的勃兴则使人越来越习惯在视觉中接触世界。久而久之,人的思维变得懒惰。"追求读图的形象与轻松,追求读图的即视快感,形成新媒体时代阅读的一种倾向,过于沉溺于读图往往会弱化人们的想象能力和思维能力。

阅读的游戏化,成为新媒体时代阅读的特点之三。在某些小说创作中,明显可以看到电子游戏的痕迹,那种天马行空的奇思幻想,那些打斗杀戮的场面,那些除暴扶弱的行为,都与电子游戏十分相似。在文学阅读过程中,与传统的文学阅读接受教益不同,新媒体时代的阅读呈现出游戏化特点,追求愉悦、寻求刺激、求得快感已成为阅读的某种目的,以至于在某些作品的阅读过程中,跳跃式的浏览式阅读已经成为一种阅读习惯,并非按部就班顺序阅读,而是在跳跃式浏览中选取有刺激的场景与情节,无论是情欲宣泄,还是阴谋算计;无论是偷窥盯梢,还是杀戮火拼,读者往往在这些夺人眼球的地方滞留,形成了阅读游戏化的片段性、零碎化,成为新媒体时代阅读的一种现象。手机小说的阅读更是如此,那些有色彩的手机小说往往与性和政治相关,通过一再转发,引起哈哈一笑,在游戏状态中完成了小说的阅读。

新媒体时代的文学阅读,固然与媒体的发展技术的发达有关,也与大众文化的流行有联系,新媒体时代文学阅读的浅泛化、图像化、游戏化,成为大众文化流行的一种症候。

(三)新媒体时代的文学创作

新媒体时代的文学创作发生了十分重要的变化,这种变化与新媒体传播文学的形态与方式有关,文学不再仅仅是刊登在报刊、书籍上的文学读物,新媒体大大拓展了文学发表的空间与传播的方式,网络新媒体、手机新媒体、电视新媒体等都成为文学的载体与传播的渠道,新媒体信息的开放性、传播的便捷性、传受的互动性对于当代文学创作产生了极为重要的影响。

1. 拓展了文学领域

与传统媒介相比较,新媒体时代的文学虽然受到商业化的左右,但是新媒体大大拓展了文学发表的空间。"据有关部门统计,我国文学网民高达2.27亿人,其中约有两千万属上网写作人群,经文学网站注册的写手高达200万人。"[①]新语丝、天涯、博库、盛大等诸多文学网站的出现,造就了一个文学狂欢的时代,文学创作的

[①] 欧阳友权.2011年新媒体文学创作概观[N].光明日报,2012-01-31.

第十八章 现代文学的阅读层次与大学生写作能力培养

方式似乎更加自由了，文学创作甚至变异为文学生产，《第一次的亲密接触》等网络作品为人们所关注。在网络文学的不断发展中，文学创作的类型也有了长足的发展，仅小说创作领域就有奇幻小说、玄幻小说、穿越小说、灵异小说、网游小说、修真小说等，文学的天地越来越宽了。

2. 改变了文学观念

与传统的文学观念不同，以往的"作家是人类灵魂的工程师"已经被淡忘了，文学不再仅仅是劝善惩恶、道德说教的工具，由网络、手机、电视等作为传播媒介的文学更突出了娱乐性、消遣性，在现代消费观念的影响下，作为商品的文学其消费性更加突出，网络文学、电子出版、数字出版等对于纸媒的冲击，使得诸多出版社调整方向，使得诸多书店濒临困境。在新媒体时代的读图语境中，文学与影视、戏剧、游戏、动漫结缘成为一种倾向，关注读者、关注市场、关注消费成为新媒体时代文学创作的一种动向，忽略经典性、重视大众化成为文学创作的趋势。

3. 转换了创作方式

新媒体时代的网络、手机、电视新媒体等的出现一定程度上影响了作家的创作，甚至渐渐使一些作家转换了创作方式，这并非仅仅是作家由用笔写作转换为用电脑写作、手机写作，更重要的是某种创作方式发生了转换。网络写作的互动已经形成了与传统文学创作的不同方式，读者影响着作者的写作思路，作者接受读者的意见和建议，作者与读者共同参与作品的创作。"网络文学的生产方式、生产规模与生产效益对主流文坛造成了极大的冲击，而它的价值观念、操作方案、产业化模式等也开始向整个文学界蔓延。"[1] 在读图时代，影视剧的巨大市场与高酬劳的影响，传统作家向影视业转换或向影视剧献媚已是不争的事实，这从根本上改变了文学创作的方式，在小说创作时就将小说剧本化（注重场景、对话的描写，忽略心理、情绪的描绘），出现了小说创作剧本化的倾向。在某些影视作品走俏市场后，又从剧本改换为小说，出现了一些剧本小说。倘若说网络文学让作者有了自由宣泄、大肆铺叙的可能的话，那么手机小说、微博的出现，让写手们努力以简练的话语表达丰富的内涵、撰写有意思的故事，在其不断传播的过程中，具有了不断被改写、被丰富的可能。

新媒体时代的文学创作出现了某些新的倾向，文学领域的拓展、文学观念的改变、创作方式的转换等，呈现出某种两难处境：一方面文学创作变得越来越自由、越来越容易、越来越轻松；另一方面文学创作变得越来越随意、越来越粗俗、越来越浅薄，文学创作向文学生产转换，文学接受向文学消费转换，在由网络文学将文

---

[1] 赵勇：《文学生产与消费活动的转型之旅：新世纪文学十年抽样分析．贵州社会科学，2010（1）．

学推向一个狂欢的时代，文学的经典性被日益弱化了、淡化了。

第二节 深层阅读与写作能力培养

一、深度阅读的基本概念

深度阅读是一种基于知识图谱，集成与书籍相关的知识源，具备内容理解、关联分析以及用户行为分析能力，支持个性化、基于上下文感知的知识推荐，向读者主动提供全面、关联、智能的深度知识服务的全新阅读模式。同表层阅读相比，深度阅读提高了知识源的覆盖面。深度阅读基于知识图谱，整合了多方面的数据源，深度阅读扩展了知识的纵深。同表层阅读相比，深度阅读增强了知识点之间的语义关联，降低了读者学习成本。同表层阅读相比，深度阅读实现了智能知识推荐，在书籍内容理解和阅读行为理解的前提下，实现个性化知识推荐和具有情景感知能力的知识推荐。

相对"浅阅读"而言的，深度阅读是以提升学识修养和理论思维、工作能力为目的的深层次阅读形式。而"表层阅读"是指一种浅层次的、以简单轻松甚至娱乐性为目的的阅读形式。这是读者与作者心与心的交流，虽然对大多数人来说深度阅读费时费事，但深度阅读不仅提高你的文学素养，而且能陶冶你的情操。所以，在这表层阅读盛行的时代，只要你能够深度阅读，那么，你得到的知识将相对于表层阅读是更加完善与丰富的。

因此，深度阅读克服了表层阅读知识平面化的缺陷，促进了读者与书籍之间的相互理解。深度阅读将书籍从知识的载体提升为贴心的学习助手。深度阅读将人们从繁重的学习中彻底解放出来。深度阅读从形式上、内容上和用户体验上改变电子阅读模式，推动阅读模式的革新，将是下一代电子阅读的发展趋势。

二、加强深层阅读的途径及其对文学创作的影响

文学理论是国内大学中文系低年级的必修课。从实用角度来看，通过文学理论系统化的学习，我们可以掌握高效的文学作品分析方式，从而提高文学作品的阅读效率。作为一本基础知识类书籍，《耶鲁大学公开课：文学理论》一书一方面回顾了20世纪文学理论中的重要主题和潮流，并通过哲学和社会的视角将其串联起来，使全书充满趣味且通俗易懂；另一方面，书中也全方位解答了普通读者对文学理论这一学科的疑惑，如什么是文学、它是如何被生产出来的、我们应该如何理解文学，

第十八章　现代文学的阅读层次与大学生写作能力培养

以及文学的目的是什么等。阅读完本书，你将不仅对文学理论领域有了一个初步的了解，同时也能够根据作者弗莱提供的文学理论思维模型，梳理出一条有效的深入阅读之路。

《耶鲁大学公开课：文学理论》主要介绍了三个增加阅读深度的途径。第一个途径——与文学作品进行积极对话；第二个途径——关注文学作品的社会环境；第三个途径，注重文学作品中的语言特性。

(一) 第一个途径——与文学作品进行积极对话

在解释什么是"积极对话"之前，先来试想两个场景。第一个场景：你刚读完了一本好书，想向朋友推荐。此时，你是会大量引用书中的原文呢？还是会将书中的精彩内容进行一个提炼、概括后，再向朋友进行介绍？第二个场景：在考试前，老师会一再强调，"不要照抄你们学过的作者的用词。我想知道的是，你们已经真正了解了这些作者。"而你回应老师的方式，便是绞尽脑汁地挖掘文学作品背后的作者意图，并通过你自己组织好的另外一种语言，将该作品的内容进行重新阐述。以上这两个场景所描述的就是读者与文学作品之间所进行的积极对话。而在这两个场景中所使用到的，对文学作品进行总结、提炼及重新阐述的过程，则是我们接下来要详细展开论述的"阐释学"。

阐释学最初是从宗教中开始的，其目的在于帮助人们更好地理解圣经文本。后来，阐释学开始被广泛应用于法律领域及其他领域，阐释活动也逐渐成为人们在深入阅读文学作品时的常规动作。而如果在文学作品的阅读过程中，始终不断尝试去阐释其中的内容，那么会发现两个问题。第一个问题是，阐释活动并不是单向的，而是循环往复的。

这听起来有点复杂，可以试着找一部18世纪诗人雪莱的作品，这类来自遥远视域的作品通常更能帮助我们理解"阐释活动"或上面所提到的"阐释循环"。在阅读雪莱的作品时，我们往往会将自己对世界的理解，带入对文学作品意思的理解之中，我们通过联系已有的知识，去思考作品中似乎要表明的内容。反之亦然，随着我们对作品的不断阅读，文学作品中所呈现的内容也在不断拓展和修正着我们对作品已有的认识。所以我们与文学作品之间是一个互动的过程，而且这种互动是不断循环的，随着阅读进度的推进而推进。正是这种阐释的循环，使我们在获得作品本身意思的过程中，能够与作品发生积极的对话，从而在作品表述的意思之上，发觉到作者"想说的意思"，也就是该文学作品真正的意义。

"表层阅读"与"深度阅读"的区别，即在表层阅读过程中，我们只是不假思索地去接纳文学作品中所呈现的意思；而在深度阅读中，我们则是在不断理解作品意

思的基础之上，通过上面提到的"阐释循环"来试图去发现作者想说的意思。

第二个问题，阐释文学作品的过程是创作实践和接受实践的融合过程。我们常会有这样的感受：在深度阅读的过程中，我们对文学作品内容进行概括和提炼的同时，往往会掺杂自己对作品的评价。而这就相当于我们与作者进行了一场隔空对话与讨论，如此所得到的收获，必然比照单全收作者的言论要多得多。虽然文学作品由其作者所创造，但其意义是一个独立的生成物。文学作品的意义并非固定的，一成不变的。读者对作品的理解往往是以自身既有的观念来对其进行解读，而作品则一方面以其自有的语言、风格、内容来抵御读者的这种"破坏"，同时，又大开门户，将那些能够扩展和丰富作品意义的解释统统吸纳进来。在这个抵御与吸纳的过程中，我们就以作品为媒介，与作者进行了一次"隔空沟通"。

（二）第二个途径——关注文学作品的社会环境

在表层阅读过程中，我们通常"看山是山，看水是水"，所见即所得，被文字牵着鼻子走；随着阅读的深入，我们开始不断探寻文学作品意思之后的意义，此时，我们就逐渐进入了"看山不是山，看水不是水"的阶段；但真正地深入阅读，其实应该是"看山还是山，看水还是水"，在这个阶段，我们不仅能够探索到作品的意义，而且能够准确理解作品究竟以何种方式表现了这种意义。

阅读的这三重境界是层层递进的，而要达到第三重境界，最重要的一点就是学会关注文学作品的社会环境。在前两个阅读境界中，文学作品为我们构建了一个世界，它在一定程度上可以被看作真实世界的缩影。也就是说，我们可以以这个作品为媒介或者切入点，来探寻真实的世界。但在深入阅读的过程中，文学作品则可以被看作世界中的一个客体，由当时的社会力量生成、维持或者毁灭。换句话说，作家所处的社会环境，所处时代的经济基础、政治制度、军事斗争、阶级状况、民族关系、文化背景等都可能对作家创作个性产生制约作用，并最终在文学作品中体现出来。

比如，建安时期社会动荡，连年战乱，这一时期的文学作品多反映现实的动乱和人民的苦难，抒发建功立业的理想和积极进取的精神。同时也流露出人生短暂、壮志难酬的悲凉幽怨。比如，曹操在《短歌行》中写道"对酒当歌，人生几何"。曹丕在《燕歌行》中感慨"秋风萧瑟天气凉，草木摇落露为霜。群燕辞归鹄南翔"。

文学创作离不开生活，都说艺术来源于生活而高于生活。而人是群体性动物，是社会环境的产物。不论任何作家，当他在创作时，所写下的一切必然和生活相关联，也就是具有一种社会普遍性，因为书里所写的人和事可能就在你我身边，书里所写的社会现象，必然具备一定的普遍性。

第十八章 现代文学的阅读层次与大学生写作能力培养

(三) 第三个途径——注重文学作品中的语言特性

高尔基说过,"文学的第一要素是语言"。文学是语言的艺术,文学语言的艺术性直接影响着文学的价值和生命。

1. 文学语言的内指性

李白在《秋浦歌》中写道"白发三千丈,缘愁似个长",显然"白发三千丈"并不符合现实生活的事理逻辑,但在诗人所虚构出来的模拟世界中,它却是符合诗人的情感逻辑的。同样的诗句还有岳飞《满江红》中的"怒发冲冠""壮志饥餐胡虏肉,笑谈渴饮匈奴血"等。我们常常把丰富和艺术逻辑或情感逻辑的语言称为内指性语言,把符合现实逻辑或事理逻辑的语言称为外指性语言。当我们在阅读文学作品时,不仅要对这两种不同的语言加以区分,还要尝试在理解内指性语言表面意思的基础上,探寻到作者想表达的内在意义。

2. 文学语言的蕴含性

我们常有这样的感触,同样一句话,两个人理解的意思却大相径庭。比如,赵本山、宋丹丹、崔永元在1999年央视春晚上演的小品《昨天、今天和明天》。在主持人崔永元报出当期《实话实说》栏目的话题是《昨天、今天和明天》后,赵本山扮演的东北大叔紧接着就说:"昨天准备了一宿,今天来了,明天回去。"话题的本意,其实是"过去、现在和将来"。主持人和东北大叔对同一话题的不同理解,展示出了文学语言和普通语言的又一差异:文学语言具有心理蕴含性,侧重表现功能;而普通语言则意义单一,侧重指称客观事物的功能。

在现实生活中,文学语言也以其所独有的心理蕴含性,成为广告语的宠儿,耐克的广告"Just Do It"。文学语言就是这样,它或许看似普通,但往往倾注着文学家的心理内涵,它们托物寓意、言在此而意在彼,呈现出了一种话里有话、弦外之音的效果。然而,如果不了解文学语言的蕴含性,你可能一不留神就错过了。

3. 文学语言的阻拒性

同样一句话,用文学语言和普通语言表述出来则风格差异巨大。比如,一个普通的"保持车距,当心撞车",如果转换成文学语言版本,则变成了"请别吻我,因为我怕羞"。这里的"羞"写的是害羞的"羞",而如果你肯花心思多琢磨一下就会明白,这个车贴的本意应该是"修理"的"修"。这种常规修辞手法,让人无法一眼就看明白的特性,就是文学语言的阻拒性,其目的则是引起读者的注意,让你在经过一番思索、玩味之后,深感其妙,或风趣幽默,或耐人寻味,这就是文学语言的文学性、艺术性之所在。

文学创作中,要善于运用语言的技巧,通常可以从修辞入手。修辞手法主要是

依照表达所需要的内容,通过使用有用的语言方式来提升语言的表达效果从而使语言表达能够准确、生动而又形象的一种语言表达方式。它包括描写、比喻、层递、对偶、夸张、拟人、借代等,通过这些修辞手法,来使作品更加形象生动,让读者能够更加轻松地理解作者的意图。

文学作品的语言是形成其艺术形象和表达主旨的基础,是笔者通过加工、提炼创作出来的,具有明确、生动活泼、富有形象性和艺术感染力的特征。要在充分理解、品味文学语言所具有的内指性、蕴含性和阻拒性的基础上,创造出意蕴悠长的文学作品。

第三节 评价性阅读与写作能力培养

关于评价性阅读,本节以文学评论为阐述重点,说明其必要性及其写作要点。文学评论是作者对所读文学作品的一种文学感悟,是一种美学感知行为。文学评论既可以是对作品的积极赞许,也可以是对作品的质疑,又可以仅仅是对作品的欣赏表达。如何表达对文学作品的感受完全体现在文学评论的写作水平上,文学写作要求有创造性的审美思维。

一、什么是文学评论

文学评论是运用文学理论现象进行研究,探讨、揭示文学的发展规律,以指导文学创作的实践活动。文学评论包括诗歌评论、小说评论、散文评论、戏剧评论、影视评论等。例如,《我的父亲母亲》是电影。电影是集编剧、导演、演员、摄影、音乐、美工、剪辑、服装、道具、化妆、灯光、特技等于一身的一种集体创作的综合艺术,影视评论既可对诸多方面作综合评论,也可对某一方面作重点评论。

文学评论与一般的思想评论是不同的。思想评论的对象是社会生活和人们在其生活、工作中表现出来的种种思想问题,目的是帮助人们提高思想认识、分清是非;它可以通过各种各样、各方面的材料予以论证,只要紧扣你所要阐明的观点即可。文学评论的对象是文学作品,评论的目的是通过对其思想内容、创作风格、艺术特点等方面的议论、评价,提高阅读、鉴赏水平,评论时当然可以旁征博引,引用各种材料论证,但这旁征博引的各种材料,应是与文学作品有关的,而文学评论所用的材料基本上是来自所评文学作品本身。

第十八章　现代文学的阅读层次与大学生写作能力培养

二、文学评论的意义

文学评论是一种对美、对艺术的欣赏，对文学读者有着很高的影响力，不仅可以吸引读者品读备受评论的文学，而且可以通过评论进行文学交流，各抒己见，就像品一瓶好酒一样，每个人都可以品出文学作品中不一样的味道。例如，现当代文学作品评论中比较有影响力的当属"红学"。红学以《红楼梦》和作者曹雪芹为研究和考证对象，红学分为旧红学和新红学，新红学当属现当代的文学评论。新红学以胡适为代表的考证派，考证出作者曹雪芹是曹寅之孙，红楼梦是其自传。但随着时间的推移，考证派的这种观点由原来的被大众普遍接受，到慢慢受人质疑，这种质疑一方面来自红学内部其他派别的指正，另一方面则是来自现当代文学评论的力量。

三、提升现当代文学评论的方法

（1）端正文学评论态度，严格按照评论标准进行。现当代文学评论作品中出现的种种陋习，严重影响了现当代文学评论的质量。文学评论是一种严谨的工作，其社会效应不容小觑，具有强烈的社会责任感，端正的文学评论态度是文学评论者进行评论时首应具备的素质。要保证文学评论不能虚头巴脑，要追寻实事求是的原则。要确保文学评论作品对文学负责、对大众负责、对社会负责。其次，文学评论者要掌握评论的标准。文学评论的标准有政治标准、思想标准、历史标准、社会标准、艺术标准、美学标准等。只有熟悉这些标准，评论者才能够在限制的范围内更好地评论文学作品，才能够对大众、对社会负责。

（2）增强文学评论写作能力，改善文学评论的陋习。文学讲究一种底蕴，越是丰富的底蕴，越能够写出好的文字艺术。文学评论也是一种文字艺术，也需要丰厚的文化底蕴。要增强文学评论的能力，首先应该通过阅读来增强评论者的文化底蕴。阅读既要有广度又要有深度，既要点面结合，又要深浅结合。同时，通过阅读能够帮助读者更好地理解文学作品本身的含义，避免评论者不假思索、不着边际、胡乱评论的现象发生。好的文学评论需要有明确的视角、清晰的思路。文学作品可给予读者不同的感触、不同的疑问。选择哪一方面作为评论的视角是评论者首先应当解决的问题。选定文学评论视角后，就需要明确评论思路和评论范围。这一过程中需要深思熟虑，是从感性认识上升到理性认识的过程。这一过程需要评论者仔细定夺，需要花大力气、下深功夫，需要读者拥有发散性思维和创造性思维。

（3）注意文学评论中的细节。文学评论是一种客观特色，必须客观实在。文学评论应当实事求是，要对作品中的内容进行评论，不得凭空想象添加评论内容，缺

乏客观存在性，缺乏考证性。在文学评论写作过程中，要防止述而不议的现象。在确保评论内容客观存在的基础上，还要保证对所评论的内容有自己深刻的理解，有自己想要表达的内容。要避免冗长和枯燥，要适当引述和介绍评论对象。

四、写作文学评论的步骤

文学评论的写作大致有四个步骤：阅读—定题—评论—写作。

1. 阅读

阅读对于文学评论来说，是搜集材料、调查研究的过程。只有通过阅读，才能为写作打下坚实的基础。

(1) 阅读范围。从文学评论的写作要求看，阅读既要做到点面结合，又要做到深浅结合。所谓点面结合的"点"，是指作品。所谓"面"是指作家生平、作家其他作品、其他作家的作品等。在这里，作品的阅读是最重要的，这是获得评论权的最重要的依据。只有阅读作品，才能使自己对评论的对象了如指掌，评论时说到点子上，切中要害，避免片面性。所谓深浅结合，是指对作品的阅读要深一点，钻得透一点，深到能产生真知灼见为止。为了深，就要多读几遍。恩格斯为了对拉萨尔的《弗兰茨·冯·济金根》剧本进行评论，先后将作品至少读了四遍，他在《致斐迪南·拉萨尔》中说："为了有一个完全公正、完全'批判'的'态度'"，为了"在读了之后提出详细的评价、明确的意见"，所以需要一个"比较长的时间我才能发表自己的意见"。再如，列宁为了对小说《怎么办》进行评论，在一个夏天把这部小说读了五遍，"每一次都会在这个作品里发现一些新的令人激动的思想"。毛泽东也说过，《红楼梦》要读五遍，不读五遍就没有发言权。这说明，浮光掠影、蜻蜓点水式的阅读是不行的。对被评论的对象，一定要研究得透彻一些，对作品像对人一样，要知心、知音。对其他作品和材料的阅读不妨浅一点，浏览一遍，有一个直觉印象即可，否则，不能保证"点"的深。

(2) 阅读方法。一般采取"总体——部分——总体"的步骤。总体，就是从头至尾通读，有个得出初步而概括的印象。部分，是要对重要部分仔细地读，分析研究，加深印象，发现特色(或发现问题)，初步形成观点。总体，是要获得完整的本质的认识，对作品的倾向和艺术性做出自己的判断。在阅读过程中，要及时做好摘记工作。有一种"评点法"的评论，就是一手拿笔，一边阅读，一边评点的，如金圣叹评点《水浒》《三国演义》。还要通过阅读培养复述节录作品内容的能力，这是因为评论中常要概述作品内容，以作为评论的依据。

第十八章　现代文学的阅读层次与大学生写作能力培养

2. 定题

所谓定题，就是在阅读、搜集材料的基础上，选择并确定评论的题旨(中心)。定题也称为"选题"。初学写作文学评论的人在定题时常犯以下几种毛病：第一种，为评而评，无的放矢。评论者随便拿一篇作品，自己没有明确的目标，未经过认真思考，就去评论。第二种，贪大求全，面面俱到。一开始就写《论×××的小说创作》这样大的题目，往往无从下笔而流于一般、平庸、肤浅。第三种，缺乏新意，老生常谈，步别人的后尘，拾人牙慧。应该怎样定题呢？

首先要选准作品。应该选择什么人的哪一篇作品，这是有标准的。标准就是：(1)作品的价值。一篇作品拿到手，要权衡一下，问问自己：这作品有没有价值？值不值得评？俄国文艺批评家车尔尼雪夫斯基说："假使你要做一个彻底的人，那么就应该特别注意作品的价值，而不必拘泥于你以前觉得这同一位作家的作品是好还是坏。"(《谈批评中的坦率精神》)这说明：文学评论要评的是文学作品，作品本身的价值才是我们确定评论与否的重要依据。所谓作品的价值，指的是它的美学价值，也就是作品的思想性和艺术性达到的水平应是很高的，或比较高的；另外，是某一种作品代表着一种值得注意的倾向，或者就是坏作品。这两类作品都是值得评论的。因为，评论好的，可提高读者的审美水平，使读者获得美的享受，也可使作者认识到自己的特色，向好的方面发展，提高一步；评论坏的，可以防微杜渐，给作者敲警钟，使读者也能认识假、恶、丑。(2)现实的需要。现实的需要指的是，国家事业的需要，人民生活的需要，社会发展的需要。凡是现实需要评论的作品，我们作为评论者，就应该负起评论的责任。(3)个人的专长。选作品要根据自己的爱好、专长来定。也就是说，要选自己有所研究的、有把握的、有心得的，能评论的来评。尤其是初学评论写作的，更要扬长避短，否则评起来困难，也不容易评好。其次要定好中心。要确定评论的中心，有两个原则要遵守：第一，不同体裁，区别对待。体裁不同，确立评论中心的角度也应有所不同。例如，叙事文学的评论，评论的角度应偏重于人物塑造、矛盾冲突等方面。抒情文学的评论，评论的角度应偏重于艺术意境、感情抒发等方面。第二，应有真知，贵在创新。评论的中心，必须从自己对作品的独到见解、真知灼见出发来确立。由于是自己的真知灼见，就可避免雷同，就能创新，评出新水平。对一篇作品，是评人物形象，还是评情节安排，是评某一细节，还是评全篇结构；是评思想意义，还是评语言风格，都需要评论者具有一双慧眼。培养"眼力"，可以采取两个办法：一是选取。选取作品有意义之点来评。因为作者在写作时就是这样选材的。鲁迅说："选取有意义之点，指示出来，使那意义格外分明、扩大，那是正确的批评家的任务。"(《关于小说题材的通信》)应该使自己

能够熟练地从评论的作品中选取有意义之点。开始，可以选择一些名篇，自己确定一个具体的范围，选取一些有意义之点。如评价鲁迅的小说《祝福》，可以确定一个范围：评论祥林嫂的形象塑造技巧。这样，既可以从总的方面——祥林嫂是一个什么样的典型，成功在哪里等方面来选取；也可以从局部的方面——鲁迅怎样刻画祥林嫂的眼睛、语言、性格等方面来选取。二是甄别。主要从三方面锻炼自己的甄别能力：一是作品中什么是应选取的有意义之点，什么是要舍弃的无意义之点；二是什么是自己对于作品的真知灼见，什么是拾人牙慧的旧调重弹、老生常谈；三是哪些是自己评论时能够驾驭的，哪些是偏大偏难自己力不胜任的。总之，定题是在阅读作品的基础上，通过评论者的思考，从感性认识上升到理性认识的"飞跃过程"。要顺利完成这个"飞跃"过程，需要花大力气、下深功夫。一些批评家能定题定得准，也不是一朝一夕之功，一蹴而就的。

3. 评论

多数评论基于以下五个问题：①这部作品说些什么？②这部作品意味着什么？③这部作品是如何表达的？④这部作品表达得好不好？⑤这部作品值得创作吗？

第一个评论的问题，只涉及作品的一些表面现象。主要应对"谁""什么""何处""何时""为何"和"如何"给予正确的答案。目的在于明确作品所反映的具体内容，并且把作者所经验的与自己所经验的联系起来。第二个评论的问题，在于阐明作品的主题。这种能力只有在阅读和欣赏文学作品有了丰富的经验之后才能具备。要正确评论作品的主题，一般要从：内容释义、感觉感情、语言调整、作者意图等四个方面去理解作品。第三个评论的问题，涉及作者为了使自己的作品达到预期效果所运用的技巧。技巧是作者要达到他的目的而使用的手段和工具，作为文学作品来说，除非能够注意并运用这些特殊的技巧，否则，读者就不可能充分理解和评价它。评价作品的表达技巧是读者和作者都会感兴趣的。第四个评论的问题，是建立在对前三个问题的刻苦研究之上的，是为了公平、正确地评价一部文学作品与读者进行思想感情交流的能力。这种评价在很大程度上是主观的——评论者对这部文学作品的个人感受。但是如果读者能正确判断作者艺术手法表达的成功程度，对作品的技巧的运用作出应有的评价，将会得到作者和许多读者的赞同。第五个评论的问题是关于作品的价值的。一篇文学评论只有正确地指出作品的认识价值和艺术价值，才称得上是一篇好的文学评论。"使文学作品获得写作价值的，除了带来愉快、扩大知识领域、提供新的见识、促进积极行动、促进对生活有更正确的态度等等以外，还有语言的描绘（通过色彩、形状、明暗、场景的描写），思想、结构或语言的宏伟，历史性（对于另一时间的描述），以及存在于许多散文和诗歌中的韵律。"（威廉.W.韦

斯特《提高写作技能》)

在《文学评论》《文艺报》等报刊上发表的评论作品,为我们学习评论提供了范文,我们可以从这些评论中学习到有益的评论方法。

4. 写作

写作文学评论属于议论文。它必须具有议论文的一般特点,这是它与其他议论文的共性。但是由于它是对文学作品发表的评论,所以又不同于其他的议论文,而要有点文学色彩,这是它的个性。因此,一篇好的文学评论,既要具有一般论说文的特点,又要讲究文学性。

(1) 要有正确而鲜明的观点(论点)。我们对一篇文学作品发表议论,总要有个基本看法:是好还是坏?是基本上好的还有缺点,还是基本上不好但尚有某些可取之处?这个基本看法就是文章的中心论点,而这个论点必须是正确的、鲜明的。

(2) 要有准确、充分而有说服力的论据。文学评论的论据,主要应从作品的人物、情节和艺术描写中去找,也就是说,要对作品的人物形象、故事情节、艺术描写和语言运用等方面进行深入细致的分析。从而引用足以说明自己论点的材料作为论据。这些论据一定要准确可靠,不能想当然,更不可曲解,甚或断章取义,攻其一点不及其余。

(3) 要运用科学的符合逻辑推理的论证方法。是用归纳法,还是用演绎法,或者是类比法,应深思熟虑。而且,是写成一篇立论的评论,还是一篇驳论的评论,也需要根据写作目的,从作品实际和读者需要出发来确定。

(4) 要具有文学批评的当代意识,能按照文学规律和特性结合作品实际进行写作。必须运用学过的文学理论知识、文学史知识、美学知识、语言学和修辞学知识,针对具体作品进行具体分析。否则,在文章中尽讲外行话,或者对文艺作品提出不切实际的要求,这样的评论肯定难以服人。

(5) 文学观念不断更新,因此文学评论的理论和术语也随之不断更新。为此,就要努力使评论的语言既准确、严密、有科学性、理论性,又要鲜明、新颖、有文学性、形象性。要通过语言的运用将评论的理、情、文三者完美地结合起来。

第十九章
现代文学阅读的情感体验对大学生写作能力的影响

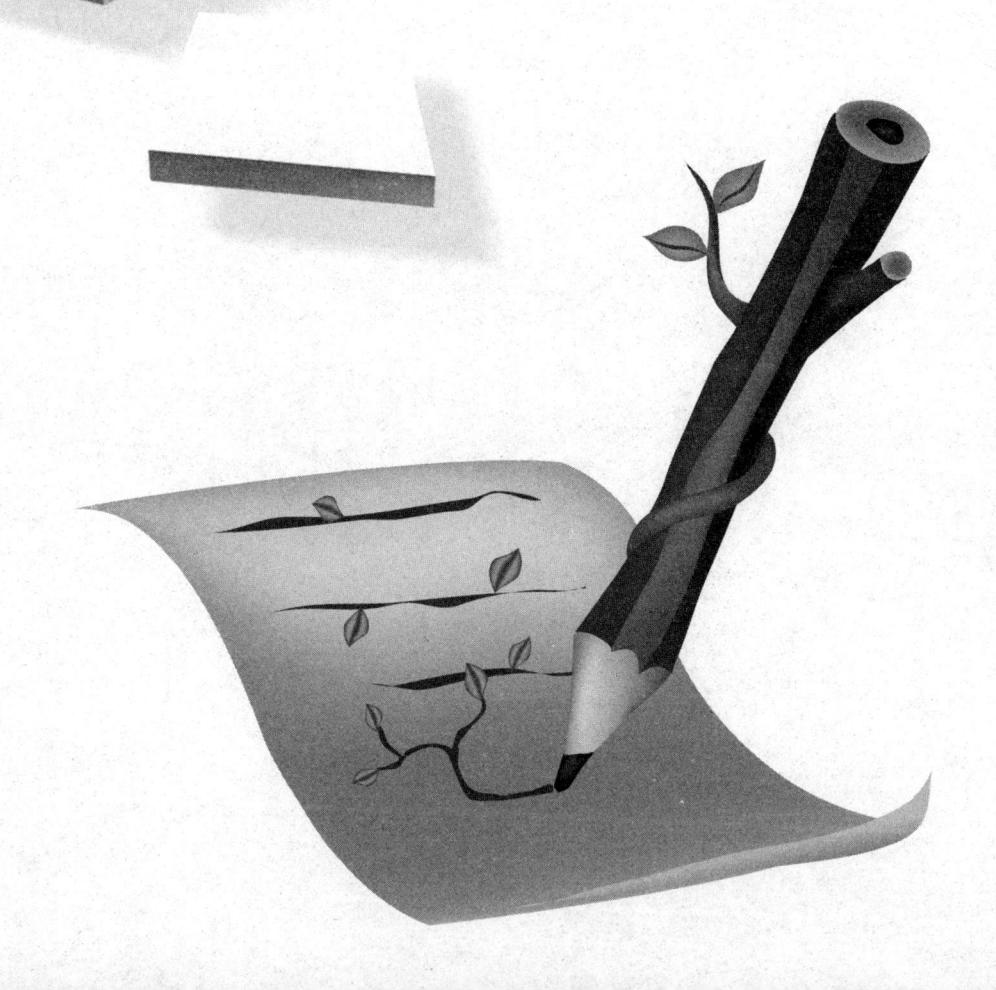

第十九章　现代文学阅读的情感体验对大学生写作能力的影响

第一节　文学阅读的审美情趣与鉴赏品味

从传统美学的角度来看，文学鉴赏是读者阅读文学作品时的一种审美认识活动。读者通过语言文字的媒介作用，获得对文学作品塑造的艺术形象的具体感受和真切体验。作品中反映的自然美、社会美及其创造的艺术美，逐步引起阅读鉴赏者思想感情上渐渐强烈的反应，使其得到审美的愉悦和享受。

一、文学作品审美鉴赏的三个阶段

审美准备阶段。审美主体在审美时首先产生的是对审美对象的关注，即"审美注意"。接着产生的是对该对象所萌发的一种追求、憧憬，一种朦胧的兴奋，即"审美期待"。审美主体由此引起对审美对象的兴趣与期待后，便正式进入审美进行阶段。

审美进行阶段。此阶段，又可分为三个步骤：审美感知、审美想象和审美理解。

审美结束阶段。当审美高潮结束后，审美活动并不会立即终止，审美主体仍然会在一种特定的审美心境中展开审美回味，即对头脑中残存的审美意象从容地玩味，细细地咀嚼，思索其深邃的意境，领略其隽永的意味，进行"精神反刍"。

二、审美鉴赏"三步骤"

魏晋以来的许多文学批评家，如钟嵘、司空图、严羽、王夫之、叶燮、王国维等，在他们的文论中，都提出过"观""品""悟"的文艺作品鉴赏活动的"三步骤"理论。而现代美学中审美进行阶段的"三步骤"理论，正与我国古典美学中的相关论述如出一辙，两相应和。

(一)"观"其大略，整体感知

"观"，是指鉴赏者开始接触文学作品，凭着自我的文学敏感，通过形式符号，对作品做出直观的而又是整体的感知。与"观"相对应的现代美学理念，是"审美感知"，即审美主体在自己头脑中形成对审美对象的审美表象，它是审美感受的门户。此步骤中的鉴赏，当然还仅仅是表层的。鉴赏者只是初步了解文学作品符号的意义，形成不完整或粗浅的意象。而所谓的"意象"，是指鉴赏者的一种心理存在，它有着"意"与"象"两个基本结构方面。"意"，指主体的审美（包括创作）时的意图、意志、意念、意欲，表达的思想情感、人生体验、审美理想、文学追求，等等；"象"，则指

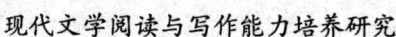

由想象创造出来的，能体现主体之"意"，并能为感官所直接感受、知觉、体验到的非现实的表象。

除了对作品意象内容方面的初步感知，我们在其表现形式方面还应"观"些什么呢？对此，南朝梁时的刘勰在《文心雕龙·知音》中有所论述："是以将阅文情，先标六观：一观位体，二观置辞，三观通变，四观奇正，五观事义，六观宫商。斯术既形，则优劣见矣。"意思是说，要审查文章的内容，先要确立六个方面：第一个方面是文章体制的安排，第二个方面是文辞的布置，第三个方面是借鉴前人与变化创新的情况，第四个方面是"奇"与"正"一类的表现手法，第五个方面是引用典故的手段，第六个方面是作品的音律声调。这几个方面都有所关注了，那么文章的优劣就显而易见了。

刘勰所强调的需要审查的"六观"，大体都属于我们今天所说的"形式"方面的必"观"对象。因此，在进行文学鉴赏训练时，教师应指导学生耐心细致地通读全文，力求对作品的"形式"诸因素作尽可能完整的感受和把握。举凡高超的语言技巧、逼真的描写技巧等，都应了然于目、了然于心。

（二）"品"其意象，凝神观照

"品"是指鉴赏者根据各自的审美文化心理结构经验，凝神观照，细致地体味作品，充实、丰富、发展在第一个步骤中已形成但还很粗浅的意象，使作品的意象更具鉴赏个性。可以说，"品"就是意象的重建过程，这是文学鉴赏全过程中的核心过程。此步骤中的意象，已成为鉴赏者主观情意与作品外在物象相融合的心象。所以，在"品"的过程中，鉴赏者要展开丰富的联想与想象，唤醒自己遥远的记忆、消逝的情绪，填补作品中的空白，使作品的艺术形象在头脑中活起来。

与"品"相对应的现代美学理念，是"审美想象"。审美想象是审美表象的载体，它可以把审美感知、情感和理解等多种心理因素联系起来，起枢纽作用。审美主体一旦插上了想象的翅膀，就可以在审美世界里自由翱翔。而审美情感，则是整个审美活动的动力。它可以使感知更敏锐、想象更活跃、理解更深刻，从而推动审美活动的发展。关于"品"，古人早有见地。与刘勰同时代的钟嵘，在他的《诗品序》中，就通过细细品味，"品"出了五言诗颇"有滋味"——有诗味、有艺术魅力、有美感——从而认定其居"文辞之要"。唐代的司空图也在《与李生论诗书》中开门见山地提出："辩于味，而后可以言诗。"——此说旨在强调：要理解、懂得什么是诗味，要善于品评、辨析诗歌作品的诗味；唯有这样去"品"，才能真正地读懂诗歌。

（三）"悟"其意境，情感升华

"悟"，是指鉴赏者在前述"品"的过程中，渐入佳境，主体的意识逐渐活跃起

第十九章　现代文学阅读的情感体验对大学生写作能力的影响

来，品读的意象也一步步鲜明，终于物我同化，主客体交融，使主体的情感意识在一瞬间升华为高度自由的、超越现实时空的境界。此种"境界"，即为人们孜孜以求的"意境"。与"悟"相对应的现代美学理念，是"审美理解"。审美理解对审美活动起一种制导与规范作用，并最终形成审美判断。所以说，"悟"是文学鉴赏的最高阶段和理想境界。

在"悟"的状态下，鉴赏者自觉、不自觉地受着作品形象暗示的指引，从情感体验的状态中超越出来，沉入一种回忆、一种思索、一种探求，竭力利用自己的人生经验和文化积累，把握作品及审美意象的丰富内涵、深层底蕴，领悟其形象所暗示的内在的恢宏、深广的理性化观念和意识，获得"众里寻他千百度，蓦然回首，那人却在，灯火阑珊处"的人生"顿悟"。

需要指出的是，在"悟"的阶段，作为其主要心理功能的审美理解，是在"审美"状态下的"理解"，并不具有多少逻辑性，而更具有直觉性；所以，其"理解"的内涵，往往是难以言表的意味。正如清代的叶燮所说："意中之言，而口不能言；口之能言，又意不可解。划然示我以默会想象之表。"如果在文学鉴赏过程中，"观""品"之余，出现这种只可"默会"不可言传的状态，那很可能说明你已真正地"悟"到了家。这，实在是可遇而不可求、可喜而又可贺的机缘。

第二节　激发想象，创设情境，描写画面

想象在审美心理中的特殊功能，表现为它能够借助情感的推动，把审美的感知和理解联结起来。文学创作中大量运用想象这一艺术手法，或接近、或类似、或对比、或移觉、或创造性地想象，使文学作品更具魅力。

想审美的感知所得到的是充满情趣的，它包含过去经验在内的生动活泼的审美意象，它容易促使旧存表象复活过来和当下的审美意象相结合、相综合，循着特定的情感逻辑或生活逻辑，将它们改造成为新的审美意象。使审美感知借助想象而得以超越时空的限制，既获得了感受的相对自由，又获取了更为深广理解的感受内容。

想象来源于生活。生活积累越厚实，记忆中储存的表象越丰富，想象力越有自由驰骋的广阔空间。不管是古希腊神话中的人面狮身的斯芬克斯还是婴儿身上插上翅膀的小天使，不管是我国古代传说中的人首蛇身的女娲还是狮首蛇身的龙，都不过是对现实中的人、狮、鸟、蛇等的组合和改造。正如鲁迅所说："天才们无论怎样说大话，归根结底，还是不能凭空创造。描神画鬼，毫无对证，本可以专靠了神思，所谓'天马行空'似的挥写了，然而他们写出来的，也不过是三只眼，长颈子，就是

在常见的人体上,增加了眼睛一只,增长了颈子二三尺而已。"

想象是一种心理现象,它有着广阔的内容。甲、乙两事物在时空上的相对接近,容易让人产生由实生虚的联想,并引起更为丰富的情绪反应,这就是接近想象,如睹物思人、触景生情,就属于这一类。文学作品中有许多这样的例子。因游览胜地而作的怀古诗,如苏轼的《念奴娇·赤壁怀古》由空间的接近而将今昔人物联系在一起,打破时间的界限,抒发诗人壮志未酬的感慨,具有深广的内容和动人的力量;李清照的《声声慢·寻寻觅觅》由眼前的"乍暖还寒时……雁过也……满地黄花堆积……梧桐更兼细雨……"与词人晚年凄凉愁苦的境况而联系在一起,具有很强的艺术感染力,深深地打动了读者,而成为千古绝唱。

甲、乙两事物在性质或状貌上的某种类似,容易让人产生异中求同、同中求异、似是而非的联想,并产生更为积极的情绪反应,这就是类似想象。文学作品中广为运用的比喻、象征手法,就属于这一类。如荀子的《劝学》,通篇用比喻的手法将学习的意义、学习的作用、学习的功效深入浅出地加以剖析。文中的"青,取之于蓝,而青于蓝",用比喻的手法将人的智慧并非天生但通过学习能够获取并超越的道理形象地表达出来了。再如,茅盾的《白杨礼赞》,文中的黄土高原上傲然挺立的白杨树既是树,更是民族精神的化身。作者由对白杨树品格的赞美,通过联想,过渡到对人的礼赞上来。文中白杨树是人格化了的树,是作者寄托感情、表达情感内涵的象征物,是民族精神的象征。

甲、乙两事物在性质或状貌上的某种对比,容易让人产生对比联想,并引起更加鲜明、更加深刻的情绪反应,这就是对比想象。文学作品中广为运用的对比手法,就属于这一类。如曹植的《七步诗》,诗人借助对比想象,以其豆相煎的景象来比拟他在王位之争中所遭受的来自其兄曹丕的迫害,其诗句更是动人心魄:"煮豆持作羹,漉豉以为汁。其在釜下燃,豆在釜中泣。本是同根生,相煎何太急?"再如,鲁迅《野草》中的《死火》,将本不相容的火和冰结为一体,创造出被严寒冻结起来的"死火"意象,成为鲁迅本人"冷藏情热的象征"。这"死火"一得"我"的体温,便顿时红焰流动,同"我"一齐跃出冰谷,表明鲁迅心头始终活跃着任何寒冰也冰结不了的革命之火。

同一事物的多种属性可以同时诉诸人的不同感官,这种感觉的"叠合"多次反复,便形成稳定的条件反射,容易由此感觉自然而然推及另一感觉。五官感觉在感受中互相挪移,各感官交相为用,互换该官能的感受领域。这是想象的一种特殊形式——移觉想象。文学作品中运用的通感手法,就属于这一类。如朱自清的《荷塘月色》中写道"微风过处,送来缕缕清香,仿佛远处高楼上渺茫的歌声似的"用听

第十九章 现代文学阅读的情感体验对大学生写作能力的影响

觉来描摹嗅觉,再有"塘中的月色并不均匀;但光与影有着和谐的旋律,如梵婀玲上奏着的名曲……"又是用听觉来描摹视觉。再如,贾岛的《客思》中的"促织声尖尖似针",就是用视觉或触觉来描摹听觉,这样的想象,可以使人产生新鲜隽永的意象。

还有一种更高层次的想象——创造性想象,它是将记忆中储存的表象作创造性的综合,独立创造出新颖、独特、奇特的形象的心理活动。如电影《大话西游》,影片中的孙悟空的形象与吴承恩《西游记》中所描绘的不同。影片中的孙悟空对爱情有所追求,对人生有所感悟,他有过快乐,有过爱情,更多的却是对命运的无奈。因此,也就有了与原著不同的思想内涵。想象创造新的形象,既反映了剧作家对孙悟空的新的理解,也反映了剧作家的情感需要和愿望。再如,郭沫若的《王昭君》剧本,剧中的王昭君与史书中的王昭君有所不同,郭沫若笔下的王昭君已经成为一个敢于反对王权,主张"出嫁不必从夫"的女性,这也是文学创作中运用创造性想象的结果。

想象力实在是人类自觉的、有意识的本质力量的重要特征,是包括美的创造在内的一切创造性劳动所不可或缺的。在西方,许多美学家早就肯定过想象的创造品格,把它当作衡量艺术才能的重要标尺,有人甚至把想象尊为一切心理功能中的"皇后",在文学作品中正是大量地运用想象这一艺术手法才能使文学创作更丰富,文学作品才更具魅力,作者表达才能更具空间,也更加得心应手。

第三节 引发情感共鸣,促进情感抒发

写作是情感的流露。文章不是无情物,情真意切方动人。在写作实践中,应力求"披情以入文",做到笔随意动,文为情驭。这里所谓的"情",当然是指自然流淌而出的真性情,而不是那些刻意求得的"诗情画意"。

写作是思想的表达。文以载道,自古已然,只是"道"在与时俱进。记得有句名言说,人类一旦思索,上帝就发笑。作为宇宙之精华、万物之灵长的人类所进行的写作,本质上就是写作主体用文字表达自己对自然、社会以及自身生命的体验和思考的一种方式。它是个体思想的表达,是个性风采的展示。优秀的习作,总是能焕发出动人的思想光芒。笔者认为,佳作的思想总是包容在充满生命气息的精彩的描写中,文章的思想是不露痕迹地隐藏在毛茸茸的原生态的生活和生命之中的,写的是本真的生活与生命,蕴含的却是深邃的思想,这才可能是行而遥远的好文章。不要低估自己的人生智慧,成长的困惑、社会的纷繁、历史的影响、现实的喜乐,

只有用心思索和细心体味，才会有属于你自己的东西——思想存在。写作是思想的表达，只有思想，才能让文章"深刻透彻"起来。而要有思想，要让文章深刻透彻起来，并不是说要着意雕琢，要故弄玄虚，要故作高深，而是指写作过程中应该有属于你个人的对自然、社会和生命的独到的思索、发现、体悟与见解。只有这样，你的生命个性才能得以张扬，才不至于将创作流于浅俗。提一盏心灯，开一双慧眼，去进行思索，将受用终生。

没有思想的人生是苍白的，没有情感的生活是荒芜的，同样，没有思想与情感熔铸的写作，是肤浅的、贫乏的。写作过程中将思想与情感贯穿其中，唯其有情感、思想的充盈，写作才会开出美丽的花，结出丰硕的果。学做真人，学会思索，不断走向生命创新；追求一种超越、一种升华、一种境界，情理兼具，才可以成为美文。

结 束 语

阅读和写作历来是语文教学中的重点和难点，学生是否具备较强的阅读分析能力和写作能力是衡量其语文素养的标准之一，也是学习能力高低的重要体现。新形势下的语文教学要求教师在教学方法上有所改进，要以学生为本，注重德育教育，注重素质培养，注重学的方法，这些都是广大语文教师所面临的一个重大课题。提高学生的阅读和写作能力，要求在教学过程中将教师、学生和教材相互结合起来，统一互动，增强教师的主导性和学生学习的主体性，以此来促进学生对文本的理解，提高其阅读能力和写作能力。阅读与写作作为衡量一个学生学习语文的综合素质考评，在越来越多地发挥着其应有的作用。初中生正处于青春期，也是学习的黄金时期，语文教师如果想要学生更好地获取知识、掌握知识、利用知识，就应该突破固有的教学思路，转换思维，帮助学生学习，激发他们的兴趣爱好，培养其学习的方法，做学生成长的引路人。

大学生是国家未来的栋梁，当代大学生的阅读情况和创作能力反映出的是一个国家科技、文化和教育的发展水平以及国民的整体文化素质状况。阅读是一种社会行为、实践活动和心理活动。通过阅读，大学生的知识领域和思维空间会进一步扩大。文本阅读能力"不是一个孤立的能力，而是综合着多方面的知识和内容"，它需要学生眼到、手到、心到。艺术品带给人的价值无非有两个：要么给人以美的愉悦，要么给人以智慧上的启示。"文学就是人学"，作家的人格、经历、作品中的思想情感和人物性格都能对学生产生深刻的影响，能使学生与这些中华民族的人文精神的楷模产生感情的交流、心灵的沟通、思想的融合，从中受到潜移默化的影响。读和写是相辅相成，密不可分的。在教学中必须做到读写结合，以读带写，以写促读。始终坚信：从文本出发、向仿写进军，便可取得读写双赢。

古语有云，"冰冻三尺，非一日之寒"，提高写作能力之前，首先应当明确写作水平的提高不是一蹴而就的，而是需要日积月累，不断提高进而升华。古语亦有云："知之者不如好之者，好之者不如乐之者。"兴趣是指一个人力求认识某种事物或从事某种活动的心理倾向。兴趣是一种具有浓厚情感色彩的志趣活动，它可以使人集中精力去获得知识，并创造性地完成当前的活动。兴趣会促使人深入钻研、创造性地工作和学习。若阅读是获取他人智慧以丰富己身，那么写作便是将个人思想反哺世界。总以为一个人的文字与经历心境相关，就如鲁迅镶挟在针砭中的锐气，李煜浸透在缅怀中的郁气，还有冰心洋溢在童趣中的灵气。作文之道，在立意，在技巧，在语言，最终在于做人。

参考文献

[1] 李晓梅.在初中语文课本阅读中探究写作新视角[J].全球教育展望,2010(12).

[2] 周建.在初中语文课堂教学中培养学生的作文能力[J].作文教学研究,2016(3).

[3] 刘长青.让读书成为中学生的最爱[J].中学语文教学参考,2005(4).

[4] 董春华.浅谈初中语文教学中提高学生写作能力的教学策略[J].作文成功之路:教育教学研究,2017(10).

[5] 喻文萍.初中语文教学中学生写作能力培养浅探[J].课外语文,2017(18).

[6] 陈敏.基于写作能力培养的初中语文阅读教学研究[J].华夏教师,2016(10).

[7] 葛冬梅.论初中语文教学中如何培养学生创新能力[J].改革与开放,2009(4).

[8] 余建江.在初中语文教学中培养学生的创新思维[J].语文教学通讯,2013(2).

[9] 孔飞飞.如何提高初中语文阅读能力[J].软件:教育现代化,2014(7).

[10] 张彩凤.如何提高初中语文阅读教学的质量[J].青少年日记:教育科学研究,2014(1).

[11] 叶翠.让阅读与写作比翼齐飞[J].学语文,2007(4).

[12] 李丽.让作文教学与阅读教学携手[J].语文教学通讯,2005(32).

[13] 顾闻.弗洛伊德文学思想中的几个重要观点[A].湖南文艺出版社,1986.

[14] 王林.论弗洛伊德的文学观点及其对西方现当代文学的影响[A].长沙:湖南文艺出版社,1986.

[15] 温儒敏.关于现当代文学基础教学改革的思考[A].长沙:中国现当代文学学科概要[C].北京:北京大学出版社,2005.

[16] 杨洪承.中国现当代文学史教学如何适应大学教育改革的思考[J].江海学刊,2006(3).

[17] 张燕镜.师范教育学[M].福州:福建教育出版社,2000.

[18] 王冀生.现代大学文化学[M].北京:北京大学出版社,2002.

[19] 丁明秀.中国现当代文学教学改革刍议[J].通化师范学院学报,2011(01).

[20] 王芳.中国现当代文学教学改革浅谈[J].文学教育(中),2013(02).

[21] 江腊生.中国现当代文学教学现状与课程体系的改革[J].教育教学论坛,2013(48).

[22] 王晓习,崔玉波.小议中国现当代文学教学改革[J].现代语文(教学研究版),2014(08).

[23] 温儒敏.现代文学课程教学如何适应时代变革[J].北京大学学报(哲学社会科学版),2010(5).

[24] 吴晓东.我们需要怎样的文学教育[J].北京大学学报(哲学社会科学版),2009(8).

[25] 吴炫.穿越中国当代文学[M].南京:江苏教育出版社,2007.

[26] 军鸿.文学的审美意识形态性简论[J].文学教育(上),2010.

[27] 谢昭新.谈谈中国现代文学教学中的文学史与作家作品的关系问题[J].中国现代文学研究丛刊,2007(4).

[28] 郑玲玲.突出人文精神,塑造健全的文化品格——关于中国现代文学教学改革的思考[J].吉林省教育学院学报,2007(5).

[29] 张亚莎.中国现当代文学课程教学改革探索[J].大学教育,2013(08).

[30] 杨加印,彭爽.从文学的多样性、开放性和个性角度谈跨文化意识[J].文艺争鸣,2010(21).

[31] 文学鉴赏辞典编纂中心.古文观比鉴赏辞典[M].上海:上海辞书出版社,2006.

[32] 寿永明.课外阅读:促进学生发展的有效途径——论苏霍姆林斯基关于课外阅读指导的思想[J].教育研究,2007(5).

[33] 王元攮.反映与艺术创造[M].杭州:杭州大学出版社,1992.

[34] 朱怡森.选择与接受:新时期以来电影对中国现当代文学作品的改变[D].南京师范大学,2012.

[35] 李怡.文史对话与中国现当代文学[J].中国社会科学,2016.

[36] 翡氏翠芳.中国现当代文学在越南[D].华东师范大学,2011.

[37] 金元浦.接受反应文论[M].济南:山东教育出版社,1998.

[38] 王小溪.网络时代何人依然恋书[N].文摘报,2006.

[39] [美]M.H.艾布拉姆斯.著.郦稚牛.等.译.镜与灯——浪漫主义文论及批评传统[M].北京：北京大学出版社，2004.

[40] 钱果长.中国现当代文学教学的实践性探讨[J].池州学院学报，2012(2).

[41] 姜友芝.论新形势下中国现当代文学的有效教学[J].宿州学院学报，2011(10).

[42] 宋凤英.新形势下对中国现当代文学教学若干问题的重新审视[J].昆明学院学报，2010(5).

[43] 李德勇.浅析新形势下的中国现当代文学教学[J].文学教育，2012(10).

[44] 王学慧.高校应重视民族文化的传承[J].玉溪师范学院学报，2008(3).

[45] 刘茜，邱远.论学校课程民族文化传承功能的实现[J].中国教育学刊，2010(7).

[46] 许建宝.从中国优秀传统文化进校园谈高校学生艺术素质的培养[J].经营管理者，2010(8).

[47] 李蓉，李存兴.以中国优秀传统文化提升职业院校学生人文素养[J].文学界，2012(5).

[48] 祝中侠.用优秀传统文化提升大学生人文素养的思考[J].池州学院学报，2014(28).

[49] 张文霞.传统文化与高校人文素质教育[J].河南商业高等专科学校学报，2012(25).

[50] 张颖帅.浅议中国优秀传统文化与大学生人文素质提升[J].保山学院学报，2013(4).

[51] 欧阳娟.基于中国优秀传统文化的高职学生人文素质培养探析[J].高教论坛，2014(3).

[52] 赵存生.社会发展与民族精神[M].北京：北京大学出版社，2007.

[53] 杨石峰.当代大学生人文素质提升的意义与途径分析[J].当代教育理论与实践，2011(3).

[54] 刘进田.文化哲学导论[M].北京：法律出版社，1999.

[55] 衣俊卿.文化哲学十五讲[M].北京：北京大学出版社，2004.

[56] 洪晓楠.科学文化哲学研究[M].上海：上海文化出版社，2005.

[57] 邹广文.当代文化哲学[M].北京：人民出版社，2007.

[58] 李忠谦.图解哲学[M].天津：天津教育出版社，2007.

[59] 吴晓东.我们需要怎样的文学教育[J].北京大学学报，2003(5).

[60] 何言宏.关于中国现当代文学教学专业性问题的反思[J]江海学刊，2006(3).

[61] 张伯存，王冬梅.文本细读：中国现当代文学教学改革的路径与方法[J].枣庄学院学报，2014(3).

[62] 温儒敏.关于现当代文学基础课教学改革的思考[J].中国大学教学，2004(2).

[63] 朱晓进.略论中国现当代文学课程教学中的历史意识[J].江海学刊，2006(3).

[64] 贺仲明.文本阅读能力与中国现当代文学教学[J].江海学刊，2006(3).

[65] 曾利君.现当代文学多媒体教学的效能、偏向及对策[J].西南农业大学学报(社会科学版)，2010(6).